Uma Tópica Jurídica

CLAREIRA PARA A EMERGÊNCIA DO DIREITO

542

N371t   Nedel, Antonio
          Uma tópica jurídica: clareira para a emergência do Direito /
         Antonio Nedel. – Porto Alegre: Livraria do Advogado Ed., 2006.
          302 p.; 23 cm.

          ISBN 85-7348-396-2

          1. Teoria do Direito. 2. Filosofia do Direito. I. Título.

                              CDU - 34

          Índices para o catálogo sistemático:

          Teoria do Direito
          Filosofia do Direito

          (Bibliotecária responsável: Marta Roberto, CRB-10/652)

Antonio Nedel

Uma Tópica Jurídica

CLAREIRA PARA A EMERGÊNCIA DO DIREITO

Porto Alegre 2006

© Antonio Nedel, 2006

Revisão de
Rosane Marques Borba

Capa, projeto gráfico e diagramação de
Livraria do Advogado Editora

Direitos desta edição reservados por
Livraria do Advogado Editora Ltda.
Rua Riachuelo, 1338
90010-273 Porto Alegre RS
Fone/fax: 0800-51-7522
editora@livrariadoadvogado.com.br
www.doadvogado.com.br

Impresso no Brasil / Printed in Brazil

À minha mulher, Elisa, e à minha filha, Isabela;

Aos meus pais, Silvério e Helga (*in memoriam*).

Desvelando os discursos positivistas

À guisa de Prefácio

Lenio Luiz Streck[1]

Em um contexto em que os discursos positivistas ainda opõem fortíssimas barreiras ao direito que emerge do novo constitucionalismo instituído pelo Estado Democrático de Direito – e em um contexto em que algumas teorias críticas (em especial, algumas teorias argumentativas) não conseguem superar os discursos de fundamentação –, torna-se imprescindível investigar as causas dessa "resistência positivista", circunstância que pode ser percebida tanto nas escolas de direito como nas práticas cotidianas dos tribunais.

O novo paradigma do direito instituído pelo Estado Democrático de Direito é nitidamente incompatível com a velha teoria das fontes, com a plenipotenciariedade dos discursos de fundamentação (predomínio da regra e desprezo pelos discursos de aplicação) e o modo de interpretação fundado nos paradigmas aristotélico-tomista e da filosofia da consciência. A teoria das fontes foi superada pela Constituição; a teoria da norma dá lugar à superação da regra pelo princípio;[2]

---

[1] Pós-Doutor em Direito. Professor do Mestrado e Doutorado em Direito da Unisinos-RS. Procurador de Justiça-RS.

[2] É necessário que se dê conta da origem da diferença entre regra e princípio, porque nela – na diferença – está novamente a questão que é recorrente: pela regra, fazemos uma justificação de subsunção, que no fundo é uma relação de dependência, de subjugação e, portanto, uma relação de objetivação; já por intermédio do princípio, não operamos mais a partir de dados ou quantidades objetiváveis, isto porque, ao trabalhar com os princípios, o que está em jogo não é mais a comparação no mesmo nível de elementos, em que um elemento é causa e o outro é efeito, mas sim, o que está em jogo é o acontecer daquilo que resulta do principio, que pressupõe uma espécie de ponto de partida, que é um processo compreensivo. Pode-se dizer, assim, que a regra – como tradicionalmente é entendida no campo jurídico – permanece no campo ôntico, objetivado, causalista-explicativo, enquanto o principio se situa no campo do acontecer de caráter ontológico (não clássico). Daí a questão de fundo para a compreensão do fenômeno: antes de estarem cindidos, há um acontecer que aproxima regra e princípio em duas dimensões, a partir de uma anterioridade, isto é, a condição de possibilidade da interpretação da regra é a existência do princípio instituidor. Ou seja, a regra está subsumida no princípio. Nos casos simples, ela apenas encobre o principio, porque consegue se dar no nível da pura objetivação. Havendo, entretanto, "insuficiência" (*sic*) da objetivação (relação causal-explicativa) proporcionada pela interpretação da regra, surge a necessidade do uso dos princípios. A percepção do princípio faz com que este seja o elemento que termina se desvelando, ocultando-se ao mesmo tempo na

e o velho *modus* interpretativo fundado na relação epistemológica sujeito-objeto dá lugar ao giro lingüístico-ontológico (*ontologische Wendung*). Penso, pois, que o problema do direito é aplicativo. É *applicatio*, como diz Gadamer. E para essa compreensão, torna-se necessário superar os dualismos próprios da metafísica. Trata-se, assim, não de fundamentar, mas de compreender. Isto significa dizer que estamos diante de um problema hermenêutico, no sentido de uma teoria da experiência real, que é o pensar, e, enquanto o compreender não é um dos modos do comportamento do sujeito, mas o modo de ser da própria existência, como ensina Gadamer.

As velhas teses acerca da interpretação (subsunção, silogismo, individualização do direito na "norma geral", a partir de "critérios puramente cognitivos e lógicos", liberdade de conformação do legislador, discricionariedade do Poder Executivo, o papel da Constituição como estatuto de regulamentação do exercício do poder) dão lugar a uma hermenêutica que não trata mais a interpretação jurídica como um problema (meramente) "lingüístico de determinação das significações apenas textuais dos textos jurídicos".[3] Trata-se, efetivamente, de aplicar o grande giro hermenêutico ao direito e, portanto, à Constituição.

É nesse contexto que ex-surge esta importante obra de Antonio Nedel. Olhando todo esse novo com os olhos do novo, Nedel provoca um profundo deslocamento da filosofia *do* direito para aquilo que venho denominando de uma "filosofia *no* direito".[4] A filosofia, devidamente tomada pela linguagem a partir da viragem lingüística, deixa de ser algo meramente ornamental, passando a ocupar o mundo prático dos juristas. Daí a importância da hermenêutica. A filosofia é hermenêutica (Heidegger), e a hermenêutica é filosófica (Gadamer). Interpretar é aplicar. Isto porque a interpretação não se faz mais em

---

regra. Isto é, ele (sempre) está na regra. Só que está encoberto. A regra não está despojada do princípio. Ela encobre o princípio pela propositura de uma explicação dedutiva. Esse encobrimento ocorre em dois níveis: em um nível, ele se dá pela explicação causal; noutro, pela má compreensão de princípio, isto é, compreende-se mal o princípio porque se acredita que ele também se dá pela relação explicativa, quando ali já se deu, pela pré-compreensão, o processo compreensivo. Em síntese: há uma essencial diferença – e não separação – entre regra e princípio. Podemos até fazer a distinção pela via da relação sujeito-objeto, pela teoria do conhecimento. Entretanto, essa distinção será apenas de grau, de intensidade; não será, entretanto, uma distinção de base entre regra e princípio. No fundo, o equívoco da(s) teoria(s) da argumentação está em trabalhar com os princípios apenas com uma diferença de grau (regrando os princípios), utilizando-os como se fossem regras de segundo nível (equívoco que se repete ao se pensar que, além dos princípios, existem meta-princípios, meta-critérios ou postulados hermenêuticos). Enfim, como se fosse possível transformar a regra em um princípio. Mas ela jamais será um princípio, porque neste está em jogo algo mais que a explicação causalista.

[3] Veja-se, a propósito, a contundente crítica de Antonio Castanheira Neves, *in O actual problema metodológico da interpretação jurídica – I*. Coimbra: Coimbra Editora, 2003, p. 287 e segs.

[4] Permito-me remeter o leitor ao meu *Hermenêutica Jurídica E(m) crise – uma exploração hermenêutica da construção do direito*. 6ª edição. Porto Alegre, Livraria do Advogado, 2005.

etapas (*subtilitas intelligendi, subtilitas explicandi* e *subtilitas applicandi,* como bem denuncia Gadamer). A hermenêutica não é mais metodológica. Não mais interpretamos para compreender, mas, sim, compreendemos para interpretar.

Sustentado nesse lastro riquíssimo proporcionado pela *ontologuische Wendung,* Nedel coloca em xeque os dualismos metafísicos próprios dos discursos positivistas. Porque está convicto da impossibilidade de cindir a compreensão (interpretação) da aplicação – lição que aprendeu do mestre Castanheira Neves de há muito – , Antonio Nedel desnuda o caráter epistemológico-procedural da tópica e das teorias da argumentação. Trata-se de uma tarefa ousada. E isto é possível – e só se torna exeqüível – porque ele tem muito claro que a linguagem não é algo que esteja à nossa disposição.

Apontar para o fato de que a tópica continua refém do paradigma representacional representa imensurável avanço para a teoria do direito, mormente quando, na era dos princípios, procuram-se desesperadamente novas formas de interpretação, a partir de regramentos, métodos e critérios de ponderação. Pacientemente, em mais de 300 páginas, Nedel conduz o leitor através da história da filosofia e do direito, apontando para a derrocada dos objetivismos e dos subjetivismos. E mostra que sem razão prática não há interpretação. Por isto, a coisa mesma (*Sache selbst*) como síntese hermenêutica do lugar do sentido, avançando, assim, para além daquilo que na tópica é o caso concreto.[5]

Por tudo isto, a obra *Uma Tópica Jurídica – clareira para a emergência do Direito* é peça indispensável para as discussões que devem ser travadas nesta quadra da história, em que, ao mesmo tempo em

---

[5] De qualquer sorte, se nos encaminhamos para um "consenso" de que é na situação prática que se dá o sentido do direito – com todos os problemas que isto representa no contexto da visível diferenciação existente entre a hermenêutica filosófica, a teoria do discurso e a tópica – também é necessário fazer um alerta, quando se diz – e isto já se tornou lugar comum – que a norma se realiza no "caso concreto" e que o juiz realiza a aplicação, etc. Na escola da exegese, toda a norma era geral, e o juiz – em face da cisão entre fato e direito – ficava restrito ao exame dos fatos, a partir de uma subsunção. Tratava-se do império objetivista do texto produzido pela vontade geral. O contraponto histórico vem com as correntes subjetivistas. A norma, agora, é individual; o legislador faz o texto, e o intérprete "faz" a norma. Assim, quando hoje – em pleno paradigma principiológico, neoconstitucionalista e superador do positivismo sustentado pela regra e pela subsunção – parece já vencedora a tese da realização do direito (norma) "somente na situação concreta", *não podemos cair na armadilha do axiologismo, proporcionando, assim, uma espécie de retorno à discricionariedade positivista,* como se os princípios propiciassem ainda mais "abertura" e "liberdade" para os juízes na interpretação do "caso concreto". Isto é um equívoco. A norma (sentido) a ser aplicada pelo juiz *não é produto de sua discricionariedade;* a aplicação hermenêutica não é somente a aplicação pelo juiz. Sempre a aplicamos. Quando obedecemos a um sinal de trânsito, estamos aplicando-a. Quando compreendemos um enunciado qualquer, a aplicamos. Assim, a "era dos princípios" não é – de modo algum – um *plus* axiológico-interpretativo, que "transformará" o juiz (ou qualquer intérprete) em superjuiz, que vai "descobrir" (cognitivamente) os "valores ocultos" no texto, agora "auxiliado/liberado" pela "abertura" dos princípios.

que se anuncia o triunfo dos princípios e que ao mesmo tempo se tentam construir regras para a sua interpretação, com o que, paradoxalmente, os princípios são transformados em regras. No fundo, Antonio Nedel aponta para o perigo de que o novo – as teorias discursivas, a tópica e as teorias da argumentação, em seu proceduralismo – acabe representando um resvalo dogmático metafísico, crítica, aliás, tão bem feita por Karl Oto Apel a Habermas, em seu *Com Habermas contra Habermas*.[6] E, para tanto, temos que estar vigilantes, como se estivéssemos nos caminhos da floresta, de que fala o poema *Holzwege*, de Heidegger. Cada caminho segue um traçado diferente, porém sempre dentro da mesma floresta. E muitas vezes parece que os caminhos são iguais, porém é uma mera aparência. Somente os lenhadores e os caçadores conhecem esses caminhos. Eles sabem o que significa encontrar-se em um caminho da floresta.

Do Porto dos Casais para a Unisinos, no inverno de 2005.

Lenio Luiz Streck

---

[6] "Com a intenção de ser cuidadoso e crítico nesse argumento, no 'sentido pós-metafísico', *Habermas sofreu, contrariamente a sua intenção, uma recaída no modo de pensar dogmático-metafísico, no sentido pré-transcendental-pragmático*. É que, ao ainda atribuir o próprio discurso transcendental-filosófico a respeito do *a priori* da faticidade (portanto, a respeito da nossa necessidade de pertencer a uma forma de vida contingente) a uma 'prática internamente entrecruzada com a nossa forma de vida sociocultural', a qual possivelmente 'mudará', ele se considera capaz de propriamente compreender, como contingentes, não só todas as formas de vida histórico-contingentes, mas também a sua relativização transcendental filosófica, sem dedicar atenção à condição de possibilidade e de validade desse distanciamento. Todavia, é justamente nisso que consiste o ponto de vista – não submetido a uma reflexão crítica, exterior ao mundo, quase-divino – de quem não quer reconhecer a irrecorribilidade da argumentação primordial, mas pretende, a partir de fora, compreender o mundo, na qualidade de um 'conjunto limitado' (Wittgenstein), como contingente. Em minha opinião, tal absolutização metafísica da aplicação do conceito da contingência exclui justamente a compreensão do *a priori* existencial da faticidade e da contingência do ser no mundo, como restrição do ponto de vista histórico-abstrativo da ética tradicional de princípios que, para a sua aplicação, supõe uma situação de ponto zero da história". Cfe. Cf. Apel, Karl-Otto. Fundamentação normativa da Teoria Crítica: recorrendo à eticidade do mundo da vida e Dissolução da ética do Discurso? *In: Com Habermas contra Habermas*. Luiz Moreira (org). São Paulo, Landy, 2004.

Sumário

Introdução 13

1. A destinação e a superação do destino metafísico no pensamento da cultura ocidental 27

1.1. O Desvelamento do Ser no Alvorecer da Filosofia 27

1.2. A Emergência da Metafísica e o Abandono do Ser 34

1.3. A Reafirmação da Metafísica Clássica na Fundamentação Teológica do Cristianismo 42

1.4. O Paradigma Moderno e a Transcendentalização da Metafísica na Representação Subjetiva 48

1.5. A Consumação e Superação da Metafísica no Ocaso da Modernidade . 66

2. O direito ocidental como expressão conceitual de uma objetificação metafísica, a partir da sua desvinculação do universo poético da *physis* . 83

2.1. A Emergência da Idéia de Direito no Ocidente, em Imanência Cósmico-Poética com a *Physis* 83

2.2. A Metafísica Lógico-Objetificante de Platão e o Direito como Expressão Transcendental de um Formalismo Axiológico-Normativo 98

2.3. A (In) Superada Superação do Platonismo na Metafísica Fundamentação Prático-Prudencial do Direito Pré-Moderno 114

2.4. A Culminação da Metafísica Jurídica Ocidental na Metafísica, ao Contrário do Positivismo Jurídico 143

3. A crise radical do Direito a partir da perda dos referenciais metafísicos que historicamente lhe serviram de fundamento 165

3.1. A Crise Geral da Civilização a Partir da Relativização dos Fundamentos Metafísico-Subjetivos da Racionalidade Moderna 165

3.2. A Crise Radical do Direito e a Possibilidade Real do seu Desaparecimento na Pós-Modernidade 174

4. O retorno da tópica jurídica como possibilidade de recuperação humanista do Direito no ambiente cultural da pós-modernidade 203

5. A Tópica jurídica como clareira prático-problemática para o desvelamento do (sentido do) ser do direito 221

5.1. Tópica, Teoria da Argumentação Jurídica e Nova Retórica 221

5.2. A Des-Vinculação da Tópica Jurídica do Contexto Metafísico-Objetificante, sob o Influxo Libertário da Fenomenologia Hermenêutica de Heidegger e do Conceito de Aplicação de Gadamer 241

5.3. A Emergência do Ser do Direito na Clareira da Tópica Jurídica 265

Conclusão 283

Referências 295

Introdução

A idéia geral que perpassa toda a pesquisa desenvolvida ao longo desta obra, encontra sua motivação mais profunda na consciência crítica que evidencia a contradição instaurada pela aplicação do direito, sob a orientação lógico-dedutiva da metódica do positivismo jurídico. Tal contradição, já por nós percebida nos bancos acadêmicos, separa o mundo do direito do mundo prático da vida.

Esta cizânia finca raízes na transcendência lógico-subjetiva da racionalidade moderna, cuja noção de verdade, à luz do paradigma cartesiano, exige uma rigorosa adequação representativa entre sujeito e objeto, com a finalidade de salvaguardar, a partir da exorcização das ambigüidades, uma lógica certeza e segurança como resultado das operações metódicas.

Sintonizada com esses critérios metódicos, a aplicação do direito se reduz a uma operação silogística que procura subsumir o caso "concreto" ao sentido já *a priori* definido na norma, com a finalidade de garantir a sua concretização, através de procedimentos lógico-dedutivos.

Desta abstração lógico-metodológica, resulta um alheamento da realidade material que caracteriza o concreto problema jurídico, fundamentada no entendimento de que a realização do direito, abstraída da realidade fática, se reduz ao jogo técnico das normas do sistema jurídico vigente. E assim, amparado na neutralidade formal que a condição de "ciência" lhe atribui, o aplicador do direito, reduzido à condição de simples técnico, desvinculou-se das conseqüências morais da sua decisão, podendo utilizar, em favor desta postura, o clássico argumento, corroborado, entre outros, por Kelsen, de que a justiça, enquanto problema moral, é uma questão metajurídica.

Esta compreensão do fenômeno jurídico, como conseqüência da sua identificação com o paradigma científico instaurado pela modernidade, impôs uma ruptura com os pressupostos da racionalidade prática que, historicamente, lhe serviram de fundamento. E assim, desontologizado, o direito deixou de ser uma categoria ética para transformar-se, lógico-epistemologicamente, em um simples instrumento que a vontade do poder político, dogmaticamente, utiliza para o desiderato teleológico dos seus fins.

Uma Tópica Jurídica
CLAREIRA PARA A EMERGÊNCIA DO DIREITO

Então, a partir desta deformação histórica que o reduziu à condição de instrumento de dominação ideológico-política, o direito perdeu a sua autonomia e a própria dignidade, que advém do fundamento originário do seu ontológico sentido, ou seja, transformado em uma subserviente entidade formal, com a missão de apenas delimitar burocraticamente os objetivos do poder e revestido de uma imperatividade dogmática, o direito deixou de ser direito e passou a ser a negação de si mesmo.

Assim sendo, o direito deixa de corresponder com as expectativas essencialmente humanas que lhe vão associadas. Essas expectativas, inscritas no imaginário da civilização, o identificam com uma ordem social não apenas eficaz, mas, acima de tudo, justa. E, se a justiça é a base fundante, a própria essência originária donde promana a idéia de direito, o seu sentido, deve estar presente não apenas no plano abstrato das normas, mas também em cada ato da *práxis* processual e, fundamentalmente, materializar-se na sentença judicial que, em nome do direito, realiza a sua função histórica, que consiste na resolução justa dos conflitos, os quais, inexoravelmente, emergem da vida humana em sociedade.

Disto decorre que a idéia de direito pressupõe um fundamento ético-universalizante, sintonizado com a própria essência ontológica do ser humano. Logo, a razão de ser do direito exige sua integração histórico-dialética com o homem, na perene luta por relações sociais mais dignas, em imanente conexão prático-crítica com a realidade contraditótia que o convoca.

Portanto, da ontológica integração entre o mundo do direito e o mundo da vida humana, deve resultar um caminhar histórico, marcado pela transcendência de uma contínua abertura, no espaço humano da liberdade criativa, ou seja, uma abertura que pressupõe uma contínua renovação dialético-crítica, pois, pelo fato de ser o homem um ente cultural essencialmente histórico, esta condição lhe exige, continuamente, transcender a própria história, para escapar de uma metafísica objetificação historicista. O mesmo vale para o direito, enquanto autêntica expressão da cultura humana, como bem captou João Batista Machado ao escrever que

> se tal é a imagem do homem – ser inacabado, ser aberto, ser de acção – tal há-de ser um Direito à medida do homem: construção em permanente devir, empenho total, responsabilidade inalienável.[1]

No entanto, em contradição com o sentido humano-histórico do direito, o positivismo jurídico e a metódica aplicação do direito sob sua orientação paradigmática, alheios à contingência da realidade,

---

[1] MACHADO, João Baptista. Antropologia, Existencialismo e Direito. *Revista de Direito e Estudos Sociais*, Coimbra, ano XI, p. 84-85, 1960.

separaram o direito do mundo da vida, ou seja, através de uma radical positivação, imunizou-se neutralmente o direito, na redoma dogmática do sistema jurídico, possibilitando uma metodologia de aplicação rigorosamente formal.

Como lembra Castanheira Neves,[2] a concepção de uma metodologia jurídica não mais como *modi operandi* de uma prática orientadora de resolução de problemas jurídicos *a posteriori*, mas como definidora de critérios lógicos, *a priori* definidos, que dogmaticamente determinam os futuros resultados práticos, foi uma criação do positivismo jurídico. Estruturou-se no início do século XIX e ganhou forma nas proposições teóricas do legalismo exegético francês e do historicismo jurídico alemão.

Em que pesem as bem fundamentadas críticas que, a partir da segunda metade do século XIX e das primeiras décadas do século XX, acusaram as contradições advindas da abstração formal da sua metódica, o positivismo jurídico, no início dos anos trinta, reagiu com o normativismo da Teoria Pura de Kelsen. E, mesmo quando o pensamento jurídico-crítico que emergiu do pós-guerra denunciou a vinculação epistemológica da neutralidade formal do positivismo normativista, com a estruturação jurídica dos estados totalitários, tendo a seu favor o grande trunfo de ser a expressão paradigmático-jurídica, da objetificação metafísica do epocal da técnica, que submeteu o século XX ao radicalismo pragmático do princípio da positividade, o positivismo jurídico sobreviveu e entra renovado e refundido no século XXI: cibernético-metodologicamente adaptado às exigências da civilização pós-moderna, na qual toda a dimensão da vida se reduz a uma planificação calculadora ditada pelo ritmo das máquinas, e a aspiração da razão não vai além da pretensão de organizar formalmente a mecânica do sistema.

Assim, o neopotivismo pós-moderno, consciente da dissolução dos fundamentos dogmático-metafísicos que, cartesianamente, fundamentaram sua metódica no século XIX, ante as exigências automatizadas do mundo cibernético, abre-se para a necessidade de uma regulação social, sob a perspectiva de um sistema aberto. Desta forma, ainda no contexto de uma radical positivação do direito, readaptada ao relativismo desconstrutivista da pós-modernidade, abandona-se a idéia de uma normatividade jurídica metafísico-universalista e, do confronto com a crescente complexidade dos novos tempos, emerge um pensamento metodológico-jurídico, sintonizado com as exigências do pragmatismo relativista, já consciente da necessidade de superação do monismo legalista e da sua equivocada pretensão de certeza e segurança jurídica.

---

[2] NEVES, Antônio Castanheira. Método Jurídico. *In: Digesta*. Coimbra: Coimbra, 1995. v. II, p. 301 e ss.

Esta superação do subjetivismo axiomático da herança metódica cartesiana põe em evidência o problema do risco e, no contexto da desagregação pós-metafísica, a racionalidade cibernética evidencia a necessidade de um sistema jurídico aberto, para amoldar metodologicamente o direito ao ritmo da complexidade, condicionando-o, ciberneticamente, ao âmbito variável de uma dimensão controlada, visando apenas, a uma instrumental eficiência.

A conseqüência grave que exsurge dessas constatações é que a realização metodológica do direito, sistematicamente planificada nos termos de uma vigência variável, orientada pela racionalidade técnica, com o intuito de salvaguardar um mecanicista e acrítico equilíbrio social, conscientemente desproblematiza o direito, com o lógico escopo de simplificar as decisões, como bem se evidencia na proposta de redução de complexidade processual, teoricamente delineada por Luhmann.

Assim, a orientação metodológica proposta pelo funcionalisno cibernético-sistêmico, ao pensar o direito como um sistema aberto, adaptável à complexidade pós-moderna, transforma-o num simples instrumento ao serviço do finalismo político-tecnológico, isto é, o direito vê-se reduzido a uma ferramenta coativo-burocrática, destinada a instrumentalizar, formalmente, a contingência variável de interesses pragmático-utilitaristas.

Dessa forma, este radical abandono dos pressupostos da racionalidade prática, em que a própria idéia de direito busca o seu ontológico sentido significa também o abandono do direito e a consumação histórica do seu desaparecimento.

Se, na verdade, essa tendência de exclusão do sentido prático-problemático do direito já estava presente no axiomatismo lógico-dedutivo da metodologia jurídica positivista do século XIX, ultima-se, hoje, sob o influxo da orientação tecnológico-cibernética, sob cujos termos a realização metodológica do direito, radicalizando uma redução instrumental e meramente calculadora, simplesmente anula, no contexto da *práxis* jurídica, o real significado do direito, decretando a sua morte.

Por isto, uma reflexão verdadeiramente crítica a respeito do direito, hoje, não pode desconsiderar a radicalidade da crise que o atinge, pois ela põe em causa, inclusive, a própria existência do direito, negando-lhe a possibilidade da continuidade histórica do seu ontológico sentido.

Portanto, se a crise radical que hoje atinge o direito decorre da orfandade conceitual, derivada da perda dos referenciais metafísicos que, historicamente, lhe serviram de fundamento, a resposta pós-moderna para a crise que advém do cientificismo tecnológico, ao funcionalizar metodicamente o direito nos termos de uma lógico-cibernética racionalidade programada, estratégico-sistematicamente se propõe como alternativa ao direito, subvertendo ontologicamente o seu sentido e transformando-o em outra coisa, numa acrítica e ahistórica técnica de controle social.

No entanto, uma outra intenção prática, no mesmo contexto problemático, também se oferece como alternativa.

Em perspectiva oposta ao pragmatismo utilitarista acima considerado (que, centrado numa redução empírico-teconológica, redunda numa instrumentalização analítico-planificadora do direito), esta outra intenção prática procura recuperar os pressupostos humanistas da tradição da racionalidade prático-jurídica e, assim, ela se oferece como alternativa para o direito, no sentido de recuperar o seu autêntico e humano sentido.

Identificada com esta alternativa, a pesquisa desenvolvida neste livro procura realçar o caráter prático-problemático do direito, salientando que, com a exceção da clivagem moderna, o pensamento jurídico e a *práxis* jurisprudencial sempre manifestaram uma índole argumentativo-deliberadora, em imanência aporético-problemática com o concreto conflito decidendo, consciente de que a materialidade da sua jurídica resolução exige uma prospecção heurística e crítico-dialética.

Neste sentido, sintonizada com a recuperação de um pensamento jurídico retórico-argumentativo, que começou a tomar forma depois da Segunda Guerra Mundial, como reação a uma concepção científica, dogmático-axiomática e lógico-sistemática do direito, a presente pesquisa propõe a reabilitação da tópica jurídica como possibilidade de recuperação do autêntico sentido do direito. Isto significa, para além da redução lógica, a busca inventiva do justo material, no confronto com o concreto problema jurídico.

Convém lembrar, ainda, que o mérito maior da retomada do raciocínio tópico-jurídico, em pleno curso da pós-modernidade, deve-se a Viehweg, que, em sua obra *Tópica e Jurisprudência*, procurou reviver essa tradição já presente na antiguidade clássica pré-aristotélica.

No entanto, em que pese seu esforço revolucionário em relação à axiomática metódica da modernidade, a restauração da tópica jurídica efetuada por Viehweg ainda se manteve presa aos fundamentos metafísicos da filosofia prática aristotélica. O mesmo se pode dizer dos aportes teóricos da teoria da argumentação que lhe agregaram apoio retórico, como se pode constatar nas reflexões de autores como Perelman e Alexy.

Já este trabalho, embora teoricamente sintonizado com a recuperação tópico-retórica hoje em curso, procura dar um passo libertário em relação à tradição metafísica que a fundamenta, pois o desvelamento do verdadeiro sentido do direito que topicamente perspectivamos, se, por um lado, pensando em reabilitar ontologicamente a essência originária do direito, nos leva a reagir contra o relativismo da fragmentação pós-moderna; por outro, pensamos nós, não nos condena a nenhuma objetificação de teor metafísico.

Assim, visualizando fenomenologicamente o direito, a partir da hermenêutica da faticidade Heideggeriana e, agregando-lhe também os aportes da filosofia prática, hermenêutico-críticamente refundida, no trans-metódico e libertário conceito de aplicação jurídica proposto por Gadamer, procuramos superar a noção de uma tópica jurídica identificada com um simples catálogo de *topoi*, bem como des-vinculá-la do pensamento metodológico da teoria da argumentação, ainda vinculado a premissas metafisicamente estabelecidas.

A realização deste objetivo exige-nos um salto transcendente para além de qualquer determinismo metodológico e de qualquer dogmática entificação, eivada da metafísica pretensão de universalidade constante, pois o encontro do direito com o mundo da vida se estabelece em imanência prática, com a contingência empírica de cada concreto problema jurídico, ou seja, este salto libertário superador da redutora entificação da metafísica objetificação jurídica volve-se para a concretude existencial e histórica da faticidade do acontecer jurídico, procurando desvelar e materializar, na concretude da sua realização, a essência do seu ontológico sentido que o identifica com o conceito de justiça.

A materialização prática deste objetivo impõe o abandono da tradição metodológico-dedutiva que axiomaticamente o encobriu, com a pretensão de salvaguardar metodologicamente uma metafísica certeza, evidenciando que a aplicação concreta do direito, enquanto arte de desvelar e materializar o justo em cada caso, requer um aprofundamento hermenêutico-crítico, nutrido por uma dialética intuição criativa. Topicamente falando, isto significa entender a aplicação do direito como uma *ars inveniendi*.

Esta conclusão reabilita a clássica distinção entre *ius* e *lex*, desvelada pelo pensamento jurídico romano da era clássica. E, se a *lex* identifica-se com a *potestas*, tendo por missão a organização político-administrativa do estado, ao *ius* incumbe a eqüitativa e prudencial resolução dos conflitos sociais.

Portanto, para o direito cumprir sua missão histórica, que se realiza no plano da aplicação concreta, impõe-se ao pensamento jurídico o abandono da abstração metódica lógico-normativista, para a reintegração prático-problemática do direito, com a materialidade concreta do mundo da vida, perspectivando sempre o equilíbrio proporcional das decisões jurídicas.

Considerando-se que o sentido do ser do direito não se define logicamente, evidencia-se que o seu desvelamento no plano da aplicação concreta não se logrará por meio de operações dedutivas. Por isto, o acontecer da verdade jurídica que propõe esta obra, enquanto seu desvelar fenomenológico, transcendendo o conceito de verdade como adequação lógica, reabilita, segundo a orientação Heideggeriana, o pré-socrático conceito da *alétheia*, para superar a redução entificadora do proceder metódico.

À luz das considerações até aqui desenvolvidas, claro está que a consecução do objetivo proposto neste trabalho impõe a superação de uma tradição jurídica que, a partir de Platão, ocultou o ser do direito, reificando-o, de variadas maneiras, ao âmbito redutor de uma entificada objetificação metafísica.

Se, como nos elucidou a crítica de Heidegger, a metafísica ocidental pós-platônica, ao confundir o ser com o ente, ocultou o ser e culminou no seu esquecimento, a recuperação do ser do direito (como produto cultural desta tradição, igualmente imerso nesta ocultação) exige, num primeiro momento, a desconstrução crítica da tradição metafísico-objetificante, para depois empreender libertariamente o passo trans-metafísico.

Para tanto, no plano estrutural do livro, julgamos pertinente desenvolver uma reflexão crítica a respeito da influência da metafísica na fundamentação da cultura ocidental.

Este é o objetivo do nosso primeiro capítulo, que aborda a destinação e a superação do destino metafísico no âmbito desta tradição.

Neste sentido, valemo-nos da reabilitação dos filósofos pré-socráticos empreendida por Heidegger, para demonstrar que, antes de a clivagem platônica instituir a hegemonia do logicismo abstrato-metafísico, o pensamento filosófico dos primórdios estava identificado com o ser, numa imanência mítico-poética, que o abrangente conceito da palavra *physis* consubstanciava como síntese de uma unidade universal.

Mas, premido pelo medo das sombras do abismo profundo em que o projetou a liberdade poética do *logos* pré-socrático, o homem ocidental preferiu evitar o convívio com a essência da verdade originária da *physis*, que o conceito da palavra *alétheia* designava, buscando abrigo na segurança lógica e perene da metafísica objetificante.

Este novo conceito de verdade estruturado sob a influência de Sócrates, pelo pensamento lógico de Platão, promoveu a ocultação e um gradativo esquecimento do sentido do ser.

O rigor lógico do pensar do mestre da Academia, rompendo a originária unidade, instaurou uma apostasia na interpretação da *physis* e do *logos*. Disto resultou uma redução do conceito da *physis*, ao empírico sentido de natureza fisicamente considerada, contraposta ao *logos*, que, como reino da verdade, foi ..evado abstrato-subjetivamente ao plano lógico-conceitual da representação ideal.

Assim, dissociada da *physis*, a verdade do *logos* deverá expressar-se em proposições lingüísticas de enunciados lógico-evidentes, pautados pela exatidão viabilizada por um rigoroso formalismo.

Portanto, da instauração desta clivagem platônica resultará a percepção da verdade como representação: uma simples e lógica adequação conformativa entre a significação do enunciado e o objeto investigado, síntese de verdade que a formulação clássica *'veritas est adaequatio rei et intelectus'* tão bem define.

Essa redução operada por Platão acabou se constituindo no paradigma normativo-fundante da cultura ocidental que o sucedeu; ela instituiu a gênese da metafísica lógico-objetificante e abriu o caminho para a universalização dogmática da verdade, que culminou na ciência moderna. Por isto, Heidegger observou, com aguda percepção, que "Toda a metafísica, inclusive sua contrapartida o positivismo, fala a linguagem de Platão".[3]

Neste sentido, uma análise mais aprofundada evidencia que o propalado antiplatonismo de Aristóteles, na verdade, representa o reforço da sua continuidade. Em que pese o pendor empírico do pensar do estagirista tê-lo levado a se afastar da transcendente abstração formal do idealismo do mestre, no qual muitos viram a emergência de um novo paradigma, o platonismo continuou vivo. Assim, mais que uma ruptura, em Aristóteles, verifica-se o prolongamento da metafísica platônica, podendo-se dizer, inclusive, que da síntese por ele efetuada, entre os conceitos de idéia e *energéia*, resultaram os fundamentos da antropológica concepção do humanismo metafísico ocidental.

Os ecos deste homocentrismo se projetaram no helenismo decadente e foram reafirmados na *humanitas* romana, cujo pragmatismo jurídico, na sua maturidade clássica, buscou o embasamento ético na metafísica platônico-aristotélica.

Também o cristianismo, a partir da conversão de Constantino no início do século IV, transformado em religião oficial do império, abandonará a espontaneidade existencial da vivência prático-comunitária da sua fé ainda não teologizada e buscará apoio na racionalidade platônico-aristotélica, para fundamentar teológico-metafisicamente a sua visão de mundo.

Desta forma, ao assumir a racionalidade da metafísica clássica para fundamentar sua doutrina, a teologia medieval do cristianismo preparou a base estruturadora da transcendência lógico-subjetiva, que marcará o idealismo subjetivo da racionalidade moderna.

---

[3] HEIDEGGER, Martin. O Fim da Filosofia e a Tarefa do Pensamento. *In: Os Pensadores.* Traduzido por Ernildo Stein. São Paulo: Abril Cultural, 1979, p. 78.

Muito embora, a partir de Descartes, o conceito de verdade exsurgirá de uma rigorosa operação metódica, tendente a plasmar uma certeza como representação exata dos objetos, eximidos de qualquer contorno dubidativo, apoiado no rigor formal do cálculo matemático, como salientou Heidegger,[4] sua filiação à escolástica continua evidente.

No entanto, a novidade instaurada pela racionalidade metódica cartesiana consistirá na radicalização absoluta do conceito de representação. Se, no contexto escolástico, ela ainda procurava exprimir a semelhança com o objeto do conhecimento, na transformação operada por Descartes, a representação, para além da semelhança, passa a ser expressão essencial, como "imagem" das coisas objetivamente existentes, reduzindo a existência de tudo a esta objetificação imagético-formal, sendo a verdade de qualquer operação metódica a expressão lógica e segura desta representação.

E assim, a objetificação metafísica iniciada com a apostasia platônica ganha renovado fôlego na modernidade, inicialmente refundida no antropocentrismo do cogito cartesiano e, depois, reafirmada na concepção do sujeito transcendental de Kant e no idealismo da consciência absoluta de Hegel.

Neste sentido, o conceito lógico-formal da verdade moderna, magistralmente delineado na metafísica Kantiana, atingiu seu ponto culminante na síntese do racionalismo dialético de Hegel, a última grande encarnação do idealismo platônico. Segundo a crítica de Heidegger, na síntese de Hegel, o idealismo especulativo atinge o seu momento supremo, em que a metafísica platônica reafirmada atinge a sua consumação. E, no momento em que atinge a sua consumação, a trajetória hegemônica da metafísica na fundamentação da cultura ocidental começa a conviver com o seu ocaso, como no-lo demonstra, antecipando sua dissolução no relativismo pós-moderno, a radical crítica de Nietzche.

Depois de elucidar, em termos gerais, a influência da metafísica platônico-aristotélica na fundamentação da cultura ocidental, nos propomos, no segundo capítulo, analisar o direito enquanto fenômeno cultural edificado sob a égide dessa tradição. Inicialmente, procuramos evidenciar que a gênese da concepção jurídica ocidental, no contexto pré-socrático, emergiu em imanência cósmico-poética com a idéia da *physis*, donde derivava a universalidade do conceito de justiça, que expressava o seu ontológico sentido, isto é, o próprio ser do direito.

Com a emergência da metafísica lógico-objetificante de Platão, o direito passa a ser a expressão abstrato-transcendental de um forma-

---

[4] HEIDEGGER, Martin. *Ser e Tempo*. Traduzido por Márcia de Sá Cavalcante. Petrópolis: Vozes, 2001. v. I, p. 59 e ss.

lismo axiológico-normativo. Resultará, desta concepção jurídica, submetida a um pensamento lógico-formal, que o sentido do ser do direito, antes vigorando em imanência com a *physis*, será enquadrado dedutivo-geometricamente num modelo logicamente objetificado e, assim, com a finalidade de promover um domínio lógico da vida social, o direito foi entificado, sistematicamente, no âmbito de uma dogmática e abstrata positividade normativa.

Assim sendo, a metafísica platônica instaura uma nova concepção jurídica, que, desvinculada da *physis*, eleva o ente à condição de representação fundadora, e a essência do direito passa a identificar-se com a *orthótes*, a exatidão.

Muito embora a concepção prático-prudencial do direito, derivada da racionalidade ética de Aristóteles, tenha procurado desvincular o fenômeno jurídico da abstração idealista de Platão, aproximando-o da materialidade prática da vida, seu êxito foi apenas parcial, e, embora a sua intuição estivesse correta, como procuraremos demonstrar neste trabalho, no fundo, ele manteve-se ontológico-normativamente vinculado à transcendência idealista da metafísica que quis superar.

No entanto, cumpre ressaltar que, da influência do esforço crítico de Aristóteles, resultaram as mais relevantes contribuições do pensamento jurídico desenvolvido no ocidente. Neste sentido, sua filosofia prática foi a fonte inspiradora, que culminou na concepção casuística do direito romano da era clássica. Também a maleabilidade ético-eqüitativa do conceito de justiça, derivado da sua racionalidade prática, permitiram uma integração harmônica com a tradição do cristianismo, como tão bem nos demonstra a monumental síntese metafísica do jusnaturalismo de Santo Tomás de Aquino.

Igualmente, o direito moderno, muito embora com as peculiaridades do renascimento antropológico que estão na sua base motivadora do impulso crítico-humanista que levou seus teóricos, em nome da autonomia da razão, a romperam com a idéia de ordens naturais e transcendentes, ainda manteve-se vinculado aos pressupostos metafísicos da filosofia prática aristotélica, em que pese a base ética do seu fundamento jusnaturalista, sob o influxo dos aportes subjetivos de uma racionalidade lógico-sistemática, terem-no transformado axiomaticamente num jusracionalismo. E assim, o logicismo abstrato do idealismo platônico, que sempre se mantivera como pano de fundo da fundamentação do pensamento jurídico ocidental, reafirma-se, com toda a força, na orientação metódico-dedutiva do jusracionalismo iluminista, que, embasado no idealismo transcendental da sua metafísica, viabilizou, teoricamente, a proposição de um direito sistematicamente lógico-normativo, que culminou na codificação do direito e reduziu o jurídico às dogmáticas prescrições normativas impostas pelo legislador.

Esse radical normativismo que, no século XIX, através dos postulados teóricos da escola da exegese, identificou, científico-dogmaticamente, toda a idéia de direito ao âmbito estrito do direito positivo legalmente codificado, se, por um lado, desvinculou o jurídico dos pressupostos éticos da filosofia prática, por outro, constitui-se na mais perfeita e acabada expressão da metafísica objetificante, que, a partir do racionalismo cartesiano, constituiu o paradigma da modernidade. Dessa forma, como nos demonstrou a crítica de Heidegger, contrariando as expectativas comteanas de banir a metafísica, o positivismo jurídico se constituiu numa metafísica ao contrário, reafirmando Platão às avessas, com seu dogmatismo legalista.

Mas, com a entrada em cena do relativismo pós-moderno e com a conseqüente desagregação das certezas metafísicas da racionalidade moderna, o conceito de direito com ela identificado viu sumir o seu sentido na dissolução geral do sentido das verdades metafísicas, dilaceradas pela pirrônica descrença advinda da radicalidade relativista.

Então, tendo-lhe sido subtraída, a base lógica sobre a qual se estruturava, o direito (pensado metafisicamente) viu-se afetado por uma crise sem precedentes. Essa crise ora em curso ameaça até a possibilidade histórica da continuidade existencial do seu sentido.

Aprofundar criticamente as razões dessa crise, apresentando um caminho para a sua possível superação, é o que nos propomos no terceiro capítulo do presente trabalho.

Diante da radicalidade da crise, radical também deverá ser a resposta crítica, pois, em face da exaustão teórica do paradigma jurídico da modernidade, identificado metafisicamente com uma dogmático-sistemática abstração normativa, cujo formalismo metódico afasta o direito da realidade prática, buscando superar a rigidez abstrato-formal do paradigma superado, duas alternativas práticas se oferecem ao pensamento jurídico, no contexto do relativismo pós-moderno.

Embora radicalmente divergentes, as duas alternativas convergem criticamente para o reconhecimento de que a aplicação concreta do direito remete para um domínio prático-constitutivo.

A divergência se evidencia no âmbito da compreensão do que seja o caráter "prático" do direito.

Como já fizemos referência no início dessas considerações introdutórias, uma das alternativas, vinculada aos interesses do pragmatismo utilitarista da pós-modernidade, identifica a noção de prática, com o sentido empírico da cientificidade tecnológica e procura instrumentalizar o direito para a consecução de determinados fins político-econômicos; na verdade, reduzindo-o a uma finalidade técnico-política.

Uma Tópica Jurídica
CLAREIRA PARA A EMERGÊNCIA DO DIREITO

No âmbito dessa redução instrumentalizante, viabilizada, metodologicamente, sob o cânone da racionalidade cibernética, cria-se a possibilidade de um sistema jurídico aberto, moldado aos imperativos contingenciais dos interesses pragmático-utilitaristas, oportunizando a concretização do direito, nos "abertos" limites de uma variação controlada, em cuja adequação tecnológica a *práxis* jurídica, algoritmicamente automatizada, culmina na mecanização dos seus procedimentos. Assim, pragmaticamente adaptado a uma conjuntura de alta complexidade flutuante e desvinculado dos seus fundamentos ontológicos, o direito, vinculado a uma alternativa prática, que o transforma em simples técnica de controle social, pragmaticamente nega-se a si mesmo e desaparece.

Já a outra alternativa prática que acima evocamos vincula-se à tradição da filosofia prática, que, desde Aristóteles, propõe a ética como fundamentação do agir humano. Neste contexto, a idéia de justiça passa a ser o fundamento ontológico do direito, exigindo que a sua aplicação materialize prático-prudencialmente o seu sentido.

Para nós, essa alternativa representa uma alternativa para o direito, na medida em que se propõe recuperar o seu autêntico e humano sentido.

Assim, dentro do amplo contexto de recuperação da filosofia prática, propomos a tópica jurídica como alternativa humanista para o direito hoje.

Neste sentido, o capítulo quarto procura salientar a contribuição de Viehweg, que, valendo-se de uma releitura de Vico, desentranhou a tópica da tradição cultural greco-romana, na qual se salientava o caráter retórico do direito, evidenciando que a sua aplicação cumpria-se casuisticamente, num proceder dialético-argumentativo, que, partindo de uma axiologia do senso comum e com base nela, procurava materializar a justiça do caso concreto.

O autor de *Tópica e Jurisprudência*, criticando a atrofia humana e o estiolamento prático-criativo do método lógico-subsuntivo do direito moderno, invocou, metodologicamente, as formas menos rígidas de um pensamento aberto e problemático, topicamente centrado na realidade material do caso decidendo.

Assim, heuristicamente entendida como uma *ars inveniendi*, a realização do direito no plano da aplicação concreta projeta-se na forma de um *constituendo a posteriori*, e não como um *constituido a priori*, exigindo, portanto, uma problemático-crítica superação do automatismo axiomático.

Em que pese reconhecermos a valiosa contribuição que a retomada da tópica jurídica por Viehweg representa para o pensamento jurídico contemporâneo, ela ainda manteve-se presa ao amplexo objetificante da metafísica platônico-aristotélica.

Por isto, com a intenção de dar o passo trans-metafísico, consciente da radicalidade da crise e, num diálogo crítico com a realidade do relativismo pós-moderno, propomos, em nosso capítulo quinto, a des-vinculação da tópica jurídica das amarras de uma entificada objetificação metafísica, para lograr topicamente, sob a orientação fenomenológica da hermenêutica da facticidade de Heidegger e do libertário conceito de aplicação de Gadamer, a emergência do ser do direito, em cada concreto problema jurídico decidendo.

Como o propósito central desta pesquisa evidencia a necessidade de desconstruir a metafísica objetificante, que, reduziu o conceito de direito ao plano entificado da sua manifestação positiva, para lograr o desvelamento do oculto ser do ente jurídico, valemo-nos da orientação propiciada pelo método fenomenológico desenvolvido por Heidegger.

1. A destinação e a superação do destino metafísico no pensamento da cultura ocidental

1.1. O Desvelamento do Ser no Alvorecer da Filosofia

No meio de uma espantada expansão cosmológica, em cuja radical abertura interrogativa nasceu a filosofia, o pensamento humano, ainda envolto pelos mistérios da sua ontológica condição, moveu-se na direção do ser.

A língua grega foi o instrumento originário, que propiciou o acontecer sonoro dessa fonética epifania em que, repleta de ingênuo vigor mítico-poético, se manifestou o ser, numa contraditória e tensa dialética de desvelamento e ocultação, que se consubstanciou no profundo, complexo e grandioso conceito que a palavra *physis*, nos primórdios, designou.

A palavra *physis*, observa Marlene Zarader,[5] é aquilo que diz o que desabrocha e, a partir de si, manifesta-se numa aparição cuja emergência perdura; é o desabrochar que, superando as relações dos entes enquanto entes, desvela e constitui o próprio ser do ente numa emanação luminosa que provém da emergência do ser.

Assim, sendo a *physis* a própria expressão do ser em que o ente se torna nítido naquilo que ele é, os pressupostos designativos da sua força significativa transcendem os empíricos limites da natureza fisicamente considerada, abrangendo, como observa Heidegger,[6] o céu, a terra, os homens, os animais, as pedras, as plantas e a própria história da humanidade como obra dos deuses que também estão submetidos ao destino.

Para os primeiros pensadores da Hélade, portanto, a *physis* estava presente na totalidade universal, na qual tudo se manifestava; era o próprio nome que designava o ser, e tudo abarcava na imensurável dimensão do seu domínio em que os contrastes se fundiam no ample-

---

[5] ZARADER, Marléne. *Heidegger e as palavras de origem*. Lisboa: Instituto Piaget, 1990, p. 45.

[6] HEIDEGGER, Martin. *Introdução à Metafísica*. Traduzido por Márcio Matos & Bernhard Sylla. Lisboa: Instituto Piaget, 1997, p. 22.

xo de uma unidade originária, pois, se...do o ser o conceito mais geral, seu domínio de validade abrangia todas as coisas, num contexto em que o pensamento ocidental ainda não havia cindido a compreensão do real, na esquizofrenia dicotômica das polaridades contrapostas que posteriormente viriam a marcá-lo.

Também o pensar não estava dicotomizado da *physis*, mas fenomenologicamente vinculado àquilo que desabrocha, – pensar e ser unidos na dimensão daquilo que tende a opor-se, numa unidade dialética que a célebre sentença de Parmênides sintetizou: "O mesmo, pois, tanto é apreender (pensar) como também ser".[7] Assim, ser e pensar se imbicam na mesmidade de um comum pertencer, em que da essência do impensado o pensado recebe a fundamentação essencial, que, no entanto, transcenderá sempre qualquer possibilidade de representação:

> O ser mostra-se no sobrevento desocultante como deixar-estar-aí do que advém, como o fundar nos múltiplos modos do a-duzir e pro-duzir. O ente enquanto tal, o advento que se oculta no desvelamento, é o fundado que, como fundado e assim como obrado, funda a seu modo, a saber, obra, isto é, causa.[8]

Mas a compreensão da realidade não poderá ser conquistada em termos de total abrangência, pois o mundo é, na sua essência, um contexto pleno de paroxismos, que se expressam continuamente numa harmônica tensão contraditória. Essa pulsão dialética que já está presente no pensamento de Parmênides, ganha claros contornos no discurso de Heráclito, que via na luta contínua a motivação da existência, conforme tão bem expressa o seu célebre fragmento 53: "A guerra é pai de todas as coisas, rei de tudo; a uns os demonstrou como deuses, a outros como homens, de uns fez escravos, de outros, livres".[9]

No entanto, a compreensão superficial, alerta Heidegger,[10] costuma confundir a essência do sentido de combate proposto por Heráclito, com discórdia e disputa que tende a perturbação e destruição, olvidando que é na dialética do combate que os combatentes podem autenticamente promover a afirmação da sua essência, ou seja, para além de si próprio o combate propicia a emergência do ser originariamente oculto, que, no entanto, mal se manifesta, tende a ocultar-se novamente numa eterna dialética de luz e sombra. Como afirmou Heráclito em seu fragmento 123, "A *physis* ama ocultar-se"[11] e, neste

---

[7] Cf. HEIDEGGER, Martin. Identidade e Diferença. *In: Os Pensadores.* São Paulo: Abril Culural, 1979, p. 180 e 200.

[8] HEIDEGGER, Martin. A Constituição Onto-Teo-Lógica da Metafísica. *In: Os Pensadores.* São Paulo: Abril Cultural, 1979, p. 200.

[9] Cf. GMEINER, Conceição Neves. *A Morada do Ser.* São Paulo: Loyola, 1998, p. 70.

[10] HEIDEGGER, Martin. *A origem da Obra de Arte.* Traduzido por Maria da Conceição Costa. Lisboa: Edições 70, 1991, p. 38-39.

[11] Cf. GMEINER, Conceição Neves. *A Morada do Ser.* Op. cit., p. 73.

amor pelo ocultamento que dele a aproxima, manifesta como oposta a sua própria essência, que se revela como aquilo que šurge e aparece, evidenciando que o velar-se e o desvelar-se relacionam-se numa dialética de opostos que apontam para a unidade; para um acordo harmônico em que o um é o todo. Segundo a interpretação de Heidegger, este amor, o *amèr philosóphos*, volve-se para o *sophón*, desta forma:

> *tò sophón significa: Hèn Pánta tà ónta, a totalidade, o todo do ente. Hèn, o Um, designa: o que é um o único, o que tudo une. Unido é, entretanto, todo o ente no ser. O sophón significa: todo ente é no ser. Dito mais precisamente: o ser é o ente.*[12]

A locução é, com sua carga transitiva, diz-nos Heidegger,[13] projeta sua designação para algo que recolhe, e este recolhimento do ser pelo ente, que em forma de abertura e reunião encontra acolhimento no ente homem, é o *logos*. Portanto, o ser se manifesta como fenômeno na dimensão do *logos*,[14] que, entretanto, tem uma dupla estrutura enquanto recolhimento do unificante; ele recolhe tudo fundado no universal e, ao mesmo tempo, recolhe tudo a partir do único.

Neste contexto, observa José Carlos Michelazzo,[15] ocorre uma conexão entre *physis* e *logos* no universo do ente homem, onde o sentido transcendente de *logos*, para além de simples discurso esclarecedor, aponta para a essência da linguagem como acontecimento que manifesta a irrupção do ser como reunião e recolho daquilo que, desabrochando, aparece: a *physis*. Assim sendo, *logos* e *physis* unificam-se nos termos de uma unidade que expressa uma dupla face: enquanto o primeiro unifica aquilo que propende à oposição, o segundo é o desabrochar daquilo que, saindo de si mesmo, permanece, tendendo sempre para o ocultamento. Nesta comum pertença de reunião e desabrochar que entrelaça *logos* e *physis*, o ser se manifesta como síntese unificadora, e o sentido do ente homem, na intimidade dessa relação de dupla face, ganha contornos mais claros:

> Ser homem é pertencer a esta distinção originária com o ser e isto significa que o homem só é o ente que "é" porque pensa, ou seja, enquanto segue e acompanha a predominância daquilo que brota (*physis*) e reúne (*logos*) e porque fala, isto é, enquanto retém e conserva na palavra nomeadora aquilo que brotou e reuniu.[16]

É na linguagem e pela palavra que o ser se manifesta. Por essa razão, dirá Heidegger,[17] a essência histórica do ser homem que se abre

---

12 HEIDEGGER, Martin. *Que é Isto – A Filosofia?* In: *Os Pensadores*. São Paulo: Abril Cultural, 1979, p. 17.

13 Idem.

14 HEIDEGGER, Martin. *A Constituição Onto-Teo-lógica da Metafísica*. In: *Os Pensadores*. Op. cit., p. 200.

15 MICHELAZZO, José Carlos. *Do Um Como Princípio ao Dois como Unidade*. São Paulo: FAPESP Anablume, 1999, p. 31.

16 MICHELAZZO, José Carlos. *Do Um Como Princípio ao Dois como Unidade*. Op. cit., p. 32.

17 HEIDEGGER, Martin. *Introdução à Metafísica*. Op. cit., p. 188.

e se manifesta na história é *logos*, no sentido do que reúne e torna perceptível o ser do ente. A essência da sua origem perde-se nas profundezas donde ela emerge como um mistério poético que inviabiliza qualquer delimitação do *logos* em termos de lógica evidência. O *logos* não é um nomear que se expressa no signo que se chama palavra; é a irrupção vigorosa e imponente de uma impetuosidade mítico-poética, que, transcendendo o simples palavreado, faz acontecer a essência da linguagem. A conexão poética com esse vigor originário da linguagem permite que a palavra desça das alturas em que subsistia na imponência da sua origem e se transforme num signo que possibilita a abertura do ser, de acordo com essa abertura,

> a palavra conserva o originariamente (re)unido, assim exercendo e gerindo (*verwalten*) o vigor imperante, a *physis*. O homem, enquanto aquele que está e age no *Logos*, na (re) união, é: o que (re) une o coletor (*Sammler*). Ele assume e exerce a gerência do vigor imponente.[18]

Portanto, no universo pré-socrático, onde o pensamento humano, antes de deslizar metafisicamente para o ente, movimentava-se em imanência com o mistério do ser, podemos dizer, com Jean-Paul Resweber,[19] que toda a verdade procedia, numa unidade harmoniosa, da mesma fonte onde ser e devir se conjugavam num complexo que integrava, sem dicotomia, a aparência das coisas e da linguagem o que evidencia uma profunda identidade entre o que vem à presença no discurso de Parmênides, com a expansão dialética do devir de Heráclito.

É pela linguagem que a natureza sai da ausência e aparece desvelando e soletrando o ser, propiciando o seu aparecer iluminado:

> A linguagem inscreve-se, pois, entre a ausência presente do ser e a sua presença manifestada. É por isso que toda palavra é um acontecimento: ela é a marca da passagem do Ser, da sua aparição.[20]

Assim, a emergência da palavra do ser, além de explicitar, é o que viabiliza ao homem a sua condição humana no mundo; e o mundo não é a simples junção das coisas inumeráveis, conhecidas ou desconhecidas. O mundo é o que a palavra do homem mundifica (Welt Weltet);[21] por isso, ele não é algo palpável e possui característica inobjetal, donde se conclui que, embora inseridos no seu contexto, as pedras, as plantas e os animais não têm mundo. Neste sentido, embora as plantas e os animais comunguem com o homem a condição de serem seres vivos, eles não têm mundo porque, estando mergulhados na dimensão do seu próprio ambiente, jamais se inserem livremente

---

[18] HEIDEGGER, Martin. *Introdução à Metafísica*. Op. cit., p. 189.

[19] RESWEBER, Jean-Paul. *O Pensamento de Martin Heidegger*. Traduzido por João Agostinho A. Santos. Coimbra: Almedina, 1979, p. 76 e ss.

[20] Idem, p. 77.

[21] HEIDEGGER, Martin. *A origem da Obra de Arte*. Op. cit., p. 35.

na clareira do ser, e só essa clareira que a linguagem, como advento iluminador do ser, engendra é mundo. Portanto, o homem só existe como homem porque fala. É a linguagem que estabelece a condição humana e expressa a sua verdade, no dizer da palavra originária que eclode como um eco das profundezas da sua essência. E, falada pela boca do ente homem, propicia-lhe o convívio com o ser, que, por ela se lhe dá e lhe permite habitar na sua essência, pois "a linguagem é a casa do ser; nela morando, o homem ex-siste enquanto pertence à verdade do ser, protegendo-a".[22]

Foi neste horizonte em que a palavra *physis*, no seu sentido original, significando o desabrochar do oculto velado, permitiu o aparecer da verdade, que eclodiu das sombras para a luz, na abertura do significado da palavra *alétheia:* o lugar originário da verdade, a fonte da sua manifestação identificada dialeticamente com um desdobramento libertário. Como nos demonstra Heidegger, em *Sobre a Essência da Verdad*e,[23] o conceito corrente de verdade de há muito afastou-se do seu sentido originário: o sentido que a palavra *alétheia*, a primeira palavra da verdade continha. Na metáfora de Heráclito,[24] ela conjuga como o fogo clareando e questionando o que vigora na essência da *physis*, com a qual todos os entes se relacionam, como o assumir da própria vida na clareira do ser, em imanência essencial com o seu surgimento. Descobrir-se, nesse desenvolvimento, é conviver com a *alétheia*.

> A *alétheia*, o descobrimento no desencobrimento é a essência da *physis*, do surgimento, sendo ao mesmo tempo o traço fundamental do modo como alguém que é o que é, deus e homem, se relacionam com a *alétheia*.[25]

A *alétheia*, que como Heidegger observa,[26] embora nunca nomeada no pensamento originário, é o não-dito que expressa a essência do pensamento de origem. Ela é o próprio fundamento da essência da *physis*; ela é o que vigora no exercício do des-velamento e, por isto,

> como diz o seu nome, a *alétheia* não é uma abertura presunçosa, mas o desencobrimento do encobrimento. De há muito não se consegue traduzir e pensar a *alétheia*, a não ser no sentido que se assume no nome verdade.[27]

Com Marléne Zarader,[28] também podemos seguir o esforço de retrocessão, que conduz o pensamento de Heidegger, na sua tentativa

---

[22] HEIDEGGER, Martin. *A origem da Obra de Arte*. Op. cit., p. 58.

[23] HEIDEGGER, Martin. Sobre a Essência da Verdade. *In: Os Pensadores*. São Paulo: Abril Cultural, 1979, p. 131.

[24] HEIDEGGER, Martin. *Heráclito*. Traduzido por Márcia Sá Cavalcante Schuback. Rio de Janeiro: Relume Dumará, 1998, p. 182.

[25] HEIDEGGER, Martin. *Heráclito*. Op. cit., p. 184.

[26] Idem.

[27] Ibidem, p. 185.

[28] ZARADER, Marléne. *Heidegger e as palavras de Origem*. Op. cit., p. 62 e ss.

de desvendar a verdade originária que eclodiu na língua grega, o abrigo originário da verdade, cujos ecos ainda ressoam no sentido da palavra *alétheia*, como uma radiosa epifania, que desvelava e arrancava o ser da obscuridade que rege o seu ocultamento. Esse arrancar descobridor da essência da verdade que constitui a *alétheia* é, na verdade um roubo,[29] que projeta, ontológico-existencialmente, o ente na clareira do ser, onde a verdade convive dialeticamente com a não-verdade, ou seja, o velamento sempre recusando o desvelamento para a *alétheia*, mas conservando para ela o que lhe é mais próprio: "O velamento é, então, pensado a partir da verdade como desvelamento, o não-desvelamento e, desta maneira, a mais própria e mais autêntica não-verdade pertencente à essência da verdade".[30]

Heidegger não tem a pretensão de definir com precisão literal o que a *alétheia* significava no universo pré-socrático, mesmo porque Heráclito deixou claro que a *physis* ama ocultar-se, e o desvelamento tem necessidade do velamento. Marléne Zarader[31] observa que, para Heidegger, a *alétheia*, mais que uma chave, é um enigma, é o amálgama da unidade misteriosa que dialeticamente se estabelece no jogo do velamento e do desvelamento; para além de uma simples abertura, ela é o desvelamento de uma ocultação, e este desvelamento, que constitui a sua essência, manifesta-se na clareira do ser. A abertura da clareira onde o ser se manifesta é uma iluminação que mostra o obscuro a sua volta: "O ponto decisivo é que a clareira não provém da luz, e não é em caso algum criada por ela: é, pelo contrário, a luz que, para se difundir, precisa da clareira".[32] A clareira é fundamentalmente o desabrigo, onde, transcendendo a doxa, ocorre a ainda não-experimentada e inexplorada verdade ontológica do ser, e não apenas a ôntica verdade do ente.[33] Por isso, o ente só pode desvelar-se numa dimensão de desvelamento que permanece ocultada, dimensão que não pertence a nenhum ente e que é a dimensão do ser. Essa dimensão nunca se desvela, pois enraíza-se nas profundezas da ocultação, donde se conclui que a essência da *alétheia* permanece velada, só se podendo experimentar dela o que dela se concede como clareira, e não o que ela é enquanto tal.[34]

No entanto, é no retiro da clareira que o ser manifesta sua presença no aparente paradoxo de uma presença que se oculta; nesse âmbito, transparece o sentido da *alétheia* como essência do ser, dos

---

[29] HEIDEGGER, Martin. *Ser e Tempo*. Op. cit., p. 291.

[30] HEIDEGGER, Martin. Sobre a Essência da Verdade. *In: Os Pensadores*. Op. cit., p. 141.

[31] ZARADER, Marléne. *Heidegger e as palavras de origem*. Op. cit., p. 80 e ss.

[32] Idem, p. 84.

[33] HEIDEGGER, Martin. Sobre a Essência da Verdade. *In: Os Pensadores*. Op. cit., p. 141.

[34] ZARADER, Marléne. *Heidegger e as palavras de origem*. Op. cit., p. 87.

homens e também dos deuses.[35] O ser somente passa a existir, quando o homem assume a dignidade de ser o seu pastor no espaço aberto da clareira; da mesma forma, o homem só existe a partir do momento em que atende ao apelo do ser e, na condição de seu pastor, zela por ele, podendo-se assim concluir que "tanto o ser como o homem só são a partir da clareira, clareira que não poderia ela própria aceder 'à plenitude da sua essência' sem o ser e sem o homem".[36]

Assim sendo, só existimos quando nos encontramos na clareira da verdade,[37] que é o ato que faz dinamicamente as coisas surgirem para a luz, como um despertar do pensamento para uma pré-compreensão que nos coloca diante do ser, não como uma possessão que nos faz proprietários da verdade, como mais tarde a lógica objetificante da metafísica afirmará, enclausurando a verdade num dogma imutável. A verdade originária é um estar e caminhar na claridade desvelada pela *alétheia*, que pressupõe sempre a distinção entre o desvelamento do ser, como verdade ontológica e a manifestação do ente como verdade ôntica, cuja interpenetração dialética possibilita uma histórica e sempre transitória síntese ôntico-ontológica, que possibilita o convívio transcendente do ente com o ser na dimensão da vida humana; como tão bem esclarece Otto Pöggeler:

> *La pregunta por el fundamento conduce a la pregunta por la verdad; la pregunta por la verdad, a la pregunta por la diferencia ontológica, y ésta a la pregunta por la transcendencia del estar.*[38]

Quando o ser humano se abre para o ser, a verdade transparece histórico-temporalmente em forma de liberdade, como fundamento existencial do ente homem, que não se submetendo a nenhum purismo abstrato lógico-conceitual, será sempre tarefa humana no mundo prático da vida. Em outras palavras, é tarefa histórica que o eterno impulso da liberdade no âmago da práxis jamais permite que se esterilize na cristalização acabada das fórmulas prontas; e, por ser tarefa humana que se dialetiza num eterno devir histórico, será também "a expressão empírica de uma visão dinâmica, a da tradição ôntico-ontológica cujo princípio é o ser".[39] A verdade, portanto, não está em nenhuma proposição ideal de conformidade; ela acontece como abertura na existência histórico-existencial do homem livre. A liberdade funda a verdade, donde Heidegger conclui: "A essência da verdade é liberdade".[40] Mas, de acordo com a sua própria essência, ela é um

---

[35] Ibidem, p. 94.

[36] Idem.

[37] RESWEBER, Jean-Paul. *O Pensamento de Martin Heidegger*. Op. cit., p. 113.

[38] PÖGGELER, Otto. *El Camino del Pensar de Martin Heidegger*. Traduzido por Félix Duque. Madrid: Alianza, 1986, p. 108.

[39] RESWEBER, Jean-Paul. *O Pensamento de Martin Heidegger*. Op. cit., p. 116.

[40] HEIDEGGER, Martin. Sobre a Essência da Verdade. *In: Os Pensadores*. Op. cit., p. 137.

fundamento sem fundo ou, como diz Otto Pöggeler, *"Ella es, en cuanto fundamento del fundamento, la permanente falta de fundamento: el abismo que se des-fonda (Ab-grund)"*.[41]

Fica claro, portanto, que a *alétheia*, enquanto desvelamento do ser, remete o pensamento para além do calculável, abrindo poeticamente as portas do entendimento para a dimensão do inelutável, donde se conclui que a ciência não expressa o acontecer originário da verdade. Quando a ciência avança na direção da verdade, ela passa a ser filosofia,[42] caindo então para o abismo da intranqüilidade da verdade que ela não quer. Então o medo do vazio levará a civilização a abandonar a palavra ser, o dizer projetante que, sendo fábula da desocultação do ente na preparação do dizível, traz junto o indizível, pois, se o ser é palavra, a linguagem é, na sua essência, poesia.[43] O avançar para a essência da verdade originária sempre fará irromper o abismo intranqüilizante, que abala e subverte a tranqüilidade do familiar, porque a instauração da verdade remete para uma fundação, cuja fonte provém do nada.[44]

Premido pelo medo do abismo intranqüilizante que o autêntico confronto com a *alétheia* engendra, o pensamento ocidental preferiu evitar o seu convívio e buscar abrigo na lógica determinação de uma verdade que a metafísica objetificante do idealismo platônico delineou com contornos de precisa exatidão.

1.2. A Emergência da Metafísica e o Abandono do Ser

Com a emergência da concepção filosófica de Platão, o brilho fulgurante da presença do ser que, em torno da palavra *physis*, os primeiros pensadores vislumbraram, desaparecerá do pensamento humano, ocultada pela apostasia na interpretação da *physis* e do *logos*, que, no pensar do filósofo da Academia, serão reduzidos ao plano unitário da idéia.

Essa redução acabará se constituindo em uma nova forma de compreensão do ser, que, erigida em paradigma normativo-fundante do pensar ocidental que o sucedeu, promoverá um ocultamento e gradativo esquecimento do ser. Para Heidegger, o idealismo platônico é a consumação de um início que já nasce marcado pela decadência, num cenário racional onde a aparência se transforma em essência, pois quando "o que é uma conseqüência essencial for elevada à essência em si e assim se colocar no lugar da essência, que se passara

---

[41] PÖGGELER, Otto. *El Camino del Pensar de Martin Heidegger*. Op. cit., p. 109.

[42] HEIDEGGER, Martin. *A origem da Obra de Arte*. Op. cit., p. 50.

[43] HEIDEGGER, Martin. *A origem da Obra de Arte*. Op. cit., p. 59.

[44] Idem, p. 61.

então? Então será a decadência".[45] O traço decisivo que marcará a decadência, impondo que uma derivação da essência originária assuma a própria condição da essência originária, não está tanto no fato de a *physis* haver sido caracterizada como idéia, "mas que a idéia surja como única e normativa interpretação do ser é o que se mantém decisivo".[46]

Já no final do pensamento inicial, a abrangência do entendimento da palavra *physis* foi sofrendo restrições que, gradativamente, a reduziram ao empírico sentido de natureza física, mas o passo decisivo que plasmará a interpretação do ser como idéia ganha nítidos contornos na República de Platão, na passagem da célebre alegoria da caverna.[47] Embora, como observa José Carlos Michelazzo,[48] ainda perpasse como pano de fundo do mito a noção de verdade como não-ocultamento, pois, sendo a caverna um lugar subterrâneo e obscuro, a força da narrativa procura evidenciar a hierarquia axiológica dos degraus libertários que conduzem o homem da escuridão para a luz, cujo esplendor luminoso é o mundo das idéias, onde as coisas se mostram como elas realmente são e onde elas permanecem no não-velamento da irrealidade falsa, continuamente iluminadas pelo sol da idéia. Aqui, o homem, libertado das profundas regiões sombrias da ignorância, pode discernir, com o seu olhar, o contorno exato da verdade das coisas.

> Com isso, o traço fundamental da verdade agora fica vinculado a uma outra essência: à orthótes, à exatidão. A palavra verdade continua ainda sendo expressa em grego por meio do vocábulo *alétheia*, mas o seu entendimento já não é mais fiel a sua origem, isto é, a referência ao não-velamento, mas à exatidão.[49]

Assim, a idéia passa a designar o ser do ente e se transforma em paradigma, em fundamento de uma metafísica que pensará o ente como ente e esquecerá do ser enquanto ser. O *logos*, dissociado da *physis*, buscará a verdade em proposições lógico-evidentes de enunciados lingüísticos, que deverão expressá-lo em termos de exatidão; exatidão e coerência que só se alcançarão transcendendo o mundo empírico dos sentidos na direção supra-sensível do mundo das idéias, única fonte de luz que poderá iluminar lógico-epistemologicamente o pensamento humano no delineamento conceitual da verdade conformada e adaptada ao que deve ser conhecido: "Conformar, adaptar, acordar, em grego se diz homoíosis. A verdade acontece, então, quando do o acordo (*homoíosis*) entre o entendimento e a coisa mesma for exato (*ortóthes*)".[50]

---

[45] HEIDEGGER, Martin. *A origem da Obra de Arte*. Op. cit., p. 119.

[46] Idem.

[47] PLATÃO. *A República*. Traduzido por Albertino Pinheiro. São Paulo: Atena, 1950, p. 287 e ss.

[48] MICHELAZZO, José Carlos. *Do Um Como Princípio ao Dois Como Unidade*. Op. cit., p. 33 e ss.

[49] Idem, p. 35.

[50] Idem.

Também Otto Pöggeler[51] ressalta que a doutrina das idéias de Platão, plasmada na Alegoria da Caverna, constitui uma viragem que vai determinar toda a história do pensamento ocidental, no que se refere ao conceito de essência da verdade, destacando o caráter educativo de inspiração socrática dos passos que compõem a escadaria evolutiva que leva da escuridão da caverna para a luz da idéia. Nos vários graus evolutivos do processo, a verdade também é vista como desocultamento, mas numa perspectiva que se reduz a um simples sair do oculto, sem levar em consideração o enfrentamento entre o sair da ocultação e o persistir nela. Desta forma, a verdade é o que apenas pela idéia libertariamente se descortina, permitindo somente através dela o discernimento claro dos entes por ela iluminados, que se essenciam pela luz advinda desta iluminação, no âmbito da qual o conceito metafísico do ser, liberto do ocultamento, ganha lógicos e claros contornos, passando a existir a partir e, unicamente, em referência ao aparecimento que o desocultamento propiciado pela idéia permite ver. Buscar a verdade nesta perspectiva significará uma rigorosa educação formal, que capacite o olhar humano a adaptar-se a ver as coisas pelos critérios exatos.

> *la verdad ya no es más desocultamiento en cyuanto rasgo fundamental de lo ente mismo, sino rectitud del mirar, o sea, una característica del comportamiento y relación del hombre con lo ente. La verdad deja de ser desocultamiento para convertirse en rectitud.*[52]

Na medida que a idéia passa a constituir o ser do ente, o que um ente é, passa a residir na sua aparência, isto é, um aparecer que emerge "para fora de um espaço já constituido e é visto por uma visão dentro das dimensões previamente estruturadas deste espaço".[53] Em outras palavras, a verdade do ente não é a sua essência, mas a sua aparência, que passa a consistir na sua essência, o que, na verdade, consiste numa falsificação da essência enquanto idéia, uma sublimação ideal do ser convertido em ente. O aparecer se reduz a uma cópia que jamais alcança sua essência originária.

> A verdade da *physis*, a *alétheia*, enquanto desvendamento que essencia no vigorar que emerge, torna-se agora uma adequação, um regular-se por uma correção e um direcionamento (Richtigkeit) da visão, da percepção como representação.[54]

Portanto, a clivagem platônica instaura uma mudança no conceito da essência da verdade, reduzindo sua natureza a uma conformidade entre a significação do enunciado e o objeto investigado, já que, metafisicamente falando, ao pressupor-se o enunciado como verda-

---

[51] PÖGGELER, Otto. *El Camino Del Pensar de Martin Heidegger*. Op. cit., p. 118 e ss.

[52] Idem, p. 120.

[53] HEIDEGGER, Martin. *Introdução à Metafísica*. Op. cit., p. 200.

[54] Idem, p.204.

deiro, o objeto submisso aos seus pressupostos logicamente também será verdadeiro. Como também ressalta Marléne Zarader, esta concepção de verdade se depositou na filosofia, resumida na formulação clássica que tão bem a define: *"Veritas est adaequatio rei et intelectus"*.[55]

Assim, a nova forma de compreensão do ser instaurada por Platão, que, na verdade, promoverá o esquecimento do ser, constituiu a gênese da metafísica, cuja essência consiste em pensar o ente como ente, e a idéia, como referência e paradigma deste pensar, irá determinar toda a seqüência do pensar ocidental. Neste sentido, mais uma vez podemos dizer com Heidegger que:

> Toda a metafísica, inclusive sua contrapartida, o positivismo, fala a linguagem de Platão. A palavra fundamental do seu pensamento, isto é, a exposição do ser do ente é eidos, idéia: a aparência na qual se mostra o ente como tal.[56]

Como assinala Jean-Paul Resweber,[57] constitui generalizada opinião que, em termos filosóficos, Aristóteles se constitui como o antiplatônico, pelo fato de o estagirita vislumbrar as formas ou idéias em imanência com o mundo empírico. Efetivamente, na Física, ele questiona a realidade particular das coisas materiais e sua manifestação a partir de si mesmas. Assim, identificando a natureza como o princípio do movimento (*archê Kineseôs*), todo o obrar humano tem uma origem, sua forma e seu escopo teleológico nas realidades naturais, ou seja, atividade humana e realidade natural em imanência ontológica "ganham corpo numa obra (*ergon*) que é a manifestação particular (*energeia*) de uma presença oculta (*entelechia*)".[58]

A preocupação e o relevo que Aristóteles concebe à dimensão empírica do mundo natural pode ser interpretada como uma aproximação da concepção pré-socrática da *physis*, quando, na verdade, conforme esclarece Heidegger,[59] ele apenas instaura um procedimento que busca nos pensadores "pré-platônicos" a forma de pensar metafísica que Platão iniciou e lhe deu continuidade, pois a forma como ele apresenta e critica, contrapondo as doutrinas dos pensadores originários às suas, desenvolvem-se a partir do seu próprio universo questionador, e a forma como ele as apresentou acabou se constituindo no modelo interpretativo a partir do qual a tradição posterior do pensamento ocidental passou a entendê-los, já fundamentada no ponto de vista dos pensadores posteriores. Embora Heidegger reconheça que, de Heráclito até Aristóteles, houve uma evolução do pensamento grego, indaga se esta evolução não se constitui numa transgressão do

---

55 ZARADER, Marléne. *Heidegger e as palavras de origem*. Op. cit., p. 63.

56 HEIDEGGER, Martin. O Fim da Filosofia e a Tarefa do Pensamento. *In: Os Pensadores*. Op. cit., p. 78.

57 RESWEBER, Jean-Paul. *O Pensamento de Martin Heidegger*. Op. cit., p. 80.

58 Idem, p. 80.

59 HEIDEGGER, Martin. *Heráclito*. Op. cit., p. 92.

Uma Tópica Jurídica
CLAREIRA PARA A EMERGÊNCIA DO DIREITO

pensamento anterior, levantando mesmo a instigante hipótese de que os pensadores originários, que não pensaram como Platão e Aristóteles, devem mesmo ser considerados atrasados em relação aos pensadores posteriores ou, então, se não terão eles antecipado todos os pensadores posteriores, justamente porque não pensavam como Platão e Aristóteles, ou,

> se os anteciparam de maneira tão essencial que até hoje os pensadores posteriores não só não conseguiram avaliar este salto antecipador, como nem mesmo chegaram a apreendê-lo e experimentá-lo como salto antecipador.[60]

Como se pode ver, o pensamento de Aristóteles, mais do que uma ruptura, representa, na verdade, a continuidade da interpretação da verdade platônica, entendendo-a como a essência daquilo que se mantém sempre igual no seu não-velamento:

> interpreta o aspecto (*eidos*) disto que aparece como presença (*ousia*). Esta tem uma característica central, que é a de possuir constância e consistência (*energéia*), no sentido de permanência, tal como acontece numa obra.[61]

Energéia é a palavra-guia com a qual Aristóteles nomeia o ser do ente. Ela é o elemento que torna consistente e permite a constância da presença (*ousia*), "seja na sua forma primária, sensível – *quoditas, existentia* – seja na sua forma subordinada, supra-sensível – *quiditas, essentia*".[62]

Como já observado, a aparente oposição de Aristóteles em relação ao idealismo Platônico (que via no mundo sensível apenas uma cópia deformada das idéias puras), estaria no fato de ele reconhecer a presença sensível do ente, inclusive lhe dando primazia, isto é, o aproximaria da concepção da verdade do pensamento originário. Heidegger, embora reconhecendo, em parte, a procedência do argumento, alerta para o fato de que, "entre energéia e a inicial essência do ser (*alétheia/physis*), está a idéia".[63] Portanto, ainda segundo a análise de José Carlos Michelazzo, o princípio fundamental que, para Platão, é a idéia, e, para Aristóteles, a energéia, constituem efetivamente a base de um pensar que já se afastou do ser, cuja concepção inicial o conceito de *physis* abrigava. Cabe citar, aqui, a síntese com a qual o supracitado autor consegue plasmar o ethos da dialética platônica-aristotélica a partir do seu fundamento metafísico, base não só do pensamento grego, mas de toda a cultura ocidental dele decorrente:

> Esta posição poderia ser expressa, resumidamente, na seguinte afirmação: formar (*paidéia*) um homem que venha a adquirir competência e excelência (*techné*) no trato

---

[60] HEIDEGGER, Martin. *Heráclito*. Op. cit., p. 93.

[61] MICHELAZZO, José Carlos. *Do Um Como Princípio ao Dois Como Unidade*. Op. cit., p. 45.

[62] Idem, p. 46.

[63] HEIDEGGER, Nietzsche, v. II, Paris: Gallinard, p. 329, *apud* Michelazzo, José Carlos. *Do Um Como Princípio ao Dois Como Unidade*. Op. cit., p. 46.

com os entes, à medida que ele perceba (*idéin*) o que eles sejam (idéia/energéia) em sua verdade (*ortóthes*), de tal forma que lhes permita dizer ou propor algo a repeito deles (*logos*).[64]

À medida que o *logos* foi se desmembrando e, gradativamente, se contrapondo à essência originária da *physis*, ao ponto de, segundo Heidegger, se constituir: "(como razão) o tribunal que julga o ser e que assume e regula a determinação do ser do ente".[65] Essa subordinação do ser ao pensamento como *ratio*, transformou a existência do homem, promovendo, a partir do fim do pensamento originário, uma nova visão do ser humano, e a partir de seu início, que se caracterizou como fim do início originário, mas, como também reconhece Heidegger, "esse fim primordial do grandioso início, a filosofia de Platão e Aristóteles, permanece grandioso, mesmo que ainda lhe subtraiamos toda a grandiosidade de seus efeitos e repercussões sobre o Ocidente".[66]

Efetivamente, como Heidegger reafirma na sua Carta ao Humanismo,[67] com Platão e Aristóteles, a filosofia passa a se justificar em face das ciências, elevando-se ela mesma à condição de ciência, como decorrência do abandono da essência do pensar, agora submetido aos critérios rigorosos da interpretação lógica, aliás, nomes como lógica, física, ética, metafísica e, mesmo, filosofia só começam a emergir a partir do ocaso do pensamento originário.[68]

Assim, como demonstra criticamente o pensamento heideggeriano, toda construção do pensamento que edificou a civilização ocidental acha-se comprometido na sua base com a originária ruptura platônica, cuja base ontológica, a idéia, é o fundamento do qual emana toda a validade conceitual da construção de um pensar metafísico, que através de uma teorização logicamente sistematizada, tem a pretensão de estabelecer princípios de validade eterna, ou seja, o idealismo platônico culmina, vislumbrando na idéia a própria manifestação do ente supremo, o *tò theion*, isto é, o próprio Deus é idéia. Assim, caracteriza-se a metafísica platônica, na sua essência, como uma onto-teo-logia. Também Aristóteles lança mão do argumento divino para resolver as ambigüidades da sua ontologia, como um deslize que reforça o platonismo que vige no seu pensamento:

> Deus, o mais elevado "sendo", é a causa última que justifica simultaneamente os caracteres gerais do ser e as determinações particulares do "sendo". Ele é o lugar onde o universal e o particular se unem.[69]

---

64 MICHELAZZO, José Carlos. *Do Um Como Princípio ao Dois Como Unidade*. Op. cit.p. 47.

65 HEIDEGGER, Martin. *Introdução à Metafísica*. Op. cit., p. 195.

66 Idem, p. 196.

67 HEIDEGGER, Martin. *Carta Sobre o Humanismo*. Traduzido por Pinharanda Gomes. Lisboa: Guimarães, 1987, p. 34 e ss.

68 Idem, p. 36.

69 RESWEBER, Jean-Paul. *O Pensamento de Martin Heidegger*. Op. cit., p. 81.

Desta forma, também em perspectiva onto-teo-lógica, Aristóteles resolve as aporias que caracterizam os falsos dualismos do seu pensamento, que assim se fundem no ser divino, um Deus absoluto, cuja imagem influenciará a subseqüente filosofia e teologia de toda tradição ocidental. Paradoxalmente, a partir do fundamento onto-teo-lógico platônico-aristotélico, derivará o humanismo do ocidente. Neste sentido, observa Jean-Paul Resweber,[70] que a prioridade concebida por Platão à representação (idéia) promoveu o nascimento da axiologia, ou seja, a estruturação do pensamento a partir de valores. Conforme a hierarquia axiológica desenvolvida na República, o espírito humano, ao ajustar-se à realidade verdadeira que só a comunhão com a idéia propicia, tende a progredir de idéia em idéia, numa dialética ascendente que culmina no ápice de uma idéia absoluta, que é a fonte da verdade metafísica, o *Ágathon*, o supremo bem, o *locus* eterno da verdade inquestionável, donde emana a legitimidade que fundamenta e regula perenemente todas as outras idéias a ela inexoravelmente vinculadas, numa cadeia que o rigor da lógica estrutura. O homem, nesta perspectiva, desvinculado do ser, surge como um ente, para sempre condenado a uma existência, cujo sentido já vem, *a priori*, delimitado pela idéia do bem. Prisioneiro dela, o homem não tem outra alternativa senão conformar-se aos seus ditames normativos, cindido moralmente a um transcendente dever-ser, que, fundado na idéia do bem, manda ser. Assim, submisso ao império lógico da idéia e sendo por ela determinado, o homem deixa de ser o que ele é, assumindo, como sua essência, algo que promana do exterior de si mesmo.

Como bem adverte Otto Pöggeler, o humanismo que deriva do idealismo platônico *"emplaza al hombre – solo o en comunidad – en una 'metafísica armazón fundamental de lo ente' para libertar-lo así en pro de sí mismo y de sus posibilidades, y de asegurarlo en la certeza de sí mismo"*.[71]

Como se pode ver, na medida em que a metafísica assegura uma base sólida e perene do que é certo e verdadeiro, a práxis humana a ela vinculada também se reveste de certeza e segurança na globalidade do seu agir, que se corporifica historicamente nos termos de um humanismo antropológico.

Evidente que esta concepção metafísica de humanismo, que irá fundamentar o sentido desta palavra no imaginário ocidental, ao fixar a essência do homem fora dele, não reflete o sentido do verdadeiro humanismo, conforme esclarece a crítica de Heidegger na sua *Carta Sobre o Humanismo*.[72]

---

[70] RESWEBER, Jean-Paul. *O Pensamento de Martin Heidegger*. Op. cit., p. 78 e ss.

[71] PÖGGELER, Otto. *El Camino del Pensar de Martin Heidegger*. Op. cit., p. 121.

[72] HEIDEGGER, Martin. *Carta Sobre o Humanismo*. Op. cit., p. 41.

Ele é, na sua essência, fruto de um pensamento que se volta para o ente, pensando o ser a partir do ente, vislumbrando-o no plano daquilo que o ente é, isto é, no plano da entidade.[73] Desta forma, perspectivando a compreensão da realidade a partir do ente na sua totalidade, a visão da humanidade do homem determina-se a partir de um ponto fixo, do qual se deduz, metafisicamente, a própria verdade da existência humana, da natureza e da história. Neste sentido, "Toda a determinação da essência do homem que já pressupõe a interpretação do ente, sem a questão da verdade do ser, e o faz sabendo ou não sabendo, é Metafísica".[74] Dentro desta lógica, o humanismo metafísico platônico-aristotélico, além de não questionar a relação do ser com o ser do homem, impossibilita, na sua essência, esta mesma relação. Os ecos entificados deste homocentrismo, difundidos pelos mestres do helenismo decadente, ganharam afirmação na *humanitas* dos romanos. Em que pese o caráter pragmático da sua visão de mundo, o império foi o berço onde o primeiro humanismo ganhou forma e consistência, permanecendo, desde então, na sua essência, vinculado a Roma. Segundo Heidegger,[75] foi na época da república romana que a *humanitas*, sob este mesmo nome, passou a ser visualizada e refletida. Contrapondo o *homo humanus*, o romano, cuja *virtus* consistia moralmente na incorporação da herança dos valores gregos da *paidéia*, em relação ao *homo barbarus*, oriundo de outras culturas. Assim, a partir da *humanitas romana* e através dela, a concepção metafísica da *paidéia* grega estendeu-se, hegemonicamente, por toda a subseqüente civilização ocidental. "Do humanismo, entendido historicamente, faz sempre parte um studium humanitates; este estudo recorre, de uma certa maneira, à Antigüidade, tornando-se, assim, em cada caso, também um renascimento da grecidade".[76] Reforçando esta tese de Heidegger, Michel Haar[77] salienta que, apesar das transformações que sofreu, a *alétheia* não determina apenas o homem grego, mas, em imanência com o devir histórico do humanismo, faz-se presente em todas as figurações sucessivas do homem, não apenas do homem ocidental a ela mais estreitamente ligado, mas transcendendo seu amplexo até a configuração do homem planetário. É o grandioso começo grego entendendo-se até o fim, numa evolução histórico-dialética que intercala a verdade metafísica com a progressiva destruição da *alétheia*. Se, no plano político, o homem do grande início, sem a pensar expressamente mantinha uma relação total com a *pólis*, que

---

73 HEIDEGGER, Martin. *Heráclito*. Op. cit., p. 72.

74 HEIDEGGER, Martin. *Carta Sobre o Humanismo*. Op. cit., p. 43.

75 Idem, p. 41 e ss.

76 Idem, p. 42.

77 HAAR, Michel. *Heidegger e a Essência do Homem*. Traduzido por Ana Cristina Alves. Lisboa: Instituto Piaget, 1990, p. 195.

antes das grandes cisões metafísicas o envolvia e absorvia num plano em que

> nada de humano é separado e nenhuma relação é separável. *Physis, logos, pólis,* techné, théion exprimem, cada um, relações com a unidade e a totalidade do ser como *alétheia,* ou melhor, enquanto relações recíprocas.[78]

Assim, para além da sua identificação com o ente jurídico estatal ou lugar democrático da assembléia em que conflituosamente conviviam o senhor e o escravo, o justo e o injusto, também além das concepções racionais da ciência política, a essência não clarificada da *pólis* pressupunha-a como o lugar da *alétheia.* Isto ainda se pode vislumbrar num texto tardio como a República, cuja reificação da *politéia,* em perspectiva romana, se denominou *res publica.*[79] Da mesma forma, o *zôon politikon* de Aristóteles[80] constitui uma reafirmação de que, mesmo o homem grego, até uma época tardia, não se desvinculou do ser, eis que sua essência continua vinculada à *pólis.* A perda dessa condição, como atesta o coro de Antígona, identifica o ostracismo do *a-pólis* como o não existir, como a morte.

Portanto, mesmo em seu declínio e já reduzida pela metafísica platônico-aristotélica, a *paidéia* grega é reafirmada pela *humanitas romana* no contexto marcado pelas escolas filosóficas que emergiram no helenismo.

1.3. A Reafirmação da Metafísica Clássica na Fundamentação Teológica do Cristianismo

Num contexto histórico-cultural em que já se evidenciava a decadência do mundo clássico, emergiu, do seio do judaísmo, uma nova concepção religiosa.

Fundamentada nas interpretações revolucionárias que Jesus de Nazaré efetuou sobre a Bíblia Judaica, a nova visão de mundo acabou se tornando a hegemônica orientação mística e moral de todo o ocidente.

Tendo por base a bondade, o amor e o repúdio por qualquer forma de violência, a mensagem do Mestre da Galiléia, após provocar um cisma na Judéia, foi se disseminando e ganhando adeptos por todo o império romano e constituindo comunidades que passaram a viver segundo seus ensinamentos.

---

[78] HAAR, Michel. *Heidegger e a Essência do Homem.* Op. cit., p. 212.

[79] Idem, p. 209.

[80] Ibidem, p. 210.

Para essas comunidades, consideradas heréticas, quer pela religião oficial de Israel, quer pelas leis do Império, Jesus de Nazaré era o Messias esperado secularmente, isto é, o Cristo.

Mesmo brutalmente perseguidas, as comunidades cristãs não pararam de crescer, estruturadas a partir dos conteúdos dos evangelhos redigidos por discípulos após a morte de Jesus. Eles continham nos seus textos, além de aspectos relacionados à sua vida e a seus atos, o essencial da sua pregação mística. Também é importante ressaltar, na estrutura formativa das primeiras comunidades cristãs, o papel desempenhado por Saulo de Tarso, um erudito sacerdote do clero judaico, que, empenhado na repressão da nova seita, acabou a ela se convertendo e se constituindo num dos mais importantes pilares da construção do que seria a Igreja de Cristo. Saulo de Tarso que, após convertido, passaria a ser conhecido por São Paulo, deu à nova crença não apenas o seu talento, como se pode comprovar nas memoráveis epístolas por ele deixadas, como também, a exemplo de outros tantos milhares de mártires, deu a ela a própria vida.

Foi somente a partir do início do quarto século da nossa era, quando ocorreu a conversão do Imperador Constantino, que a perseguida seita herética se transformou na religião oficial do império, ganhando o estatuto de Igreja Universal. Esse marco histórico propiciou, entre outras conseqüências, o surgimento da teologia, que passou a fundamentar a interpretação dos textos evangélicos, tendo por base os pressupostos metafísicos da filosofia clássica grega. Assim sendo,

> Igreja e teologia juntos – à medida que formam uma doutrina como fruto de uma interpretação da realidade, da verdade, do próprio homem e mediante a qual estabelecem e consolidam um modo de vida pautado por preceitos e sanções – tornam-se cristianismo.[81]

Constituindo-se como centro não só religioso, mas também cultural e social, no âmbito agonizante do império decadente, o cristianismo determinou o rumo da civilização ocidental a partir dos pressupostos místicos da sua metafísica teológica, instituindo um novo período histórico que, em oposição ao mundo antigo, caracterizará o mundo medieval. A fundamentação teológico-metafísica que, amparada nos pressupostos teóricos da filosofia clássica, ditará a concepção transcendental do cristianismo medieval, determinará, segundo a crítica heideggeriana, uma ruptura com a concepção do cristianismo primitivo, que ainda não teologizado, desenvolvia-se em imanência fático-histórica no plano da existencialidade prática da vida comunitária. Nesse sentido, comentando a reflexão de Heidegger em Introdução à Fenomenologia da Religião, Otto Pöggeler[82] observa

---

[81] MICHELAZZO, José Carlos. *Do Um Como Princípio ao Dois Como Unidade*. Op. cit., p. 49.

Uma Tópica Jurídica
CLAREIRA PARA A EMERGÊNCIA DO DIREITO

que a fé do cristianismo primitivo alicerçava-se na dimensão da vida fática, isto é, no plano da experiência vital, como acontecer histórico vivenciado temporalmente, existencialmente.

Segundo o filósofo, esta pureza existencial da vida prático-comunitária será obnubilada pelas brumas discursivas da transcendentalidade idealista da metafísica teológica. Analisando os fundamentos filosóficos da mística medieval, observa Heidegger que, nesse contexto, a maneira de viver, bem como a teoria e doutrina que fundamentam a vida decorrem de uma interpretação metafísica e se orientam a partir dela. *"La reconstrucción histórico-filosófica de estos fundamentos lleva a Agustín, al neoplatonismo, a la Stoa, a Platón y a Aristóteles"*.[83] Desta forma, no contexto de um cristianismo já impregnado pelo neoplatonismo, pelo helenismo e por uma orientalização,[84] é que florescerá, influenciado por ela, a reflexão mística do primeiro grande teólogo do cristianismo: Santo Agostinho. Sua influência será enorme na formação da espiritualidade ocidental, a ponto de Heidegger referir que a teologia medieval descansa sobre ele: *"La mística medieval es una revitalización del pensamiento teológico y de la práctica eclesial de la religión, que se retrotrae, en lo esencial, a motivos agustinianos"*.[85]

Assim, através de Santo Agostinho, pode-se dizer que a sombra de Platão continua pairando sobre a cristandade. O estro transcendental da sua estetização idealista, incorporada pelo grande teólogo, levou este a uma concepção de vida contemplativa, teleologicamente orientada para um ideal de harmônico quietismo ascético, cuja essência é um *a priori* que promana da fonte divina, a qual se atinge numa evolução ascendente pelos degraus espirituais de uma hierarquia axiológica.

No ponto culminante dessa hierarquia, na qual Platão comungava com a divindade no convívio das idéias puras, *a fruitio Dei agostiniana*, a partir da superação das contingências do mundo empírico, busca o convívio transcendente com o Verbo divino encarnado em Cristo.

Como reconhece Santo Agostinho nas suas *Confissões*, foi preciso renegar o obscuro abismo da consciência humana, para, elevando-se espiritualmente até Deus, encontrar nele, e só nele, a matéria da verdadeira alegria.

> Mas agora que os meus gemidos testificam, que me desagrado de mim, vós resplandeceis, e me agradais, e sois amado, e desejado; de sorte que me envergonho de

---

[82] PÖGGELER, Otto. *El Camino Del Pensar de Martin Heidegger*. Op. cit., p. 43 e ss.

[83] HEIDEGGER, Martin. *Estudios Sobre Mística Medieval*. Traduzido por Jacobo Munõz. Madrid: Ediciones Siruela, 1997, p. 214.

[84] Idem, p. 37.

[85] Ibidem, p. 23.

mim, e me desprezo e, elejo a vós não contente de agradar-vos a vós, nem a mim, senão por vós.[86]

Comentando o curso que Heidegger ministrou sobre Santo Agostinho e o Neoplatonismo no semestre de verão de 1921, Otto Pöggeler[87] observa que, para ele, tanto o filósofo grego, como o teólogo cristão por ele influenciado negam radicalmente a possibilidade da construção de uma sociedade justa, orientada normativamente pela liberdade da práxis humana e a partir de fundamentos ontológicos advindos da racionalidade humana. A possibilidade dessa concreção só se viabilizará tendo por base a já revelada verdade divina, que transcende as possibilidades humanas. Fechar os olhos para a luz da verdade revelada, persistindo no equívoco de um autoconhecimento humano, significa optar pelo exílio do bem e do justo, em favor da persistência equivocada no reino da maldade humana, a *civitas impiorum*.

> *Del neoplatonismo toma San Agustín el pensamiento de que lo bueno y lo bello corresponden al ser, del que es posible "disfrutar". En la fruitio Dei se disfruta de Dios en tanto que El es summun bonum, y sólo de El cabe disfrutar (frui).*[88]

Muito embora, como reconhece Jeffrey Andrew Barasch,[89] na mesma linha evocativa de Heidegger, se, em diversas passagens de Santo Agostinho, percebe-se nele preocupação com a experiência fática da vida, a essência do seu pensar, que culmina na idéia do *summum bonum*, apóia-se no logicismo metafísico da hierarquia axiológica platônica, trazendo, como conseqüência, o encarceramento da vida histórico-cultural, num dogmático sistema especulativo de rígidos conceitos normativos: "Esta hierarquia de valores encerra Deus e o homem num mesmo sistema especulativo, no seio do qual a finalidade da vida recebe uma definição predeterminada".[90]

Como se pode ver, a influência da metafísica platônica em Santo Agostinho e a influência deste na estruturação do corpo doutrinário da patrística, que foi a orientação hegemônica da Igreja entre os séculos II e VIII da nossa era, levam-nos a concluir que, da mesma forma que Platão afastou os poetas do seu estado ideal, em favor de um logicismo dogmático-metafísico, a teologia da igreja medieval, em favor desse mesmo dogmatismo, afastou-se da poética essência dos evangelhos.

Essa mesma postura, como procuraremos demostrar, manter-se-á, em que pesem algumas variações conceituais. Na concepção da

---

86 SANTO AGOSTINHO. *Confissões*. Salvador: Livraria Progresso, 1956, p. 205.

87 PÖGGELER, Otto. *El Camino Del Pensar de Martin Heidegger*. Op. cit., p. 46 e ss.

88 Idem, p. 47.

89 BARASCH, Jeffrey Andrew. *Heidegger e o Seu Século*. Tempo do Ser, Tempo da História. Traduzido por André do Nascimento. Lisboa: Instituto Piaget, 1995, p. 104.

90 Idem.

escolástica, o segundo grande movimento teológico da Idade Média, que originário no seio do próprio clero católico, opor-se-á à patrística, buscando o apoio teórico na racionalidade Aristotélica. A nova postura, que começará a se impor a partir do século IX, conhecerá a hegemonia no século XIII, quando viveu seu maior intérprete: Santo Tomás de Aquino.

Dessa forma, as velhas contradições filosóficas que, no mundo clássico, opuseram a Academia e o Liceu, reeditam-se teologicamente na Idade Média, no confronto entre a patrística e a escolástica. Neste cenário, a interpretação do ser como energéia, proposta por Aristóteles, significando a presença consistente, ressurge na interpretação escolástica da realidade como *actualitas*.[91] No entanto, a *actualitas* dos escolásticos, procurando reviver o pensamento aristotélico, sob o influxo do aprofundamento teológico do cristianismo, supera o reducionismo romano da *actualitas* como um simples agir, que segundo Heidegger, redunda no *ópus do operari, o factum do facere, o actus do agere*.[92] Portanto, a interpretação escolástica da *actualitas* procura conservar o sentido inicial da energéia aristotélica, manifestando-se igualmente através de dois âmbitos:

> o singular (*quodditas/existentia/actus*) e o geral (*quidditas/essentia/potentia*). Este último âmbito da distinção, o geral (*quidditas*), tanto no pensamento do estagirita quanto no dos escolásticos, acha-se comprometido com a doutrina do ser de Platão, interpretado como idéia, que possui, entre seus traços centrais, o de aitía, isto é, o aspecto primeiro, a coisa original, a causa.[93]

Mais uma vez fica claro, como bem salienta Jean-Paul Resweber,[94] que a inversão que Aristóteles promove no interior do platonismo é, na verdade, comandada pelo idealismo platônico.

A ruptura aristotélica com o conceito de forma (idéia), elevada à condição de realidade por Platão, levou o estagirita ao beco sem saída de uma ambígua aporia, ambigüidade que se manifesta na relação da sua concepção de forma, com a manifestação e a presença (*ousia*), que tentam englobar tanto a dimensão da singularidade concreta, como o

---

[91] Com relação ao Conceito de "actualitas", José Carlos Michelazzo em Do Um Como Princípio ao Dois Como Unidade, observa que Heidegger aponta criticamente para o problema da tradução desta palavra no contexto romano, referindo a desconexão da tradução em relação ao contexto experiencial que originou o seu autêntico sentido, "Assim, no que Aristóteles interpretou como presença, os romanos viram ação" (*In: Do Um Como Princípio ao Dois como Unidade*. Op. cit., p. 53). Ora, este ativismo romano como forma de compreender o mundo "leva à tradução incompreendida da palavra grega e à incompreensão da problemática interior àquela palavra" (cf. Beaufret, Jean. *Introdução às Filosofias da Existência*: de Kierkegaard à Heidegger. Traduzido por Salma Tanmes Muchail São Paulo: Duas Cidades, [s.d.], p. 72).

[92] HEIDEGGER, Martin. L'Éternel Retour du Même et la Volonté de Puissance, *in* Nietzsche, v. II. Paris, Gallimard, 1961. Trad. Pierre Klossawski, p. 332, *apud* Michelazzo, José Carlos. *Do Um Como Princípio ao Dois como Unidade*. Op. cit., p. 53.

[93] Idem, p. 54.

[94] RESWEBER, Jean-Paul. *O Pensamento de Martin Heidegger*. Op. cit., p. 80, 81.

universo transcendente da generalidade abstrata, numa dialética em que o primeiro se subordina ao segundo e cuja síntese culmina teleologicamente na amarração lógica das categorias ideiais engendradas espiritualmente. Sem poder responder como atingir a singularidade do real, a partir de um transcendente desvio pela generalidade abstrata, apesar de todo o seu esforço libertário, o pensar aristotélico, redunda na prisão aporética do dualismo platônico. Assim, envolvido pela força da idéia, acaba consumando o exílio da natureza na dimensão do seu *logos*. Como um último recurso para resolver a ambigüidade da sua ontologia, recorre Aristóteles à teologia? – pergunta criticamente Jean-Paul Resweber,[95] inclinando-se pela probabilidade afirmativa dessa possibilidade, pois os dois conceitos de metafísica propostos pelo estagirita como "ciências das primeiras causas e dos primeiros princípios" e "Ciência do sendo enquanto ser" coincidem, e Deus, identificado como o supremo Sendo, justifica e imanta como causa última a generalidade do ser, com as determinações do sendo no plano das especificações particulares. É o "deus *ex machina*" da metafísica dissolvendo em si os falsos dualismos do pensamento, força centrífuga absoluta no âmbito da qual o universal e o particular se unificam.

Ao buscar apoio teórico na racionalidade aristotélica, para a fundamentação da sua concepção teológica, Santo Tomás de Aquino legitima teologicamente a ambigüidade ontológica da metafísica de Aristóteles, pois o ser que o grande escolástico interroga "designa quer o laço lógico que une o predicado e o sujeito ou ainda o objeto transcendental para o qual se orienta o espírito cognoscente, quer o próprio princípio da existência (actus essendi)".[96]

Onde a dialética aristotélica, movida pelo *animus* da enteléquia, que teleologicamente conduz a inteligência racional até a causa primeira, o motor imóvel superior que possibilita a movimentação de todas as outras coisas que lhe são inferiores, Santo Tomás de Aquino, apoiado na mesma lógica, chega a Deus: a fonte normativa divina que é eterna, donde nada de iníquo pode proceder, sendo justo que, por ela, todas as demais coisas são ordenadas.

> Como já dissemos, a lei implica uma certa razão directiva dos actos para um fim. Ora, em todos os motores ordenados, é necessário que a força do motor segundo derive da força do primeiro; pois aquele não se move senão enquanto movido por este.[97]

Como se pode ver, já bastante distanciado da poética concepção dos evangelhos que norteou a comunhão com a divindade no cristianismo primitivo, o Deus que deriva da teologia escolástica se justifica no plano rigoroso e dogmático da racionalidade lógico-metafísica, o

---

[95] RESWEBER, Jean-Paul. *O Pensamento de Martin Heidegger*. Op. cit., p. 80, 81.

[96] Idem.

[97] AQUINO, Tomás de. *Suma Teológica*. Traduzido por Alexandre Corrêa. Caxias do Sul: Sulina, 1980. v. IV, p. 1752.

que, segundo Heidegger,[98] significa a redução do *logos* sem possibilidade de contradição ao plano formal de enunciado lógico, simples dado manuseável que se utiliza como ferramenta para conquistar e assegurar a verdade como correção.

Como salienta José Carlos Michellazzo em perspectiva heideggeriana,[99] o advento do cristianismo propiciou a emergência de uma Segunda interpretação do ser no âmbito da metafísica. Sucedendo a concepção de idéia em Platão e energéia em Aristóteles, o pensar teológico da Idade Média concebeu o ser como *ens creatum*, identificado como o real eficaz, segundo o conceito de *actualitas*, cujo fundamento é o real supremo, o Deus *creator*.

Desta forma, na medida em que o cristianismo se vale da racionalidade metafísica para a fundamentação da sua doutrina, ele prepara as bases para a estruturação lógica do idealismo metafísico, que caracterizará a racionalidade transcendental da modernidade como supremacia da razão humana e, no contexto propiciado pelo absolutismo da razão, o ser do ente será pensado segundo os critérios rigorosos da matemática.

> O ser assim calculável e colocado em termos aritméticos converte o ente em algo de dominável pela técnica moderna que, matematicamente estruturada, é essencialmente distinta de todo e qualquer uso de ferramentas até então conhecido.[100]

Muito embora o próprio Heidegger reconheça que, com o *"cogito sum"*, Descartes pretende dar um novo e rigoroso fundamento à filosofia, "Todo conhecedor da Idade Média percebe que Descartes 'depende' da escolástica medieval".[101] Na verdade, como veremos, em que pese a subjetividade lógica da modernidade, propugnar a autonomia da razão, ela continua prisioneira dos pressupostos lógico-dogmáticos que, desde o idealismo platônico, embasam metafisicamente toda a tradição do pensamento ocidental.

1.4. O Paradigma Moderno e a Transcendentalização da Metafísica na Representação Subjetiva

Como falar de modernidade, pergunta Alain Touraine,[102] se não existe, afirmado e reconhecido, um princípio geral que possa com clareza defini-la?

---

[98] HEIDEGGER, Martin. *Introdução à Metafísica*. Op. cit., p. 205.

[99] MICHELLAZZO, José Carlos. *Do Um Como Princípio ao Dois Como Unidade*. Op. cit., p. 57.

[100] HEIDEGGER, Martin. *Introdução à Metafísica*. Op. cit., p. 201, 211.

[101] HEIDEGGER, Martin. *Ser e Tempo*. Op. cit., p. 54.

[102] TOURAINE, Alain. *Crítica da Modernidade*. Traduzido por Elia Ferreira Edel. Petrópolis: Vozes, 1994, p. 17.

O projeto da modernidade, também nos assegura Boaventura de Souza Santos,[103] não se constitui em paradigma linear. Por ser muito rico e potenciador de inumeráveis possibilidades, é, na sua essência, dialeticamente contraditório, e, em seus desdobramentos históricos, verificam-se os choques de sucessivas antinomias.

No entanto, no contexto problemático e genérico da sua emergência, confluem algumas evidências que, em traços genéricos, definem alguns contornos inerentes à modernidade. Nesse sentido, ela aparece vinculada como o período histórico que se inicia com a renascença e a Reforma, tendo como traços característicos a rejeição da autoridade eclesiástica, fruto de um desencantamento com a visão mística da Idade Média, em prol de uma emancipação de cunho humanista, que viria a afirmar, através de um amplo movimento de secularização, uma gradativa concepção científica de mundo.

Dessa forma, pode-se dizer que o paradigma moderno procura alicerçar-se em uma racionalidade científica, cujo ímpeto emancipatório procurará extrair dos seus próprios critérios a normatividade da nova civilização que a sua ruptura engendrará, o que gradativamente consumará, a partir da desvinculação com os laços axiológico-comunitários da cultura medieval, uma gradativa afirmação do individualismo, não mais alicerçado na normatividade oriunda da lógica aristotélico-tomista da escolástica.

Portanto, o elemento distintivo que caracterizará os tempos modernos, em relação a todas as épocas históricas que o precederam, a partir da libertação humanista da Renascença ainda vinculada estética e filosoficamente ao mundo clássico, será a afirmação hegemônica de um paradigma fundamentado na racionalidade científica, cujas primeiras grandes realizações ganharão corpo ao longo do século XVII, numa atmosfera mental metodologicamente disciplinada pelos critérios da astronomia e da física.

Nesse sentido, também Bertrand Russel afirma que é no século XVII que o espírito da mentalidade moderna se delineia com clareza.

> Nenhum italiano da Renascença teria sido ininteligível a Platão ou Aristóteles; Lutero teria horrorizado Santo Tomas de Aquino, mas não lhe teria sido difícil entendê-lo. Quanto ao século XVII, é diferente: Platão e Aristóteles, Aquino e Occam, não conseguiriam ver nem pés nem cabeça em Newton.[104]

Embora se tenha consciência da fragilidade de qualquer rigorosa delimitação nas datações das sucessões temporais, também nos parece claro que, efetivamente, a partir do século XVII, começa a emergir e tomar forma o amplo conceito da modernidade, a partir de uma con-

---

103 SANTOS, Boaventura de Souza. *Pela Mão de Alice*. São Paulo: Cortez, 1997, p. 77.

104 RUSSEL, Bertrand. *Obras Filosóficas*. Traduzido por Brenno Silveira. São Paulo: Cia. Editora Nacional, 1969. v. III, p. 45.

cepção de mundo voltada para a razão e a experiência, com a pretensão secularizada de libertar o sujeito pensante, para as inúmeras possibilidades, que levaram o homem moderno a acreditar de maneira otimista num progresso edificante, que viria a possibilitar cientificamente uma felicidade terrena.

Analisando a gênese da modernidade na história real, Klaus Von Beyme[105] observa a tendência que cada ciência em particular possuía no sentido de identificar metodologicamente um conceito de modernidade, a partir de uma identificação restrita aos pressupostos inerentes ao seu específico campo de investigação. Assim sendo, um conceito de modernidade centrado na perspectiva econômica procuraria equipará-la em imanência com o capitalismo emergente, o que efetivamente se constatou quando a sociedade industrial dele decorrente se definiu como moderna. No plano genérico da dimensão cultural, um estilo de vida afirmado a partir da secularização, histórico-existencialmente delimitado pelos critérios lógicos da razão, promoveria um gradativo desencanto do mundo. Já a reflexão de índole político-jurídica vislumbrou o principal critério da modernidade na racionalidade jurídica, que, aspirando a uma sociedade democrática, perspectivou o Estado Constitucional de Direito.

Boaventura de Souza Santos, na sua *Crítica da Razão Indolente*, identifica no emergente paradigma, em que pese suas raízes essencialmente ocidentais, um modelo global e totalitário, cuja racionalidade negará valor científico a todas as formas de conhecimento, não identificados epistemológica e metodologicamente com os seus pressupostos paradigmáticos, claramente consubstanciados na

> teoria heliocêntrica do movimento dos planetas de copérnico, nas leis de Kepler sobre as órbitas dos planetas, nas leis de Galileu sobre a queda dos corpos, na grande síntese da ordem cósmica de Newton e, finalmente, na consciência filosófica que lhe conferem Bacon e Descartes.[106]

Efetivamente, o pensamento dominante no âmbito da modernidade emergente foi o de Descartes. Seu rigoroso racionalismo lógico levou-o a desconfiar dos dados oferecidos pelo saber empírico que ele considerava, o mundo ilusório das sensações e das meras opiniões. Como observa Cassirer,

> A partir de meados do século XVII, esse espírito Cartesiano penetra em todos os domínios. Ele não se impõe somente na filosofia mas também na literatura, na moral, na política, na teoria do Estado e da sociedade; chega ao ponto de afirmar-se na teologia, dando a essa disciplina uma forma inteiramente nova.[107]

---

[105] BEYNME, Klaus Von. *Teoria Política Del Siglo XX, Del la Modernidad a la Postmodernidad*. Traduzido por Jesús Alborés. Madrid: Alianza, 1994, p. 31 e ss.

[106] SANTOS, Boaventura de Souza. *A Crítica da Razão Indolente*. São Paulo: Cortez, 2001. v.1, p. 61.

[107] CASSIRER, Ernst. *A Filosofia do Iluminismo*. Traduzido por Álvaro Cabral. Campinas: Unicamp, 1992, p. 50, 51.

O propósito cartesiano para bem conduzir a razão e procurar a verdade no universo científico buscou no rigor metódico a sua estruturação, pois não basta a clarividência racional que um indivíduo possa ter. O fundamental é o rigor metódico com que logicamente possa vir a aplicá-lo. Para que essa aplicação possa ser coerente e verdadeira, deve trilhar o caminho delimitado pela dedução, que se ampara numa verdade incontestável *a priori* definida. Isto levou-o a buscar amparo nas matemáticas, em conseqüência da certeza e evidência propiciada pela sua racionalidade. Essa busca, decidida por uma verdade rigorosamente lógica, engendrou no pensar de Descartes um crescente questionar de índole dubidativa, cujo ceticismo inicial, envolvendo o mundo sensorial, evoluiu para uma dúvida geral que, questionando tudo, caracterizaria a mola propulsora do seu método. Referindo-se à filosofia, não obstante ela ser cultuada pelos mais altos espíritos há vários séculos, "nela não se encontra coisa alguma sobre a qual não se discuta e, por conseguinte, que não seja duvidosa".[108] Da mesma forma, referindo-se às outras ciências que tiram seus princípios da filosofia, ele deduz que "nada de sólido se podia ter construído sobre fundamentos tão pouco firmes".[109]

Assim como na filosofia e nas ciências, também a observação das tradições culturais dos povos, eivadas de coisas ridículas e extravagantes, nada lhe ofereciam para que fundamentasse um saber seguro.

Diante desse contexto, Descartes concluiu que não bastava suprimir ou reformar o campo geral das ciências, mas ajustá-las metodicamente segundo o cânone rigoroso da razão lógica, conduzindo o pensamento através de cadeias de dedução com a geométrica cristalinidade que só as matemáticas propiciam, partindo das evidências mais simples e subindo platonicamente pelos degraus metafísicos da certeza, até alcançar os conhecimentos mais compostos, para, enfim, por último: "fazer em tudo enumerações tão completas, e revisões tão gerais, que eu tivesse certeza de nada omitir".[110] Evidente que, para atingir tal escopo, o pensar cartesiano, motivado pela radicalidade dubidativa, necessitava de um primeiro princípio irrefutável. Esse princípio ele encontrou numa reflexão existencial de índole subjetivo-transcendental, que o levou à certeza de que existia, a partir do seu pensar, evidência que consubstanciou na célebre máxima: penso, logo existo.

Notando que esta verdade – penso, logo existo – era tão firme e tão certa que todas as mais extravagantes suposições dos céticos não eram capazes de a abalar, julguei

---

108 DESCARTES, René. *Discurso do Método*. Traduzido por Maria Ermantina Galvão. São Paulo: Martins Fortes, 2001, p. 12.

109 Idem.

110 DESCARTES, René. *Discurso do Método*. Op. cit., p. 23.

que podia admiti-la sem escrúpulo como o primeiro princípio da filosofia que buscava.[111]

Assim, Descartes reconhece-se como uma substância que, independentemente de qualquer coisa material, descobre a essência da sua natureza em imanência com o seu pensar, esse eu que, mesmo o corpo não existindo, não deixaria de ser o que é.[112] Mas o *animus* dubidativo, não satisfeito com a perfeição dessa veracidade fundante, levou-o a indagar sobre o fundamento do fundamento, ou uma perfeição mais perfeita da qual emanava a sua perfeição imperfeita, algo que, como todas as coisas inerentes a este mundo, não dependesse da sua natureza, nem que pudesse tirá-la de si mesmo, e, consciente de que também não a podia tirar do nada, concluiu que a perfeição nele inculcada advinha de um ser mais perfeito do que ele, um ser absolutamente perfeito: "que até tivesse em si todas as perfeições de que eu poderia ter alguma idéia, isto é, para explicar-me numa só palavra, que fosse Deus".[113] Ao derivar as suas deduções da fonte divina, eterna, perfeita e imutável, Descartes encontra uma base na qual a dúvida não poderia existir; ligada a ela, o cogito poderá expandir-se dialeticamente, servindo de fundamento a qualquer axioma, mantendo, no entanto, a afinidade espiritual suas características de um eu particular, em quem as perfeições de Deus estão contidas em potência, sendo, no entanto, para a finitude humana, vedado o acesso para a compreensão da perfeição absoluta que a idéia de Deus pressupõe, donde se deduz o inexorável limite do entendimento humano que a nossa finitude evidencia. Como Descartes reconhece nas suas *Meditações Sobre a Filosofia Primeira*: "Visto que como sei já que a minha natureza é muito fraca e limitada, porém a de Deus imensa, incompreensível, infinita, logo sei também satisfatoriamente que Ele pode inúmeras coisas, cujas causas ignoro".[114] No entanto, a metafísica cartesiana evolui no sentido de identificar a perfeição divina com as categorias abstratas da matemática pura; "a existência de Deus devia ter para mim o mesmo grau de certeza que até aqui atribuí às verdades da matemática",[115] pois aquilo que se concebe com clareza e evidência lógica é verdadeiro e não pode levar ao engano. Em coerência com isso, Descartes conclui que "a certeza e a verdade de toda a ciência dependem unicamente do conhecimento do Deus verdadeiro".[116]

---

[111] DESCARTES, René. *Discurso do Método*. Op. cit., p. 38.

[112] Idem, p. 39.

[113] Ibidem, p. 40.

[114] DESCARTES, René. *Meditações Sobre a Filosofia Primeira*. Traduzido por Gustavo de Fraga. Coimbra: Almedina, 1988, p. 169.

[115] Idem, p. 186.

[116] Ibidem, p. 195.

Depois de estruturar lógico-teologicamente a fundamentação metafísica do seu sistema filosófico, Descartes, a partir deste embasamento, *a priori*, subjetivo-transcendental, também reflete sobre a existência das coisas materiais, estabelecendo a distinção real entre a alma e o corpo, como se evidencia na sua Sexta Meditação, pela qual deduz a possibilidade efetiva da existência das coisas materiais enquanto objeto da matemática pura, em razão de que: "numerosas experiências destruíram sucessivamente toda a fé que eu depositara nos sentidos".[117]

A refutação da impressão ilusória produzida pelo mundo sensorial reafirma a certeza originária de que a sua essência, como a de qualquer ser humano, consiste em ser uma coisa pensante não extensa, ligada mas ao mesmo tempo distinta do corpo, que é apenas uma coisa extensa sem capacidade pensante, ou seja, o clássico dualismo cartesiano expresso na dicotomia *res cogitans* e *res extensa*. A preeminência dada à *res cogitans*, enquanto expressão da essência espiritual do ser humano, que, graças a ela é livre e autônomo em relação ao próprio corpo, levou Descartes a afirmar que "é certo que sou realmente distinto do meu corpo e que posso existir sem ele".[118]

Esta autonomia do espírito em relação ao corpo, embora reconhecendo que a totalidade do espírito está unida à totalidade do corpo,[119] transparece no exemplo cartesiano de que, se for cortado um braço, um pé ou outro órgão corpóreo, do espírito nada é subtraído.

Mas, na conclusão das suas Meditações, Descartes, ao reconhecer a fragilidade da natureza humana sujeita ao erro, refletindo sobre as experiências da vida prática e vislumbrando o homem real e concreto, percebe a necessidade de unir a alma e o corpo na construção possível de uma existência verdadeira, orientada logicamente para o bem, a partir do porto seguro *a priori* estabelecido pelo conceito subjetivo-transcendental da sua metafísica. Isso, por conseqüência, impõe ao espírito, em seus desdobramentos dialéticos, submissão às regras estabelecidas segundo os critérios rigorosos da razão lógica, cujos liames dogmaticamente conectados podem oferecer clareza e segurança na busca da verdade. Esta necessidade de estabelecer regras claras para orientar o espírito humano na busca da verdade levou-o a escrever, nos umbrais da modernidade, um tratado sobre o assunto, em que observa, já no enunciado da primeira regra, que "*El fin de los estudios debe ser la direción del espíritu para que emita juicios sólidos y verdaderos de todo lo que se le presente*".[120] Desta forma, a concepção de

---

[117] DESCARTES, René. *Meditações Sobre a Filosofia Primeira*. Op. cit., p. 205.

[118] Idem.

[119] Ibidem, p. 219.

[120] DESCARTES, René. *Reglas Para la Direción Del Espíritu*. Traduzido por Juan Manuel Navarro Cordón. Madrid: Alianza, 1984, p. 61.

mundo cartesiana, que, partindo de uma base dogmático-metafísica e desdobrada dialeticamente, segundo os critérios rigorosos de uma sistemática moldada pela geometria analítica, se propôs reconstruir, de forma inovadora, o edifício do conhecimento humano. Descartes é considerado, de um modo geral, o grande artífice da estruturação paradigmática que engendrou o revolucionário mundo moderno, que, rompendo os elos com a velha tradição, extrairia de si mesmo a base fundante de uma nova normatividade. Esta posição, no entanto, não é perfilada por Heidegger, que identifica, no seu pensamento, um prolongamento da velha tradição metafísica, o que também se evidencia na precedente análise por nós efetuada.

A metafísica cartesiana, segundo Heidegger, constitui apenas uma variação da interpretação metafísica do ser do ente na tradição da filosofia ocidental. Comentando o assunto no primeiro volume de *Ser e Tempo*,[121] ele observa que, com o *"cogito sum"*, Descartes imagina aparelhar a filosofia com um novo e sólido fundamento: um *primum verum* radical, que embasaria de certeza e segurança todo o edifício do seu sistema filosófico. No entanto, queda indeterminada, na sua lógica metafísica, o modo de ser e o sentido do ser do *"sum"*. Ele julgou-se dispensado de refletir sobre o sentido do ser da sua *res cogitans*, pelo fato de haver descoberto e estar de posse de um princípio verdadeiro que lhe dava certeza absoluta. A crítica heideggeriana detecta, para além dessa omissão, a aplicação de critérios ontológicos oriundos da Idade Média para definir o ente que ele elege como o seu *fundamentum inconcussum*.

> *A res cogitans é determinada, ontologicamente, como ens e o sentido do ser deste ens é estabelecido pela ontologia medieval na compreensão do ens como ens creatum. Como ens infinitum, Deus é o ens increatum.*[122]

Aqui, Heidegger detecta, com grande clareza, o sentido conservador da filosofia de Descartes, que apenas reproduz, na sua essência, o antigo conceito de ser como algo criado, produzido por um ser transcendente e incriado "O que, portanto, aparece como um novo início da filosofia se revela como o enraizamento de um preconceito fatal".[123] Esse preconceito engendrou, para toda a posteridade moderna, o abandono da necessidade de um questionamento ontológico-crítico sobre a questão do ser, levando-a a aceitar, metafísico-dogmaticamente, o legado da ontologia da tradição; reafirmada metafisicamente com o apoio dos aportes epistemológicos viabilizados pelas novas conquistas científicas. Essas conquistas, hegemonizando-se, levaram a modernidade a aproximar-se, cada vez mais, de uma visão de mun-

---

[121] HEIDEGGER, Martin. *Ser e Tempo*. Op. cit., p. 53.

[122] Idem.

[123] Ibidem, p. 53-54.

do técnico-científica, acrítica e superficial, cada vez mais ávida por certeza, segurança e objetividade, e cada vez menos atraída a questionar o sentido do ser no fundamento da sua base metafísica, não só o esquecendo, como obstaculizando o acesso ao seu universo. Assim, além da inconsciência em relação à dependência para com o passado, a modernidade também ilude-se de ser portadora de um novo começo absoluto. "O filosofar de Descartes, de Kant ou de Hegel, longe de constituir um começo absoluto, revela-se, à luz da questão do sentido de ser, como a transplantação acrítica de preconceitos antigos".[124]

O elemento inovador introduzido pelo *logos* cartesiano, no entanto, surge com o conceito de representação. Na perspectiva da escolástica, o conceito procurava exprimir a semelhança com o objeto do conhecimento, cuja noção de verdade se expressava na fórmula *adaequatio intellectus et rei*. Na conceituação cartesiana, ocorre uma transformação, e a representação não mais se confunde com a simples semelhança, passando a exprimir a própria imagem das coisas objetivamente existentes.

Nesse contexto, a representação assume a condição de objetivação, determinando que qualquer ente apenas adquira a condição de existente, quando é desta maneira objetivado, isto é, representado pelo pensamento que o coloca diante de si. Dessa forma, a partir de Descartes, a verdade ganha foros de certeza no ato de representar com exatidão os objetos, agora eximidos de qualquer contorno dubidativo, eis que, estruturados segundo o rigor lógico-formal do cálculo matemático. Segundo Heidegger,[125] quando Descartes faz a distinção entre o "ego cogito" como *res cogitans*, separando-o da "res corporea", estabelece ontologicamente a distinção dicotômica, que posteriormente se manifestará nos termos de "natureza" e "espírito". Daqui se deduzirá, embora não definidos com clareza os seus fundamentos ontológicos, o outro procedimento que distinguirá o homem como detentor do cogito, condição que o transformará em sujeito da história.

Por conseqüência, todo ente extra-humano tornar-se-á simples objeto perante esse sujeito. O mundo todo se transforma em imagem objetificada, diante da lente exata com que o lógico olhar humano deverá decodificá-lo, passando a existir a partir dessa decodificação.

Assim, com Descartes, metafisicamente, o ente humano adquire a condição do ser, estruturado metafisicamente pelo rigor metódico, como a essência da verdade. Essa redução da indagação metafísica, que passa a ser delimitada pelos critérios rigorosos do método, permitindo, a partir dele e em imanência com os seus pressupostos,

---

[124] DOWELL, João A. Mac. *A Gênese da Ontologia Fundamental de M. Heidegger*. São Paulo: Edições Loyola, 1993, p. 176.

[125] HEIDEGGER, Martin. *Ser e Tempo*. Op. cit., p. 135 e ss.

estabelecer com certeza e segurança o fundamento da verdade, caracterizará o elemento inovador introduzido pela metafísica moderna e será a orientação hegemônica de toda a posterior edificação da cultura moderna.

O humanismo metafísico cartesiano, ao colocar o *logos* humano na base de qualquer possibilidade de conhecimento verdadeiro, reivindica racionalmente, isto é, metódico-subjetivamente, a libertação da verdade revelada nos termos da tradição judaico-cristã consubstanciada pela doutrina da igreja. Mas, como também observa Heidegger, toda a autêntica libertação, exige, para além da ruptura com os vínculos da verdade superada, uma nova determinação do que vem a ser a essência da liberdade. Neste sentido:

> *Ser libre quiere decir ahora que, en lugar de la certeza de salvación que era critério de medida para toda verdad, el hombre pone una certeza en virtud de la cual alcanza certeza de sí como aquel ente que de ese modo se coloca a sí mismo como su propria base.*[126]

A nova concepção de liberdade, que coloca o homem como sujeito das determinações essenciais da modernidade, sendo neste sentido radicalmente humanista, não chega, por outro lado, a se constituir em ateísmo, pois, como já referimos, os traços lógicos da teologia escolástica subjazem na base da sua metafísica, que busca o amparo transcendente de Deus, para legitimar dogmaticamente as verdades postas pela razão humana; no entanto, um Deus, que parece reduzido à condição de instrumento artificial, utilizado para fundamentar a dominação incondicional do sujeito humano. Para Jean-Paul Resweber, o Deus cartesiano é exangue e está a serviço da secularização da liberdade do cogito, que, em seu nome, adquire dimensão infinita, um "ídolo a que se agarrará a reflexão metafísica para extrair as conseqüências lógicas do cartesianismo".[127] Dessa forma, durante toda a época moderna, o homem assegurará o destino da civilização, a partir da determinação lógico-metafísica da sua racionalidade, e, em nome dela, procurará delimitar a verdade em termos de certeza e segurança. A característica essencial do cogito cartesiano, para a fixação de um conceito irrefutável de verdade, vale-se da representação em perspectiva, que transcende a concepção medieval de mera semelhança com o objeto, entendendo-a como a faculdade que permite ao *logos* idealmente produzir imagens das coisas, objetivando-as com absoluta clareza. Nesse sentido, a vitória da filosofia cartesiana provoca, no dizer de Cassirer, "uma revolução radical na imagem do mundo".[128] Ali, na plenitude da perfeição em que o espírito conecta

---

[126] HEIDEGGER, Martin. *Nietzsche*. Traduzido por Juan Luis Vermal. Barcelona: Ediciones Destino, 2000. v. II, p. 120.

[127] RESWEBER, Jean-Paul. *O Pensamento de Martin Heidegger*. Op. cit., p. 83.

[128] CASSIRER, Ernst. *A Filosofia do Iluminismo*. Op. cit., p. 19.

a essência metafísica da verdade, esplende subjetivamente a idéia, como a própria forma da expressão do conhecer divino, que o *logos* humano, em conexão com ele, imageticamente desenvolve na fixação segura da verdade. Alguns desses conceitos, observa Descartes, "são como imagens das coisas e a estes apenas convém propriamente o nome de idéia".[129]

Assim, a idéia como representação adquire *status* de realidade objetiva e passa a orientar logicamente a meditação. Heidegger captou com grande clareza os desdobramentos desta dialética quando disse que

> En el concepto de cogitatio el acento está puesto siempre en que el re-presentar lleva lo re-presentado hacia el que representa; que de este modo éste, en cuanto representa, "emplaza" (stellt) en cada caso a lo re-presentado, lo hace rendir conta, es decir, lo detiene y lo fija para sí, lo toma en posesión, lo pone en seguro.[130]

Sendo a representação resultado do pensar humano, por conseqüência, o cogito presentifica-se em todo o círculo visual que por ventura venha a ser representado, tendo sempre o homem-sujeito como seu fundamento, que encontra metafisicamente na representação a expressão entificada da sua essência. Aprofundando o sentido dos enunciados da metafísica cartesiana, Heidegger acentua que o *sum res cogitans* não quer dizer apenas que sou uma coisa que pensa, mas que sou um ente que manifesta seu modo de ser na representação e nela se expressa, isto é, *"El ser del ente que soy yo mismo, y que es en cada caso el hombre en cuanto tal, tiene su esencia en la representatividad y en la certeza que le corresponde"*.[131] Como já referido, a segurança e certeza da metafísica moderna é propiciada pela matemática, o que, por conseqüência, viabilizou o domínio da técnica. No âmbito desse domínio, a máquina passou a ser a força motriz da civilização, engendrando, como conseqüência, uma humanidade metafisicamente subjugada pelos critérios lógico-dogmáticos da técnica. Em termos cartesianos, é o *cogito sum* determinando metafísico-subjetivamente, pela técnica, a dominação da *res extensa*, isto é, a natureza inanimada. Nesse contexto, em que o homem passa a ser sujeito absoluto, e todo ente não humano reduzido à condição de objeto a ele submetido, fica indeterminada a pergunta pelo ser, em que o ente é alcançado e assegurado pelo homem convertido em sujeito.

Embora Heidegger reconheça que Descartes tinha consciência de que o ente e o que se constata como sendo ente não seja em si e desde si eivado de realidade efetiva, o conceito de ser no seu sistema vê-se reduzido a mera representatividade:

---

[129] DESCARTES, René. *Meditações sobre a Filosofia Primeira*. Op. cit., p. 139.

[130] HEIDEGGER, Martin. *Nietzsche*. Op. cit. p. 127, 128.

[131] Idem, p. 136.

Ser es la re-presentatividad puesta en seguro en el re-presentar calculante, por medio de la cual se asegura por doquier al hombre el proceder en medio del ente, la investigación del mismo, su conquista, dominio y puesta a disposición, de manera tal que él mismo puede ser, desde sí, amo de su proprio aseguramiento y de su propria seguridad.[132]

Aqui se evidencia o profundo paradoxo contido na essência da metafísica cartesiana, que acompanhará seus ulteriores desdobramentos em toda metafísica moderna, pois o seu caráter libertário que engendrou e propulsionou a liberação da subjetividade, ao mesmo tempo que propugnou uma subjetividade segura de si mesma, acabou aprisionando-a nos limites lógico-dogmáticos do rigor metódico, que, em Descartes, transcende a simples exposição ordenada dos passos lógicos da construção do pensamento e passa a ser *"el nombre del pro-ceder asegurador y conquistador frente al ente para ponerlo en seguro como objeto para el sujeto"*.[133]

Para Heidegger, no entanto, a plenitude da subjetividade metafísica da modernidade se manifesta decisivamente na teoria das mônadas de Leibniz. Inspirado na enteléquia aristotélica, Leibniz, como salienta Jean-Paul Resweber,[134] não pretendeu estabelecer uma síntese harmônica entre a *res cogitans* e a *res extensa*, porque entendia que uma dinamicidade interna move a realidade acionada dialeticamente por uma pluralidade infinita de substâncias. Segundo Bertrand Russell,[135] ao contrário de Descartes, que considerava a extensão a essência da matéria, Leibniz afirmava não ser a extensão um atributo da substância, em razão de a extensão conter em si uma pluralidade composta de um conjunto de substâncias, e cada substância isolada é por sua vez inextensa. Esse número infinito de substâncias que ele chamou de mônadas, embora tendo algumas propriedades de um ponto físico, consideradas abstratamente, cada uma delas é uma alma. Isto decorre da negação da extensão como um atributo da substância, gerando, como conseqüência, o fato de que "o único atributo restante possível, essencial, parecia ser pensamento. Deste modo, Leibniz foi levado a negar a realidade da matéria, sustituindo-a por uma família infinita de almas".[136]

Sendo cada mônada uma alma, ela vê o mundo a partir da sua perspectiva, e em si mesmo reflete o universo, que é composto por uma quantidade infinita de mônadas, que se estruturam hierarquicamente a partir de uma harmonia preestabelecida, que, levando em conta as variações e diferenças entre as mônadas, encontram metafi-

---

[132] HEIDEGGER, Martin. *Nietzsche*. Op. cit. p. 140.

[133] Idem, p. 141.

[134] RESWEBER, Jean-Paul. *O Pensamento de Martin Heidegger*. Op. cit., p. 84.

[135] RUSSEL, Bertrand. *Obras Filosóficas*. Op. cit., p. 111.

[136] Idem, p. 112.

sico-subjetivamente sua unidade em Deus, um Deus que, vislumbrado ontologicamente como ente supremo, é a fonte essencial que vivifica todas as mônadas. Se entendermos como quer Leibniz, a realidade a partir de Deus, que é um ser absolutamente perfeito, e em nome da perfeição que ele possui no mais elevado grau, podemos perfeccionar a imperfeita e contraditória ciência humana, tornando-a verdadeira e insofismável. "Por conseqüência, o poder e a ciência são perfeições e, enquanto pertencem a Deus, não têm limites".[137]

Ainda que não possamos compreender os desígnios imponderáveis de Deus, Leibniz nos assevera que, mesmo em suas ações ordinárias ou extraordinárias, Deus nada faz fora de ordem, e tudo unifica e delimita com seus rigorosos critérios de geômetra perfeito, que a própria complexidade da ordem universal harmoniza e unifica de maneira tal que "não há, por exemplo, rosto algum, cujo contorno não faça parte de uma linha geométrica e não possa ser delineado de uma só vez mediante um certo movimento controlado".[138] Assim, a multiplicidade inumerável das substâncias atomizadas que constituem o universo são representações diferenciadas da essência divina que elas manifestam e procuram imitar, motivadas ontologicamente pelo anseio da verdade.

Dessa forma, na mesma trilha iniciada por Descartes, também em Leibniz o representar manifesta a realidade do real. Segundo Heidegger,

> *Cuando Leibniz piensa la "mónada", piensa la unidad como constitución, esencial de las "unidades". La plenitud esencial, que da univocid al ambiguo título de "unidad", surge, sin embargo, de la copertenencia de la realidad efectiva y el representar.*[139]

Seguindo ainda a análise heideggeriana, a unidade consubstanciada na mônada é a própria expressão da entidade do ente, que só adquire sentido e foro de veracidade, quando em imanência ontológico-metafísica com a unificação originária, cuja força centrífuga é Deus; e assim, toda mônada, enquanto alma sensível, movida ontologicamente pelo *animus* da enteléquia que a anima e propulsiona, desenvolve transitoriamente a representação da sua essência, enquanto representação perceptível da entidade do ente.

É a percepção que, segundo Heidegger,[140] manifesta a essência da mônada na constituição da sua unidade enquanto entidade do ente, procurando expressar a multiplicidade na unidade, e essa unidade, no interior da qual o múltiplo se encontra, é o simples que representa a verdadeira unidade, a partir da qual, o representar uni-

---

[137] LEIBNIZ, Gottfried Wilhelm. *Discurso de Metafísica*. Traduzido por João Amado. Lisboa: Edições 70, 1985, p. 12.

[138] Idem, p. 21.

[139] HEIDEGGER, Martin. *Nietzsche*. Op. cit., p. 356.

[140] Idem, p. 357.

ficante se desenvolve, permitindo que, no âmbito da multiplicidade, em cada caso, se expresse uma visão de mundo. Assim sendo, enquanto o mundo é a percepção representativa de cada mônada, e nela o mundo também se concentra de tal forma que todo *"el universum se refleja en la representación eficiente y unificante, y puede llamarse a cada mónada misma un espejo eficiente por sí, es decir viviente, del universo"*.[141] Como cada mônada determina-se a partir da sua realidade eficiente, conclui-se que elas são diferentes entre si, e, por decorrência, o representar sempre é a expressão de um ponto de vista isolado. Já em seu texto *A Determinação do Ser do Ente Segundo Leibniz*,[142] apresentado durante o semestre de verão de 1928, Heidegger acentuava que a metafísica de Leibniz é uma interpretação da substancialidade da substância, e que a palavra mônada, oriunda do grego *monas*, teria como significado o simples, a unidade, o um, contendo também, no seu conceito, o sentido de separado e solitário. O ente, nesta perspectiva, manifesta a unidade do indivíduo separado e, sendo uma mônada, traz no âmago da sua natureza uma pulsão que o impulsiona para a ação e permite o desdobrar do ente na dialética do seu representar transitório, mantendo imanente a referência ao princípio interno da sua unidade. Leibniz denomina de *vis activa*[143] este princípio que impulsiona a mônada para a ação; ele é uma qualidade ontológica dela mesma e se manifesta como uma força que constitui a essência da sua substancialidade, que cada ente carrega como expressão do seu ser.

Um aprofundamento crítico no sistema filosófico de Leibniz evidencia algumas ambigüidades que Heidegger agudamente acentuou, indagando como pode a pulsão dar unidade e como, com base na unidade dessa mônada concentrada em si e em conexão com ela, poderá estar presente a totalidade do universo?[144] Levando em conta essas ambigüidades, mas reconhecendo o valor da estranha e instigante reflexão leibniziana, cuja aura, perpassada de uma "misteriosa transparência",[145] não seria metafísica *"si la esencia del ser no se explicara desde un ente"*.[146] E de onde retira Leibniz a base para a determinação do ser do ente? O fio condutor, mais uma vez nos esclarece Heidegger, é o ego. Mesmo em face das diferenças de Leibniz em relação ao sistema cartesiano, mantém com ele a certeza de que o eu é a primeira certeza, o princípio fundante de toda a realidade.

---

[141] HEIDEGGER, Martin. *Nietzsche*. Op. cit., p. 358.

[142] HEIDEGGER, Martin. A Determinação do Ser do Ente Segundo Leibniz. *In: Os Pensadores*. São Paulo: Abril Cultural, 1979, p. 217.

[143] Idem, p. 218.

[144] Ibidem, p. 220.

[145] HEIDEGGER, Martin. *Nietzsche*. Op. cit., p. 363.

[146] Idem, p. 364.

Certeza que ele vê, como Descartes, no eu, no ego cogito, a dimensão da qual devem ser tomados todos os conceitos metafísicos fundamentais. Procura-se resolver o problema do ser como o problema fundamental da metafísica no retorno ao sujeito.[147]

Assim, cartesianamente, a metafísica de Leibniz, na fundamentação representativa da verdade como certeza, apóia-se nos desdobramentos dialéticos das cogitações da *res cogitans* e, subjetivamente, viabiliza e promove a dominação de toda a realidade.

Também no pensamento de Kant, o subjetivismo cartesiano manteve-se em evidência. Aliás, pode-se dizer que, na perspectiva do grande mestre do idealismo alemão, ele atingiu a sua culminância, pois, na crítica do conhecimento que ele empreendeu através do pensamento, a verdade exsurge filosófico-abstratamente, numa transcendência que define as bases do conhecimento num apriorismo lógico desvinculado da experiência empírica. O seu criticismo idealista, que se consubstancia numa metafísica subjetiva, reduz a compreensão do ser no âmbito de categorias ideais, que se estabelecem como condição de possibilidade do ente numa relação de representatividade objetivista, que, no estado puro da representação lógica, possibilita a certeza da verdade. Conforme ele nos demonstra na *Crítica da Razão Pura*,[148] num discurso que revela a nítida influência de Descartes, a experiência jamais nos fornece juízos universais verdadeiros e rigorosos, de forma que o conhecimento *a priori* puro não necessita de base empírica. Assim sendo, o princípio da unidade sintética da apercepção constitui-se como o princípio supremo no exercício compreensivo do entendimento, em que se disciplinam as ações práticas, a partir de critérios definidos, *a priori*, pela consciência, que promove uma síntese unificadora:

> A unidade sintética da consciência é, pois, uma condição objetiva de todo o conhecimento de um objeto, como também sob ela deve estar toda intuição para que possa ser esta fora de mim um objeto; porque, de outro modo, sem esta síntese, o diverso não se reuniria em uma mesma consciência.[149]

Logo, toda a complexidade de intuições que o entendimento sensível capta do mundo exterior e disciplina formalmente através das representações do pensamento, devem sujeitar-se aos critérios de um eu idêntico que tem poderes para "uni-las sinteticamente em uma só apercepção e compreendê-las na expressão geral eu penso".[150]

Embora, como observa Heidegger,[151] o discurso kantiano não repete simplesmente o que Descartes pensou antes dele, à medida que

---

[147] HEIDEGGER, Martin. A Determinação do Ser do Ente Segundo Leibniz. *In: Os Pensadores.* Op. cit., p. 223.

[148] KANT, Emmanuel. *Crítica da Razão Pura*. Traduzido por J. Rodrigues de Mereje. São Paulo: Brasil, 1958, p. 6-7.

[149] KANT, Emmanuel. *Crítica da Razão Pura*. Op. cit., p. 115.

[150] Idem.

[151] HEIDEGGER, Martin. *Nietzsche*. Op. cit., p. 188.

dialetiza, transcendentalmente e de forma consciente, o que Descartes plasmou no horizonte do perguntar inicial do *ego cogito*. Seu conceito de ser, mantendo a essência da posição moderna, é a condição de possibilidade do ente, isto é, sua entidade, e ambos, entidade e ser se manifestam objetivamente na representação, que, sendo a essência da objetividade, que, por sua vez, constitui a própria essência do ser, levou logicamente Heidegger a concluir que a representatividade manifesta a essência do ser na metafísica kantiana, ou seja: o ser é representatividade. Da mesma forma que para Descartes, o conceito de representação kantiano expressa o desdobrar de um conhecimento solidamente amparado numa segurança que busca afirmação na certeza, e esta certeza, enquanto desdobrar metódico da lógica, manifesta a essência da verdade. *"El fundamento de la verdad es el re-pensar, es decir, el 'pensar' en el sentido del ego cogito, es decir, del cogito me cogitare".*[152] Portanto, o "eu penso" Kantiano é a própria expressão representativa da atividade pensante do sujeito enquanto pensa seu pensamento, como ele próprio afirma na *Crítica da Razão Pura*:

> o eu penso deve acompanhar todas as minhas representações; pois se fosse de outro modo haveria em mim algo representado que não podia pensar-se e que eqüivaleria a dizer: que a representação é impossível ou que pelo menos para mim é igual a nada,[153]

Seguindo a lógica Kantiana, a verdade como certeza, desenvolvida na autoconsciência reflexiva do sujeito que representa, exige uma identidade lógica para a formulação de conceitos verdadeiros. Kant denomina de apercepção pura a esta atividade cognitiva que tem consciência de si e produz "a representação eu penso, que deve acompanhar todas as demais representações, e que em toda consciência é sempre uma e mesma".[154] Essa consciência única é que possibilita a síntese da diversidade das representações, é a consciência lógica de um eu idêntico, disciplinando as diversas representações que o sujeito recebe das ingênuas intuições que advém da sensualidade empírica, e as disciplina rigorosamente numa unidade sintética no teatro da consciência transcendental. Dessa afirmação pode-se concluir com Heidegger que *"el concepto de ser del racionalismo (ens certum-objetividad) y el empirismo (impressio-realidad) coinciden en la determinación de la realidad efectiva de lo eficiente".*[155] E é justamente da verdade como certeza que se evidencia, na metafísica kantiana, a ignorância da verdade do ser, em favor da determinação objetiva da vontade do ente, que se apropria e delimita a verdade no âmbito conceitual das suas representações.

---

[152] HEIDEGGER, Martin. *Nietzsche.* Op. cit., p. 188.

[153] KANT, Emmanuel. *Crítica da Razão Pura.* Op. cit., p. 111, 112.

[154] Idem, p. 112.

[155] HEIDEGGER, Martin. *Nietzsche.* Op. cit., p. 385.

Apesar dos notáveis progressos que a sua obra evidencia, o pensamento de Kant perpetua a preeminência do ente sobre o ser, o que, desde as suas raízes platônicas, caracteriza a essência da dominação metafísica. E, conforme nos assevera Heidegger em *Ser e Tempo*,[156] se questionarmos o ser como ser do ente, o resultado deste questionar será o próprio ente, pois toda ontologia revelar-se-á obtusa e cega, se não desenvolver prioritariamente um questionamento prévio a respeito do ser. Esta contradição elementar perpassa toda metafísica moderna que ignorou a questão do ser, reduzindo seus esforços no âmbito dialético de uma interpretação ontológica do sujeito. Embora Kant tenha ensaiado um passo existencial na direção ontológica da temporariedade,[157] recuou diante da magnitude da tarefa, consciente de que seus juízos mais secretos perdiam-se nas profundezas brumosas da razão universal. Heidegger apontou duas causas fundamentais que determinaram o fracasso kantiano, na sua tentativa de elucidar a problemática da temporariedade:

em primeiro lugar, a falta da questão do ser e, em íntima conexão com isso, a falta de uma ontologia explícita da pre-sença ou, em terminologia Kantiana, a falta de uma analítica prévia das estruturas que integram a subjetividade do sujeito.[158]

Estas omissões determinaram a impossibilidade de uma determinação Kantiana de ordem transcendental sobre o tempo e fizeram com que sua análise sobre o assunto apenas reproduzisse a herança da tradição, bem como o levaram a aceitar a posição dogmática de Descartes, que, por estar convicto de haver descoberto um princípio primeiro que lhe propiciava certeza absoluta, julgou-se dispensado de empreender uma reflexão sobre o sentido do ser do cogito. Isto o levou a desenvolver uma ontologia cujo fundamento não foi dissentido, em que o ser é expresso a partir de determinações ônticas dos entes, o que equivale, na verdade, a uma abstração do problema ontológico fundamental, propiciando que a verdade cartesiana transpareça "em termos de simples representabilidade do ente segundo os critérios de verdade do sujeito, pensados em termos de certeza: certeza de si da *res cogitans* ou certeza matemática da *res extensa*".[159] Enfim, é a verdade concebida a partir da certeza da consciência do sujeito, cuja estrutura cognoscitiva expressa a essência do pensar como representação.

Em sentido crítico, como nos demonstra Michel Haar,[160] o termo representação implica uma interpretação que revela uma dimensão

---

[156] HEIDEGGER, Martin. *Ser e Tempo*. Op. cit., p. 32.

[157] KANT, Emmanuel. *Crítica da Razão Pura*. Op. cit., p. 193 e ss.

[158] HEIDEGGER, Martin. *Ser e Tempo*. Op. cit., p. 52, 53.

[159] BARASH, Jeffrey Andrew. *Heidegger e o seu Século*. Tempo do Ser, Tempo de História. Op. cit., p. 201, 202.

[160] HAAR, Michel. *Heidegger e a Essência do Homem*. Op. cit., p. 127.

impensada da essência do sujeito, que não foi explicitamente definido pela representação, nem em Descartes, Kant, Hegel ou Nietzsche, pois, sendo a representação a objetivação do ente em termos ilimitados, ela também expressa, por decorrência disto, uma auto-objetivação do sujeito que se objetiva perante si mesmo, submisso à evidência dogmática da razão calculadora que agride e domina o ente. Essa possessão total do ente, pela fúria crescente e ininterrupta da representação que, enquanto método calculante o subjuga, definida inicialmente a partir do método cartesiano, reafirmada depois na objetivação transcendental do sujeito kantiano, sintetizada no conceito absoluto de Hegel e na axiologia decorrente da vontade de poder, agora,

> com uma confiança e uma velocidade crescentes, coloca-se, de súbito, sob o comando de uma vontade de dominação que, por uma nova mutação, se torna a "vontade de vontade", essência metafísica impensada da Rede tecnológica planetária.[161]

Neste contexto engendrado pela subjetividade, paradoxalmente, o próprio sujeito soçobra, dissolvido num universo que reduz todo ente à condição única de objeto, e quando tudo se objetifica, resta "apenas uma Rede, um gigantesco fio de relações instrumentais e energéticas intermináveis, onde se tragam o homem, o lugar, o tempo".[162] Absorvido irreversivelmente pelo paroxismo da dominação técnica, que se ultima na robótica, o animal racional se transforma na besta calculadora, e a própria representação estoura.

Na obscuridade absoluta deste mundo sem sentido, fruto da vontade do homem inscrito na essência da técnica, que acabou excluindo o fator humano no âmbito da sua hegemonia calculadora, evidencia-se, mais do que nunca, a necessidade de reinscrever a questão do ser para além da ambigüidade da tradição metafísica, que redutivamente o plasmou no plano do ente.

A questão do ser que, no fundo, é a questão de todas as questões e foi abandonada pela tradição da filosofia ocidental a partir da emergência da metafísica no idealismo platônico, e que, em razão da dificuldade de representação conceitual do seu imponderável sentido, com mais veemência ainda, foi refutado pelo *logos* moderno, identificado radicalmente com a necessidade de uma dogmática fixação objetiva da verdade, em que pese Kant, o mais representativo e acabado pensador deste período, ter dado um passo decisivo na sua direção, um passo que, embora entrevendo a possibilidade da verdadeira luz do ser no fim do túnel metafísico, não foi concluído, porque, apesar de todos os progressos efetuados Kant, ele manteve-se fiel à tradição metafísica. Analisando as conseqüências do passo inacabado de Kant,

---

[161] HAAR, Michel. *Heidegger e a Essência do Homem*. Op. cit., p. 127.

[162] Idem, p. 128.

em sua *Tese de Kant sobre o ser*, Heidegger observa que "Kant elucida sua tese apenas episodicamente, isto é, na forma de suplementos, notas, apêndices, apostos a suas obras principais".[163] Embora exista falta de fundamentação sistêmica na tese kantiana, Heidegger reconhece, na aparente lacuna, a vantagem de uma liberdade expressiva em que transparece a originalidade do pensamento de Kant, que se move numa zona de ambigüidade, ouvindo a tradição sem querer ser subsumido pelo passado, discernindo com clareza o presente, mas exitando em dar o passo decisivo em direção ao futuro. Kant, segundo ainda a análise de Heidegger,[164] não reconhece ao ser o caráter de predicado real, vislumbrando-o como "a posição", pois, real, deve constituir o conteúdo positivo de uma coisa, e o ser, para além do olhar lógico-objetivista de Kant, transcende qualquer dimensão coisal. Em seu monumental esforço de plasmar a compreensão do ser a partir da capacidade do entendimento humano, que o levou inclusive, a concluir pela impossibilidade de uma prova ontológica da existência de Deus, Kant reduz seu conceito de ser em imanência sensível, com a subjetividade finita do homem que representa algo oposto a si, enquanto representado está na condição de objeto. "Ser como posição indica a qualidade de ser posto de alguma coisa na representação que põe".[165]

Assim, kantianamente falando, a conceituação do ser com as limitadas capacidades do entendimento humano redundará sempre em tautologia, eis que a possiblidade de significação sintética do entendimento exige a presença de um objeto na relação, ou seja:

> A par com o desenvolvimento crítico da essência do entendimento caminha a limitação de seu uso, limitação que o restringe à determinação daquilo que é dado através da intuição sensível e das puras formas.[166]

Pois o número, como se sabe, quer negativa ou positivamente, permanece irredutivelmente fechado e inalcançável para o nosso entendimento. Dessa forma, o ser, como "somente posição" que transparece da síntese kantiana, é uma compreensão do ser "a partir de um lugar delimitado, a saber, a partir do pôr como ato da subjetividade humana, isto é, do entendimento humano condenado ao dado sensível".[167] Mesmo quando Kant, consciente das limitações empíricas, tenta dar o passo decisivo em direção ao ser, através de uma transcendental reflexão da reflexão, mantém-se preso à subjetividade representativa, e Heidegger, perguntando se o pensamento repre-

---

[163] HEIDEGGER, Martin. A Tese de Kant Sobre o Ser. *In: Os Pensadores*. São Paulo: Abril Cultural, 1979, p. 236.

[164] Idem, p. 237 e ss.

[165] Ibidem, p. 239.

[166] HEIDEGGER, Martin. A Tese de Kant Sobre o Ser. *In: Os Pensadores*. Op. cit., p. 245.

[167] Idem, p. 250.

sentativo pode formar o horizonte para a plena elucidação do ser, responde: "Evidentemente não, dado que a presença que se ilumina e demora é diferente do que tem caráter de ser posto".[168]

Ao concluir a análise da *Tese de Kant Sobre o Ser*, Heidegger reconhece que, nela, a visão do ser como posição atinge o cume, e da sua altitude se pode, com clareza, vislumbrar a possibilidade de ser dado o passo que Kant não deu, na direção do ser como conceito absoluto. Esse passo pressupõe o enfrentamento do pensar com o invisível "é", em que se oculta o que deve ser pensado sobre o ser e deixou de sê-lo, a partir do momento que a metafísica assumiu a hegemonia e a destinação do pensamento ocidental.

No seu sentido profundo, "Ser não pode ser. Se fosse (ser) não mais permaneceeria ser, mas seria um ente",[169] isto quer dizer que colocar a questão do ser no seu autêntico sentido exige um passo para além da metafísica, exige a superação da metafísica.

1.5. A Consumação e Superação da Metafísica no Ocaso da Modernidade

A certeza lógico-formal da verdade moderna, tão bem delineada por Kant no monumental edifício da sua metafísica, atingirá seu ponto culminante na grande síntese de Hegel, cujo olhar abrangente procurou complementá-lo dialeticamente, encaminhando a filosofia alemã para a plenitude de uma autocompreensão crítica, que intencionava estabelecer racionalmente o conceito do absoluto, no qual a contingência irreal das fragmentações se plasmaria idealmente na realidade racional do todo.

Os ecos do idealismo platônico estão nitidamente redivivos no sistema de Hegel, para quem a idéia de absoluto possui consistência essencialmente espiritual, inclusive na sua célebre afirmação de que o real é racional e que só o que é racional é real, o filósofo não está levando em conta nenhuma fundamentação empírica, mas, ao contrário, explicitando a radicalidade unilateral da subjetividade que norteia seu pensamento, no âmbito do qual, a velha dicotomia que opunha empirismo e racionalismo se materializa na síntese do todo, viabilizada dialeticamente pelo poder unificante da razão. No entanto, cumpre ressaltar que a genialidade da sua concepção metafísica trouxe novos elementos para a configuração intelectiva do conceito de razão.

---

[168] HEIDEGGER, Martin. A Tese de Kant Sobre o Ser. *In: Os Pensadores*. Op. cit., p. 253.

[169] Idem, p. 254.

Ainda em perspectiva abstrata e formal, como ele mesmo reconhece na sua *Introdução à História da Filosofia*,[170] Hegel afirma que a verdade é una, e, desta fonte unificada da verdade, derivam as leis da natureza e as manifestações da consciência, que sendo dela um reflexo precário e contraditório, para ela deverão refluir por obra do entendimento crítico, através de um longo périplo dialético.

O desenvolvimento do *logos* hegeliano pressupõe a interpenetração de dois estados diversos. O primeiro Hegel designa como o ser em si, identificado como *potentia*, isto é, a própria fonte ontológica donde promana a força misteriosa que vivifica o pensamento, que ganha atualidade e se materializa em *actus*. No segundo estado, que Hegel denomina o ser por si, a consciência racional será sempre o resultado sintético e inacabado, transitório e contingente desta relação essencialmente contraditória. "Só no acto em que o homem devém por si aquilo que em si é, e isto é a razão por si, é que o homem tem actualidade naquele determinado aspecto e é racional, quer dizer chega efetivamente à razão por si".[171]

A originalidade da concepção hegeliana, que, vislumbrando a idéia como expressão sintética do todo verdadeiro e sendo concreta no seu conteúdo, não deixa de ser resultado de uma evolução do pensamento lógico de Hegel, em relação ao formalismo da lógica tradicional. É o que também reconhece Dominique Dubarle,[172] na análise em que contrapõe a lógica hegeliana e a lógica formalizante. Segundo a autora, a lógica hegeliana, consciente da ruptura entre forma e conteúdo, que evidencia a distância entre o resultado lógico-matemático e a realidade do discurso, constitui-se como um discurso de lógica concreta. Para tanto, Hegel procurou eximir a sua lógica da hegemonização matemática que permeia a lógica clássica, pois "A verdadeira lógica, a da razão e do pensamento especulativo, torna necessariamente vã toda a tentativa de matematização",[173] que obstrui a fluidez expansiva do pensamento na elaboração dialética dos conceitos.

Na mesma linha de pensamento, Dominique Janicaud ressalta que a substancialidade da dialética hegeliana, cujo avançar lógico culmina numa concepção imanentista de verdade, permitiu-lhe a superação da concepção da substancialidade defendida por Espinoza, cuja síntese não contemplou o conceito de negatividade, redundando, por isso, numa filosofia estática e paralisada. Efetivamente, ao intro-

---

[170] HEGEL, Georg Friedrich Wilhelm. *Introdução à História da Filosofia*. Traduzido por Antônio Pinto de Carvalho. Coimbra: Arménio Amado, 1980, p. 59, 60.

[171] Idem, p. 61.

[172] DUBARLE, Dominique. Lógica Formalizante e Lógica Hegeliana. *In: Hegel e o Pensamento Moderno*. Traduzido por Rui Magalhães e Souza Dias. Porto: Rés, 1979, p. 139.

[173] Idem, p. 141.

duzir a negatividade como a mola propulsora da sua dialética da substancialidade, Hegel historicizou criticamente a experiência da consciência em perspectiva científica. "Na dimensão aberta por esta transfiguração do substancial, o Ocidente consegue pensar as suas mutações no seio de uma continuidade que permanece, se se quiser, substancial, mas não substancialista".[174]

Dessa forma, a dialética hegeliana, movimentada criticamente a partir da negatividade conflituosa e aliada ao esforço lúcido de transcender a limitação formal da lógica matemática, permitiu-lhe vislumbrar a atividade da consciência como expressão do espírito livre, o espírito que é o todo, o espírito que é o princípio, o germe do qual parte a aventura do conhecimento, que, num primeiro momento, o leva para um confronto gerado pelo enfrentamento com a percepção sensorial do mundo dos objetos, estágio de onde um ontológico ceticismo subjetivo o faz transcender criticamente, para depois refluir a si mesmo de posse da verdade, que o confronto crítico entre os opostos numa superação dialética lhe permite vislumbrar na consumação sintética do seu tríplice movimento. Neste sentido, o espírito é o fim: o fim do conhecimento consubstanciado no todo da sua verdade, que o obrar da consciência livre conseguiu concretizar. Mas é um fim que não é fim, é um fim que é começo, pois, como o rio de Heráclito, o movimento do espírito corre eternamente, impulsionado pelo mistério da centelha divina que o anima. Assim, como toda realidade do universo, a verdade não é estável, e a realidade da sua essência mais profunda radica na ultrapassagem de si mesma, pois a unidade conceitual de cada coisa contém em si o seu contrário e a vida eterna; hegelianamente falando, consiste na eterna produção da oposição e na eterna conciliação entre os opostos numa síntese consciente das diferenças.

A racionalidade moderna nos seus desdobramentos pré-hegelianos teve o mérito de compreender o caráter espiritual da idéia, mas não logrou atingir a consciência de si da idéia, por não vislumbrar criticamente o absoluto contraste de si que a sua essência contém, razão pela qual

> Esse idealismo cai em tal contradição porque afirma como verdadeiro o conceito abstrato da razão. Por isso a realidade lhe surge imediatamente como algo tal que não é a realidade da razão, quando a razão deveria ser toda a realidade.[175]

Essa percepção crítica contra o formalismo transcendental conduziu o pensamento de Hegel para a afirmação da certeza e da verdade da razão no âmbito da singularidade da consciência pensante,

---

[174] JANICAUD, Dominique. Dialética e Substancialidade. *In: Hegel e o Pensamento Moderno*. Traduzido por Rui Magalhães e Souza Dias. Porto: Rés, 1979, p. 227.

[175] HEGEL, Georg Friedrich Wilhelm. *Fenomenologia do Espírito*. Traduzido por Paulo Meneses. Petrópolis: Vozes,1997. v. I, p. 158.

como o reino da essência absoluta, da verdade universal, que se concretiza quando a consciência retorna a si mesma, enriquecida pelo confronto dialético com a experiência, e constitui, no seu ser-para-si, um ser verdadeiro: a materialização sintética do processo dialético.

> Nesse (processo) veio-a-ser também para a consciência sua unidade com esse universal. Unidade que para nós não incide mais fora dela – já que o singular suprassumido é o universal. E como a consciência se conserva a si mesma em sua negatividade, essa (unidade) constitui na consciência como tal a sua essência.[176]

O processo a que Hegel se refere é o processo dialético que nos passos evolutivos da sua construção da verdade pressupõe, em cada etapa posterior, o enriquecimento conteudístico da agregação das fases anteriores a culminar no todo, que congrega a verdade absoluta, a plenitude do conhecimento sintetizada na realidade do espírito, pois o espírito

> é a substância e a essência universal, igual a si mesma e permanente: o inabalável e irredutível fundamento e ponto de partida do agir de todos, seu fim e sua meta, como (também) o em-si-pensado de toda a consciência-de-si.[177]

Segundo Gadamer,[178] Kant já havia reconhecido que a razão tende a enredar-se em contradições, e seus principais seguidores, como Fichte, Schelling, Schliermacher e Hegel, bem nutridos pela racionalidade clássica, procuraram desenvolver o diálogo filosófico amparados pelo método dialético, método que, em Hegel, atingiu um rigor e perfeição formal não presente nos demais, o que distinguiu, de forma destacada, a originalidade do seu sistema perante todos os seus contemporâneos. Esse sistema efetivamente não se reduz a uma forma mecânica de pensar, o que bem evidencia o seu já mencionado esforço lógico de superação da matemática que norteia o geométrico idealismo platônico. Contrariando o simplismo de certos críticos apressados, que o vinculam ontologicamente a Platão, Gadamer observa que Hegel tinha consciência do radicalismo delirante, que, no esplendor da época clássica, delimitou no cativeiro do *logos* a verdade no âmbito formal da idéia, quando, na verdade, o platonismo-socrático veio a cair depois de dois mil anos de história, *"en la vecindad del automovimiento especulativo del pensar que desplega la dialéctica de Hegel"*.[179] Essa afirmação, entretanto, não significa que não haja uma profunda afinidade entre o paradigma clássico e a dialética hegeliana, que dele em grande medida se apropriou, mas logrou superá-lo, enriquecida pelas conquistas metodológicas da modernidade, que, como já vimos, per-

---

[176] HEGEL, Georg Friedrich Wilhelm. *Fenomenologia do Espírito*. v. II. Op. cit., p. 152.

[177] Idem, p. 8.

[178] GADAMER, Hans Georg. *La Dialectica De Hegel*. Traduzido por Manuel Garrido. Madrid: Ediciones Cátedra, 1988, p. 11.

[179] Idem, p. 47.

mitiu a Hegel, reflexivamente, atingir a plenitude do espírito autoconsciente.

A questão é complexa, a ponto de Gadamer afirmar que *"El propio Hegel, según hemos visto, no tiene una cabal conciencia de por qué su 'culminación' de la metafísica comporta un retorno al magno origen de ésta"*.[180]

Já para Heidegger, a culminação da metafísica em Hegel significa a radicalização triunfante do *logos* grego sobre o mundo, realidade que descortinou, para a sua percepção crítica, com meridiana clareza, que toda a trajetória da metafísica iniciada por Platão e culminada em Hegel significou, historicamente, o abandono do ser no pensamento ocidental.

Heidegger reconhece, no entanto, que nenhum filósofo antes de Hegel viu a história da filosofia como filosofia, isto é, como evolução para o conhecimento absoluto enquanto expressão da verdade. Esta possibilidade concreta de atingir filosoficamente a verdade se descortinou a partir da certeza viabilizada por Descartes. Ela é o chão firme para a filosofia que antes navegava em mar proceloso. O sujeito delineado por Descartes, a partir do *ego cogito,* posteriormente assumido plenamente por Kant, no plano transcendental do idealismo especulativo, foi conduzido por Hegel, consciente de si e condicionando toda a objetividade ao plano do absoluto, o que lhe permitiu vislumbrar, o ser na pureza do pensamento, neste sentido "Ser e pensar são para Hegel o mesmo, e, na verdade, no sentido de que tudo é recebido de volta no pensamento e determinado a ser, o que Hegel simplesmente designa o pensamento pensado".[181] Assim, a filosofia que chegara à plenitude no sistema do idealismo especulativo consuma-se no momento supremo da síntese metafísica de Hegel.

Analisando a compreensão do ser no universo grego, efetuada por Hegel, na forma como ele se manifesta na compreensão de Parmênides, Heráclito, Platão e Aristóteles,[182] Heidegger detecta inúmeras contradições, como, por exemplo, na interpretação hegeliana do *logos* heraclítico. Para Heráclito, *logos* é a expressão que designa o ser do ente, enquanto, na lógica de Hegel, seu conceito designa a subjetividade absoluta expressa na razão. Na mesma perspectiva, "Hegel compreende *Hén, lógos, Idéia, Energéia*, no horizonte do ser que concebe como o universal abstrato"[183] e, por isto, a compreensão do ser no âmbito das quatro palavras fundamentais que expressaram o seu entendimento no pensamento grego não são ainda a expressão fenome-

---

[180] GADAMER, Hans Georg. *La Dialectica De Hegel.* Op. cit., p. 48.

[181] HEIDEGGER, Martin. Hegel e os Gregos. *In: Os Pensadores.* São Paulo: Abril Cultural, 1979, p. 206.

[182] Idem, p. 209 e ss.

[183] HEIDEGGER, Martin. Hegel e os Gregos. *In: Os Pensadores.* Op. cit., p. 211.

nológica da sua verdade, que só pode transparecer no momento da consumação metafísica, que acontece na plenitude da síntese dialética como concretização do absoluto no sistema de Hegel. Por essa razão, "A filosofia dos gregos é a instância deste 'ainda não'. Ela não é ainda a consumação, mas, contudo, é unicamente concebida do ponto de vista dessa consumação que se definiu como o sistema do idealismo especulativo".[184] Mas, se a filosofia grega é o "ainda não" que se consuma na metafísica de Hegel, como expressão da idéia absoluta do espírito autoconsciente, será a dialética de Hegel a clareira do desvelamento do ser, o lugar da epifania na qual ele se desvela na *alétheia*? Ou o profundo enigma que caracteriza a essência da *alétheia* não estará em contradição com a certeza moderna presente na verdade absoluta da síntese dialética de Hegel?

Heidegger inclina-se pela Segunda assertiva:

> Quando Hegel interpreta o ser a partir da subjetividade absoluta especulativo-dialeticamente como o indeterminado imediato, o universal abstrato e neste horizonte da filosofia moderna, explica as palavras gregas fundamentais para o ser: *Hén, Lógos, Idéia, Enérgeia*, somos tentados a julgar que tal interpretação é historicamente incorreta.[185]

A incorreção hegeliana, sob o crivo crítico de Heidegger, evidencia-se quando Hegel experimenta o ser como posto e determinado pelo sujeito que o compreende, subtraindo, assim, a misteriosa liberdade epifânica que caracteriza o desvelamento do ser. Logo, o olhar filosófico de Hegel, ainda imerso no universo da metafísica que nele se consuma, não foi capaz, nem poderia ser, de vislumbrar a essência libertária da *alétheia*, pois, como também já tivemos oportunidade de referir na primeira parte deste capítulo, o desvelamento da *alétheia* deu-se no mundo grego e na língua grega, no universo poético do alvorecer do seu pensamento, sendo depois desvirtuada e ocultada, a partir da emergência da metafísica e de seu hegemônico imperar subseqüente ao idealismo platônico.

Na verdade, a *alétheia* está aquém, como está para além da filosofia enquanto metafísica; para Heidegger, ela é o impensado mais digno de ser pensado, ela é a própria questão do pensamento:

> a *Alétheia* permanece para nós aquilo que primeiro deve ser pensado – o ser pensado enquanto libertado da referência à representação da "verdade" no sentido da retitude e do "ser", no sentido da realidade efetiva, trazida pela metafísica.[186]

Se para Hegel a filosofia grega é o "ainda não" que se consuma na plenitude da sua metafísica, para Heidegger, ela é o "ainda não" no sentido do que não foi pensado pela metafísica e espera por ser

---

184 HEIDEGGER, Martin. Hegel e os Gregos. *In: Os Pensadores*. Op. cit.

185 Idem, p. 212.

186 HEIDEGGER, Martin. Hegel e os Gregos. *In: Os Pensadores*. Op. cit., p. 214.

Uma Tópica Jurídica
CLAREIRA PARA A EMERGÊNCIA DO DIREITO

pensado. E este repensar na direção da *alétheia*, que se constitui no retorno para o ser, exige, para além da consumação da metafísica, a superação e o abandono da metafísica.

Antes de Heidegger, porém, anunciando o ocaso da modernidade, já Nietzsche houvera decretado a morte da metafísica, juntamente com a morte de Deus, em meio a uma avassaladora crítica contra o cristianismo.

Essa crítica também foi impiedosa com a razão iluminista, com o positivismo e o cientificismo socialista, escancarando as portas sombrias do niilismo, prefigurando o vazio anarquismo que iria marcar a pós-modernidade.

Se Hegel ainda valeu-se das conquistas da razão moderna para a configuração do espírito absoluto na sua dialética consumação da metafísica, Nietzsche não deixou pedra sobre pedra do arcabouço de verdades que fundamentavam as certezas do mundo burguês. Sua renúncia da razão subjetiva, que levou a consciência moderna a uma abstração em relação às forças poéticas da vida, destruindo o encantamento mítico das sociedades antigas, levaram-no a revalorizar a mitologia da Grécia, cujo legado cultural "De todas as raças ou gerações humanas, eles que constituíram a mais perfeita, a mais bela, a mais invejada, a mais sedutora, a mais impelida para a vida".[187]

Essa concepção mítico-poética da vida, acreditava Nietzsche, deveria ser a fonte normativa para uma nova orientação da humanidade, ampliando a visão do homem para além dos limites miseráveis da aridez racional da modernidade.

No entanto, a ruptura radical com a racionalidade moderna e a afirmação de que o sentimento estético expresso na arte é o momento mais elevado da razão, não foi obra isolada do gênio de Nietzsche. De um modo geral, ela está presente em toda a afirmação do romantismo e também em filósofos de grande envergadura, como Schlegel e Schelling. Este último exorta os filósofos a conscientizarem-se de que só a arte lhes poderá abrir o santuário, onde arde a chama eterna da verdade originária que escapa ao pensamento, e, nesse contexto, a poesia emerge como a fonte da verdade, para a qual a filosofia, após a sua consumação, deveria refluir, isto é, retornar à fonte donde ela mesmo partira: "Qual será o elo intermediário do retorno da ciência à poesia, não é, em geral, difícil de dizer, pois algo assim existiu na mitologia".[188] Como bem nota Habermas, Schelling afasta-se da razão especulativa de Hegel, buscando o poder unificador da verdade na

---

[187] NIETZSCHE, Friedrich Wilhelm. *A Origem da Tragédia*. Traduzido por Álvaro Ribeiro. Lisboa: Guimarães, 1997, p. 20.

[188] SCHELLING, Werte. M. Schröter. v. II, p. 629, *apud* HABERMAS, Jürgen. *O Discurso Filosófico da Modernidade*. Traduzido por Luiz Sérgio Repa e Rodnei Nascimento. São Paulo: Martins Fontes, 2000, p. 130.

mitologia, mantendo, no entanto, uma perspectiva filosófico-sistêmica para chegar a esta conclusão. Já Schlegel, ao contrário, reivindica uma autonomia mítico-poética de fundamentação messiânica, purificada de qualquer elo teorético com a razão, exortando o filósofo a "(despir-se) dos ornamentos bélicos do sistema e (partilhar) com Homero a morada no templo da nova poesia".[189]

Esta revalorização da mitologia grega no ocaso da modernidade, presente no romantismo e em muitos filósofos contemporâneos de Nietzsche, indica que a nova humanidade por eles prefigurada não quer abandonar o ocidente, mas rejuvenescê-lo a partir do resgate das suas mais profundas e esquecidas raízes.

Ao refutar os ideais normativos da modernidade e a sensatez do seu mundo, estruturado segundo os padrões de uma normalidade racionalmente planificada, Nietzsche deparou-se com a emergência do niilismo, brotando do vazio deixado pelo desabar das certezas adquiridas. Foi então que, inspirado no erotismo dionisíaco, transfigurou a razão esteticamente em força e fúria de desejo instintivo, fundamentando a sua filosofia numa vontade de poder, que seria a expressão da vontade, não do fraco e medíocre homem burguês, mas de um novo homem, o super-homem.

Em *Para Além de Bem e Mal*, Nietzsche propõe a sua vontade de poder, visualizando hipoteticamente um mundo dominado pelos nossos apetites e paixões, em que a realidade se reduz à práxis dos impulsos humanos e conclui que "O mundo visto de dentro, o mundo determinado e designado por seu 'caráter inteligível' – seria justamente 'vontade de potência', e nada além disso".[190]

A vontade de poder se traduz numa motivação volitiva, que expressa uma sedução ilimitada do homem pela dominação, e o obrar histórico do homem é sempre um esforço de alargamento dos seus domínios.

A vontade de poder presente em toda parte não se reduz ao plano dos entes vivos; até no mundo inorgânico se manifesta, e não é privilégio daquele que domina, pois lateja também no ânimo subreptício do submisso e dominado. "Mesmo o relacionamento do que obedece para com aquele que domina, tem de ser entendido como um resistir no sentido mencionado".[191] Assim, sendo o homem vontade ilimitada de poder em todas as instâncias do seu existir, tudo converge para a fundamentação contida num fragmento póstumo do filósofo

---

[189] SCHEGEL, F. Kritische Ansgabe. v. II, p. 312, *apud* HABERMAS, Jürgen. *O Discurso Filosófico da Modernidade*. Op. cit., p. 130.

[190] NIETZSCHE, Friedrich Wilhelm. Para Além de Bem e Mal. *In: Os Pensadores*. Traduzido por Rubens Rodrigues Torres Filho. São Paulo: Abril Cultural, 1974, p. 275.

[191] NIETZSCHE, Friedrich Wilhelm. Fragmento Póstumo, GA XIII, 62 Agosto-Setembro de 1885, n° 40 [55] ;KGW VII 3, p. 387, *apud* MÜLLER-LAUTER, Wolfang. *A Doutrina da Vontade de Poder em Nietzsche*. Traduzido por Oswaldo Giacoia Júnior. São Paulo: Annablume, 1997, p. 56.

em que se pode ler que "a essência mais interna do ser é vontade de poder".[192]

Aqui, evidencia-se o caráter metafísico de Nietzsche, expresso na onipotência da vontade como fonte axiológico-normativa. Embora ele tenha consciência de que toda metafísica, a partir de Platão, expressa-se como transcendente imposição de valores, que transpõe a vontade para a abstração supra-sensível, o que redundará, seja qual for a sua fonte: cristã, budista ou racional, em falso moralismo: "A ruína da interpretação moral do mundo, que não tem mais nenhuma sanção, depois que tentou refugiar-se em um além: termina em niilismo".[193] Assim, a crítica desvalorizante de toda tradição metafísico-axiológica abriu as portas do pensamento de Nietzsche para o mais indesejável dos hóspedes: o niilismo; e a tentativa de superá-lo levou-o a renegar a metafísica, decretando sua morte. Mas, ao transpor para a vontade de poder a fonte normativa que se expressa na vontade do super-homem, reproduz, em outros termos, a metafísica que tentou renegar, uma metafísica que se transfigura na irracionalidade do desejo, "Visto que agora a vontade de poder incorrupta é apenas a versão metafísica do princípio dionisíaco".[194] O esforço de Nietzsche de promover uma reavaliação radical dos valores, aliado à tentativa de estabelecer, através de uma transvalorização, novos valores, acabou em oposição a sua vontade, enredando e reduzindo seu pensamento no plano dos valores, o que, segundo Heidegger, afastou dele a possibilidade de um entendimento da essência da filosofia.

> É o enredar-se na confusão da idéia de valor, o não-compreender a sua questionável proveniência que constitui a razão do facto de Nietzsche não ter alcançado o cerne da filosofia propriamente dito.[195]

Neste mesmo sentido, René Schérer realça a importância do niilismo na concepção filosófica de Nietzsche, pois a lucidez com que o filósofo discerniu este fenômeno descortinou, ante seus olhos, o processo da história ocidental como metafísico desenvolvimento da verdade do ente. Imerso no solipsismo da sua reflexão que, rechaçando Deus, colocou-o sozinho e indefeso diante do assustador enigma do niilismo, que, velado pela mais profunda incognoscibilidade, não revela suas origens nem ao mais arguto olhar humano, por mais claras que sejam as suas lentes metafísicas. Também consciente disto, Nietzsche tenta ultrapassar a metafísica platônica, apelando para uma

---

[192] NIETZSCHE, Friedrich Wilhelm. Fragmento Póstumo, primavera de 1888, 14 [80]; KGW, VIII 3, 52 (VP. 693) *apud* MÜLLER-LAUTER, Wolfang. *A Doutrina da Vontade de Poder em Nietzsche*. Op. cit., p. 56.

[193] NIETZSCHE, Friedrich Wilhelm. A Vontade de Potência. *In: Os Pensadores*. São Paulo: Abril Cultural, 1974, p. 379.

[194] HABERMAS, Jürgen. *O Discurso Filosófico da Modernidade*. Op. cit., p. 139.

[195] HEIDEGGER, Martin. *Introdução à Metafísica*. Op. cit., p. 216.

transvalorização, mas, como igualmente já referimos: *"Su filosofia, en realidad, se reduce a ser un platonismo invertido. No supera la metafísica; se limita simplemente a aclararla y sistematizarla"*.[196]

Analisando o fenômeno do niilismo no pensamento de Nietzsche, Heidegger[197] observa que a transvalorização operada por ele, a partir da desvalorização dos valores que fundamentavam todo o espectro da civilização ocidental, constitui a própria essência acabada do niilismo. Assim, no mundo esvaziado de valores, emerge a necessidade de criação de novos valores, o que evidencia que o movimento histórico do niilismo não conduz para a mera nulidade, mas, na sua essência, possui um caráter afirmativo, que libera dos valores estabelecidos ao desvalorizá-los, mas, ao mesmo tempo, promove uma radical inversão para a fundação histórica de novos valores, que brotam do vazio imposto pela ação da sua presença. *"Niilismo quiere decir, entonces: nada de las posiciones de valor válidas hasta el momento debe ya valer, todo ente tiene que cambiar en su totalidad es decir, tiene que ponerse en su totalidad bajo condiciones diferentes"*.[198]

O resultado do niilismo então é a instalação de um novo fundamento metafísico, que se expressa na lei imposta pela vontade de poder.

Com a expulsão de Deus do seu sistema, o pensamento de Nietzsche envereda por uma perspectiva antropológica, e a vontade de poder tem sua fonte no homem e, por ser a expressão da totalidade da força humana que, embora grande e imensurável, não é infinita, mas, continuamente se revitaliza num eterno retorno do mesmo, para Nietzsche "Tudo esteve aí inúmeras vezes, na medida em que a situação global de todas as forças sempre retorna".[199] E, se outrora vigia o entendimento, que a atividade infinita no âmbito do tempo requeria uma força também infinita e inesgotável, agora "pensa-se a força constantemente igual, e ela não precisa mais tornar-se infinitamente grande. Ela é eternamente ativa, mas não pode mais criar infinitos casos; tem de se repetir: essa é a minha conclusão".[200] Mas o homem que irá, através da sua vontade, transformada em vontade de poder, derrubar os velhos valores e impor novos valores num mundo revitalizado, não poderá ser o fraco e medroso espécime que até agora produziu a civilização ocidental, mas um homem além deste homem. Este além-homem é o super-homem que o profeta Zaratustra anun-

---

[196] SCHÉRER, René; KELKEL, Arion Lothar. *Heidegger.* Traduzido por Bartolomé Parera Galmes. Madrid: Edaf, 1975, p. 129.

[197] HEIDEGGER, Martin. *Nietzsche.* Op. cit., p. 221 e ss.

[198] Idem, p. 225.

[199] NIETZSCHE, Friedrich Wilhelm. O Eterno Retorno. *In: Os Pensadores.* São Paulo: Abril Cultural, 1974, p. 387.

[200] Idem.

ciou: "Vede, eu vos ensino o super-homem! O super-homem é o sentido da terra. Fazei a vossa vontade dizer: que o super-homem seja o sentido da terra".[201]

Vislumbrado como uma projeção para além do homem e sendo a manifestação resultante do confronto com a essência do niilismo histórico-contingencialmente ultrapassado, o super-homem fatalmente terá de renegar radicalmente a essência do homem que o precedeu, o que significa também refutar a fundamentação metafísica da racionalidade moderna, que oculta o ser ao afirmar a verdade na totalidade do ente que o pensar representativo expressa.

O resultado histórico-social do homem submisso à normatividade oriunda dos valores da metafísica moderna plasma-se na conduta do ente apolíneo domesticado pelas leis, o antípoda dos êxtases erótico-dionisíacos e das pulsões vitalistas que devem nortear os valores do novo homem, decantado a partir da prosa poética de Zaratustra, que vai instaurar novos valores e uma nova justiça, fundamentada na axiologia do novo homem verdadeiro.

A nova realidade humana, que exsurge a partir da transvalorização proposta pelo super-homem, como superação contingente do niilismo (contingente porque, preso ao inexorável ciclo do eterno retorno, o homem será sempre devenir) expressa na unificação sintética da vontade de poder, determina sua essência com a argumentação geral da metafísica, que, aqui, niilisticamente se concebe como a verdade do ente expressa na instauração racional de valores, pois *"la negación nihilista de la razón no descarta el pensar (ratio) sino que lo recupera al servicio de la animalidad (animalitas)"*.[202]

Neste sentido, ao assumir a verdade do ente, no âmbito de uma racionalidade poético-panteísta, que, em último termo, vislumbra o homem em imanência com a natureza, o super-homem permite a fixação do animal humano até então errante sobre a terra: *"El super hombre es la más extrema rationalitas en el dar poder a la animalitas, es el animal rationale que llega a su acabamiento en la brutalitas"*.[203]

Então, sendo a vontade de poder expressão da verdade manifestada por valores, que, por sua ôntica característica, manifestam a representação subjetiva do ente no universo da metafísica, clarifica-se também, no sistema de Nietzsche, a redução do pensamento aos limites dogmáticos da racionalidade metafísico-calculadora.

Esta vinculação ontológica que culmina no entendimento do ser como verdade no plano da representação evidencia o vínculo cartesiano presente em Nietzsche:

---

[201] NIETZSCHE, Friedrich Wilhelm. *Assim Falou Zaratustra*. Traduzido por Mário da Silva. Rio de Janeiro: Bertrand, 1989, p. 30.

[202] HEIDEGGER, Martin. *Nietzsche*. Op. cit., p. 237.

[203] Idem, p. 24.

La interpretación cartesiana del ser es asumida por Nietzsche sobre la base de su doctrina de la voluntad de poder. La asunción llega a un grado tal que Nietzsche, sin preguntarse por su legitimación, equipara ser con 'representatividad' y ésta con verdad.[204]

Enredado na metafísica cartesiana e, comungando essencialmente com ela, a preeminência do corpo sobre a alma, agregando-lhe alguns aspectos psicológicos, Nietzsche, sem libertar-se, consegue apenas levar ao seu extremo limite a metafísica cartesiana, exacerbando dionisiacamente os apetites pulsionais e a força das paixões humanas. Só assim:

Reconoceremos con claridad suficiente cuán decididamente la metafísica de Nietzsche se despliega como acabamiento de la posición metafísica fundamental de Descartes, sólo que todo se translada del ámbito del representar y de la conciencia (de la perceptio) al ámbito del appetittus, de las pulsiones, y se piensa de modo incondicionado desde la fisiologia de la voluntad de poder.[205]

Assim, a vontade de poder é a antropologização radical da subjetividade humana, ou seja, a afirmação de um humanismo nietzscheniano, que, como todo humanismo modermo fundamentado na subjetividade, concebe a existência humana no plano metafísico. Neste sentido,

Kant representa a existência como a realidade efetiva no sentido da objetividade da experiência. Hegel determina a existência como a idéia que se sabe a si mesma, a idéia da subjetividade absoluta. Nietzsche concebe a existência como o eterno retorno do mesmo.[206]

Ao fim e ao cabo, o pensamento de Nietzsche reafirma o que negou, e o seu feroz exorcismo contra todas as formas de transcendência acabou efetivando a culminação de um humanismo que, procurando desvendar e impor a verdade do ser, absolutizou a legitimação do ente. E esta humanização que atua

en el interior de la voluntad de poder, como pensamiento del cuerpo; cómo también el superhombre no es más que una repetición del hombre; cómo el eterno retorno de lo mismo se limita a repetir el tiempo del hombre.[207]

A vontade de poder, consubstanciada na vontade do super-homem, ao redundar na absoluta imposição do poder pelo poder, evidencia o momento em que se desvela a plenitude da dominação da metafísica na humanidade esquecida do ser. Essa plenitude significa, sem ser a expressão da sua perfeição, o próprio acabamento da subjetividade incondicionada levada ao extremo, isto é, o ponto máximo

---

204 HEIDEGGER, Martin. *Nietzsche.* Op. cit., p. 151.

205 Idem, p. 154.

206 HEIDEGGER, Martin. *Carta Sobre o Humanismo.* Op. cit., p. 49.

207 SCHERER, René; Kelkel, Arion Lothar. *Heidegger.* Op. cit., p. 139.

em que a subjetividade, liberta de qualquer empecilho, atinge a sua essência:

> La voluntad de poder es, por lo tanto, la subjetividad incondicionada y, puesto que está invertida, también la subjetividad que sólo entonces há llegado a su acabamiento y que en virtud de este acabamiento agota al mismo tiempo la esencia de la incondicionalidad.[208]

Em Nietzsche, então, segundo a análise de Heidegger, a subjetividade levada ao seu extremo acabamento já não precisa enfrentar, como na metafísica de Hegel, a batalha dialética com o seu contrário, o que significa a absoluta e incontestável dominação da metafísica no seu sistema. Essa realidade, para nós, também parece evidente, pois, na medida em que a subjetividade aparece identificada como vontade de poder, em termos nitzscheanos, tudo que afrontar a imposição dos desígnios da sua vontade já vem, *a priori*, taxado com o selo da falsidade. Verdade, para Nietzsche, constitui apenas os valores ditados pela voz onipotente do super-homem. Igualmente, neste sentido, embora tendo algumas restrições à crítica de Heidegger, Wolfgang Müller-Lauter reconhece que, quando Nietzsche afirma que o mundo é vontade de poder e nada além disto, está sendo metafísico, plenamente metafísico, porque nomeia o ente em sua totalidade.

Na verdade, Nietzsche não apenas filia-se à tradição da metafísica ocidental e a reproduz, mas as peculiaridades originais do seu sistema metafísico permitiram, ao olhar arguto de Heidegger, vislumbrar nele o próprio acabamento da metafísica, pois, a partir da inversão já referida que Nietzsche operou, evidencia-se o esgotamento das possibilidades essenciais da metafísica exaurida.

Wolfgang Müller-Lauter leva mais longe a tese de Heidegger, acrescentando que, no pensamento de Nietzsche, acontece a própria destruição da metafísica a partir dela mesma. Isto justamente se desvela, quando a metafísica da subjetividade no pensar de Nietzsche é elevada e absolutizada na altitude mais suprema. Então, do ápice da sua glória metafísica, a subjetividade despenca fragorosamente no abismo do infundado.

> A metafísica "vontade de vontade", na figura da vontade de poder transparente a si mesma, se torna querer-do-querer (*gewoltes wollen*), que não mais remete a um alguém que quer, à vontade, mas tão-somente à estrutura do volitivo (*gefüge von wollendem*), que, perguntado pelo seu derradeiro, fáctico ser-dado (*Gegebensein*), subtrai-se no in-fixável (*Un-fest-stell-bare*).[209]

O profundo paradoxo existente na relação de Nietzsche com a metafísica, complexa ao ponto de o próprio filósofo emaranhar-se na sua trama discursiva, que vai da negação com a sua identificação a

---

[208] HEIDEGGER, Martin. *Nietzsche*. Op. cit., p. 243.

[209] MÜLLER-LAUTER, Wolfgang. *A Doutrina da Vontade de Poder em Nietzsche*. Op. cit., p. 52-53.

uma inconsciente afirmação e destruição, fica bem explilcitada na análise de Wolfgang Müller-Lauter,[210] para quem não restam dúvidas que Nietzsche permanece metafísico. Segundo o exemplo por ele invocado, a mais suprema aproximação entre o ser e o devenir acontece na teoria do eterno retorno. Reconhece também o autor,[211] embora ressaltando que ele contradiz com a sua pessoal interpretação, a importância do esforço de Heidegger em promover um ultrapassamento da metafísica, a partir da reflexão do seu acabamento no pensamento de Nietzsche. O ultrapassamento proposto por Heidegger na sua crítica, na verdade, irá se constituir num novo começo, um novo começo que procurará resgatar autenticamente a relação do pensamento como o ser, uma relação que floresceu no alvorecer da filosofia e, justamente, foi interrompido a partir da emergência da metafísica e do seu posterior domínio ao longo de toda a filosofia ocidental. Um pensamento que, sendo um pensamento do ser, não deixa de ser "metafísico", mas que, sendo metafísico, procurará pensar o que a tradição da metafísica não pensou, ou seja, a essência impensada da metafísica que, no fundo, constitui a própria essência da metafísica.

Sendo a metafísica o tratado do ser enquanto ser, pensá-la na sua essência significa pensá-la a partir do ser, e não do ente do ser. Na essência da metafísica, nos diz Heidegger,[212] vige o reino misterioso da promessa do ser, e a metafísica só atingirá a sua essência, se for pensada do modo que não foi até hoje pensada, isto é, pensada a partir do ser.

> Todo concepto metafísico de la metafísica consigue que ésta quede bloqueada frente a su propria proveniencia esencial. Pensada según la historia del ser, "superación de la metafísica" siempre quiere decir únicamente: abandono de la interpretación metafísica de la metafísica.[213]

Assim, o abandono da interpretação metafísica da metafísica, como superação da metafísica, proposta por Heidegger, é o resultado do desvelamento crítico da metafísica objetificada no plano do ente. Resta claro que a culminação da metafísica no universo do niilismo irresolvido de Nietzsche contribuiu para clarificar e encaminhar o pensamento heideggeriano para o retorno à essência do seu pensar, para a raiz profunda da sua proveniência, para o reino da *alétheia*. Esse retorno, superando o ente, nos remete ao ser do ente, nos remete para a morada daquilo que somos, onde jamais deixa de ecoar o apelo do ser para a comunhão essencial com o ente, na essência da palavra que os imanta.

---

[210] MÜLLER-LAUTER, Wolfgang. *A Doutrina da Vontade de Poder em Nietzsche*. Op. cit., p. 53

[211] Idem.

[212] HEIDEGGER, Martin. *Nietzsche*. Op. cit., p. 300.

[213] Idem, p. 301.

Lá onde a semiologia ainda não havia ditado as suas regras nem a metafísica imposto o império da certeza, a linguagem do ser se faz palavra audível, brotando poeticamente de um pensamento que se abriu espantado para o mistério do ser. É um pensamento cuja intuição espontânea e iluminada se apercebeu da presença do ser, a partir da elementar e insofismável evidência de que, se o ente existe é porque ele é, isto é, nele está o ser. E, possuindo o ente homem a morada do ser em si, a essência do homem, como por decorrência, a essência da humanidade se revela na transcendência para o ser. Essa transcendência é viabilizada pela linguagem, quando manifestada na plenitude essencial da palavra poética; transcendência que, transcendendo a lógica do objetivismo metafísico, significa, ao mesmo tempo, a superação da metafísica e um mergulho profundo nas entranhas do fundamento da essência da metafísica, fundamento que a tradição da metafísica, confundindo o ser com o ente, ignorou.

O motivo mais relevante que justifica essa ignorância, elucida-nos Heidegger,[214] foi a fuga do confronto com o nada. A tradição metafísica a partir da lógica platônica, em todas as suas variadas manifestações, procurou estabelecer critérios de verdade fundamentados no ideal de certeza e segurança e, sem saber que o nada é a própria fundamentação da sua essência, rejeitou-o como um fantasma inexistente, pois, como um pensar lógico-objetificante, poderia voltar-se para algo que não existe, algo que é a plena negação da totalidade do ente, em cuja perspectiva a metafísica sempre estruturou o seu conceito de verdade? Além disto ainda, do confronto com o nada exsurge a mais profunda angústia, que projeta o homem no vazio do mistério e tende a levá-lo por isto, temeroso dela, ao abrigo aconchegante da certeza metafísica. Nas profundezas originárias do nada, onde vaga o ser ainda velado, a luz lógico-instrumental da razão metafísica jamais poderá discerni-lo entre os véus insondáveis do mistério que vela a sua essência indeterminada.

Assim sendo, do aprofundamento no fundamento niilista da angústia, a clarificação do nada pode revelar a procedência do ser do seu universo e iluminar a transcendência do ente que se ultrapassa na direção do ser.

Do confronto interrogativo com a questão do nada, diz-nos Heidegger,[215] a própria metafísica se nos apresenta, demonstrando-nos que até a sua raiz etimológica, *tà metà physiká*, já pressupõe uma transcendência para além do ente enquanto ente, no sentido de recuperá-lo para a compreensão no âmbito da sua totalidade, o que evidencia, a partir da problematização com o nada, "a verdadeira

---

[214] HEIDEGGER, Martin. Que é Metafísica? *In: Os Pensadores*. São Paulo: Abril Cultural, 1979, p. 36 e ss.

[215] Idem, p. 42.

questão metafísica a respeito do ser do ente. O nada não permanece o indeterminado oposto do ente, mas se desvela como pertencente ao ser do ente".[216]

Portanto, enfrentar a questão e avançar problematicamente para dentro do nada não significa despencar num abismo vazio, mas, ao contrário, é a possibilidade de, através da angústia, o ente evoluir na direção do ser, e a síntese deste acontecimento constitui a essência da metafísica.

O retorno ao fundamento da metafísica que Heidegger propõe já traz implícito a superação da metafísica enquanto metafísica, mas não se volta contra ela porque tem consciência de que, "Enquanto o homem permanecer animal *rationale* é ele animal *metaphysicum*".[217] O que ele procura demonstrar é que o caminho para o pensamento do ser, enquanto superação da metafísica, pressupõe o abandono da metafísica enquanto expressão da verdade do ente, isto é, o abandono de uma metafísica que, referindo-se ao ser, na verdade, representa o ente em seu lugar, o que sempre redundará num entendimento da essência da verdade, como derivação enunciativa expressa na certeza da *veritas*. Isto eqüivale a dizer que, desconsiderando a *alétheia* como desvelamento do ser, por mais luminoso e autêntico que seja o pensar metafísico, jamais logrará aproximar-se do ser, mas será sempre ao contrário, a perpetuação do seu esquecimento.

Romper a barreira que mantém o ser no abandono do seu esquecimento, que perdura há mais de dois milênios, exige a ruptura com a metafísica enredada no plano da representação subjetiva, isto é, exige um novo começo, uma nova origem, que descortine uma nova concepção da essência do homem, não mais vinculada à ontologia enquanto representação da essência do ente.

Para a filosofia avançar na direção do ser, ela deverá libertar o pensamento da prisão representativa, onde ela acontece reduzida ao plano de ciência da filosofia; traduzindo-se na mera transposição dos conhecimentos filosóficos existentes, cingidos e submetidos ao rigor da sistematização.

Projetar a filosofia na direção do ser, orientá-la libertariamente na busca da verdade originária significa saltar para o extra-ordinário ou, como diz Heidegger, "é questionar o extra-ordinário de um modo extra-ordinário".[218]

O aprofundamento do pensamento de Heidegger na direção do ser e o alargamento da sua compreensão a partir da ontologia fundamental de *Ser e Tempo* será retornado por nós no quarto capítulo desta obra, quando, a partir do novo paradigma instaurado pelo seu con-

---

[216] HEIDEGGER, Martin. Que é Metafísica? *In: Os Pensadores*. Op. cit., p. 43.

[217] Idem, p. 56.

[218] HEIDEGGER, Martin. *Introdução à Metafísica*. Op. cit., p. 21.

ceito de ser-no-mundo, através da tópica jurídica nele inspirada, procuraremos desvelar o ser do direito e libertar a concepção jurídica da metafísica objetificante.

O que procuramos demonstrar até aqui foi que um pensamento do ser esboçou-se no alvorecer da filosofia na Grécia, sendo, depois, abandonado e relegado ao esquecimento a partir da emergência da metafísica no pensamento socrático-platônico.

O domínio da metafísica fundamentada num ideal de certeza e segurança que, a partir daí, procurou delimitar o conceito de verdade no âmbito sistemático da lógica, marcou toda a tradição cultural do ocidente, submetendo-a aos seus domínios.

Neste amplo contexto, também a idéia de direito no ocidente, em todas as variadas manifestações do seu conceito, teve a sua essência vinculada à tradição da metafísica.

Com a superação da metafísica e a conseqüente desconstrução da sua lógica, o conceito de direito erigido em imanência com ela viu sumir o chão da sua base, projetado numa crise que ameaça até o sentido histórico da sua sobrevivência.

2. O direito ocidental como expressão conceitual de uma objetificação metafísica, a partir da sua desvinculação do universo poético da *physis*

2.1. A Emergência da Idéia de Direito no Ocidente, em Imanência Cósmico-Poética com a *Physis*

A concepção jurídica ocidental, em consonância com o que ocorreu também em outras civilizações, emerge no âmbito de uma visão mítico-poética de mundo, identificada metafisicamente com um divino conceito de justiça.

A natureza ontológica da própria possibilidade do existir humano, que é um existir em sociedade, cedo reivindicou a imperiosa necessidade da heteronomia jurídica como a base normativo-fundante da sua existência, que, sendo expressão histórica de um ser liberto do normativo determinismo causal da natureza, traz o perigo constante da caótica desagregação libertária, que o relativismo, inscrito na essência do ser humano, tende continuamente a produzir.

No contexto de uma racionalidade ainda epistemologicamente imatura, o magno problema da legitimidade da ordem jurídica, identificada eticamente com a totalidade normativa da heteronomia moral, buscou o apoio transcendente da religiosidade para a sua fundamentação.

Assim, a profunda essência ontológica do direito transparece metaforicamente através da palavra mitologicamente poetizada. Como bem expressa Vittorio Frosini,[219] quando o homem emergiu do mundo da natureza, para iniciar historicamente a construção do mundo da cultura, a obra do legislador confundia-se com a labuta do poeta, nitidamente envolvida por uma aura sagrada que se prolongava também no exercício da jurisprudência. Juridicamente exprimindo

---

[219] FROSINI, Vittorio. *La Estructura Del Derecho*. Traduzido por A. E. Pérez Luño e M. J. Magaldi Paternortro. Bolonia: Real Colegio de España, 1974, p. 221.

Uma Tópica Jurídica
CLAREIRA PARA A EMERGÊNCIA DO DIREITO

a mais profunda essência dos valores comunitários, a poesia orientava toda a ação social como expressão normativo-criadora da natureza humana, que, podendo ser considerada artificial em relação ao mundo físico-instintivo das pulsões naturais, expressava autenticamente a força demiúrgica e criadora de uma natureza essencialmente humana, *"de donde la definición, que se podría dar del hombre, de homo artifex, es decir, de hombre como demiurgo, creador de um cosmos de las formas de una segunda naturaleza de la Naturaleza".*[220]

Esta fundamentação mitopoética do direito na cultura ocidental desabrochou de forma notável na grande poesia da Grécia pré-socrática. O caráter didático-pedagógico de orientação normativa, presente nas suas maiores realizações, deixa transparecer a preocupação das divindades com a estruturação metafísica de um conceito de direito, que possa viabilizar a organização da vida social com base nos critérios morais da justiça.

Todas essas características aparecem com um vigor até hoje insuperado na poesia épica de Homero, onde o espírito do povo se reflete plenamente na poesia que universaliza o mundo helênico num amplexo metafísico no qual cada membro encontra refletida a sua própria imagem.

Essa matéria poética que compôs, na sua origem, o espírito da alma grega, transparece com clareza na análise de Olof Gigon, quando ele afirma: *"la imagem originaria y válida para todos los tiempos de su ser se encontra no en una tradición de tipo religioso o político, sino en el mundo de la épica homérica".*[221]

Isto também nos parece verdadeiro na medida em que é nos cantos da Ilíada que a religiosidade grega ganha forma e se estrutura, para daí refluir como orientação normativa da vida político-jurídica, numa perspectiva simbiótica em que as ações entre os deuses e os homens se interpenetram até no plano empírico. Como se evidencia no estudo de Maria Helena da Rocha Pereira,[222] as ações humanas decorrem em imanência com os deuses, que freqüentemente intervêm no seu curso, determinando de acordo com a sua transcendente vontade o sucesso ou insucesso das mesmas. Na verdade, a legitimação dos feitos heróicos transparece a partir do apoio prestado por uma divindade na sua realização, pois quando um interesse divino permeia determinada *práxis* humana, confere-lhe uma insofismável aura de dignidade metafísica.

---

[220] FROSINI, Vittorio. *La Estructura Del Derecho.* Op. cit., p. 222.

[221] GIGON, Olof. *Los Orígenes De La Filosofia Griega.* Traduzido por Manuel Carrión Gútiez. Madrid: Editorial Credos, 1985, p. 13.

[222] PEREIRA, Maria Helena da Rocha. *Estudos de História da Cultura Clássica.* Lisboa: Gulbenkian,[s.d.]. v. I, p. 86 e ss.

Os exemplos se multiplicam na *Ilíada* e na *Odisséia*; nesta última, a mesma deusa que orienta e presta assistência para Ulisses, iluminando-lhe o caminho que conduz à Itaca, também o censura por "confiar mais em débeis e ignorantes humanos do que no seu auxílio".[223] Igualmente, a ação conjunta entre deuses e homens aparece no início do canto IV da Ilíada, quando

> os deuses, para invalidarem o resultado do duelo entre Páris e Menelau, induzem Pândaro a atirar sobre o rei de Esparta. Pátroclo sabe que não foi só Heitor que o atingiu mortalmente, mas Apolo também.[224]

O exposto permite concluir pelo caráter antropomórfico das divindades que compõem o universo da religião homérica, na qual evidencia-se uma unidade entre natureza e espírito, com o mesmo fio problemático da vida pulsando entre deuses e homens; e se os primeiros possuem a característica de serem imortais, não estão livres das contradições que grassam entre os humanos. Mas, embora sendo imortais, como nos esclarece Juan Llambias de Azevedo,[225] os deuses homéricos não são eternos, pois foram engendrados e tiveram um começo no tempo, razão pela qual, embora o conheçam, também estão submetidos ao destino e não podem modificá-lo.

No que concerne ao plano especificamente jurídico, embora seja a base para ulteriores reflexões sobre o direito, não se verifica, nas epopéias homéricas, uma aprofundada e sistemática análise; apenas fragmentariamente e em momentos esparsos, a deusa Têmis, conselheira e esposa de Zeus, personificando na sua figura a ordem universal, emite conceitos jurídicos. Esses conceitos nem sempre estão em consonância com o que mais tarde, principalmente a partir de Hesíodo, o gênio grego entenderá por justiça. Como bem observa Antonio Truyol y Serra,[226] os temistes, expressando a divina vontade de Zeus, muitas vezes manifestam malignos desígnios de caprichos divinos eticamente condenáveis, que, no entanto, se impõem, autoritariamente amparados no imenso poder do soberano do Olimpo. Também Juan Llambias de Azevedo[227] nos assegura que Homero não se preocupou com estimativas ético-axiológicas, não sendo o *ethos* da justiça, mas, sim, o da valentia identificada com a força a profunda motivação teleológica da narrativa, que transcorre consciente da poderosa e eterna presença do mal no universo, o que, por sua vez, a impregna de

---

[223] PEREIRA, Maria Helena da Rocha. *Estudos de História da Cultura Clássica*. Op. cit., p. 90.

[224] Idem, p. 91.

[225] AZEVEDO, Juan Llambias de. *El Pensamiento Del Derecho y Del Estado En La Antigüedad*. Buenos Aires: Libreria Jurídica, 1955, p. 18, 19.

[226] SERRA, Antonio Truyol y. Historia De La Filosofia Del Derecho y Del Estado. *Revista de Occidente*, Madrid, v. I, p. 126, 1970.

[227] AZEVEDO, Juan Llambias de. *El Pensamiento Del Derecho y Del Estado En La Antigüedad*. Op. cit., p. 21.

uma aura trágica, que se estenderá vigorosa por toda tradição cultural helênica. Assim, não se estranha que o valor da valentia prepondere em detrimento da justiça, pois não sendo sempre justos os próprios deuses, carece neles, por decorrência, preocupação com a justiça entre os homens. Ilustrando esta hegemonia, no Canto VI da Ilíada, *"Héktor ruega a los Dioses que hagan a su hijo valiente (no justo) y su supremo anhelo es que un dia se pueda decir de él: es mucho más valiente que su padre".*[228]

Embora haja convergência dos estudiosos no sentido de que as contradições éticas presentes na Ilíada amenizam-se na Odisséia, denotando uma maior coerência moral das divindades no relacionamento com os desígnios humanos, não se evidenciam referências positivas em relação ao valor da paz, e a escravidão aparece como uma instituição normal, num mundo que exalta e legitima as conquistas bélicas da nobreza. Em síntese:

> *los poemas dan testimonio de un orden político aristocrático que es aceptado sin discusión ni resistencia. El gobierno está en manos de los reyes que son llamados "nutridos por Zeus" y tienem un poder absoluto.*[229]

Contrariando Odisseu, que declara no Canto XIV da Odisséia[230] o gosto prazeroso pelo combate guerreiro e o desdém pelos trabalhos nos campos e pelos amenos e pacíficos cuidados com o lar, Hesíodo, o grande épico que sucedeu Homero, a partir da sua própria condição de humilde campesino, promoveu, inspirado pelas musas, uma radical mudança em relação à escala de valores homéricos, exaltando o trabalho, a justiça e a paz.

Efetivamente, a afinidade estilística que ainda o mantém ligado a Homero não se verifica na profunda motivação ontológica do didatismo de Hesíodo que se propõe, acima de tudo, ensinar a verdade. E a busca da verdade, infundida inicialmente pela inspiração das musas, moveu o seu *logos* em direção oposta ao caráter mais ingênuo do *ethos* mitológico do seu tempo, levando-o a estruturar, antes da concepção teogônica, uma cosmogonia em que já se evidencia o esforço de uma racionalidade lógica-abstrata, que o fez precursor das mais notáveis realizações filosóficas posteriores.[231]

Nesse sentido também Olof Gigon[232] observa que, ao se propor ensinar a verdade, Hesíodo, orientado pelas musas, procura discernir

---

[228] AZEVEDO, Juan Llambias de. *El Pensamiento Del Derecho y Del Estado En La Antigüedad.* Op. cit., p. 22.

[229] Idem.

[230] Ibidem.

[231] Um aprofundamento mais detalhado dessa evolução que se opera no pensamento poético de Hesíodo pode-se verificar em Kirk, G. S.; Raven, J. E. *Os Filósofos Pré-Socráticos.* 3. ed. Lisboa: Fundação Calouste Gulbekian, 1990, p. 18 e ss., e também em CORNFORD, F. M. *Principium Sapientiae.* 2. ed. Lisboa: Fundação Calouste Gulbekian, 1981, p. 329 e ss.

[232] GIGON, Olof. *Los Orígenes De La Filosofia Griega.* Op. cit., p. 14, 15.

e se afastar do falso que vem aureolado com a aparência de verdade, realidade que se verifica no mundo enganoso das verossimIlhanças míticas do discurso homérico, e este esforço de lucidez racional promoverá, no *logos* do poeta, o surgimento da filosofia.

Tanto na *Teogomia*, como em *Os Trabalhos e os Dias*, ao contrário do distanciamento poético de Homero, verifica-se, de maneira imanentista, uma profunda fé em Zeus, que, longe de ser o déspota violento em um cosmos desordenado, aparece como amante da paz e da justiça, e legitimado em perspectiva quase monoteísta, na qual, como nos elucida Maria Helena da Rocha Pereira, não se verificam mais as sucessões violentas das lutas entre várias divindades, mas, sim, "um caminho ascensional para a ordem estabelecida por Zeus, que é o triunfo da justiça".[233] A partir daqui, a justiça passará a ser o valor supremo do universo e fonte da orientação moral da vida social. Na sua direção, devem convergir eticamente todas as ações humanas e divinas, e o seu triunfo, embora abalado momentaneamente pela presença imoral da injustiça, se impõe como um desígnio inexorável, eis que amparada normativamente na suprema vontade de Zeus, que zela diuturnamente por ela, aplicando aos seus transgressores os raios infalíveis e coerentes da sua divina sanção. Assim, como se verifica na célebre passagem de *Os Trabalhos e os Dias*, aqui evocada por Rodolfo Mondolfo, "tal é a lei que o filho de Cronos institui para os homens: os peixes, os animais selvagens e os pássaros se entredevorem, porque entre eles não existe a justiça. Porém ele (Zeus) deu aos homens a Justiça, que é o melhor dos bens".[234]

Também divergindo de Homero, na configuração simbólica da divindade identificada com a justiça, para Hesíodo, Dike, filha de Zeus e Têmis, uma deusa já de raízes olímpicas, é a sua personificação manifestada na Teogonia.

Dike não será como a Têmis homérica, uma simples conselheira de um despótico autoritário, mas a verdadeira portadora do direito, imbuída da missão de conectá-lo desde o Olimpo com a terrena realidade humana. A magnitude da sua missão jurídica não se reduz a simples difusão do direito; pressupõe também a intervenção tópica na sua aplicação jurisdicional. Por essa razão, em imanência com o seu nome, o ato judiciário em língua grega passou a chamar-se *dikazein*, e o entendimento do justo, na mesma perspectiva etimológica, *díkaion*.

Ao implementar sua tarefa, conforme a boa síntese analítica de Luis Fernando Coelho,[235] Dike precisa enfrentar as três poderosas forças antagônicas, que são Bia, Hybris e Éris.

---

[233] PEREIRA, Maria Helena da Rocha. *Estudos de História da Cultura Clássica*. Op. cit., p. 123.

[234] MONDOLFO, Rodolfo. *O Pensamento Antigo*. Traduzido por Lycurgo Gomes da Motta. São Paulo: Mestre Jou,1964, p. 25.

[235] COELHO, Luis Fernando. *Introdução Histórica à Filosofia do Direito*. Rio de Janeiro: Forense, 1977, p. 32 e ss.

A primeira é a personificação da violência enquanto manifestação do poder tirânico; já Éris, identificada com a discórdia, movimenta-se no sentido de prejudicar a boa ordem, e Hybris, associada com a profunda desagregação que corrói no universo a virtude do equilíbrio, ameaça continuamente a harmonia da vida social com a possível deterioração do direito em injustiça, eis que séculos antes de ser conceituada formalmente pelo discurso lógico-metafísico da ética aristotélica, a noção de prudência germinando da fonte poética já era ontologicamente identificada com a essência do justo.

Aliás, essa profunda noção de harmonia, que rege normativamente o cosmos sob o signo da justiça e que, a nosso ver, encontrará a sua plenitude na racionalidade do *logos* heraclítico, já se encontra prefigurada com bastante clareza na poética de Hesíodo, cuja visão de mundo expressa na Teogonia utiliza uma ampla genealogia divina para expor a sua noção do que vem a ser o Todo, que, segundo Olof Gigon,[236] não consiste apenas na mera totalidade, mas, sim, numa ordenada e interdependente relação entre todos os membros, uma ordem universal equilibrada e sem rupturas, no âmbito da qual se corporifica a imagem do ser verdadeiro que é *"um ser com orden, en el que todo está hermanado con todo y cada uno realiza su papel correspondiente"*.[237]

No entanto, a mesma aura trágica presente na épica homérica e que já referimos ser um componente essencial que se verifica em todo o sentimento da alma grega, também se manifesta veemente na poética de Hesíodo, cuja visão histórica denota traços de profundo pessimismo, prefigurando na cena do futuro o palco concreto onde se consumará a ímpia realização de maligna hegemonia:

> *No se mantendrá juramento alguno, ni la justicia ni el bien; los respetos todos serán para el hombre inicuo insolente, porque no habra más derecho que la fuerza, y la conciencia no existirá.*[238]

A causa talvez mais profunda a legitimar esse sentimento é o mistério inscrito na própria essência da condição humana, marcada por uma incompreensível contradição ontológica, que evidencia uma natural desigualdade entre os homens, fonte da discórdia ininterrupta, que, longe de ser resolvida, ainda hoje, vitima nossa condição na forma da desagregação conflituosa. Normalmente reduzida a um simples maniqueísmo, essa contradição se manifesta em todas as importantes reflexões metafísico-jurídicas da história, como atesta o trágico episódio de Caim e Abel, na Bíblia judaica, e a contenda com o irmão

---

[236] GIGON, Olof. *Los Orígenes De La Filosofia Griega*. Op. cit., p. 29.

[237] Idem.

[238] AZEVEDO, Juan Llambias de. *El Pensamiento Del Derecho y Del Estado En La Antigüedad*. Op. cit., p. 27.

Perses, vivenciada pelo próprio Hesíodo. No caso de Hesíodo, ainda, a clarividência premonitória presente na intuição do seu poético pessimismo logo se verificaria na época arcaica que o sucedeu quando, inclusive, a poesia, assumindo predominantemente uma forma lírica, dobrar-se-á submissa ao gosto das tiranias que se hegemonizaram pelo mundo helênico. Como se pode ver em Maria Helena da Rocha Pereira,[239] poetas como Anacreonte, Íbico, Simónides, Píndaro, Baquílides e Ésquilo prestaram vassalagem nas cortes dos tiranos, nutrindo sua vaidade de pretensos déspotas esclarecidos.

Entretanto, em meio ao universo tirânico da era arcaica, emergirá uma poesia de índole crítica, com pretensões reformistas que, em muitos casos exitosa, viabilizará normativamente a estruturação de um direito positivo eivado já de nítidos contornos democráticos.

O exemplo mais forte desse anseio poético-metafísico, que seguindo a inspiração de Hesíodo, vai buscar na transcendência teológica o fundamento insofismável para determinar um conceito dogmático e infalível de justiça, aparece nos fragmentos que nos chegaram da poética de Solon, o grande reformador.

Considerado um dos sete sábios da antiguidade, transparece no discurso de Solon, para além da configuração metafísico-teológica de uma moralidade religiosa, a preocupação pragmática de, com base nela, efetivamente positivar as relações sociais no âmbito político-jurídico do Estado. Também consciente da trágica condição humana, a gravidade do profundo sentimento do seu pensamento poético exprimiu-se na forma da elegia, que deixa transparecer, em cada verso, o ofício do legislador que reflete a organização da pólis sob o signo da justiça. E a noção do justo que norteará os princípios da reforma por ele empreendida já evidencia a orientação democrática de uma ordem social baseada nos critérios da igualdade político-jurídica. Nos seus versos se clarifica o elemento basilar que, depois retomado pela filosofia prática aristotélica, acabará se constituindo no mais notável contributo do pensamento grego para a fundamentação filosófico-jurídica do direito ocidental. Estamos nos referindo ao conceito de prudência, que, contrariando o impulso ontológico da hibris, pode conduzir racionalmente a sociedade humana para a síntese do equilíbrio.

A virtude da prudência, característica maior do gênio grego que o pensamento jurídico romano identificará como sendo a própria virtude, consubstanciada no princípio do "nada em excesso" que, presente na *Elegia às Musas* de Solon,[240] ficou gravado para a posteridade no templo de Apolo, em Delfos, como sendo de sua autoria. A mesma preocupação pedagógica levou-o a exaltar a ordem e o cumprimento

---

[239] PEREIRA, Maria Helena da Rocha. *Estudos de História da Cultura Clássica*. Op. cit., p. 135.

[240] Idem, p. 151.

Uma Tópica Jurídica
CLAREIRA PARA A EMERGÊNCIA DO DIREITO

das leis, consciente de que a desordem é a fonte das desgraças que corroem o Estado e fazem germinar a injustiça e a insolência. Somente a Boa Ordem pode suprimir a discórdia e orientar os atos humanos com sensatez prudencial para a prática do bem. Isto ocorre quando os cidadãos obedecem ao direito positivo, que fundamentado na idéia de justiça, promove uma ordem jurídica equilibrada e proporcional. São, neste sentido, lapidares os seguintes versos da Eunomia:

> *La Eunomia encadena a los malhechores, alisa las asperezas, suprime la codicia, destruye la insolencia e impide que crezca la calamidad. Rectifica las sentencias tortuosas, suaviza las obras de soberbia, reprime los efectos de la disensión, calma el rencor de la discordia, y por ella todo entre los hombres se vuelve proproción y cordura.*[241]

Os desdobramentos históricos dessa feliz conjunção, de um direito positivo emergindo metafisicamente do universo poético através da síntese do poeta-legislador, viabilizaram politicamente a consumação de uma reforma, que fez a *pólis* ateniense evoluir da tirania aristocrática para uma democracia que se tornou exemplo perene de civilização. Aliás, as máximas prudenciais dos sete sábios disseminaram-se pela *hélade*, determinando metafisicamente um modelo teológico-poético de conduta moral, cuja consumação ética decorria de uma irrestrita obediência ao direito positivo. Além do exercício democrático propiciado pela reforma de Solon, a influência moral do orfismo contribuiu para a agudização do senso de justiça, e, assim, uma nova consciência de direito foi surgindo num contexto em que *logos* grego, assumindo uma posição cada vez mais epistemológico-científica, abandonou a poesia para exprimir-se numa prosa de índole racionalista, que caracterizou, no século VI a.C., o surgimento da filosofia.

No entanto, a superação da mitologia pelo racionalismo científico não aconteceu de repente, e, por muito tempo, a filosofia seguiu eivada de mitologia, o mesmo ocorrendo nas mais relevantes reflexões sobre o direito no universo pré-socrático.

Se, nas primeiras grandes realizações da Escola de Mileto, com Tales, Anaxímenes e Anaximandro, buscou-se, com espírito empírico-prático que denotava um objetivismo naturalista, derivar todos os fenômenos de uma substância fundamental, o mesmo ocorreu no plano da moralidade jurídica, em que a multiplicidade de preceitos éticos foi sendo sistemático-racionalmente reduzida a uma unidade metafísica. Essa unidade metafísica, que, tendo como ponto de partida uma observação materialista da natureza, considerada como a fonte geradora de todas as coisas, suscitou uma sistemática especulação cosmológica da qual resultou a idéia de um universo perfeitamente ordenado.

---

[241] AZEVEDO, Juan Llambias de. *El Pensamiento Del Derecho y Del Estado En La Antigüedad*. Op. cit., p. 30, 31.

É importante ressaltar que o transcendente conceito de cosmos é uma derivação analógica da organização social humana e tem na idéia de justiça a base fundante que mantém o seu perene e harmonioso equilíbrio ordenado, do qual refluirá a legitimidade coercitiva do *nomos*. Assim, na essência do conceito de natureza, transparece o problema da lei e da ordem que se afirma

> como totalidade governada por uma lei de justiça, isto é, aplicando à natureza o conceito da lei jurídica, com todos os seus elementos, do fim e do imperativo da ordem e da sanção para toda a transgressão.[242]

Cabe lembrar, neste contexto, o conceito de justiça legado por Pitágoras, cuja fundamentação, de cunho mítico, amparada por rigor lógico-aritmético e também inspirada na harmonia das escalas musicais, encontrou sua síntese metafísica na unidade do número. Para este estranho pensador, os números constituem a essência do universo, isto é, o princípio primeiro que viabilizava a totalidade ordenadora do cosmos.

Pitágoras era ligado ao misticismo órfico, movimento religioso que promoveu, no século VI. a.C., uma profunda renovação espiritual no mundo grego. Preconizava, em síntese, uma rigorosa exigência de vida íntegra, para que a alma, conspurcada pelo pecado, pudesse, através de um longo ciclo de reencarnações, ir se purificando lentamente. Esse entendimento da condição humana impunha ao adepto um exame moral diário de suas ações, julgadas por um deus interior, identificado com a consciência. Para Rodolfo Mondolfo,[243] a imperatividade moral advinda deste tribunal íntimo gerou um sentimento normativo identificado com o dever de cumprir as leis. Assim, o cumprimento das leis identificadas metafisicamente com a essência da justiça cósmica promoveria, nas relações humanas, uma proporcionalidade harmônica na correlação das condutas sociais. Segundo Antonio Truyol y Serra, a justiça, para os pitagóricos no contexto das deduções aritméticas, identificava-se com o equilíbrio igualitário entre dois termos:

> *La simbolizavam los números 4 y 9, que son los primeros, que resultan de la multiplicación de un número par y un impar por ellos mismos. Así, la igualdad aparece desde el principio como elemento esencial de la justiça, y Aristóteles se limitará a desarrollar este atisbo pitagórico.*[244]

No entanto, como bem lembra Kirk,[245] entre os pensadores jônicos da Escola de Mileto, já Anaximandro projetara a idéia de justiça para o cosmos, vislumbrando uma *pólis* refletida no universo ordena-

---

[242] MONDOLFO, Rodolfo. *O Pensamento Antigo*. Op. cit., p. 37.

[243] MONDOLFO, Rodolfo. *O Homem na Cultura Antiga*. São Paulo: Mestre Jou, 1968, p. 343 e ss.

[244] SERRA, Antonio Truyol y. *História De La Filosofia Del Derecho y Del Estado I*. Op. cit., p. 123.

[245] KIRK, G. S.; RAVEN, J. E. *Os Filósofos Pré-Socráticos*. Op. cit., p. 115 e ss.

do e regido por uma imanente justiça divina, identificada em perspectiva naturalista com o conceito de natureza que, concebida para além da dimensão empírica, transcendia a matéria inerte, resumindo em si o mistério de um princípio divino-panteísta que a fazia fonte geradora de todas as coisas, isto é, o entendimento da natureza como *physis*, conceito já por nós desenvolvido no primeiro capítulo desta obra. No contexto panteísta de Anaximandro, em imanência reflexiva com a metáfora do tempo, o entendimento conceitual do justo já denota a profunda noção de equilíbrio, que advém do choque dos contrários, resultando a ordem cósmica: do eterno conflito que move ontologicamente tudo que existe no universo, ou seja, a justiça promana da fonte dialética que engendra a discórdia.

Esta idéia de uma justiça natural derivada da *physis*, que, embora laicizada pelo pensamento físico-astronômico da escola de Mileto, manteve vivo seu estro sagrado e poético-panteísta; teve desdobramentos variados no âmbito daquilo que os juristas ocidentais denominam genericamente de jusnaturalismo cosmológico.

Em Empédocles,[246] por exemplo, a idéia de justiça prefigurada por Anaximandro a partir do jogo dos contrários, aparece personificada ontologicamente nas forças elementais do amor e do ódio, que, convergindo e divergindo em amplos ciclos cósmicos, harmonizam-se sob a égide de uma lei que rege o todo. Já no eleata Parmênides, o mesmo conceito assume uma formulação estática, advinda do seu conceito de ser, que pressupõe a imutabilidade, eis que todo o movimento engendra a *doxa*, isto é, a ilusão da verdade sob a forma da aparência sensorial. Nesse contexto, a justiça, identificada com a verdade do ser no plano da totalidade cósmica, pressupõe que "*Nunca el ser podrá surgir del no ser, porque Dike no tolerará que nazca cosa alguna, ni que cosa alguna se disuelva, librándose de sus garras, que todo lo sujetan*".[247]

Mas, em perspectiva oposta à de Parmênides, a idéia de justiça brotando como síntese ordenadora do cosmos a partir do jogo ontológico dos contrastes rompe o imobilismo e se movimenta no racionalismo dialético de Heráclito, em cuja essência se manifesta o mistério divino de uma lei eterna e universal que promove, num fluxo ininterrupto, a transformação contínua de toda a realidade.

Paradoxalmente, no discurso fragmentário desse pensador considerado obscuro,[248] é que o conceito de *physis* desvelou-se na sua plenitude, emergindo da invisibilidade por obra de um pensar que a tornou visível e permitiu aos homens convivê-la, isto é, propiciou, a

---

[246] SERRA, Antonio Truyol y. *História De La Filosofia Del Derecho y Del Estado I*. Op. cit., p. 123.

[247] Idem. p. 122, 123.

[248] HEIDEGGER, Mártin. *Heráclito*. Op. cit., p. 34 e ss.

partir do desvelamento da sua aparição, o convívio com a verdade, com a *alétheia*.

O encontro com a verdade, que, em Hesíodo se opera a partir do encontro com as musas divinas que a revelam, em Heráclito se engendra discursivamente numa articulação dialética entre a palavra e o pensamento; numa perspectiva de auscultação crítica que permite manifestar, na síntese da enunciação, a realidade invisível (*physis)* que a palavra liberta da reclusão do ocultamento e torna visível.

Este pensar discursivo, contrário ao pensar comum que lhe sendo hostil fica no plano da aparência falsa, é o *logos*. Segundo Damião Berge, o *logos*, na sua essência, é o discurso que viabiliza a visibilidade da *physis* invisível, e este discurso "pode ser falado ou escrito. O de Heráclito são seus apotegmas que, por conseguinte, hão de revelar-nos a *physis* e sua posição em seu mundo de representações".[249]

Ao revelar-nos a *physis*, através do seu desvelamento discursivo, o *logos* heraclítico põe-nos em contato com a totalidade do real, com a fonte profunda de onde tudo promana e no âmbito da qual tudo se unifica, isto é, a *physis* é o ser do qual todos os seres emergem num eterno processo de fluidez ininterrupta, e a mesma força originária que promove a mudança de tudo num incessante devir é a força que tudo unifica numa unidade absoluta.

Assim, sendo a *physis* a expressão essencial da verdade absoluta, que reúne a multiplicidade do todo na síntese unitária de tudo que ele é, o *logos* que a desvela e a expressa é o portador da verdade absoluta e, como ela, reside em todos os seres; por isto,

como o atesta a primeira frase do frag, 1. "existe e vale sempre", e sempre enunciará a verdade absoluta e universal, existente igualmente sem restrição temporal. Di-lo-emos, portanto, portador da verdade interminável.[250]

Por decorrência do exposto, o intelecto humano, em consonância com o *logos*, comunga com a essência da *physis* que, através dele, pode se constituir em fonte normativa do agir social, em fundamento ético de toda a *práxis*. Pois, se tudo é dirigido pelo *logos*, que, movido pelo mistério divino da força ontológica da *physis*, harmoniza os contrários com a tecitura invisível de uma lei perfeita, e, embora esta lei, da qual deflui a única normatividade certa e verdadeira em todo o universo, transcenda os limites intuitivos da normativa sociabilidade intrínseca à nossa natureza a ela contraposta, em comunhão com o *logos*, pode a ela transcender e impregnar, com a sua essência, a positiva normatividade do *nomos* humano, que pode assim viabilizar, a partir de uma essência transempírica, empiricamente uma ordem social justa.

---

249 BERGE, Damião. *O Logos Heraclítico*. Rio de Janeiro: Instituto Nacional do Livro, 1969, p. 73.

250 Idem, p. 85.

Consciente do relativismo axiológico inscrito na própria essência da condição humana, que mais tarde os sofistas levariam a um anárquico paroxismo antropológico-libertário, Heráclito sabia que a contingência racional do homem podia levá-lo, em nome de uma identificação com a verdade, a aceitar a lei do *logos* ou, movido instintivamente pela liberdade da natureza equivocada do seu intelecto, refutá-la. Como esta segunda hipótese, confirmada pela história, tende a se tornar hegemônica em todas as civilizações, o filósofo que a vivenciou na prática entre seus concidadãos de Éfeso, optou, por pessimista, retirar-se do convívio social.

Mas esta mesma realidade levou-o a desenvolver, aislado no seu lúcido solipsismo, a noção da imperiosa necessidade de se obedecer às leis desde que a heteronomia do *nomos,* exercitada por autoridade legítima, consubstancie a materialização da *physis*. E isto não ocorre, como pensou Platão, a partir de geométricas deduções amparadas no formalismo abstrato de hipotéticas premissas gerais, mas, sim, quando a legalidade positiva absorver, na sua normatividade, o mistério transcendente da natureza divina que anima a sua essência, e por ela, prudencialmente, integrar-se ao fluxo harmônico que equilibra o cosmos. Então, "Através da lei natural, ela vive da vontade divina (no dizer heraclítico, 'nutre-se do Um-divino') e, sendo expressão desta, (por ela os cidadãos devem arriscar a vida e liberdade)".[251] Neste mesmo sentido, analisando a relação entre *nomos* e Dike, a partir da reflexão dos fragmentos 114 e 23 de Heráclito, Rodolfo Mondolfo acentua a dependência das leis humanas da normatividade advinda da unitária lei divina que domina todo o universo, em cujo contexto a totalidade dos acontecimentos constitui um imenso plano traçado por Dike, cuja teleologia inexorável às transgressões apenas legitimam e confirmam, na medida em que, superadas, são reabsorvidas pela síntese harmoniosa que a sua hegemonia impõe ao fluxo do acontecer universal.

> La idea de que Dike no existiria sin su opuesto, no significa por lo tanto sólo el descubrimiento de la conexión a identidad de los contrarios, que reconoce Kirk, sino tambíen la íntima necessidad de que Dike afirme y restabelezca su dominio, reaccionando contra su contrario y triunfando todas las veces sobre él.[252]

A amplitude universal do absoluto domínio da justiça cósmica de Heráclito, como também a síntese geral da sua tese, vêm bem ilustradas neste fragmento invocado por Jonathan Barnes: "*El sol no transpasará sus medidas; si no, las Erinias, assistentes de la justicia, lo descrubrirán* (111:B94=52M)".[253] Mas aqui, em que um dedutivismo

---

[251] BERGE, Damião. *O Logos Heraclítico.* Op. cit. p. 217.

[252] MONDOLFO, Rodolfo. *Heráclito.* Traduzido por Oberdan Caletti. México: Siglo Veintiuno, 1989, p. 344.

[253] BARNES, Jonathan. *Los Presocráticos.* Traduzido por Eugência Martín López. Madrid: Cátedra, 1992, p. 162.

mais simplista pode detectar um unilateral determinismo lógico-metafísico no pensar do efésio, emerge, ao contrário, a profunda proporcionalidade que equilibra o eterno confronto entre os opostos, o próprio sol que, na metáfora acima, submete seu curso ao traçado normativo de Dike, se não o fizesse, poderia aproximar-se demasiado da Terra, promovendo a *hibris*. No plano de Dike, isto é, na lei que governa a justiça cósmica, toda a multiplicidade indistinta dos fenômenos se unifica numa síntese coerente movida pela discórdia, como bem atesta o fragmento 88: *"Una misma cosa es (en nosostros) lo viviente y lo muerto, y lo despierto y lo dormido, y lo joven y lo viejo; éstos, pues, al cambiar, son aquéllos, y aquéllos, inversamente, al cambiar, son éstos"*.[254] Assim também a própria justiça não seria conhecida, se não fosse a injustiça torná-la evidente, como transparece no fragmento 23,[255] donde se pode inferir que:

> Se o equilíbrio entre contrários não fosse mantido, por exemplo, se "o calor" (isto é o total das substâncias quentes) começasse a prevalecer perigosamente sobre o frio, ou a noite sobre o dia, então a unidade e coerência do mundo cessariam, tal como se a tensão na corda do arco exceder a tensão dos braços, todo o complexo é destruído.[256]

Consciente de que a discórdia, isto é, o eterno conflito entre os contrários que subjaz a tudo e engendra o movimento que conduz à verdade, que, enquanto expressão da *physis*, constitui a profunda e oculta essência das coisas: *"La armonía oculta es superior a la manifesta"*,[257] reza o fragmento 54, é que Heráclito lança mão da metáfora da guerra e a define no fragmento 53 como *"padre de todos las cosas y el rey de todas"*.[258] Convém lembrar, como já fizemos no primeiro capítulo, que onde muitos vêem superficialmente, um simples *animus* belicoso na postura de Heráclito, subjaz a oculta harmonia normativa da *physis*, promovendo, a partir do choque dos contrários e da eterna discórdia, o equilíbrio da justiça. Como bem salientou Heidegger,[259] é através da dialética do combate que pode emergir, entre os combatentes, a emergência essencial e originária do ser que une tudo; no caso dos conflitos jurídicos, o que manifesta o ser do direito é a justiça da *physis* que o *logos* desvela.

Assim, a metáfora da guerra desvela a sua essência, como a fonte propulsora e originária do movimento que engendra a mudança e, ao mesmo tempo, promove o equilíbrio num fluxo eterno de conflitos, cujo cessar implicaria a própria extinção do mundo como tal. Por isto,

---

[254] MONDOLFO, Rodolfo. *Heráclito*. Op. cit., p. 41.

[255] Idem, p. 34.

[256] KIRK, E. S.; RAVEN, J. E. *Os Filósofos Pré-Socráticos*. Op. cit., p. 196.

[257] MONDOLFO, Rodolfo. *Heráclito*. Op. cit., p. 37.

[258] Idem.

[259] HEIDEGGER, Martin. *A origem da Obra de Arte*. Op. cit., p. 38, 39.

o talvez mais célebre fragmento de Heráclito vale-se da imagem do rio que, fluindo eternamente, mantém o equilíbrio no fluir intermitente da mudança.

> No es posible ingressar dos veces en el mismo rio, según Heráclito, ni tocar dos veces una sustancia mortal en el mismo estado; sino que por la vivacidad y rapidez de su cambio, se esparce y de nuevo se recoge; antes que al mismo tiempo se compone y se disuelve, y viene y se va.[260]

A síntese equilibrada dos contrários, fluindo mansamente na metáfora das águas eternas do rio, sugere, como notou Kirk, que a noção profunda da sabedoria heraclitiana, enquanto compreensão do *logos*, significa que

> a estrutura análoga ou elemento comum da disposição das coisas que incorpora o *Métpoy* ou medida, sendo esta a garantia e que a mudança não produz uma pluralidade desconexa e caótica.[261]

Isto se evidencia com clareza, quando, no fragmento 50, Heráclito observa que, no âmbito dos contrários que compõem a aparente realidade, se ouvirmos o *logos*, nos aperceberemos que todas as coisas são Um, ou seja, compõem uma síntese unitária. Aprofundando a análise do fragmento, Heidegger[262] vale-se poeticamente da metáfora da colheita para simbolizar o *logos* reunidor da totalidade dos entes na unidade do ser; em todos os desdobramentos teleológicos que constituem normativamente os atos do colher, na aparência formal aleatórios, está no entanto concentrada, como uma cunhagem ontológica inscrita previamente na determinação do colher e do coletar. A síntese do coletar é o abrigo que resguarda o todo, a unidade da verdade.

> Deste modo, o coletar está inteiramente recolhido em sua própria essência, e por isso dizemos que é co-letivo. Assim pensada, a partir do resguardo que guarda o verdadeiro, a co-letividade é a essência do coletar, enquanto a coleta originária resguardada no coletar.[263]

Nesse contexto em que a *physis*, entendida como a constituição íntima do todo, tece a teia normativa que compõe o equilíbrio do universo, o pensamento de Heráclito aponta eticamente o caminho da proporcionalidade prudencial que expressa o justo. Aqui o efésio alinha-se ao já hegemônico sentimento moral grego, que como as máximas délficas tão bem evidenciam, exaltam como valor supremo a moderação. Neste sentido, o fragmento 43 compara os males da insolência aos danos de um incêndio. No entanto, Kirk[264] acentua que

---

[260] MONDOLFO, Rodolfo. *Heráclito*. Op. cit., p. 41.

[261] KIRK, G. S.; RAVEN, J. E. *Os Filósofos Pré-Socráticos*. Op. cit., p. 207.

[262] HEIDEGGER, Martin. *Heráclito*. Op. cit., p. 295 e ss.

[263] Idem, p. 298.

[264] KIRK, G. S.; RAVEN, J. E. *Os Filósofos Pré-Socráticos*. Op. cit., p. 217.

expressões como "conhece-te a ti mesmo" e "Nada em excesso" adquirem em Heráclito um significado mais profundo, porque nele, originalmente, a sabedoria prudencial do *logos* apóia-se formalmente na episteme rigorosa da sua teoria física. Dessa forma, a metafísica de Heráclito promanando de profunda fonte mítico-poética, amparada cientificamente, mas transcendendo o objetivismo redutor da lógica, sintetiza no *logos* o fundamento último de toda a realidade como expressão da harmonia cósmica.

> Todas as enantiologias concretas, as grandes pugnas doutrinárias, sociais e econômicas, experimentadas tanto pelo efésio como pelo homem de sempre, são superadas, não por nova antítese hostil, mas pela integração na harmonia, superior revelada pelo *logos*.[265]

Essa harmonia que, segundo o fragmento 41, a sábia razão elucida como o governo de todas as coisas, na análise de Heidegger[266] é um conselho originário que dirige tudo em imanência com tudo. Este dirigir recolhe o todo da coleta e o mantém recolhido numa via dialeticamente aberta, onde o presente da coletividade originária se mantém vivo, atuando normativamente para que a totalidade dos entes existencialmente se equilibrem numa função harmônica.

Sendo a verdade a expressão do todo, o acesso à essência do seu ser pressupõe o diálogo múltiplo, pois é pressuposto ontológico da sua construção a evolução dialética do choque entre contrários, como bem elucida a admirável síntese do fragmento 8: *"Lo que se opone es concorde, y de los discordantes (se forma) lá mas bella armonía, y todo se engendra por la discordia"*.[267] E o homem, como ente social e portador do *logos* na essência ainda velada da sua verdadeira natureza, pode auscultar a sua ontológica presença imponderável e fazê-la desabrochar, desvelando-a pela linguagem e materializando, na sua palavra, o mistério poético da sua presença. Quando isto acontece, disse-nos Heidegger,[268] a existência histórica do homem consubstancia o *logos* na sua *práxis* social. Assim, através do *logos*, a *physis* fenomenologicamente desvelada pode constituir-se normativamente em positividade jurídica e, na clareira do seu desvelamento, orientar topicamente os conflitos jurídicos a partir da sua lei, que é a profunda expressão do equilíbrio harmônico que constitui a justiça cósmica.

Parafraseando Heidegger,[269] a linguagem jurídica passa então a ser a casa do ser do direito, passa a ser a morada da justiça, pois a linguagem jurídica, enquanto expressão essencial do ser do homem, desvela o ser do direito ao materializar a justiça, e o jurista passa a

---

[265] BERGE, Damião. *O Logos Heraclítico*. Op. cit., p. 161.

[266] HEIDEGGER, Martin. *Heráclito*. Op. cit., p. 360.

[267] MONDOLFO, Rodolfo. *Heráclito*. Op. cit., p. 31.

[268] HEIDEGGER, Martin. *Introdução à Metafísica*. Op. cit., p. 188.

[269] HEIDEGGER, Martin. *A origem da Obra de Arte*. Op. cit., p. 58.

ser o pastor e o protetor de uma ordem jurídica justa. Na linguagem de Heráclito, isto ocorre quando o *logos* orienta prudencialmente o julgar humano, nutrindo-o com a essência divina da *physis*, porque, enquanto expressão da essência cósmica do Um-divino, que tudo imanta na sua unidade, a *physis* também está oculta na essência das leis humanas, esperando, como se pode deduzir do fragmento 114, que a palavra do homem em conexão com o *logos* desvele seu esplendor, *"Pues todas las leyes humanas son alimentadas por la única ley divina: ésta, en effecto impera tanto cuanto quiere, y hasta a todas las cosas y las transciende"*.[270]

A perfeição desta lei promanada da *physis* transcende a perfeição lógico-abstrata da transcendência formal do legalismo positivista hodierno, historicamente desenraigado das contradições materiais da vida social. Sua transcendência é imanência com a materialização efetiva de uma ordem social harmônica, pois a lei da *physis*, diz o fragmento 114, é a lei da cidade e, muito mais fortemente ainda, é a essência da *physis*, isto é, é a expressão do todo equilibrado. Por isto, quando Heráclito, no fragmento 44, afirma que *"Es menester que el pueblo luche por la ley así como por los muros de su ciudad"*,[271] entendemos que a exortação do simbolismo da lei identifica a materialidade de uma ordem social justa, porque a aplicação concreta dessa lei, prudencialmente orientada pelo *logos* na resolução dos conflitos jurídicos, enquanto materialização contingente da *physis*, será sempre justa, o fragmento 102 legitima essa afirmação no seu enunciado *"Para el Dios todas las cosas son bellas y buenas y justas; los hombres, en cambio, consideran unas injustas y otras justas"*.[272] Pensamos que, iluminados pelo *logos*, na clareira tópico-jurídica que o desvelar da *physis* engendra na resolução dos conflitos sociais, os juristas podem juridicamente transcender a aporia que a realidade do relativismo axiológico gera no intelecto, aprisionando-o nos limites lógicos de uma metafísica objetificante, que reduziu a idéia de justiça no ocidente a uma transcendência lógico-abstrata, matematicamente identificada com um paritarismo formal.

2.2. A Metafísica Lógico-Objetificante de Platão e o Direito como Expressão Transcendental de um Formalismo Axiológico-Normativo

O grandioso começo da filosofia grega, que nos legou, a partir de uma experiência fundamental e poético-pensante, um conceito de

---

[270] MONDOLFO, Rodolfo. *Heráclito*. Op. cit., p. 44.

[271] Idem, p. 36.

[272] Ibidem, p. 43.

direito cujo ser estava identificado com a essência da *physis,* será abandonado por uma tradição metafísica que, iniciada por Platão, impôs a hegemonia de um pensamento lógico, que, por decorrência de sua ontológica condição, teria que renegar a dimensão transcendental e cósmico-poética da *physis,* desfigurando a essência do ser do direito para uma redução entificada do seu conceito.

A questão do ser do direito no pensamento jurídico platônico, por obra de uma abstração transcendental lógico-abstrata, passará a ser, com o apoio epistemológico da representatividade dedutivo-geométrica, a questão do ente.

Como já tivemos oportunidade de ver a partir da ênfase heideggeriana,[273] a questão do ser transcende o universo da ciência, que é apenas uma expressão derivada e fragmentada da filosofia, e a redução da filosofia ao plano da ciência significa a negação da própria essência da filosofia.

Assim, onde outrora o ser do direito vigorava poeticamente na essência da *physis* desvelada pelo *logos,* a metafísica platônica enquadrou-o formalmente nos limites de um modelo logicamente objetificado, entificado na aparente consistência de uma abstrata axiologia normativa, passível de promover um ideal de certeza e segurança que, sistematicamente definido no âmbito de uma positividade jurídica dogmática, prepararia o terreno para a dominação técnica da vida social.

Não mais o ser do direito, em imanência com o ser do homem, integrados na totalidade cósmica do ser, que o *logos* heraclítico definia como o Um-divino. Tampouco a essência normativa da *physis,* cujo questionamento transcendente, que mergulhando poeticamente no insondável poderia desvelar a *aletheia* jurídica, a partir do confronto dos contrários que a lucidez do *logos* poderia orientar prudencialmente na direção do equilíbrio justo. Tudo sacrificado pela necessidade lógica de uma verdade identificada com a simples evidência, uma verdade que, sendo verdade na aparência, na verdade oculta a essência da verdade, isto é, a identificação da verdade do direito, na manifestação derivada do ente jurídico positivado, que, fundamentado no dogma lógico da verdade metafísica, assume uma ontológica legitimidade para regular a realidade jurídica em perspectiva que oculta o ser do direito, na ilusão formal da subjetividade abstrata. O direito reduz-se assim à condição de mero artefato instrumental, um objeto lógico-normativo utilizado pelo poder político para regular tecnicamente a vida social, de acordo com os seus sistemáticos desígnios, imantados logicamente.

Cabe lembrar que a separação do direito em relação ao universo poético-pensante da *physis* não foi obra de Platão. Ela ocorreu no

---

[273] HEIDEGGER, Martin. *Introdução à Metafísica.* Op. cit., p. 34 e ss.

contexto crítico-problemático do antropológico pensamento sofista, em confronto com o qual o filósofo da Academia socraticamente foi lapidando, logicamente, a dialética do seu pensar, até reduzir, como nos demonstra Heidegger,[274] a essência oculta do mistério político da *physis* na evidência racional da idéia.

Efetivamente, ao instaurar uma visão de mundo baseada na contingência da subjetividade individual, que impôs, como conseqüência, um relativismo cético, o pensamento sofista teria que romper com a universalidade cósmica da *physis*, esfacelando o *logos* num anárquico atomismo. Nesse contexto, a impossibilidade de uma verdade universal que fundia a totalidade do direito na essência da *physis* acarretou uma dicotomia entre a *physis*, ainda mantida como a idéia transcendental da essência jurídica, e o *nomos,* que, para além da lei *stricto sensu,* abrangia, em dimensão consuetudinária, todo o caudal ético-normativo da positiva organização social.

A contradição *physis* X *nomos,* evidenciada criticamente pelo relativismo antropológico da filosofia jurídica sofista, já vem prefigurada pelo gênio trágico de Sófocles, quando, em exaltação sublime de um humanismo que começava a se tornar o centro da filosofia, o coro grandiloqüente de Antígona exalta que "Muitos prodígios há, porém nenhum maior do que o homem",[275] e logo a fragilidade do fundamento da validade das leis humanas que a retórica sofista evidenciaria, aparece na refutação que a elas, em nome da justiça divina, Antígona poria em relevo no célebre confronto com Creonte, quando este acusa a ilegalidade da sua conduta em prestar honras fúnebres a Édipo. Antígona, reconhecendo o conhecimento *a priori* da proibição, reafirma seu desprezo pelas leis do tirano, porque

> não foi Zeus que as promulgou, nem a justiça, que coabita com os deuses infernais, estabeleceu tais leis para os homens. E eu entendi que os teus éditos não tinham tal poder, que um mortal pudesse sobrelevar os preceitos não escritos, mas imutáveis dos deuses.[276]

Se a antiga lei, amparada metafisicamente na verdade divina da *physis,* que integrava os deuses e os homens no todo verdadeiro, a lei humana, fruto da convenção política contingente e variável, carecia, na sua essência, da possibilidade de uma fundamentação universalista. Dessa forma, a índole problematizante do questionamento sofista, com seu relativismo cético, colocou em relevo o magno problema ainda hoje irresolvido da legitimação do direito, verdadeira aporia ontológica que só a metafísica conseguiu resolver, amparada logicamente no dogma autoritário, o que, por decorrência, significa a pró-

---

[274] HEIDEGGER, Martin. *Introdução à Metafísica.* Op. cit., p. 195 e ss.

[275] SÓFOCLES. *Antígona.* Traduzido por Maria Helena da Rocha Pereira. Coimbra: Instituto Nacional de Investigação Científica, 1984, p. 52.

[276] Idem, p. 56, 57.

pria negação da essência ontológica, histórico-cultural e dialético-social do direito, que, como a essência da *physis*, ama ocultar-se.

Contrariando o tom pejorativo que a posteridade impingiu ao legado sofista, Klaus Adomeit esclarece que deles não nos chegou nenhuma obra completa, mas apenas fragmentos, que, analisados principalmente pela ótica metafísica de Platão e Aristóteles, receberam um tratamento depreciativo, quando, na verdade, a grande atenção contestatória que o radicalismo polêmico das suas teses receberam dos clássicos atesta a incontestável importância que elas tiveram para um desenvolvimento crítico dos problemas que afetam problematicamente a essência do direito e do Estado.

> Não é por acaso que muitos diálogos platônicos levam o nome de um sofista (os mais importantes: Protágoras, Gorgias, Livro do Estado I: Trasímaco). Numa "sottise" sofista foi que acendeu-se primeiramente o pensamento filosófico.[277]

Perguntando-se quem eram os sofistas, Jonathan Barnes observa que, ao contrário dos eleatas e milésios, eles não formavam uma escola no sentido metafísico da comunhão doutrinária; eram indivíduos que tinham uma visão comum de vida, e a expressão "sofista" (*sophystês*), originariamente, não tinha o sentido negativo; inclusive quando Pitágoras e Sólon são chamados de sofistas por Heródoto, o motivo é elogiar homens sábios e prudentes.

> *Pero sophystês pasó a relacionarse no con la sophia, sino com to sophon (hábil, astuto); y to sophon ou sophia. Asi, Platón nos oferece seis "definiciones" poco halagadoras del sofista como artesano de la astucia (Sofista 231D=79 A 2); y Aristóteles define al sofista como "hombre que hace dinero com una sabiduría falsa (Top. 165 a 22= 79 A 3)".[278]*

Paradoxalmente, ao relativizar a possibilidade de uma verdade jurídica universal, o humanismo jurídico sofista, ao contrário das concepções anteriores que sempre identificaram o homem em imanência compartimentada com alguma essência metafísica, procurará visualizar antropologicamente o homem em abstrato e estabelecer, político-culturalmente, uma normatividade jurídica que seja a expressão, ao mesmo tempo empírica e contingente, deste ente universal que é o homem: o homem, enquanto homem; o homem concreto, historicamente dimensionado pelas suas circunstâncias, como diriam os existencialistas contemporâneos; o homem que passa a ser o centro e a medida de todas as coisas, como celebra a máxima de Protágoras. Como conseqüência desse fundamento antropológico, cada homem passa a ser o seu absoluto, e a noção do justo atomiza-se na consciência individual de cada homem, não havendo, nesse contexto, a possi-

---

[277] ADOMEIT, Klaus. *Filosofia do Direito e do Estado*. Traduzido por Elisete Antonink. Porto Alegre: Fabris, 2000, p. 26.

[278] BARNES, Jonathan. *Los Presocráticos*. Op. cit., p. 525.

bilidade de uma norma jurídica objetiva, com vinculação axiológica para todos.

Seguindo a gnoseologia relativista de base empírico-cultural afirmada por Protágoras, deduz-se que qualquer predicado pode ser, ao mesmo tempo, falso e verdadeiro, de acordo com o jogo retórico-dialético dos indivíduos que os afirmam e negam.

Não mais empenhada em reafirmar a *physis*, esfacelada pelo relativismo sofista, a síntese filosófica de Platão, inspirada no pensamento socrático, enfrentará, em nome da verdade, a crise gerada pelo ceticismo anárquico dos sofistas, no seio da democracia ateniense. Seu esforço epistemológico engendrará uma nova concepção metafísica, que, afastada da *physis,* fundamentará lógico-matematicamente a essência ontológica do pensamento filosófico ocidental subseqüente. O conceito de verdade emergente dessa metafísica, embora ainda designado pela palavra *alétheia,* já não reproduzirá o que o vocábulo significava no pensamento originário. Também a filosofia jurídica platônica, em consonância com os termos gerais da sua metafísica, a partir do confronto dialético com os sofistas, erigirá, lógico-axiologicamente, um novo conceito de direito.

A construção conceitual da juridicidade platônica edificou-se em imanência gnoseológica com a natureza humana; no entanto, para superar o relativismo axiolóxigo da subjetividade sofista, transcendeu-a, estabelecendo teleologicamente não o homem, mas Deus como a sua derradeira medida. Assim, identificada a fonte axiológica, em conexão com ela, Platão estruturou logicamente uma teoria dos valores na qual fundamentou objetivamente a essência do direito como expressão da justiça enquanto virtude suprema.

Para poder estruturar a realidade político-social do Estado, a partir de uma normatividade jurídico-axiológica, evidenciou-se a necessidade de estabelecer metodicamente uma teoria dos valores, que pudesse definir *a priori* os fundamentos metafísico-axiológicos da sociedade, absolutizando-os com um rigor geométrico-teológico. Por isso, em confronto com Protágoras, no diálogo que leva seu nome, Platão sustenta socraticamente, pela voz de Sócrates, a necessidade de um tratamento científico para a questão moral, afirmando que:

> *Todo es ciencia: la justicia, la Templanza, el valor, lo cual es el medio más seguro de demostrar que la virtud se puede enseñar; pues es evidente que si la virtud fuera algo distinto de una ciencia, como defendia Protágoras, no se podria enseñar, mientras que si, en su totalidad, es una ciencia, como lo defiendes tú, Sócrates, seria absurdo que no pudiera ser objeto de una enseñanza.*[279]

Os desdobramentos jurídicos do confronto entre Protágoras e Sócrates se aprofundam no diálogo Górgias, no qual Cálicles defende

---

[279] PLATÃO. Protágoras. *In: Obras Completas.* Traduzido por: Francisco de P. Samaranch. Madrid: Aguilar, 1993, p. 195.

sua posição jurídica, que constituirá a base de uma teoria do direito natural como expressão da vontade dos mais fortes, renegando o direito positivo que, nas sociedades democráticas, costuma assumir astuciosamente a forma da vontade dos mais fracos. Evidenciando a contradição entre direito natural e lei humana, Cálices acusa a verdade socrática de conduzir *"a extremos tan enojosos y demagógicos lo que no es bello por naturaleza, aunque lo sea por la ley. Por lo general son estas contrarias entre si, naturaleza y ley"*.[280] Para o sofista, portanto, são os homens débeis que estabelecem as leis em seu proveito, acusando de fealdade e injustiça, o que, na verdade, expressa a própria proporção da natureza: *"Pero, a mi entender la misma naturaleza demuestra que es justo que el que vale más tenga más que su inferior, y el más capaz que el más incapaz"*;[281] somente quando a força de um homem poderoso transforma em pedaços a astúcia normativa das leis dos mais fracos, *"resplandece a justicia de la naturaleza"*.[282] Seguindo a lógica do seu individualismo hedonista, Cálicles reafirma que a beleza e a justiça, conforme a natureza, se consubstanciam na intensa e incondicional fruição dos desejos, sem questionar os meios utilizados para viabilizar a sua saciedade. Só mesmo a inveja dos fracos, incapazes de satisfazer suas paixões, com o arrivismo natural dos impotentes, afirmam que a intemperança é vergonhosa e identificam a justiça com a moderação, quando *"que cosa en verdad puede haber más vergonzoza y dañosa que la moderación y la justicia?"*[283] Neste momento do diálogo, Sócrates (reconhecendo a valentia da inusitada sinceridade do seu oponente, começa a esboçar a tese que, posteriormente, aprofundada na República, no Político, no Teeteto e finalmente Nas Leis, configurará em plenitude, o *ethos* jurídico platônico) começa exortando Cálicles a abandonar a insaciabilidade e a intemperança, em nome de uma vida ordenada, observando, na seqüência, que bons são os homens em quem o bem se manifesta, sendo a valentia e a sensatez suas qualidades essenciais. Nesse contexto, a fruição dos prazeres deve estar em consonância com o fundamento metafísico que a idéia do bem consubstancia, num plano hierárquico de organização logicamente ordenada, pois

> *la buena cualidad de cada cosa sea herramienta, cuerpo, alma o cualquer animal, no se da en ella por azar, sino en virtud de un orden, de una medida, de un arte, en fin, que há sido conferido a cada una.*[284]

Sendo a ordem a medida que qualifica e legitima a virtude de qualquer coisa, logo *"el alma que posue el orden que le es propia será mejor*

---

[280] PLATÃO. Górgias. *In: Obras Completas*. Traduzido por: Francisco de P. Samaranch. Madrid: Aguilar, 1993, p. 382.

[281] Idem, p. 393.

[282] Ibidem.

[283] PLATÃO. Górgias. *In: Obras Completas*. Op. cit., p. 388.

[284] Idem, p. 398.

que aquella en que reina el desorden?"[285] Ora, se uma alma tem ordem, será por conseqüência ordenada, e, sendo ordenada, será também moderada, e a disciplina da moderação a fará também modesta e, por conseqüência, boa. Enquadrado dentro dessa estrutura, o obrar humano será, por decorrência lógica, bom, justo e também piedoso, pois o fundamento último do bem culmina teologicamente em Deus. Assim,

> *La consecuencia necesaria, amigo Cácicles, será que el hombre moderado, como hemos expuesto, al ser justo valiente y piadoso, será cumplidamente bueno; que el hombre bueno obrará bien y decorosamente en todo lo que haga, y que el que obre bien será dichoso y afortunado.*[286]

Sustentando metafisicamente a veracidade desses princípios, Sócrates encaminha teleologicamente o sentido último da vida do indivíduo no âmbito do Estado, que, orientado por esses princípios, metodologicamente ordenados segundo os critérios da igualdade geométrica, pode promover uma ordem social justa e a felicidade dos cidadãos.

Com a autoridade de quem detém metafisicamente a verdade em suas mãos, Sócrates refuta o relativismo da retórica sofista que carece de lógica e noções de geometria, afirmando que *"el que pretenda ejercer rectamente la oratoria habrá de ser justo y tener conocimiento de lo que es justo"*.[287] Pois o homem de bem que deve constituir o verdadeiro estadista não fala por falar; deve ter um fundamento teleológico e metodologicamente buscá-lo, ordenando, lógico-dialeticamente, a evolução da sua argumentação, que, no final, produzirá, a partir do rigor formal das partes ordenadas, um conjunto harmonioso. No plano da organização social, essa harmonia pressupõe, axiologicamente, uma ordem social justa, que, moldada pelos critérios da igualdade geométrica, mantém todos os entes que compõem o Estado, dentro dos limites que, em última análise, são estabelecidos pela natureza de cada um. Sem investigar ainda o conteúdo material dos valores que promovem a felicidade como expressão da justiça, Platão já tem a certeza de que a razão é o guia que pode nos levar a ela, e conclui o Górgias, convidando pela voz de Sócrates a que:

> *Sigamos a esse guía que es el razonamiento que há iluminado nuestras mentes, el cual nos indica que el mejor modo de vivir es el que consiste en pasar la vida praticticando la justicia y la restante virtud hasta el último momento.*[288]

Assim, consciente de que a justiça como expressão da idéia do bem é o fundamento último do Estado e que este só realiza o sentido

---

[285] PLATÃO. Górgias. *In: Obras Completas.* Op. cit., p. 398, 399.

[286] Idem, p. 399.

[287] Ibidem.

[288] Ibidem, p. 412.

histórico-ontológico do seu ser ao materializá-la, Platão esforça-se, na *República*, em fundamentar com exatidão lógica os contornos metafísicos do seu conceito, para então fixá-lo na imutabilidade dogmática de um objetivismo apriorístico e, assim, constituí-lo em fonte axiológica de toda a normatividade jurídico-social.

O apoio lógico-metodológico da dialética socrática, já utilizada na análise das demais virtudes, mais uma vez aqui se evidencia com toda força para definir a justiça, que, entre as outras virtudes, ocupa o topo da hierarquia axiológica, constituindo-se no valor máximo do indivíduo e do Estado.

Como já mostrara Sócrates, para que a alma possa discernir, em sua pureza e plenitude, a objetividade dos conceitos universais precisa transcender, através de metódico esforço, a contingência do relativismo empírico, eterna vítima da aparência enganosa do mundo sensorial, que, restringindo-se a aspectos isolados, absolutiza-os cegamente, tomando pelo todo o que não passa de uma sombra fragmentada da verdade.

Assim, a prospecção heurístico-dialética que busca definir o ser-em-si da justiça evolui a partir da indagação maiêutica do que ela é, e, superando aspectos contingenciais do seu sentido, procura atingir a forma arquetipal da sua eterna e imutável essência metafísico-teológica.

Cenário inicial dessa hierárquica escalada, no livro I da República, o afortunado em haveres materiais, Céfalo, de acordo com os interesses parciais da sua condição e restringindo, com base nela, as virtudes do comedimento e da prudência, identifica que a justiça está em "Não ludibriar ninguém nem mentir, mesmo involuntariamente, nem ficar a dever, sejam sacrifícios aos deuses, seja dinheiro a um homem, e depois partir para o além sem temer nada".[289] Na mesma linha de raciocínio e invocando a sabedoria do poeta lírico Simónides, Polemarco, instado por Sócrates a definir o que é a justiça, afirma "Que é justo restituir a cada um o que se lhe deve".[290]

Os desdobramentos maiêuticos da dialética socrática logo evidenciam a insuficiência dos conceitos, e a demolição lógica dos mesmos vem acompanhada da corrosiva ironia sempre presente no discurso do mestre de Platão: "Parece, pois, que a justiça, segundo a tua opinião, segundo a de Homero e a de Simónides, é uma espécie de arte de furtar, mas para vantagem de amigos e dano de inimigos".[291] Logo, o perplexo Polemarco aprende que fazer o mal, seja para amigos ou inimigos, sempre será ação injusta, e restituir a cada

---

[289] PLATÃO. *República*. Traduzido por Maria Helena da Rocha Pereira. 4. ed. Lisboa: Fundação Caloustre Gulbenkian, 1983, p. 9.

[290] Idem, p. 10.

[291] Ibidem, p. 15.

um o que lhe é devido, pressupondo nisto aplicar aos inimigos reação danosa, não se coaduna com o obrar do homem sóbrio, prudencial e justo.

Amparado na evidência lógica do seu argumento, Sócrates conclui que "parece que a justiça e o que é justo não eram nada disto, que outra coisa poderá dizer-me que são?".[292] Neste momento da discussão, intervém Trasímaco, com o tom polêmico do anárquico relativismo sofista, apregoando que a justiça são os privilégios que advêm do exercício do poder político, promovendo a felicidade daqueles que podem pela força usufruí-los.

Platão, afirmando que, no discurso de Trasímaco, a definição de justiça se volta ao contrário, fá-lo afirmar que ela, na realidade,

> Consiste na vantagem do mais forte e de quem governa, e que é próprio de quem obedece e serve ter prejuízo; enquanto a injustiça é o contrário, e é quem manda nos verdadeiros ingénuos e justos; e os súbditos fazem o que é mais vantajoso para o mais forte e, servindo-o, tornando-o feliz a ele, mas de modo algum a si mesmos.[293]

Mais uma vez Platão se opõe à tese sofista, argumentando que a verdadeira felicidade somente advém da prática da justiça, enquanto virtude que expressa o bem universal, até que um corado Trasímaco, em meio a suores estivais, reconhece que "a justiça é virtude e sabedoria e a injustiça, maldade e ignorância",[294] concordando também, dentro da mesma lógica, que "a injustiça produz nuns e noutros as revoltas, os ódios, as contendas; ao passo que a justiça gera a concórdia e a amizade".[295]

Assim, refutadas as concepções sofistas, e identificada a injustiça com o mal e a justiça com o bem, o *logos* platônico evolui na estruturação lógico-metafísica do seu conceito de justiça para, com base nele, fundamentar axiológico-normativamente o seu Estado perfeito que se erigirá racionalmente a partir da integração harmônica, lógico-geométrica de uma teoria do Estado em imanência com uma teoria da alma humana. Sendo o Estado dentro dessa perspectiva, "o homem em grande", para atingir a perfeição da sua finalidade, deverá ser governado por homens perfeitos, que só o serão se lapidados, desde a infância, por uma rigorosa educação voltada para o bem.

Identificado o bem no âmbito rigoroso da razão lógica, todas as manifestações da alma humana contrárias a ela deverão ser exorcizadas do Estado, pois é a "inteligência que verdadeiramente modela o caráter na bondade e na beleza",[296] orientando o discurso humano

---

[292] PLATÃO. *República*. Op. cit., p. 19.

[293] Idem, p. 32.

[294] Ibidem, p. 44.

[295] Ibidem, p. 46.

[296] Ibidem, p. 132.

para a transcendência espiritual do ritmo lógico-dedutivo que dialeticamente separa o joio do trigo, eis que a beleza e a fealdade estão presentes em todas as coisas:

> E a fealdade, a arritmia, a desarmonia são irmãs da linguagem perversa e do mau caráter: ao passo que as qualidades opostas são irmãs, e imitações do inverso, que é o caráter sensato e bom.[297]

Dessa forma, para atingir o seu desiderato, a metodologia pedagógica de Platão limita dogmaticamente a criação individual, reduzindo-a aos critérios normativos que advêm do seu princípio ético fundamental.

Assim, para formar a alma de um homem ordenado, que, no futuro, aceite sem resistência as normas justas do Estado, não só a poesia e a música, mas também a escultura, a pintura, a arquitetura e as demais artes devem ser disciplinadas e ordenadas por este critério de justiça.

E a justiça se manifesta, quando num Estado perfeitamente ordenado segundo os critérios do bem e obedecendo a sua hierarquia normativa, "cada um deve ocupar-se de uma função na cidade, aquela para a qual a sua natureza é mais adequada".[298]

Esse ordenamento hierárquico, que, embora valendo-se do mito da origem do homem, no interior da terra-mãe, ganha um tratamento rigorosamente lógico-dedutivo na racionalidade platônica, que, excluindo a igualdade democrática, estabelece onto-teo-logicamente um fundamento metafísico que vincula a essência do direito em imanência com a fonte normativa que emana da hierarquia das classes.

Se dessa hierarquia transparece uma desigualdade formal, no fundo, uma igualdade geométrica irmana proporcionalmente todos os membros do Estado, como expressão transcendente da justiça divina que inscreveu, na essência da alma humana, o mistério ontológico que a variação da sua natureza manifesta:

> O deus que vos modelou, àqueles dentre vós que eram aptos para governar, misturou-lhes ouro na sua composição, motivo pelo qual são mais preciosos; aos auxiliares prata; ferro e bronze aos lavradores e demais artífices.[299]

No entanto, contrariando o direito hereditário presente na tradição monárquica, os reis filósofos que, portadores da alma de ouro, podem legislar e governar a partir da sua condição, poderão gerar filhos cuja aptidão individual manifeste uma natureza que os vincule a outra classe:

---

[297] PLATÃO. *República*. Op. cit., p. 132.

[298] Idem.

[299] Ibidem, p. 187.

Uma Tópica Jurídica
CLAREIRA PARA A EMERGÊNCIA DO DIREITO

> Uma vez que sois todos parentes, na maior parte dos casos gerareis filhos semelhantes a vós, mas pode acontecer que do ouro nasça uma prole argêntea e, da prata, uma áurea, e assim todos os restantes, uns dos outros.[300]

Logo, a justiça, enquanto expressão da idéia do bem, consiste na observância rigorosa dessa hierarquia, que, se quebrada, estabelece a desarmonia que promove a injustiça e a ruína do Estado. Por isto, Platão exorta "que cada um faz o que lhe pertence, e não se mete no que é dos outros",[301] pois "a confusão e mudança destas três classes umas para com as outras seria o maior dos prejuízos para a cidade e com razão se poderia classificar de o maior dos danos".[302] E o maior dos danos, que é a injustiça, não se verifica se a ordem for mantida, isto é,

> se a classe dos negociantes, auxiliares e guardiões se ocupar das suas próprias tarefas, executando cada um deles o que lhe compete na cidade, não se verificaria o contrário do caso anterior à existência da justiça, e isso não tornaria a cidade justa?[303]

Como se pode ver, o fundamento metafísico da lógica platônica refuta dogmaticamene o exercício das liberdades individuais, ironizando as constituições democráticas, que, tal qual um belo manto colorido por variados matizes, apresenta formoso aspecto, "E talvez que, embevecidas pela variedade do colorido, tal como as crianças e as mulheres, muitas pessoas julguem esta forma de governo a mais bela".[304] Nesse sentido, a refinada educação que os futuros guardiões recebem, desde a mais tenra infância, não busca deflagrar neles a liberdade criativa, mas aperfeiçoá-los com metódico rigor epistemológico, nos pressupostos metafísicos da verdade imutável *a priori* estabelecida, pois

> a faculdade de pensar é, ao que parece, de um caráter mais divino do que tudo o mais; nunca perde a força e, conforme a volta que lhe deram, pode tornar-se vantajosa e útil, ou inútil e prejudicial.[305]

Por isso, os governantes têm a missão de "forçar os habitantes mais bem dotados a voltar-se para a ciência que anteriormente dissemos ser a maior",[306] incumbindo ao direito, enquanto instrumento axiológico-normativo deste fundamento metafísico através da lei, pela persuasão ou coação, harmonizar ordenadamente os cidadãos: "ao criar homens destes na cidade, a lei não o faz para deixar que cada

---

[300] PLATÃO. *República*. Op. cit., p. 187.
[301] Idem.
[302] Ibidem, p. 188.
[303] Ibidem, p. 188, 189.
[304] PLATÃO. *República*. Op. cit., p. 387.
[305] Idem, p. 323.
[306] Ibidem, p. 324, 325.

um se volte para a actividade que lhe aprouver, mas para tirar partido dele para a união da cidade".[307]

Eis o bem supremo do Estado, a sua unidade encarnada no núcleo metafísico que expressa a idéia do bem, cuja virtude suprema, a justiça, necessita ser evidenciada pela racionalidade rigorosa de uma teoria dos valores que explicite o seu paradigma, porque, "Se descobrirmos a natureza da justiça, porventura entenderemos que o homem justo em nada dela difere"[308] e se o caminho que conduz à justiça é a racionalidade lógico-matemática, mister se faz que os governantes, para materializá-la, sejam forjados no rigor do seu molde. Portanto, "Enquanto não forem ou os filósofos reis nas cidades, ou os que agora se chamam reis e soberanos filósofos genuínos e capazes",[309] não se cumprirá o fundamento teleológico-metafísico proposto para a *pólis*.

O caminho já delineado pela pedagogia platônica para atingir a essência da idéia do bem, passando pelo aperfeiçoamento disciplinar da música e da ginástica e após alçar-se à transcendência lógico-formal da matemática, culmina na dialética, cujo caminho deve conduzir ao valor máximo consubstanciado metafisicamente na idéia do bem, do qual todos os valores derivam: "a idéia do bem é a mais elevada das ciências, e que para ela é que a justiça e as outras virtudes se tornam úteis e valiosas".[310] É ela "que transmite a verdade aos objetos cogniscíveis e dá ao sujeito que conhece esse poder".[311]

Assim, o filósofo que, partindo das sombras inerentes à condição humana e após longo périplo dialético que pressupõe, em nome de uma disciplina espiritual-intelectiva, a superação dos prazeres sensíveis, poderá discernir, no extremo limite da ciência, a essência divina da idéia do bem, a própria expressão do ser que ilumina todas as coisas; e, "Depois de terem visto o bem em si, usá-lo-ão como paradigma, para ordenar a cidade, os particulares e a si mesmos, cada um por sua vez, para o resto da vida".[312]

Como toda reflexão teológica, por maior que seja a lógica racional do seu esforço, culmina no mistério dogmático de um princípio indemonstrável; também a escalada racional do platonismo, ao atingir o topo da sua pirâmide, reconhece o caráter inefável da fonte da verdade, donde a idéia do bem como valor em si e por si comunica seu valor a todas as virtudes, vinculando axiológico-normativamente toda a realidade político-jurídica da *pólis* e todas as possibilidades reais de conhecimento que dela derivam. "Apesar de o bem não ser

---

[307] PLATÃO. *República*. Op. cit., p. 325.

[308] Idem, p. 250.

[309] Ibidem, p. 252.

[310] Ibidem, p. 304.

[311] Ibidem, p. 311.

[312] Ibidem, p. 360.

uma essência, mas estar acima e para além da essência, pela sua dignidade e poder".[313]

Embora, ao estabelecer as diretrizes normativas do seu Estado perfeito, Platão não tenha se preocupado em definir uma teoria objetiva do direito positivo, está por demais evidenciado que a sua concepção jurídica radica sua base numa metafísica lógico-objetificante, como expressão transcendental de um formalismo axiológico-normativo. Na verdade, o grande mestre do idealismo abstrato julgou despicienda a preocupação específica com a normatividade positiva da realidade empírica, pois, por decorrência lógica do seu sistema, ela deve estar em imanência dogmática e reproduzir na prática os pressupostos normativos eternos e imutáveis da justiça divina. Efetivamente, não se exigem maiores preocupações com a específica e contingente normatividade jurídica da terra, quando ela é regida por um modelo normativo perfeito que advém do céu. Quando isso acontece "é pelas suas normas, e pelas de mais nenhuma outra, que ela pautará o seu comportamento",[314] diz Platão, referindo-se à realidade jurídico-política do Estado. Assim, como decorrência lógica, em um Estado governado por sábios de inspiração divina, a educação ditará o rumo normativo, e "o impulso que cada um tomar com a educação, determinará o que há de seguir. Ou cada ovelha não busca sua parelha?".[315]

Mesmo em assuntos relativos a contratos negociais, processos judiciais e regulamentação do mercado, Platão não vê necessidade de impor uma legislação específica, porque "Não vale a pena estabelecer preceitos para homens de bem, porque facilmente descobrirão a maior parte das leis que é preciso formular em tais assuntos".[316] Mas a crença radical da força centrífuga do seu princípio metafísico, que o levou a traçar a partir dele os contornos imutáveis de um Estado perfeito, como a legitimar as acusações de utopia juvenil dos seus inúmeros críticos, adelgaça-se na reflexão política do pensador maduro, que revê a necessidade de disciplinar normativamente, através de uma legislação positiva, a realidade material da comunidade empírica, em razão da imperfeição humana.

Desta forma, no *Político*, mantendo ainda como base do seu pensar o idealismo metafísico da *República*, o *logos* platônico afirma, político-juridicamente, a estrutura estatal a partir de uma monarquia constitucional fundamentada em leis. *"Pues bien: la monarquia, sujeta al yugo de unas buenas normas escritas que denominamos leyes es la mejor*

---

[313] PLATÃO. *República*. Op. cit., p. 312.

[314] Idem, p. 450.

[315] Ibidem, p. 171.

[316] Ibidem, p. 172.

de las seis constituciones; pero, sin leyes, es la que hace la vida más penosa e insoportable".[317]

Também no seu derradeiro diálogo, *As Leis*, o velho Platão, sem abandonar o idealismo metafísico da juventude, mas agregando a ele o realismo que a ancianidade impõe às mentes lúcidas, materializa a síntese do seu pensamento jurídico-político, afirmando que, "*Em primer lugar, pues, se encontran la ciudad, la constitución y las leyes ideales*",[318] e se a generalidade abstrata dessas leis positivas que, sem perder de vista a realidade empírica da condição humana, devem nutrir-se dos valores coletivos que o costume e a tradição expressam, perpassa ainda na tecitura da sua construção a mesma teleologia que aponta para a unidade metafísica de uma igualdade geométrica, estabelecida, em último termo, pelo dogma axiológico-metafísico imposto pela racionalidade lógica de uma aristocracia do espírito, fonte axiológica e amálgama metafísico que deve propiciar, a partir da evidência e certeza de uma verdade insofismável, com absoluta unanimidade, todas as estimativas da vida social.

> *Si, finalmente, se há conseguido establecer todas esas leyes que constituy en la unidad de la ciudad, hacéndola todo lo grande que, sea posible, jamás nadie podrá formular ninguna outra norma más justa ni mejor para concederle el título de máxima exelencia.*[319]

No entanto, a dialética platônica, menos preocupada com a definição conceitual e técnica das leis, procura aprofundar a natureza do seu fundamento ético-axiológico, para, com base nele, estabelecer metafisicamente o seu sentido teleológico, isto é, para que as leis promovam a verdade e a justiça, o fim do legislador deverá ser sempre o bem maior, a virtude total, "*a saber, que el legislador tenía puestos los ojos no en un elemento culquiera de la virtud y además el menos noble, sino en la virtud total*",[320] e a virtude total que imanta metafisicamente todo o sistema é a transcendência lógico-abstrata da sua racionalidade que engloba todas as demais virtudes. Portanto, legislar de acordo com a globalidade da virtude significa ter presente "*aquella que domina el conjunto todo de la virtud, es decir, la sabiduria, la inteligencia*".[321] Assim, toda a aspiração humana deve se amoldar ao pressuposto axiológico-metafísico do dogma legal, ou seja, a exigência de que "*nuestros deseos se acomoden a nuestra recta razón; y lo que una ciudad y cada uno de nosotros há de implorar en sus plegarias es esto: ser razonable*".[322]

---

[317] PLATÃO. O Político. *In: Obras Completas*. Traduzido por Francisco de P. Samaranch. Madrid: Aguilar, 1993, p. 1094.

[318] Idem, p. 1355.

[319] Ibidem.

[320] Ibidem, p. 1278.

[321] Ibidem, p. 687.

[322] Ibidem.

Portanto, quando a recta razão transforma um juízo de valor em preceito comum do Estado, ele assume metafisicamente o *status* axiológico-normativo de lei, e a prudência determina a incondicional subordinação aos seus postulados, que são a expressão do bem e do justo. De acordo com a estrutura lógico-dogmática da metafísica platônica, toda a educação forjada a partir desses pressupostos axiológicos deve corroborar a estabilidade e a imutabilidade das leis, pois a imutabilidade é o postulado essencial para que as leis cumpram a sua finalidade maior, que consiste em manter harmonicamente a unidade do Estado, alertando que: *"Vamos, en efecto, a encontrar que en todo, excepto en lo que es un mal, no hay nada más peligroso que el cambio"*.[323] Assim, Platão fundamenta a necessidade de perenizar a legalidade:

> *En efecto, si hay leyes en las que ellos fueron nutridos y formados, leyes que, por una providencia divina, permanecem imutables durante largos periodos de tiempo, hasta el punto de que nadie recuerde personalmente u oiga hacer mención de una época en que las leyes fueron distintas de lo que son en la actualidad.*[324]

Evidente que a perenização das leis no tempo pressupõe uma educação rigorosa em consonância com seus princípios, que devem, desde a mais tenra infância, adequar metafisicamente a alma humana para a sua aceitação, pois quem é educado na constância das regras deverá, por decorrência lógico-dedutiva, saber respeitá-las. A pedagogia platônica manifestada em *As Leis* segue, em linhas gerais, os pressupostos delineados na *República*, agregando, no entanto, uma maior preocupação moral no âmbito lúdico dos jogos infantis e seguindo a tendência normativista da sua ancianidade, como se pode ver nas páginas finais do Livro II: desce a minúcias e legisla até sobre a quantidade de vinho que cada qual, segundo a sua idade, deve consumir nas solenidades.

Dessa forma, Platão, antecipando a crença do positivismo legalista, identifica na obediência às leis a viabilização teleológica da materialização dos fins do Estado, sempre que este for governado segundo os critérios de leis corretas que devem expressar um *"juicio que una vez há pasado a ser creencia pública de la ciudad se lhama una ley"*.[325] Concebidas, assim, como expressão normativa de uma insofismável axiologia metafísica, as leis são *"la sagrada norma de la razón, que se lhama ley común de la ciudad y que, mientras que las otras son de hierro, rígidas y multiformes, es ligera por ser de oro"*.[326]

Isto é, as leis corretas promovem o triunfo da raça de ouro em detrimento da raça de ferro, o que significa a hegemonização norma-

---

[323] PLATÃO. As Leis. *In: Obras Completas*. Op. cit., p. 1394.

[324] Idem.

[325] Ibidem, p. 1289.

[326] Ibidem.

tiva dos transcendentes valores ético-espirituais sobre os prazeres empíricos, o que manifesta, no plano individual, a vitória do homem sobre si mesmo.

No entanto, a identificação do Estado de Direito de Platão com o positivismo moderno é apenas formal, pois, enquanto a lei deste é fruto de uma racionalidade estratégico-política, as leis platônicas têm um fundamento ético-teológico, as quais nutrem-se no caudal axiológico-consuetudinário forjado através do tempo, pela ação de uma pedagogia persuasiva que se erige dogmaticamente em consonância com os pressupostos principiológicos da sua metafísica.

Mas também no que tange à aplicação concreta do direito, podemos verificar a mesma analogia formal com o legalismo moderno, pois, enquanto os teóricos do exegetismo, seguindo platonicamente um formalismo lógico-dedutivo, reduziam silogisticamente o obrar judicativo ao *status* da boca que diz a lei, Platão diviniza misticamente a lei, dando-lhe uma dimensão universal-ecumênica, acima da poesia e das demais construções do espírito humano. Elas são, por excelência, a manifestação do bem, do belo e do justo. Então, para cumprir adequadamente a eqüitativa função imparcial que lhe compete, deve o juiz, acima de qualquer outra fonte, embasar sua decisão nas leis, porque *"de entre todas las ciencias, en efecto, la que más eleva al espírito que se aplica a ellas es la ciencia de las leyes"*,[327] pois a lei bem-feita, que manifesta em sua essência a correção metafísica da virtude, é *"la divina y admirable un nombre que se parece al del espíritu"*.[328] Assim sendo, o *ethos* jurídico platônico, que culmina metafisicamente num legalismo dogmático, determina que o legislador, ao legislar, *"hay que atender a la templanza, a la prudencia o a la unión y armonia"*,[329] e o fundamento teológico-metafísico do intelecto divino que nele manifestado o orienta saberá conduzi-lo com firmeza, em meio à turbação das metas distintas, lógico-teleologicamente na direção unitária do fim que a idéia do bem representa.

Como Heidegger já havia detectado, a emergência da metafísica platônica promoveu uma apostasia na interpretação da *physis* e do *logos* e, instaurando uma nova compreensão da realidade a partir do paradigma da idéia, erigindo-a como única e normativa fonte de interpretação do ser, reduziu o ser ao plano da idéia, isto é, a idéia é o ser.

Na verdade, a metafísica de Platão é a consumação do início de uma nova concepção do ser do ente, que, ao elevar uma conseqüência à condição de essência, passa a pensar o ente como ente, esquecendo do ser enquanto ser. A verdade não mais como o desvelamento da

---

[327] PLATÃO. As Leis. *In: Obras Completas*. Op. cit., p. 1507.

[328] Idem.

[329] Ibidem, p. 1323.

Uma Tópica Jurídica
CLAREIRA PARA A EMERGÊNCIA DO DIREITO

113

alétheia, mas vinculada a uma outra essência, à exatidão. A *orthótes* platônica coloca o ente enquanto ente como representação fundadora, ou seja, o ente passa a ser o princípio fundamental, a verdade reduzida ao plano do ente que é e como é, logo, uma verdade cuja presença entificada manifesta-se na aparência de uma delimitação lógico-calculadora em que o instrumento:

> Possui o caráter do fundar como causação ôntica do real, como possibilitação transcendental da objetividade dos objetos, como mediação dialética do movimento do espírito absoluto, do processo histórico de produção, como vontade de poder que põe valores.[330]

Como procuramos demonstrar, no âmbito da globalidade do sistema metafísico de Platão, também o seu pensamento jurídico emana desta fonte axiológico-metafísica que, hegemonizada pela cultura ocidental, tornou-se o paradigma fundante de toda a sua concepção jurídica, perpetuando-se até na base daquele que aparentemente é o seu antípoda: o positivismo jurídico.

2.3. A (In) Superada Superação do Platonismo na Metafísica Fundamentação Prático-Prudencial do Direito Pré-Moderno

A concepção prático-prudencial do direito, já prefigurada na axiologia metafísica de Platão, ganha claros contornos e decisivo delineamento teórico a partir da ética de Aristóteles.

Ainda ontologicamente vinculado à metafísica idealista do mestre, o filósofo do Liceu agregou, à sua síntese, uma forte preocupação de índole empírico-naturalista, cujo rigor metódico serviu de paradigma para toda a ciência ocidental.

O pendor realista da sua epistemologia levou-o a reconhecer e dar prioridade à presença sensível do ente e, através de um hilemorfismo que, partindo da especialização classificatória do ente individual, procurava, em imanência com ele, estabelecer, a partir do materialismo da base empírica, a projeção da sua universalidade, para, com apoio de uma dialética lógico-idealista, fixar a universalidade da sua essência metafísica.

Esse esforço racional, se, por um lado, denota a busca material da realidade fenomênica, por outro, evidencia a vinculação ontológico-normativa com a transcendência idealista que ele quis superar.

No entanto, o hilemorfismo aristotélico representa um importante passo metafísico que marcará decisivamente toda metodologia científica posterior. Inclusive Heidegger reconhece que, ao pensar, em

---

[330] HEIDEGGER, Martin. O Fim da Filosofia e a Tarefa do Pensamento. *In: Os Pensadores.* Op. cit. p. 71.

primeiro lugar, o ente como presença, Aristóteles prioriza existencialmente a realidade efetiva, em detrimento da fixação *a priori* da sua essência, como queria Platão ao definir o ser do ente em imanência lógica com a idéia. Ao assim proceder, Aristóteles

> *hizo descender de su "lugar supraceleste" a las "ideas" que, flotaban libremente y las transplanto a las cosas reales. De este modo, transformó las "ideas" en "formas" y concibió a esas "formas" como "energias" y "fuerza" alojadas en el ente.*[331]

Desta forma, a tendência empírica do pensar aristotélico procurou efetivamente arrebatar as idéias do pedestal olímpico onde Platão as houvera plasmado, e obrigá-los a um convívio prático com a realidade sensível, muito embora elas continuem na base do realismo epistemológico do seu pensar, que culmina platonicamente num idealismo metafísico de base onto-teo-lógica.

Assim, o mesmo fio condutor da essência metafísica que, partindo das mais profundas raízes da reflexão jurídica grega, identificou, num primeiro momento, o direito em imanência poética, com a *physis*, depois refundido pelo reducionismo idealista de Platão, manifesta-se agora na filosofia prática de Aristóteles:

> A mesma preocupação ética profunda, o mesmo sentido da medida justa, da harmonia e da ordem racional, timbre de uma das faces do gênio grego na sua concepção apolínea de vida, e ainda a mesma tendência estética e endemonista para considerar como fim do homem a felicidade.[332]

Juridicamente, esta concepção ética de vida, que vislumbra a realização plena do homem, na fruição de uma felicidade que resulta da prática da virtude enquanto contemplação intelectual da verdade, irmana ontologicamente o *ethos* jurídico de Platão e Aristóteles, pois

> tanto para um como para outro, o Estado e o seu direito não são mais do que meios, aliás onticamente fundamentados na ordem do ser, pelos quais o homem alcança o completo desenvolvimento da sua natureza.[333]

Na metafísica grega, observa também Castanheira Neves,[334] a pessoalidade do homem ainda não se manifestou; ela é apenas uma entidade cósmica. O sentido do seu existir depreendeu-se da sua inserção num universo já pré-ordenado, onde o ser é a expressão metafísica de uma ordem perfeita, eterna e imutável. Nesse contexto metafísico, em que ocorre uma identificação ôntico-axiológica entre ser e valor, o homem, entificado nessa imanência axiológica, não tem possibilidade histórico-existencial de determinar livremente sua conduta. Assim, o mesmo dogmatismo metafísico do intelectualismo aris-

---

331 HEIDEGGER, Martin. *Nietzsche*. Op. cit., p. 334.

332 MONCADA, Luis Cabral de. *Filosofia do Direito e do Estado*. Coimbra: Coimbra, 1995, p. 27.

333 Idem. Op. cit., p. 27.

334 NEVES, Antônio Castanheira. Método Jurídico. *In: Digesta*. Op. cit., p. 320.

tocrático do Estado perfeito de Platão se projeta na concepção política de Aristóteles, para quem

> O cosmos para a *práxis* era imediatamente a *pólis* – era esta o ser da existência comunitária (que tanto é dizer, para os gregos, da existência *tout court*) e em referência ao qual todos os problemas práticos haviam de ser pensados e resolvidos.[335]

Logo, a própria condição racional do homem só o é, conjugada com a sua condição de animal político, isto é, o homem só existe como homem na condição de membro da *pólis* e, submetido axiologicamente à sua normatividade. Como Platão sustentava em *As Leis*, também Aristóteles, "com efeito, não via qualquer diferença entre a constituição configurada nas *nomoi* e o *ethos* da vida civil; pelo contrário, a moralidade das ações não havia de separar-se dos costumes e das leis".[336]

Da mesma forma que Platão, embora tenha reabilitado a realidade empírica, o pensamento de Aristóteles tem uma índole finalística: é o *animus* intelectual da enteléquia que projeta teleologicamente a racionalidade para a perfeição última da sua finalidade, já prefigurada no fundamento metafísico do todo, para o qual as partes, isoladas num rigoroso processo lógico-dialético, retornam e se harmonizam.

A racionalidade desse proceder lógico-sistemático, aplicada ao campo jurídico-político, impõe que todas as ações práticas do indivíduo, em imanência com o fundamento metafísico que dá sentido ao todo, conduzam à plenitude da sua finalidade última, que é a plena realização do homem sob a égide normativa da *pólis*. A consecução desse desiderato significa a própria realização da natureza humana, cujo bem máximo se constitui na fruição da felicidade, que só a adesão contemplativa com a verdade propicia.

Ora, se a condição racional do homem é um resultado da sua condição de animal político, isto é, de ente vinculado à *pólis*, e o a/*pólis* está ontologicamente dela proscrito, e se, ainda como quer o estagirita, toda a verdadeira ação racional tende teleologicamente para a sua finalidade última, que culmina na essência do bem, podemos deduzir, de acordo com a sua lógica, que o objeto do desejo da liberdade racional humana deve conduzir a essa finalidade.

No plano ético, essa deliberação analítica que conduz à opção prática deve voltar-se, com realismo pragmático, para a execução material de ações que estejam ao alcance do indivíduo, num proceder que deve ater-se não ao fim, mas aos meios pragmáticos que conduzem ao fim, como o próprio filósofo sustenta na *Ética a Nicômacos*:

> Deliberamos não sobre fins, mas sobre meios, pois um médico não delibera para saber se deve curar, nem um orador para saber se deve convencer nem um estadista para

---

[335] NEVES, Antônio Castanheira. Método Jurídico. *In: Digesta*. Op. cit., p. 320.

[336] Idem, p. 321.

saber se deve assegurar a concórdia, nem qualquer outra pessoa delibera sobre a própria finalidade de sua atividade.[337]

O resultado sintético da deliberação racional, no plano ainda abstrato da transcendência subjetiva, é um juízo de valor que passa a ser objeto do desejo e aspiração teleológica do indivíduo, que, estando em imanência com a atmosfera axiológica-normativa da metafísica da *pólis*, tende a deliberar de forma que o seu discernimento compreensivo conduza a um obrar de acordo com a verdade, e assim "chegamos à conclusão de que deliberar bem é bom porque esta espécie de correção na deliberação é a excelência na deliberação, ou seja, a deliberação que tende a chegar ao que é bom".[338]

Procurando, no entanto, não perder de vista a dimensão prático-empírica da condição humana na referência à sua *práxis* e, com isso, reproduzir o formalismo idealista de Platão, o hilemorfismo dualista de Aristóteles consegue discernir que a racionalidade filosófica é causa apenas formal da felicidade, na medida em que o discernimento pode assegurar, com clareza, a escolha dos meios adequados para atingir os fins visados pela excelência moral, mas,

> se uma pessoa de boa disposição natural dispõe de inteligência, passa a ter excelência em termos de conduta, e a disposição que antes tinha apenas a aparência de excelência moral passa a ser excelência moral no sentido estrito.[339]

Nesse aspecto, a lucidez aristotélica advém do fato de que nem sempre o inato talento conduz ao bem. A essência do bem só é atingida quando convergem no mesmo indivíduo a excelência natural e excelência moral em sentido estrito, sendo que o discernimento é pressuposto dessa última. A não-percepção dessa sutil dicotomia leva muitos a afirmar que todas as formas de excelência moral são também formas de discernimento, equívoco também detectado na dialética socrática:

> Sócrates sob certos aspectos estava certo e sob outros aspectos estava errado; com efeito, pensando que todas as formas de excelência moral são formas de discernimento ele estava errado, mas dizendo que a excelência moral pressupõe discernimento ele estava certo.[340]

Embora imersa numa certa ambiência tautológica, a crítica aristotélica propõe que "devemos ir um pouco além, pois a excelência moral não é apenas a disposição consentânea com a reta razão; ela é a disposição em que está presente a reta razão, e o discernimento é a reta razão relativa à conduta".[341] Do exposto, pode-se deduzir que o

---

337 ARISTÓTELES. *Ética a Nicômacos*. Trad. por Mário da Gama Kury. Brasília: UNB, 1999, p. 55.

338 Idem, p. 122.

339 Ibidem, p. 126.

340 Ibidem.

341 ARISTÓTELES. *Ética a Nicômacos*. Op. cit., p. 126.

obrar consentâneo com o bem pressupõe o discernimento, e que o discernimento só se manifesta na reflexão do indivíduo que possui a excelência moral, como evidencia a síntese do estagirita:

> a escolha não será acertada sem o discernimento, da mesma forma que não o será sem a excelência moral, pois o discernimento determina o objetivo, e a excelência moral nos faz praticar as ações que levam ao objetivo determinado.[342]

Na verdade, a excelência moral não é um dom da natureza, é uma potência que poderá ou não ser desenvolvida na prática, de acordo com o exercício habitual da conduta humana na vida social. Nesse sentido, a ética aristotélica, afastando-se de Platão sem negá-lo, privilegia não tanto o conhecimento transcendente da abstração idealista da moral, mas volta-se, com senso empírico, para o agir prático, elucidando que adquirimos as virtudes morais ao praticá-las na efetividade material da conduta, pois as coisas que devemos aprender, mesmo antes de as fazer no entanto, as aprendemos na verdade quando as fazemos, isto é, apenas nos tornamos justos quando praticamos atos justos.

> Esta asserção é confirmada pelo que acontece nas cidades, pois os legisladores formam os cidadãos habituando-os a fazerem o bem; esta é a intenção de todos os legisladores; os que não põem corretamente em prática falham em seu objetivo, e é sob este aspecto que a boa constituição difere da má.[343]

Avançando pela vereda da teleologia aristotélica, evidenciado está que a finalidade última não é o conhecimento em si, enquanto fixação *a priori* da verdade, mas a ação prática orientada pela reta razão que conduz ao bem supremo, que é a felicidade; e a felicidade é um resultado lógico do bem viver; em última análise, ela é a plenitude da perfeição divina. "Parece que é assim porque ela é um primeiro princípio, pois todas as outras coisas que fazemos são feitas por causa dela, e sustentamos que o primeiro princípio e causa dos bens é algo louvável e divino".[344]

E assim, chegando ao ápice metafísico que é, ao mesmo tempo, princípio e fim da ética aristotélica, podemos deduzir que a felicidade plena é um resultado do agir humano em consonância com a virtude completa. A aplicação dessa lógica no plano da alteridade jurídico-política evidencia que a justiça, enquanto virtude moral, é a força centrífuga que consubstancia, no seu sentido, a materialização das demais virtudes no âmbito da *práxis* social.

É importante ressaltar que o elemento fundamental que caracteriza a essência da natureza da virtude no pensamento aristotélico manifesta-se na doutrina do meio-termo. Com grande clareza lógica,

---

[342] Idem, p. 127.

[343] Ibidem, p. 36.

[344] Ibidem, p. 31.

o filósofo nos demonstra que, entre os extremos dos opostos contraditórios, a virtude repousará sempre no equilíbrio do meio-termo, que a razão orienta na escolha das ações, seguindo a inclinação natural da alma virtuosa para a prática do bem, conforme suas próprias palavras:

> Trata-se de um estado intermediário, porque nas várias formas de deficiência moral há falta ou excesso do que é conveniente tanto nas emoções quanto nas ações, enquanto a excelência moral encontra-se e prefere o meio termo.[345]

Nesse sentido também a justiça, enquanto virtude ética, que na alteralidade da vida social tendente sempre a produzir conflito, buscará balizar, na prática, segundo critérios de medida lógicos, a harmonização igualitária que repousa no equilíbrio do meio-termo, pois "em todas as coisas, a observância do meio termo é louvável, e os extremos não são nem louváveis, nem corretos, mas reprováveis".[346]

Antes de aprofundar os desdobramentos libertários da reflexão ética de Aristóteles e a decisiva influência que ela exerceu e exerce no pensamento jurídico ocidental, convém lembrar, mais uma vez, a sua vinculação ontológica com a metafísica de Platão e com o formalismo abstrato do legalismo da maturidade do mestre idealista, sempre embasando a sua concepção jurídica, porque, antes de refletir a questão da eqüidade, ele afirma que "O justo, então, é aquilo que é conforme à lei e correto, e o injusto é o ilegal e iníquo".[347] E se, na seqüência, os ecos metafísicos da axiologia platônica se fazem nítidos, quando ele afirma que o conceito de justiça resume em si a totalidade da excelência moral, no passo seguinte, o contributo original da sua preocupação prática também se evidencia.

> Com efeito, a justiça é a forma prefeita de excelência moral porque ela é a prática efetiva da excelência moral perfeita. Ela é perfeita porque as pessoas que possuem o sentimento de justiça podem praticá-la não somente em relação a si mesmos como também em relação ao próximo.[348]

Efetivamente, a preocupação eminentemente prática da ética aristotélica permitiu-lhe fixar a essência da justiça no plano da alteridade social, mostrando com finura que, embora excelência moral e justiça coincidem entre si, sua essência não é necessariamente a mesma: "elas são a mesma coisa, mas sua excelência não é a mesma; a disposição da alma que é a justiça praticada especificamente em relação ao próximo, quando é um certo tipo de disposição irrestrita, é a excelência moral".[349]

---

[345] ARISTÓTELES. *Ética a Nicômacos*. Op. cit., p. 42.

[346] Idem, p. 44.

[347] Ibidem, p. 92.

[348] Ibidem, p. 93.

[349] Ibidem.

Forçoso é reconhecer que, em relação ao purismo transcendente da ética platônica, que via no plano abstrato a justiça como um valor em si, dissociado da realidade empírica, a alteridade aristotélica representa um enriquecimento material do seu *ethos* especificamente jurídico, que, partindo do equilíbrio do meio-termo, enriquecido logicamente com a noção aritmética e geométrica plasmada na proporcionalidade igualitária, culminou dialeticamente no conceito de eqüidade.

Ao desenvolver o conceito de eqüidade, partindo da premissa de que nem sempre a generalidade da lei abstrata, na resolução concreta dos conflitos jurídicos, consegue materializar a justiça, ficando no plano lógico da dedução silogística, o gênio jurídico de Aristóteles legou à posteridade o seu mais expressivo contributo. A consciência de que a justiça legal por si, reduzida ôntico-metafisicamente na transcendência abstrata da sua onipotência lógica, é insuficiente para materializar a justiça na globalidade da *práxis*, é com certeza resultado crítico da aguda observação empírico-sociológica, que distingue originalmente o senso epistemológico do estagirita.

A observação de que a justiça e a eqüidade são a mesma coisa, mas que, no entanto, a eqüidade é ainda melhor,[350] resulta do fato de que a eqüidade corrige a justiça legal e, assim, a essência do direito, enquanto expressão do justo, pressupõe ontologicamente a presença da eqüidade; é a própria manifestação material do eqüitativo. E aqui, com mais de dois milênios de antecedência, Aristóteles antecipa uma contradição ainda subsistente no imaginário jurídico ocidental submetido ao positivismo legalista, sectário da crença ingênua de que, se a lei é boa na sua formulação lógico-abstrata, também justo será o resultado da sua aplicação lógica ao caso concreto, por via de dedução silogística. Pois, muitas vezes em que a aplicação formal de uma lei na resolução do caso concreto produz injustiça, "nem por isto a lei é menos correta, pois a falha não é da lei nem do legislador, e sim da natureza do caso particular, pois a natureza da conduta é essencialmente irregular".[351]

No entanto, o que importa ressaltar é que o itinerário dialético do pensamento jurídico de Aristóteles, da mesma forma que o de Platão, culmina na afirmação etico-metafísica da lei como fundamento último do Estado, ou seja, a lei jurídica, enquanto expressão racional da ética, deve moldar a consciência moral dos cidadãos e submetê-los coercivamente ao império da sua axiologia. É a lei que viabiliza e torna efetiva a teleologia estatal; por isso, a educação formadora dos cidadãos e, mesmo, "suas ocupações devem ser reguladas por lei;"[352]

---

[350] ARISTÓTELES. *Ética a Nicômacos*. Op. cit., p. 109.

[351] Idem.

[352] Ibidem, p. 207.

e se a persuasão dogmático-metafísica dos seus pressupostos axioló-gico-normativos, tendentes a formar um hábito que reproduza na prática a sua concepção do que é o bem, não forem observados, "devem ser impostas punições e penalidades às pessoas que desobedeceram e são de má índole, enquanto as incorrigivelmente más devem ser definitivamente banidas".[353] Em síntese, na concepção Aristotélica, como podemos ver, a lei não apenas viabiliza e possibilita, coercitivamente, o exercício material da ética, como ela é a própria expressão da ética: uma concepção ética que, florescendo realisticamente em imanência com a observação empírico-sociológica, já não tem as aspirações utópicas da perfeição ética de Platão, e que chega desmitificadamente à conclusão, amparada em rigorosa análise lógico-sistemática, de que o exercício do bem na conduta humana, em consonância com a sua natureza, repousa prudencialmente no equilíbrio do meio-termo.

Os desdobramentos dialéticos do idealismo aristotélico, adequados logicamente ao naturalismo experimental da sua filosofia prática, delineados com tanta clareza na *Ética a Nicômacos*, culminam sinteticamente na *Política*, na qual o filósofo reflete as relações do indivíduo no âmbito do Estado, vendo neste, seguindo os ditames da tradição grega, a expressão cosmológica de um todo que integra ontologicamente as partes, a partir do fundamento ético-metafísico que imanta a partir da sua transcendência, de forma dogmático-reducionista, as possibilidades de existência moral do indivíduo. Em outras palavras, fora dos ditames normativos impostos pela teleologia do Estado, não existe possibilidade de vida moral e, assim, seguindo a pedagogia platônica, apenas agregando-lhe dose maior de realismo empírico, a essência da política para Aristóteles é educar o cidadão para o exercício de uma *práxis* virtuosa em consonância com o bem e a justiça, cuja finalidade última já está prefigurada, *a priori*, no princípio metafísico da eudemonia. Nesse sentido, a felicidade do indivíduo deve corresponder ao princípio metafísico da felicidade, imposto pela *pólis*, e o melhor Estado, independentemente da forma política adotada, será aquele que, orientado criativamente pelo realismo da razão prático-prudencial, atingir o equilíbrio do meio-termo, pois "não há obra boa, seja do indivíduo, seja da cidade, à revelia da virtude e da prudência".[354] Assim, o *ethos* jurídico de Aristóteles na *Política* evidencia com clareza o fundamento ético-metafísico da sua concepção prático-prudencial, propugnando uma juridicidade já enriquecida criticamente com a noção intersubjetiva da alteralidade, que lhe permitiu a abertura da eqüidade e a necessidade de agregar à lei

---

353 ARISTÓTELES. *Ética a Nicômacos*. Op. cit., p. 207

354 ARISTÓTELES. *Política*. Traduzido por Antônio Campelo Amaral e Carlos de Carvalho Gomes. Lisboa: Veja, 1998, p. 43.

jurídica o elemento da coercibilidade, para que ela possa efetivamente materializar, na prática, a essência transcendente da moral, isto é, enquanto expressão da essência da racionalidade prática, a lei deve propiciar uma ordem jurídica que se harmonize em torno do ponto eqüidistante do equilíbrio do meio-termo em que repousa a essência metafísica do bem e da justiça. Para tanto, as leis, enquanto orientação axiológico-normativa, devem promover, no âmbito da *pólis*, as virtudes da justiça e da prudência, fazendo "com que o homem que delas participar seja chamado justo, prudente e moderado".[355] Dessa forma, séculos antes de se constituir como ciência autônoma, o direito, como expressão material da essência da ética, viabiliza a *pólis* e a plena realização da natureza humana na *pólis*, pois a *pólis* não existe só para preservar a vida, mas, essencialmente, para promover uma vida feliz, que só uma ordem jurídica justa pode propiciar. Por isso que na sua mais profunda essência, o homem é um ser político, e a *pólis* é o seu princípio e o seu fim, pois "a natureza de uma coisa é o seu fim, já que sempre que o processo de gênese de uma coisa se encontre completo, é a isso que chamamos a sua natureza".[356] Essa identificação ontológica do homem com a essência metafísica da *pólis* é absoluta, a ponto de Aristóteles afirmar que: "Quem for incapaz de se associar ou que não sente essa necessidade por causa da sua auto-suficiência, não faz parte de qualquer cidade, e será um bicho ou um deus".[357] Também ciente de que o homem, enquanto ente portador do *logos*, não está submisso ao determinismo normativo-causal da natureza, o filósofo pode afirmar, num dos seus momentos mais luminosos, que "o homem é o melhor dos animais quando atinge o seu pleno desenvolvimento, do mesmo modo, quando afastado da lei e da justiça, será o prior".[358] Isto posto, podemos concluir que, se o homem não está condenado ao determinismo causal da natureza para existir e se realizar enquanto homem, está inexoravelmente condenado ao determinismo axiológico-metafísico da *pólis*, porque, em última análise, da mesma forma que em Platão, o fundamento ético-metafísico da lei jurídica aristotélica culmina no dogma incontestável do argumento teológico como expressão da suprema razão. "Assim, exigir que a lei tenha autoridade não é mais do que exigir que Deus e a razão predominem",[359] e a influência viva da transcendência onto-teo-lógica do idealismo platônico se faz ainda mais nítida na seqüência do argumento:

---

[355] ARISTÓTELES. *Política*. Op. cit., p. 43.

[356] Idem, p. 53.

[357] Ibidem, p. 55.

[358] Ibidem, p. 57.

[359] Ibidem, p. 259.

Exigir o predomínio dos homens é adicionar um elemento animal. O desejo cego é semelhante a um animal e o predomínio da paixão transtorna os que ocupam as magistraturas, mesmo se forem os melhores dos homens. A lei é, pois, a razão liberta do desejo.[360]

Convém ressaltar, em que pese o nosso esforço de evidenciar a vinculação de Aristóteles com a metafísica platônica, que a sua filosofia prática possui uma força hermenêutica, que será retomada como alternativa para o direito após o ocaso teórico do positivismo jurídico, por relevantes setores da filosofia jurídica contemporânea. Por ora, valemo-nos de Habermas para lembrar que *"Aristóteles subraya que la política, la filofosia practica en general no puede compararse en su pretensión cognocitiva con la ciencia estricta, la episteme apodíctica".*[361] Consoante toda a tradição grega e reafirmando-a, também no contexto da obra aristotélica, a política e o direito são partes que integram o cosmos da filosofia prática, tal como o direito.

> *La politica se entendia como la doctrina de la vida buena y justa; es continuación de la ética. Pues Aristóteles no veia ninguna oposición entre la constitución vigente en el nomoi y el Ethos de la vida ciudadana; tampoco cabía separar la eticidad de la acción de la costumbre y la ley.*[362]

Seguindo ainda a análise de Habermas, a identificação da política com a filosofia prática, arraigada ao fundamento metafísico da *phronesis* aristotélica, perdura até os fins do século XVIII, quando a episteme moderna começa a separá-la da filosofia prática, autonomizando-a na perspectiva de uma objetivação científico-tecnológica. E se assim aconteceu no universo do pensamento político, o mesmo teria de ocorrer com o pensamento jurídico, que, como nos informa Castanheira Neves, também compreendeu-se como um capítulo da filosofia prática, que, embora fundamentada nas profundezas filosóficas do *ethos* grego, marcou a sua decisiva influência a partir da refundição sintética de Aristóteles. Tal concepção, como já sabemos,

> procurava a solução de todos os problemas da global *práxis* humana na ética, na doutrina ética do bem e da justiça, não foi na verdade também outro o horizonte intencional a que se referia o pensamento jurídico até então, não obstante as três bem distintas modalidades fundamentais (romana, medieval e moderna).[363]

Embora essas três modalidades divergissem em aspectos metódicos e culturais, mantendo a primeira um caráter mais prático-prudencial, a segunda um sentido teológico-hermenêutico, e a terceira uma intenção já dedutivo-racional, o fundamento normativo dos seus

---

[360] ARISTÓTELES. *Política.* Op. cit., p. 259.

[361] HABERMAS, Jürgen. *Teoria y Praxis.* Traduzido por Salvador Más Torres e Carlos Moya Espí. Madri: Tecnos, 1990, p. 50.

[362] Idem, p. 49, 50.

[363] NEVES, Antônio Castanheira. Método Jurídico. *In: Digesta.* Op. cit., p. 290.

sistemas jurídicos continuou arraigado à metafísica platônico-aristotélica, pois

Todas se propunham como solução dos problemas jurídicos o justo prático (ético-normativamente fundado) que o pensamento jurídico referia para além das fontes positivas – o justo prático que secularmente se disse *ius naturalis*.[364]

Nesse sentido, o direito romano da época clássica, "aquele que verdadeiramente *especifica o ius romanum* e fez dele um modelo inconfundível e único da história universal do Direito",[365] foi, na sua essência, *interpretatio prudentium*, enquanto produto da *iurisprudentia*.

Esse momento magno da história do direito, inexplicavelmente tão pouco lembrado pelo pensamento jurídico que o sucedeu, foi o resultado histórico da secular evolução de uma concepção jurídica que assenta suas bases em rigoroso formalismo.

Aliás, esse formalismo que, como disse Ihering,[366] marca a primeira fase da cosmogonia jurídica do mundo romano, verifica-se, de um modo geral, em todos os sistemas jurídicos arcaicos. No entanto, como ressalva o mesmo autor, no formalismo jurídico romano, assentado em fórmulas de caráter religioso, já se evidenciam os gérmens da liberdade e da autonomia na esfera privada, que dão a esse direito, fundado em *práxis* formulista, um autêntico caráter civilista, o *ius civile*.

Nesse mesmo sentido, acentua Krüger que, se os romanos comungam com os outros povos da antigüidade uma origem divina do direito, ela não é absoluta, pois o caráter normativo-consuetudinário da sua juridicidade, já desde os primórdios, revelava um forte teor humano: "*aum cuando asignaram un origen divino á las reglas del culto, al Fas ó Jus divinum. El derecho humano, el jus en su estricto sentido, lo consideravon siempre como humano, como instituición variable*".[367]

Mesmo na legislação arcaica, cujo exemplo mais notório são as leis das XII tábuas, a normatização dos costumes evidencia a originalidade romana, no que respeita aos princípios da liberdade e autonomia de feição humanizante. Essas qualidades do *ius civile quiritum* ressaltam ainda mais, quando um estudo de direito comparado as confronta com outras antigas legislações que chegaram até nós, como é o caso clássico do Código de Hamurabi. Portanto, um olhar mais aprofundado sobre o direito romano arcaico nos revela que ele já contém a base principiológica que irá nortear as diretrizes do direito moderno. Reforçando essa linha de argumentação, Michel Villey ob-

---

[364] NEVES, Antônio Castanheira. Método Jurídico. *In: Digesta*. Op. cit., p. 290.

[365] Idem.

[366] IHERING, R. Von. *El Espiritu Del Derecho Romano*. Traduzido por Enrique Príncipe y Satorres. Madrid: Libreria Editorial, 1904. v. I, p. 119.

[367] KRÜGER, Pablo. *História, Fuentes y Literatura Del Derecho Romano*. Madrid: España Moderna, 1882, p. 5.

serva que "O antigo direito quiritário saiu do génio nacional dos romanos, assentou algumas bases da civilização ocidental e é bem, pelos seus traços fundamentais, a fonte do direito moderno".[368]

Em síntese, o *ius civile* antigo, arraigado consuetudinariamente ao incipiente caráter pragmatista do gênio romano, ao tentar expressar uma racionalidade em imanência com a natureza das coisas, quedou prisioneiro de um radical formalismo, tão bem expresso nesta frase de Juan Iglesias: *"El ius civile se cifra en un conjunto de normas consuetudinárias de carácter rígido, formalista y simple".*[369]

Mas, como toda expansão imperialista, também a romana, por volta do último século que antecedeu a cristandade, provocou crises internas, e o velho formalismo, do direito quiritário, iria mostrar-se insuficiente para enfrentar os novos desafios que passaram a fazer parte da vida do Estado, ensejando uma superação do formalismo, que fez desabrochar criativamente a profunda essência do *ius*, num longo período histórico que a posteridade, com justiça, denominou clássico, no qual uma notável produção literária perenizou o gênio jurídico romano.

O período clássico, como nos assevera Hans Julius Wolff, teve seu início coincidindo *"con el advenimento del Principado, su final con el colapso del Principado, alderedor de la mitad del siglo tercero d. C".*[370]

O notável progresso jurídico verificado no período deve-se fundamentalmente ao intercâmbio cultural com os povos conquistados, que, no caso da Grécia, propiciou o ingresso da filosofia na reflexão jurídica, elemento decisivo para a inserção de uma concepção de justiça social, que motivou dialético-criticamente a ruptura com os laços formais dos ritos arcaicos do direito quiritário. E quando essa empresa chega ao seu mais alto esplendor, como nos diz Ortolán, a criação jurídica do direito romano ganha estatuto de razão escrita, isto é,

> *el Derecho no es ya la orden inflexible del orden público, la regla impuesta y absoluta: su fundamento no es ya la autoridad, sino la razón; la idea del Derecho llegó a ser eminentemente filosófica.*[371]

Esse esforço filosófico do qual Cícero é o maior representante, se não teve o mérito da originalidade, foi decisivo no aperfeiçoamento humanizante do *ius*, inserindo efetivamente na prática a teorização axiológica dos gregos, cuja idéia de justiça prefigurada por Aristóteles e refundida pelo estoicismo, propugnava a materialização prática do seu conceito em termos de uma igualdade proporcional.

---

[368] VILLEY, Michel. *Direito Romano*. Traduzido por Fernando Couto. Porto: Rés, [s.d.], p. 51.

[369] IGLESIAS, Juan. *Derecho Romano*. Barcelona: Ariel, 1953, v. I, p. 6.

[370] WOLFF, Hans Julius. *Introdución Histórica al Derecho Romano*. Traduzido por José Mª. Fernandez Pomar. 1. ed. Santiago De Compostela: Porto Editores, 1953. p. 116.

[371] ORTOLÁN, M. *Compendio Del Derecho Romano*. Traduzido por Francisco Perez de Anaya y Melquíades Peres Rivas. Buenos Aires: Atalaya, 1947, p. 13.

Entretanto, como bem demonstra Michel Villey,[372] a influência filosófica grega não descaracterizou o caráter essencialmente prático do direito romano, mesmo porque, sendo o seu gênio essencialmente jurídico, nem tiveram a pretensão de levar mais adiante as especulações filosóficas dos seus mestres. Sua pretensão maior, atingida com sucesso no plano metodológico-processual, foi materializar, na prática, o que a teorização dos seus antecessores não logrou no universo da *pólis*, isto é, estruturar epistemologicamente uma práxis processual, cujo funcionamento pragmático, no plano da resolução dos conflitos jurídicos, promovesse um resultado eqüitativo.

Esta nova concepção jurídica que emergiu a partir da influência filosófica, sacrificando o antigo formalismo ritualístico exercido pelos pontífices, foi levada a cabo por uma elite de sábios que, sem terem necessariamente apurada competência técnica, mantinham no bojo da sua erudição a conservação das velhas formas processuais consuetudinárias, agregando a elas uma progressão superadora, através de exercício dialético de uma retórica crítica e criativa. Esse novo direito criado pelos jurisconsultos constituiu-se como um autêntico direito de juristas que, para além do domínio conceitual e abrangente de todo o sistema jurídico, possuíam aquilo que Koschaker[373] denominou de instinto: podemos dizer instinto para a criação de um direito de índole casuística, não formulado *a priori* em normas abstratas.

E assim, sem perder o senso pragmático que exigia a precisão nas decisões, os juristas clássicos, envolvidos pelo senso prudencial da justiça aristotélica, buscaram na resolução dos problemas jurídicos concretos refletir as condições específicas e particulares que envolviam as partes do caso decidendo, tendo por teleologia imanente a igualdade eqüitativa, o que, segundo Michel Villey, impunha considerar a contingencialidade das partes em detrimento da mecânica igualdade do antigo formalismo, pois "Um bom jurista não confunde nunca a igualdade 'aritmética' com a justiça".[374]

Desta forma, a eqüidade, ao adequar o direito positivo ao *ethos* da vida social, estabelecendo uma justa e equilibrada proporção na resolução judicativa de todos os casos jurídicos, se transforma na própria essência do direito, e toda sentença que não a considere conduz o *ius* à iniqüidade, como expressão da *summa iniuria*. *"Cuando se dice que una determinada cláusula del Edicto pretorio habet in se aequitatem, se contrapone la aequitas del magistrado a la iniquitas de un ius civile rígido y fosilizado"*.[375]

---

[372] VILLEY, Michel. *Direito Romano*. Op. cit., p. 55, 56.

[373] KOSCHAKER, Pablo. *Europa y El Derecho Romano*. Traduzido por Jose Santa Cruz Teijeiro. Madrid: Editorial Revista de Derecho Privado, 1955, p. 249.

[374] VILLEY, Michel. *Direito Romano*. Op. cit., p. 68.

[375] IGLESIAS, Juan. *Derecho Romano*. Op. cit., p. 16.

No plano metodológico processual, a abrangência prática da eqüidade foi levada a efeito pelos pretores, amparada na autoridade dos imperadores e orientada pela lucidez prudencial dos jurisconsultos, dominando dialeticamente as matérias destinadas à livre apreciação do magistrado e do juiz que, segundo Krüger, não estão submetidas ao regramento positivo determinado nem às conseqüências deste em perspectiva lógico-dedutiva, abrindo um campo hermenêutico para o desenvolvimento das *praeceptia iuris*: "*Así, à la aequitas se refiere toda la teoria de la bonae fidei judicia, que constituye la oposición de las stricti juris judicia*",[376] bem como da eqüidade advém a validez dos contratos não-solenes e todas as demais evoluções características do *ius honorarium*.

A expressão *aequum et bonum*, atribuída a Paulo, no *Digesto*, quer significar justamente o entendimento do direito a partir do sentimento da justiça, em síntese harmônica com os princípios do direito natural. Conforme ainda Krüger, "*Pablo hace del primero una propriedad del segundo (Dig. 1.1.11.): la asimilación establecida entre ellos aparece en la expresión naturalis aequitas*".[377]

Portanto, a eqüidade é o elemento essencial para que o direito atinja sua finalidade histórico-existencial de realizar a justiça. E a justiça, em consonância com o espírito eminentemente prático dos romanos, não se coaduna com a virtude pura da abstração platônica. Ela constitui o esforço pragmático de dar a cada um o que é seu de direito, a partir de uma conformação prática, igualitário-eqüitativa com os princípios do direito positivo, tão bem expressa na célebre sentença de Ulpiano, que a define como *constans et perpetua voluntas ius suum cuique tribuendi*.[378]

Na máxima de Ulpiano, evidencia-se, com clareza, o *animus* da entelequia aristotélica a nortear teleologicamente o espírito prático-prudencial do direito romano, que, para além de um corpo de regras já constituído, define-se essencialmente pela sua finalidade; e o fim do direito é a justiça, "no sentido restrito que Atistóteles distinguira sob o nome de justiça particular",[379] e assim, sob o signo prudencial do meio-termo aristotélico, dirimem-se os litígios, através da *práxis* oficiosa de uma magistratura orientada pela sapiência dos juristas. E o jurista "é sacerdote da justiça, entendido nesse preciso sentido (D. 1.1.1.1.). O direito é a arte que persegue este fim: *jus est ars boni et aequi* (D, 1.1.1 pr, tirado das Institutas de Ulpiano)".[380]

---

[376] KRÜGER, Pablo. *História. Fuentes y Literatura Del Derecho Romano*. Op. cit., p. 116.

[377] Idem, p. 117.

[378] Cf. IGLESIAS, Juan. *Derecho Romano*. Op. cit., p. 16, 17.

[379] VILLEY, Michel. *Direito Romano*. Op. cit., p. 79.

[380] Idem, p. 79.

Fruto dessa concepção jurídica, a *iurisprudentia*, enquanto expressão da ciência jurídica, manifesta seu sentido na também clássica expressão de Ulpiano: *"Iurisprudentia est divinorum atque humanarum rerum notitia, iusti atque iniusti scientia"*.[381] Contrariando a moderna concepção de ciência jurídica, a *iurisprudentia* não se constrói sobre princípios lógicos estabelecidos *a priori*, e assim, mais do que uma ciência, ela é uma arte ou, talvez, melhor dizendo, ela é uma combinação heurística entre a ciência e a arte, que resultou do realismo pragmático de uma judicativa concepção casuística e tópico-prudencial, realizadora de uma aplicação criativa do direito. Neste sentido, diz também Koschaker, que a *iurisprudentia "no es ciencia sino arte; un arte en cuyo cultivo se aprovechan los resultados de la investigación científica de carácter histórico-jurídoco, sociológico, psicológico, etc"*.[382]

Na verdade, se entendermos o conceito de ciência enquanto exercício da busca criativa da verdade, a *iurisprudentia* é o momento mais científico da história do direito, pois o conceito subseqüente da escolástica, bem como a ciência jurídica moderna dela tributaria repousam metodologicamente sobre princípios dogmáticos estabelecidos *a priori*, cuja autoridade metafísica não admite contrariedade crítico-criativa. Assim, orientada prático-prudencialmente para a resolução dos conflitos jurídicos concretos, materialmente engajada no signo criativo da justiça eqüitativa, a realização jurisprudencial do direito manteve-se alheia a teorizações abstrato-transcendentes, procurando sempre, sem maiores discussões doutrinárias, ilustrar a norma relacionada ao caso decidendo; e *"cuando daban razones, las fundaban en las circunstancias particulares del caso más bien que en los resultados puramente lógicos que derivan de principios generales"*.[383]

Dessa forma, sendo o direito romano clássico um autêntico direito de juristas, como bem lembra Castanheira Neves, ele não foi um direito de legislação, pois

> Na ausência de uma legislação sistemática – entre a Lei das XII Tábuas (meados do século V. a. C.) e a legislação do Baixo Império, as *leges (comiciais)* e outras fontes prescritivas, como os *senatusconsulta*, foram raras e de objeto limitado.[384]

Aliás, a *lex*, no período considerado, enquanto expressão da *potestas* (política), mantinha clara distinção com o *ius* que era resultado da *iurisprudentia*, *"o ius (ius civile) foi sobretudo obra da interpretatio prudentium*, produto da *iurisprudentia* dos juristas romanos".[385]

---

[381] D. 1.1.10.2, cf. IGLESIAS, Juan. *Derecho Romano*. Op. cit., p.

[382] KOSCHAKER, Pablo. *Europa y el Derecho Romano*. Op. cit., p. 475

[383] WOLFF, Hans Julius. *Jurisconsultos y ciencia jurídica*. Santiago De Compostela: Porto Editores, 1953, p. 139.

[384] NEVES, Antonio Castanheira. Método Jurídico. *In: Digesta*. Op. cit., p. 291.

[385] Idem.

Essa identificação da *iurisprudentia* com as *responsa*, isto é, com os pareceres emitidos pelos jurisconsultos em relação aos casos que lhes eram submetidos, encontra clara ressonância na síntese de Pomponius: *"proprium ius civile, quod sine scripto in sola prudentium interpretatione consist"*.[386]

No entanto, o caráter maleável da *iurisprudentia*, metodologicamente inspirado na dialética aristotélica, chegou ao seu ocaso na metade do século III d. C. Como nos informa Hans Julius Wolff,[387] depois de Modestino, não se tem notícia de outro grande jurisconsulto que tenha continuado a tradição de emitir *responsa*.

As razões para o colapso repentino que desconcerta os tratadistas, segundo ainda o mesmo autor, resultam de vários fatores. Um deles aponta para a própria essência do direito clássico, que, embora criativo e maleável, era profundamente conservador, eis que, arraigado metafisicamente a uma normativa axiologia comunitária, que o fazia navegar prudencialmente no caudaloso rio da tradição consuetudinária, harmonizando em lentidão histórico-evolutiva a criação com a solidez metafísica dos velhos princípios. Agrega-se a isto a emergência definitiva dos éditos pretorianos, que, refletindo as novas exigências da realidade político-jurídica do império, impuseram um término ao desenvolvimento do *ius honorarium*. *"Esta limitación estaba destinada a tener un efecto perjudicial cuanto, después de Adriano, la práctica consultiva del jurista se limitó esencialmente a la interpretación del sistema fijado en el Edicto"*.[388]

E, assim, os juristas viram-se reduzidos à mera condição de funcionários de carreira, envolvidos burocraticamente no preparo de decretos que se impunham dogmaticamente em nome do imperador. Esse processo iniciado por Adriano completou-se com Constantino, quando *"la legislación llegó a ser la principal incumbencia de la concilleria"*.[389]

Desta forma, evidenciando uma clara decadência, o direito romano deixa de ser um direito de juristas e se transforma em direito da legislação imperial. Muito embora essa redução de índole burocratizante tenha persistido por largos séculos, a influência dos jurisconsultos clássicos nunca deixou de existir, até ser novamente retomada pelos glosadores da escola de Bolonha, no século XI.

Já a concepção ético-prudencial do direito, na dimensão do pensamento jurídico medieval, como nos informa Castanheira Neves,[390]

---

[386] POMPONIUS, (D. 1.2,2,12) *apud* NEVES, Antônio Castanheira. Método Jurídico. *In: Digesta.* Op. cit., p. 292.

[387] WOLFF, Hans Julius. *Jurisconsultos y ciencia jurídica.* Op. cit., p. 143 e ss.

[388] Idem, p. 144.

[389] Ibidem, p. 146.

[390] NEVES, Antônio Castanheira. Método Jurídico. *In: Digesta.* Op. cit., p. 292 e ss.

embora jamais tenha deixado de comungar com a orientação geral da juridicidade romana, considerando a especificidade cultural que a distingue, adquiriu uma índole essencialmente hermenêutica.

Tal fato decorre de uma reflexão jurídica que floresceu no contexto de uma sociedade rigidamente hierarquizada, cujo fundamento metafísico último convergia para a inquestionável autoridade de Deus.

Mesmo depois de superada a influência estóica e o neoplatonismo da patrística agostiniana, quando a teologia medieval se impregna da racionalidade aristotélica, Tomás de Aquino continua reafirmando que todo o universo está submetido aos critérios transcendentes de uma normatividade que teve sua fonte ontológica na razão divina. E se a sua abertura e adesão ao *logos* aristotélico levou-o a reconhecer que a filosofia pode auxiliar no processo de elucidação da verdade, ele também deixou claro que a doutrina sagrada "das outras ciências não recebe os seus princípios, senão de Deus, por imediata revelação".[391]

Na seqüência da sua argumentação, o grande teólogo invoca o próprio Aristóteles para fundamentar a sua tese, observando que a doutrina que recebe os seus princípios de outra não constitui verdadeira sabedoria, pois cabe ao sábio ordenar, e não ser ordenado. Em sintonia com o estagirita, reconhece que a essência da sabedoria humana se manifesta na prudência, agregando, no entanto, que a iluminação da sabedoria prudencial deve conduzir logicamente a Deus. "Quem, portanto, considera a causa absoluta mais alta do universo, que é Deus, deve ser chamado sábio por excelência".[392]

E, assim, o velho fio da metafísica lógico-transcendente que viemos seguindo desde o idealismo platônico, temperado com a filosofia prática aristotélica, ganha agora, na retórica teológica do cristianismo, o influxo autoritário de Deus, cuja verdade transcrita nas escrituras delimita dogmaticamente as possibilidades hermenêuticas da racionalidade argumentativa. Seguindo a invocação de Ambrósio, os argumentos devem ser deixados de lado quando se procura a fé, e se a doutrina argumentativa, diz-nos ainda o aquinatense, impõe-se necessariamente pela autoridade ou pela razão, se o fizer pela primeira, terá, segundo Boécio, um fragílimo argumento; se optar pela segunda, conforme Gregório, carecerá de mérito, pois pouco valor terá uma fé cuja autoridade venha a depender de uma fundamentação racional, donde a ciência superior, a suprema ciência,

> a saber, a Metafísica, discute contra quem lhe negar os princípios, se o adversário concede algum ponto; mas se nada concede, não se pode com ele discutir, bem que se lhe possam refutar as objeções.[393]

---

[391] AQUINO, Tomás de. *Suma Teológica*. v. I. Op. cit., p. 6, 7.

[392] Idem, p. 7.

[393] Ibidem, p. 10.

Portanto, este caráter de verdade insofismável que fundamenta a metafísica teológica da escolástica decorre do fato de ela ser o resultado hermenêutico de uma lógica dedução da perfeição de Deus, que é onipotente e absoluta: "Deus encerra em si as perfeições de todos os seres e, por isso, é denominado ser universalmente perfeito".[394]

Em razão dessa universalidade absoluta da perfeição divina, deduz o aquinatense, em consonância com toda a lógica da teologia medieval, que todos os entes existentes no universo estão submetidos ao domínio da sua governabilidade: "assim como nada pode existir sem ser criado por Deus, assim também nada há que lhe possa escapar ao governo",[395] cuja finalidade última se consuma no reinado eterno da sua sublime bondade e suprema justiça, para a qual o livre arbítrio das criaturas racionais, orientadas pela normatividade teológico-metafísica deve convergir, pois "A criatura racional governa-se a si mesma pelo intelecto e pela vontade, e ambas essas faculdades necessitam ser governadas e completadas pelo intelecto e pela vontade de Deus".[396] Dessa forma, a vontade de Deus, que tudo governa, é o fim último da vida, e para ela devem convergir todas as ações humanas, que são aquelas decorrentes de uma volitiva deliberação orientada pela razão. "O bem e o fim são o objeto da vontade. Ora, a vontade está na razão, como diz Aristóteles. Logo, agir para um fim é próprio só da natureza racional".[397]

Em consonância com a orientação normativa da teologia escolástica, o direito se materializa metafisicamente no plano da alteridade social, como um elemento que viabiliza a ação humana para o fim visado, segundo os critérios prudenciais da *recta* razão, e a norma jurídica, como princípio externo da vontade divina, ordena dogmático-coercitivamente o obrar humano para o fim último, pois

> o primeiro princípio, na ordem das operações, a qual pertence à razão prática, é o fim último. E sendo o fim último da vida humana a felicidade ou beatitude, como já dissemos, há-de por força a lei dizer respeito, em máximo grau, à ordem da beatitude.[398]

E se a intenção do legislador, amparada no dogma metafísico da verdade divina plasmada nas escrituras, deve sempre conduzir os homens para a virtude, o aquinatense conclui, evocando Aristóteles, que o justo legal é o "que faz e conserva a felicidade, com tudo o que ela compreende, em dependência da comunidade civil".[399]

Contrariando a excessiva importância que a patrística dera ao pecado original, que, como uma mácula ôntica e indelével, manchava

---

[394] AQUINO, Tomás de. *Suma Teológica*. v. I. Op. cit., p. 34.

[395] Idem. v. II, p. 894.

[396] Ibidem, p. 895.

[397] Ibidem. v. III p. 1027.

[398] AQUINO, Tomás de. *Suma Teológica*. v. IV. Op. cit., p. 1734.

[399] Idem.

a essência da condição humana, Tomás de Aquino, aceitando as premissas do humanismo grego, via no homem uma inclinação natural para o bem, que a razão prática, orientada pela busca da verdade que move ontologicamente a razão teórica, através de um processo sinderético, saberia distinguir do mal. Assim, a opção pelo bem é um resultado natural do livre-arbítrio racional do homem, no âmbito da *práxis* social, prudencial e virtuosa. Reforça esta tese o fato de que o princípio que move as realizações humanas resulta da sua inteligência, que é um dom divino inscrito na sua natureza.

Desta forma, utilizando uma linguagem Aristotélica, Tomás de Aquino afirma que a lei "não é mais do que um ditame da razão prática, do chefe que governa uma comunidade perfeita",[400] mas, na seqüência, em consonância com o imperativo metafísico da sua fé, volta a observar que, se o universo é governado pela razão divina, outra não pode ser a fonte da natureza da lei. "E como a razão divina nada concebe temporalmente, mas tem o conceito eterno, conforme a Escritura, é forçoso dar a essa lei a denominação de eterna".[401] Logo, a essência do direito tem sua fonte no princípio imponderável e metafísico de uma lei não promulgada, com a qual, através da mediação da razão prática, o homem naturalmente participa, donde resulta que toda lei humana deve derivar de sua natureza e ser a prudencial manifestação da virtude prática, ganhando assim uma legitimação insofismável que a erige logicamente em dogma metafísico. Qualquer lei que contrariar a legitimidade lógica dessa procedência não será considerara lei e, sim, corrupção, ou seja, o direito positivo, em todas as esferas da alteridade social, em consonância com os princípios universais, eternos e imutáveis do direito natural, deve sempre manifestar, no plano da contingência judicativa, a materialização prudencial do justo perfeito contido na lei eterna, através de uma metodologia que, derivando hermeneuticamente do princípio supremo, encontre critérios operacionais que garantam, lógico-dogmaticamente, a concretização prática das suas axiológicas e transcendentais exigências, pois, "para poder o homem, sem nenhuma dúvida, saber o que deve fazer e o que deve evitar, é necessário que dirija os seus *actos* próprios pela lei estabelecida por Deus, que sabe não poder errar".[402]

Portanto, a concepção tomista da razão prática, como fundamento metafísico do direito, representa a manifestação humanizada da vontade, da verdade e da justiça divina, e isto pressupõe, sociologicamente, "uma comunhão de homens ordenada por justos preceitos legais".[403]

---

[400] AQUINO, Tomás de. *Suma Teológica*. v. IV. Op. cit., p. 1737.

[401] Idem.

[402] Ibidem, p. 1741.

[403] Ibidem, p. 1907.

Esse legalismo, apoiado no dogma metafísico da revelação divina, imprimiu ao pensamento jurídico medieval uma índole exegético-textual, que se valia da razão para afirmar, logicamente, o argumento irrefutável da autoridade. Tal procedimento, que está na base do normativismo jurídico contemporâneo, afirmou-se no labor dos glosadores da Alta Idade Média, cuja técnica expositiva estava ligada à tradição do ensino trivial. Neste sentido, Wieaker nos esclarece que:

> Quando os glosadores interpretam os seus textos e procuram ordená-los num edifício harmônico, partilham, na verdade, com as modernas teologia e jurisprudência, as intenções de uma dogmática, i.é, de um processo cognitivo, cujas condições e princípios fundamentais estão predeterminados através de uma autoridade.[404]

Este caráter de autoridade sagrada dos textos, imprimiu ao conhecimento medieval uma índole não investigativa, mas meramente descritiva, isto é, exegético-interpretativa, pois os textos clássicos, diz-nos ainda Wieaker, "não são tidos como testemunhos históricos da verdade ou da realidade das coisas, mas como estas verdade e realidade em si mesmas".[405] E, como no domínio da reflexão jurídica, a partir de Constantino, o império romano passou a ser a encarnação da cristandade ocidental, resulta óbvio que, quando a escola dos glosadores, a partir de Irnério, no final do século XI, recupera o *Corpus Iuris Civilis*, ele passe a ser considerado, por conter a essência normativo-jurídica da razão prática, como a verdadeira *ratio scripta* do direito. "Os estímulos para uma rendição ao *Corpus Iuris* residiram, portanto, não apenas num interesse técnico-científico, mas na busca de um fundamento mais seguro para uma ética político-social dessa época".[406] Nessa mesma perspectiva, também elucida Castanheira Neves que o pensamento jurídico se assume como interpretação de textos: "o direito oferecia-se enunciado em textos e, através desses textos, no modo exegético comentarístico sob o *argumentum ex verbo* obter-se-iam todos os critérios jurídicos para a prática jurídica".[407] Tal procedimento, segundo ainda o mesmo autor, evoluiu de uma estrita exegese gramatical para uma dimensão normativa de caráter mais *inveniendi*, que, através da Escola dos Comentadores, ainda em dimensão dogmático-construtivista, mas já para além do sentido filológico do texto, "teria como critério, ou que sempre se havia de compreender de modo a exprimir, a *aequitas*, a *ratio naturalis* ou o *ius naturale*".[408]

---

404 WIEAKER, Franz. *História do Direito Privado Moderno*. Traduzido por A. M. Botelho Espanha. Lisboa: Fundação Calouste Gublenkian, 1993, p. 47, 48.

405 Idem, p. 43.

406 Ibidem, p. 45.

407 NEVES, Antônio Castanheira. Método Jurídico. *In: Digesta*. Op. cit., p. 293.

408 Idem.

Mas, se, nesse contexto, a intenção jurídica ainda mantinha uma índole prático-prudencial, ela já não se confundia com o modelo metódico tópico-casuístico da *iurisprudentia* clássica, pois, derivando sua *práxis* da metodologia escolástica, a jurisprudência medieval laborava dialeticamente com uma racionalidade lógico-dogmática, apoiada judicativamente numa hermenêutica, que era resultado dedutivo dos textos da autoridade *a priori* estabelecidos.

Era toda a distância a reconhecer entre o pensamento do Direito Romano que constituía o direito enfrentando os problemas jurídicos que o iam solicitando, e o pensamento jurídico romanístico ou o pensamento que laborava sobre o direito romano já constituído e objectivado numa coletânea textual de soluções.[409]

E se a justiça continuou a ser o fundamento axiológico-normativo do direito, a sua compreensão decorria de uma dedução hermenêutica efetuada em imanência com a lei, pois os juristas medievais se autodenominavam legistas

e puderam fazer seu o princípio que liam no Códex imperial, não no *Digestum* jurisprudencial: *non exemplis, sed legibus judicandum est* (C. 7, 45, 13). Era como se, contrariamente a Paulus, se passasse a afirmar *ex regula ius sumatur...* .[410]

Disso pode-se concluir que o normativismo dogmático que marcaria a juridicidade moderna européia tem o seu nascedouro no pensamento jurídico medieval. Mas, antes que a metafísica epistemológica do positivismo jurídico do século XIX, fundamentada na transcendentalidade de uma racionalidade lógico-dedutiva, viesse a reduzir a idéia de direito a um formalismo dogmático-normativista que rompeu definitivamente com a metafísica ético-prudencial da filosofia prática, uma terceira modalidade desta metafísica ainda marcaria transitoriamente o direito ocidental na emergência da modernidade.

Efetivamente, o pensamento jurídico moderno, embora tenha constituído uma nova dimensão epistemológica para o direito, conforme ainda Castanheira Neves,[411] manifestou uma terceira modalidade jurídica perspectivada pela filosofia prática, em que pesem as marcadas diferenças culturais com os dois períodos que o precederam.

Como já tivemos oportunidade de demonstrar no capítulo precedente, a emergência do paradigma moderno instaurou uma nova concepção de mundo, em que se evidencia uma ruptura com a autoridade eclesiástica, em prol de uma secularizada emancipação da racionalidade humana.

---

[409] NEVES, Antônio Castanheira. Método Jurídico. *In: Digesta.* Op. cit., p. 294.

[410] Idem, p. 295.

[411] Ibidem, p. 295 e ss.

Essa racionalidade de cunho científico se afirmou nos termos de um rigorismo lógico, que, buscando apoio metodológico nos critérios da astronomia e da física, acabou engendrando uma civilização tecnológica e materialista, voltada para a dominação da natureza.

A fonte desse ímpeto de dominação radica na libertação da vontade humana, cuja autonomia cultivou uma noção de progresso, em imanência com o desenvolvimento do experimentalismo empírico voltado para o futuro. Mas, se a ruptura humanista contra os pressupostos ético-ontológicos do seguro abrigo teológico da fé manifesta uma grandeza sem precedentes da liberdade humana, ela colocou o homem moderno perante aquilo que Hannah Arendt chama de "maldição da contingência"[412] e que levou o próprio Kant a reconhecer, na plenitude da sua clarividência racional, que a falta de crença na transcendência divina gera uma falta de sentido na existência, mal-estar que o posterior niilismo tão bem evidenciaria, pois

> É óbvio que a progressiva secularização, ou melhor, descristianização do mundo moderno, ligada como estava a uma ênfase nova no futuro, no progresso e, portanto, nas coisas que não são nem necessárias, nem eternas, acabaria por expor os pensadores à contingência de todas as coisas humanas de uma maneira mais radical do que nunca.[413]

Portanto, no âmbito do novo contexto cultural, evidencia-se também uma nova forma de manifestação da razão que, como observa Henrique de Lima Vaz,[414] é ao mesmo tempo herdeira e opositora da razão grega, antinomia que se manifesta nos instrumentos metodológicos que utiliza, como também nos pressupostos teleológicos que animam a sua motivação gnoseológica que, agregando racionalidade abstrata com determinismo empírico, modelou uma nova imagem do homem.

A nova concepção de natureza que o advento da racionalidade moderna engendrou, segundo ainda o mesmo autor, caracterizou, no plano epistemológico, um definitivo abandono da *physis*,[415] por propugnar uma racionalidade científica que se orienta metodologicamente por uma *práxis* de teor tecnológico-instrumental, na qual "o mundo

---

412 ARENDT, Hannah. *A Vida do Espírito*. Traduzido por Antônio Abranches e César Augusto T. de Almeida. Rio de Janeiro: Relume Dumará, 2000. v. I, p. 207.

413 Idem.

414 VAZ, Henrique C. de Lima. *Escritos de Filosofia*. São Paulo: Loyola, 1988. v. II, p. 161.

415 Embora estejamos de acordo com o autor, quando afirma que a racionalidade moderna significou uma definitiva ruptura com a *physis*, cabe aqui lembrar, em consonância com o que afirmamos no primeiro capítulo desta Tese, que, segundo a orientação heideggeriana que viemos seguindo, a referida ruptura com o universo da *physis* aconteceu, pela primeira vez, com a clivagem imposta pelo idealismo platônico, que instaurou, com o seu advento, as bases da metafísica ocidental. A coerência do exposto se evidencia na medida em que a racionalidade moderna, ao refutar a metafísica aristotélica-tomista, volta-se metodologicamente para o logicismo do idealismo metafísico de Platão.

se apresenta como campo de fenômenos que se oferece à atividade conceptualizante e legisladora da Razão e à atividade transformadora da técnica".[416] Assim, para além da distinção aristotélica entre *poiésis* e *techné*, a modernidade hipertrofiou e hegemonizou a técnica, com a finalidade de domesticar a natureza para satisfazer as necessidades da vontade humana. No âmbito dessa nova homologia, a idéia de direito natural, que a filosofia prática na sua amplitude entendia como uma fonte objetiva, eterna e imutável de orientação axiológico-normativa, submete-se agora aos pressupostos hipotético-dedutivos, advindos da instrumentalidade lógico-analítica de uma universalidade formal propiciada pela matemática. Essa universalidade hipotética, ao priorizar sociologicamente a satisfação das necessidades vitais dos indivíduos, acabou engendrando um pensamento ético-jurídico voltado para o solipsismo egoísta de um homem auto-suficiente. "A universalidade dos direitos que deriva do Direito natural moderno é fundada no postulado igualitarista, ou seja, na igualdade dos indivíduos enquanto unidades isoladas, numericamente distintas, no estado de natureza".[417] Como se sabe, a fundamentação sociológico-política da nova sociedade buscará o apoio extrínseco na abstração jurídica do pacto social, para fundamentar racionalmente a coercibilidade universal das normas jurídicas, com a finalidade de viabilizar a vida social das mônadas errantes, na qual a emancipação libertária transformou os indivíduos isolados que, após a ruptura com os laços ético-axiológicos da comunidade medieval, viram-se solitários e indefesos perante uma natureza hostil. Ora, essa busca de amparo existencial na estrutura político-jurídica do Estado, que na proposição hobbesiana através de um hipotético contrato social, implicava usar a liberdade para abdicar da liberdade, em favor da manutenção da existência no âmbito conturbado de uma luta generalizada, que a própria liberdade houvera engendrado. Assim, o exercício da liberdade legitimou a sua negação, ou seja, a hipertrofiação do poder estatal que redundou em absolutismo.

A mesma constatação se pode ver em Habermas,[418] quando ele refere que o câmbio da orientação metodológica, ao abandonar os pressupostos teóricos do saber prático, em prol de uma racionalidade técnico-instrumental, coincidiu com o advento pragmático do poder na organização da vida social e, assim, em que pesem suas variações circunstanciais, as reflexões teórico-políticas de Maquiavel, Morus e Hobbes convergem para a afirmação do supremo poder da vontade do soberano, no âmbito de uma sociedade civil que acabara de se

---

[416] VAZ, Henrique C. de Lima. *Escritos de Filosofia*. Op. cit., p. 162.

[417] Idem, p. 165.

[418] HABERMAS, Jürgen. *Teoria y Práxis*. Op. cit., p. 63.

emancipar. Esse poder absoluto se consubstancia e legitima juridicamente na idéia do pacto social:

Pacto social y pacto de dominio coinciden, puesto que exigen un pactum potentia. El soberano lleva la espada de la guerra como aquél al que se ha transferido la espada de la justicia, a saber: la competencia para la administración de la justicia y para la ejecución de las plenas.[419]

Como se pode ver, o fundamento axiológico-normativo do direito natural moderno, ao se desligar da base ético-material da filosofia prática, autorizou eticamente a emancipação ilimitada da vontade que, como era de se esperar, expandiu-se desenfreadamente, maximizando, pragmático-utilitaristicamente, a satisfação egoísta das necessidades engendradas pelos desejos individuais. A judicização dessa liberdade implicou a formalização lógico-abstrata do direito natural, em termos de normativamente conciliar a liberdade individual, sob a égide totalitária do poder estatal, que procurou harmonizar a latente contradição, aplicando a fórmula de permitir o livre exercício de todas as ações que não estejam formalmente proibidas.

Ya Hobbes expresó claramente que, en general, la libertad bajo leyes formales reside en esta emancipación indirecta. Y Locke definió como su fin la disponibilidad sobre la propiedad privada, donde están incluidas vida y libertad de la persona.[420]

Portanto, sendo o direito moderno, ao mesmo tempo, expressão racional da liberdade que se submete ao império heterônomo da coercibilidade, promoverá, gradativamente, a desvinculação da normatividade jurídica do âmbito da moralidade ética, para uma circunscrição do direito em torno da legalidade política. Esse trânsito dialético, se coerente do ponto de vista lógico-formal, levanta, por outro lado, o problema da legitimidade moral da positivação das suas normas, pois, do ponto de vista da abstração transcendental do idealismo lógico-formal em que ele se apóia, a positivação do direito natural só se justifica enquanto promover uma normatividade que assegure, coercitivamente, a liberdade e a igualdade dos indivíduos isolados, unidos socialmente pelo liame racional da normatividade jurídica.

Por esto, en los manuales de derecho natural la posición jurídica originaria está siempre representada como si el poder garantizante del derecho fuera producido por una voluntad de todos los particulares libres guiada por la comprensión racional y común.[421]

Na trilha dessa problematização, observa muito bem Henrique de Lima Vaz que na evolução do pensamento político moderno, verificam-se oposições dualistas que parecem ser irredutíveis "entre o

---

[419] HABERMAS, Jürgen. *Teoria y Práxis*. Op. cit., p. 63.

[420] Idem, p. 89.

[421] Ibidem, p. 90.

indivíduo e a sociedade, entre moralidade e legalidade, entre o privado e o público e, finalmente, entre o Estado e a sociedade civil".[422]

Nesse contexto problemático e contraditório em que as codificações, ainda em perspectiva parcial, vão se esforçando para positivar os princípios libertários e universalizantes do direito natural moderno; a burguesia ascendente, movida por seus interesses econômicos, ao aderir a eles com ímpeto revolucionário, contribuiu decisivamente para o salto histórico, dialético-formal-universalizante, que culminou na declaração universal dos direitos do homem. Tal conquista evidenciou a necessidade lógica de se constituir um direito positivo fundamentado na igualdade formal, mas também deixou clara a contradição subsistente no interior da sociedade esfacelada por discrepantes desigualdades materiais, como também quedou irresolvida a contradição lógica de uma positividade jurídica que, centrada na liberdade e autonomia do indivíduo, exigia que ele dela abdicasse, ao aderir aos pressupostos hipotéticos da heteronomia normativa imposta pelo contrato social.

> A essas interrogações, Rousseau tentará responder com a noção de volanté générale, e a elas Kant julgará poder oferecer uma satisfação radical ao fazer do contrato social uma idéia *a priori* da Razão prática.[423]

Isto é, a autonomia humana na perspectiva da racionalidade kantiana irá subtrair a noção de dever do jugo metafísico aristotélico-tomista, afirmando que a liberdade e as normas jurídicas dela derivadas deveriam ter a sua fonte axiológica nos princípios da razão pura. O próprio filósofo esclarece, ao analisar os princípios da razão pura prática, no capítulo primeiro da *Crítica da Razão Prática*, que eles são proposições derivadas de uma determinação universal da vontade humana.

> São subjetivos, ou máximas, quando a condição é considerada pelo sujeito como verdadeira só para a sua vontade; são, por outro lado, objetivos ou leis práticas quando a condição é conhecida como objetiva, isto é, válida para a vontade de todo ser natural.[424]

O que Kant quer demonstrar é que a razão pura pode ser prática, independentemente da dimensão empírica, e o elemento de que ele se vale para justificar a sua tese é justamente a autonomia do princípio da moralidade, através do qual se determina a vontade do ato.

Nesse mesmo sentido, também Hegel salienta que o Estado, enquanto ente concretizador da liberdade, identifica-a no plano da autonomia individual, integrada dialético-teleologicamente ao espírito

---

[422] VAZ, Henrique C. de Lima. *Escritos de Filosofia*. Op. cit., p. 166.

[423] Idem, p. 167.

[424] KANT, Emmanuel. *Crítica da Razão Prática*. Traduzido por Afonso Bertagnoli. Rio de Janeiro: Ediouro, [s.d.], p. 31.

que move racionalmente o interesse universal, do que decorre que a clarividência racional evidencia ser apenas válida a normatividade universal quando realizada com a adesão imanente das vontades particulares, e a validade destas somente se legitima quando orientadas pelos princípios universais que o Estado encarna. Em síntese, o princípio político-jurídico máximo que o Estado moderno, enquanto expressão materializada da razão universal, deve viabilizar é permitir "que o espírito da subjetividade chegue até a extrema autonomia da particularidade pessoal, ao mesmo tempo que o reconduz à unidade substancial, assim mantendo esta unidade no seu próprio princípio".[425] Tal dialética se materializa numa reciprocidade de direitos e deveres entre o indivíduo e o Estado. E se a noção de dever tem seu fundamento ontológico na idéia universal de algo que é substancial em si e para si, e o direito, ao contrário, remete ao plano contingente da alteridade empírica da *práxis* individual, a liberdade individual só pode realizar-se sob a égide axiológica da normatividade jurídica universal imposta pelas leis do Estado, porque ele, enquanto realidade moral universal, reúne, em si, direito e dever na síntese unificada de uma mesma relação. Assim, em termos hegelianos, o princípio fundamental do direito e do dever convergem para o fim máximo, que consiste na viabilização da autonomia e liberdade pessoal do indivíduo humano, que encontra justificação axiológica na metafísica abstração lógico-subjetiva de uma igualdade formal cuja expressão conceitual de justiça é inspirada no idealismo platônico. Portanto, o tratamento epistemológico que Hegel dispensará ao direito natural, em que pese a sua relação com a dimensão prático-empírica da alteridade ética, será a de universalizá-lo abstratamente através do criticismo transcendental de uma razão idealista, pois *"El perfeccionamiento de la ciencia exige, no obstante, que la intuición y la imagen se unifiquen en los mismos términos con lo lógico y que se impliquen en lo puro ideal"*.[426] Dessa forma, já prefigurada nas concepções jusnaturalistas modernas que a precederam e que, como observa Castanheira Neves, não são unívocas, pois:

> O jusnaturalismo que assimilou o racionalismo sistemático-dedutivista do século XVII (Grócio e Puffendford), e que se consumaria no século XVIII com C. Wolff, não pode confundir-se com o jusnaturalismo iluminista, de uma racionalidade puramente formal (Rousseau e Kant).[427]

---

[425] HEGEL, G. F. W. *Princípios da Filosofia do Direito*. Traduzido por Orlando Vitorino. São Paulo: Martins Fontes, 2000, p. 226.

[426] HEGEL, G. F. W. *Sobre Las Maneras De Tratar Cientificamente El Derécho Natural*. Traduzido por Dalmacio Negro Pavon. Madrid: Aguilar, 1979, p. 4, 5.

[427] NEVES, Antônio Castanheira. *O Instituto Dos "Assentos" E a Função Jurídica dos Supremos Tribunais*. Coimbra: Coimbra, 1983, p. 529.

É no sistema hegeliano que, perfilando a última perspectiva, a razão do racionalismo moderno evidencia, com clareza, a sua filiação platônica, ao postular a autonomia da liberdade humana contra os postulados ético-metafísicos da filosofia prática, reconhecendo a validade das leis da liberdade, enquanto apenas derivadas do princípio da razão pura. Da mesma forma que em Hegel, a generalidade do pensamento iluminista do século XVIII, identificando-se com as aquisições do humanismo renascentista e alargando epistemologicamente as conseqüências da sua ruptura, no campo jurídico, reafirma o formalismo transcendente do idealismo platônico, que fundamentara eticamente o direito no âmbito de uma interação lógico-formal apoiada na racionalidade matemática.

Essa retomada metodológica da dialética idealista, como bem lembra Vieacker,[428] deve-se a uma carência metodológica que se verificou no âmbito da ciência positiva do direito no início da modernidade, em meio à crise geral que atingiu toda a sensibilidade ocidental na emergência do novo paradigma, pois, sob a égide metodológica da escolástica, à racionalidade jurídica não incumbia a crítica do direito positivo, mas apenas uma interpretação submissa à sua *auctoritas* que a *ratio* jurídica identificava no *Corpus Iuris*, e tal estagnação ahistórica, confrontada com a nova realidade, produzia contradições que exigiam a sua superação. Essa alteração metodológica ocorreu quando, "com o *usus modernus* os práticos rompem com a fundamentação até aí vigente da validade do *Corpus Iuris*",[429] deixando a ciência jurídica numa orfandade metodológica, que o retorno à teoria platônica das idéias supriu, permitindo o desenvolvimento autônomo de uma racionalidade jurídica sistematizada lógico-cientificamente. No entanto, essa vinculação lógico-metodológica com o idealismo transcendental de Platão trouxe sérias conseqüências para o direito, que, no dizer de Cassirer, são paradoxais e perigosas, pois "o que o direito pode ganhar num plano puramente ideal, parece estar fadado a perdê-lo do ponto de vista da 'realidade', da aplicação empírica".[430]

Longe de poder antever as conseqüências práticas desse abandono da filosofia prática, que atingirá seu paroxismo na metodologia do positivismo legalista do século XIX, a racionalidade moderna, embriagada com o seu idealismo metafísico, abstrairá, de tal forma, o direito da sua contingencialidade empírico-sociológica, a ponto de afirmar, com Leibniz na esteira de Grotius, que "a ciência jurídica faz parte daquelas disciplinas que não dependem da experiência mas de definições, não de *factos* mas de provas estritamente racionais".[431]

---

[428] WIEACKER, Franz. *História do Direito Privado Moderno*. Op. cit., p. 281.

[429] Idem, p. 282.

[430] CASSIRER, Ernst. *A Filosofia do Iluminismo*. Op. cit., p. 319.

[431] Idem.

Portanto, ao assimilar subjetivamente a abstração transcendental da lógica matemática como fundamento metafísico, o jusracionalismo pode, com base nela, estabelecer axiomaticamente a formulação de leis jurídicas com validade universal. Assim, através do jusracionalismo,

A pretensão moderna de conhecimento das leis naturais é agora estendida à natureza da sociedade, ou seja, ao direito e ao Estado; também para estes devem ser formuladas leis com a imutabilidade das deduções matemáticas.[432]

Derivado dessa perspectiva lógico-sistemática, o direito positivo, no âmbito de um Estado constitucional e democrático, amparado numa validade lógico-racional, ver-se-á reduzido a uma ordenação dogmática de leis codificadas. Dessa forma, como nos diz também Castanheira Neves,[433] a vontade legislativa passa a manifestar, na sua positividade, a racionalidade do jurídico, e o direito só existe enquanto expressão da legalidade codificada, isto é, o direito como vontade legislativa normativamente racionalizada. "É assim que, não obstante todo o seu racionalismo e racionalismo *a priori*, a *voluntas* (legislativa) é uma irredutível dimensão constitutiva do direito em todo o pensamento jurídico moderno".[434]

Como se pode ver, reafirmando uma tradição normativista iniciada com as *leges* medievais, o itinerário da razão jurídica moderna, a partir da firme indicação de Grotius, desdobrada nas proposições lógico-sistemáticas de Leibnitz e Wolff, teria que necessariamente culminar num entendimento do direito enquanto sistema de normas, que a legislação codificada consubstanciou, e a esta assimilação do direito à lei, como observa Simone Goyard-Fabre, "devia corresponder à capacidade construtora da razão e expressar a *ordo ordinans* do Estado".[435] No âmbito de tal concepção político-jurídica, em que o poder do Estado se exercita em conformidade sistemática com princípios constitucionais de normas racionais, os pressupostos éticos da filosofia prática terão que ceder o seu lugar a uma axiomática organização burocrática. E assim, no ocaso de uma tradição jurídica ético-axiológica, que nela fundamentara os pressupostos da sua validade, a filosofia prática se vê convertida em programa político-jurídico, "e o que metodicamente fora, primeiro, prudencialmente judicativo, depois, hermeneuticamente dialético, passava a ser racionalmente dedutivo".[436]

---

[432] WIEAKER, Franz. *História do Direito Privado Moderno*. Op. cit., p. 288.

[433] NEVES, Antônio Castanheira. *O Instituto dos "Assentos" e a Função Jurídica dos Supremos Tribunais*. Op. cit., p. 529.

[434] Idem, p. 530.

[435] GOYARD-FABRE, Simone. *Os Princípios Filosóficos do Direito Político Moderno*. Traduzido por Irene A. Paternot. São Paulo: Martins Fontes, 1999, p. 101.

[436] NEVES, Antônio Castanheira. Método Jurídico. *In: Digesta*. Op. cit., p. 297.

Conforme observamos no primeiro capítulo, seguindo orientação heidegeriana, a metafísica moderna caracteriza-se como mais uma variação da interpretação metafísica do ser do ente na tradição filosófica do ocidente; suas variações de superfície não alteram a essência conservadora do fio condutor que desde Platão a anima. Segundo Heidegger,[437] o elemento inovador introduzido por Descartes surge com o conceito de representação, que, transcendendo a simples semelhança com o objeto, que ainda na escolástica se identificava com a fórmula da *adaequatio intellectus et rei*, passa a exprimir agora a própria imagem das coisas, assumindo a condição de objetivação, isto é, através do pensamento que o representa, o ente adquire a condição de existente a partir dessa objetivação, que, estruturada pelo rigor do cálculo matemático, depura as arestas dos seus contornos dubidativos, permitindo, através dessa objetivação, a fixação lógica e irrefutável de uma verdade exata. Essa verdade, engendrada metodologicamente pela subjetividade dos *logos* humano, coloca o homem na condição de senhor metafísico do mundo, ou seja, o *logos* do homem-sujeito, ao produzir idealmente imagens das coisas, objetiva-as com clareza lógica, constituindo-as como verdades entificadas que propiciarão metafísico-subjetivamente a dominação da natureza pela técnica.

Também na gnoseologia Kantiana,[438] a verdade como representação resulta de um desdobramento lógico-metodológico, que evidencia a sua essência em termos de certeza e segurança, cuja fonte é a autoconsciência reflexiva do sujeito que a representa; e, a partir do solipsismo transcendental da sua consciência lógica, *a priori* constituída pela razão pura, disciplina o caos informe da realidade empírica, numa unidade sintético-metafísica, cujos postulados adquirem status de verdade segura e logicamente insofismável.

Em consonância com essa metafísica da subjetividade, a normatividade jusracionalista prepara o advento de uma ciência jurídica, *a priori* definida num conjunto de leis codificadas, que terão, por missão disciplinar político-jurídico-sociologicamente, o mundo empírico-técnico da revolução industrial, gerando, como evidencia a crítica de Nietzsche, uma civilização em que o homem, submisso à normatividade de uma metafísica lógico-abstrata, reduzir-se-á à condição de ente apolíneo, domesticado por leis. E assim, o tratamento de rigor sistemático e axiomático-dedutivo que o velho jusnaturalismo, sem romper com a tradição da metafísica grega, recebeu na modernidade, adquirindo a feição de um autêntico jusracionalismo, viabilizou teoricamente a proposição de um direito sistematicamente lógico-normativo, que culminou na codificação do direito e reduziu o jurídico às dogmáticas prescrições normativas impostas pelo legislador.

---

[437] HEIDEGGER, Martin. *Ser e Tempo*. Op. cit., p. 135 e ss.

[438] KANT, Emmanuel. *Crítica da Razão Pura*. Op. cit., p. 111 e ss.

Esse radical normativismo que, no século XIX, através dos postulados teóricos da escola da exegese, identificou lógico-dogmaticamente toda a idéia de direito ao âmbito estrito do direito positivo legalmente codificado, se, por um lado, desvinculou definitivamente o jurídico dos pressupostos ético-metafísicos da filosofia prática, por outro lado, constituiu-se na mais perfeita e acabada expressão da metafísica objetificante, que, a partir do racionalismo cartesiano, constituiu o paradigma da modernidade.

2.4. A Culminação da Metafísica Jurídica Ocidental na Metafísica, ao Contrário do Positivismo Jurídico

Antes de aprofundarmos a nossa reflexão sobre o sentido específico do positivismo jurídico, convém lembrar que ele é a ramificação jurídica do conceito geral de positivismo.

Longamente gestado a partir do humanismo renascentista e ganhando forma lógica com o rigor abstrato do racionalismo do século XVIII, o positivismo emergiu, no século XIX, como uma atitude epistemológica identificada com o paradigma da ciência empírica.

Embora o cientificismo empirista tradicionalmente tenha vicejado com maior rigor no pensamento britânico, a língua francesa foi o instrumento que universalizou a moderna filosofia positivista, a partir da obra de Comte, pensador que assumiu a messiânica condição de arauto de uma nova era, destinada a instaurar uma definitiva civilização de base científica para a qual, segundo a lógica dialética da sua tese evolucionista, toda a humanidade, ao abrir os olhos para a clareza científica da sua racionalidade, depurada de todos os sofismas da fantasmagoria metafísica, deveria forçosamente convergir.

Já na primeira lição do seu *Curso de Filosofia Positiva*,[439] ao analisar todas as fases em que se desenvolveu a inteligência humana, na globalidade criativa de todas as suas manifestações, ele anunciou a descoberta de uma grande lei, uma lei fundamental, que, perpassando toda a história da civilização humana, poderia finalmente ser solidamente estabelecida. Essa lei, segundo suas próprias palavras:

> Consiste em que cada uma de nossas concepções principais, cada ramo de nossos conhecimentos passa sucessivamente por três estados históricos diferentes: estado teológico ou fictício, estado metafísico ou abstrato, estado científico ou positivo.[440]

Reconhecendo que o estado teológico é o primeiro movimento reflexivo da inteligência humana na busca da explicação da realidade,

---

[439] COMTE, Augusto. Curso de Filosofia Positiva. *In: Os Pensadores*. Traduzido por José Arthur Gianotti. São Paulo: Nova Cultural, 1991, p. 3.

[440] Idem, p. 4.

Comte observa criticamente que o método teológico, ao lançar mão de divindades transcendentais para a explicação das causas primeiras e finais de toda a realidade, afasta-se da possibilidade de compreensão verdadeira dessa mesma realidade. Já no estado metafísico, a equivocada pretensão de explicação absoluta da realidade mantém inalteradas as contradições do estado teológico, transladando apenas a fonte da verdade dos agentes sobrenaturais para a força humana da racionalidade abstrata.

Finalmente, no estado positivo, a maturidade do espírito humano, reconhecendo a impossibilidade de atingir o conhecimento absoluto, reduz-se, conscientemente, em descobrir cientificamente as leis que regem os fenômenos. Assim:

> A explicação dos fatos, reduzida então a seus termos reais, se resume de agora em diante na ligação estabelecida entre os diversos fenômenos particulares e alguns fatos gerais, cujo número o progresso da ciência tende cada vez mais a diminuir.[441]

Isto posto, Comte reconhece que a perfeição do sistema positivo consistiria em "poder representar todos os diversos fenômenos observáveis como casos particulares dum único fato geral".[442] Ora, se tal perfeição provavelmente nunca se atinja, a sua consecução é uma meta para a qual o aperfeiçoamento científico do sistema positivo deve incessantemente conduzir, num processo que, homogeneizado pela filosofia positiva, busca "desenvolver-se indefinidamente, graças a aquisições sempre crescentes, resultantes inevitáveis de novas observações ou de meditações mais profundas".[443]

Assim, contrariando a motivação ontológica do seu autor, a teleologia da filosofia positiva comteana aponta, inexoravelmente, para um fundamento metafísico, pois, como ele mesmo esclarece, ao explicar o espírito fundamental do positivismo, a verdadeira filosofia deve ter a pretensão de sistematizar toda a existência humana: "Para essa comum destinação fundamental, o ofício próprio da filosofia consiste em coordenar entre elas todas as partes da existência humana, a fim de conduzir a noção teórica a uma completa unidade",[444] tendo em vista que "toda sistematização parcial seria necessariamente quimérica e insuficiente".[445] Nesse sentido, cabe aqui lembrar a posição de Heidegger[446] de que, após a ruptura com a *physis*, perpetrada pela clivagem platônica, que engendrou, como conseqüência, a redução do

---

[441] COMTE, Augusto. Curso de Filosofia Positiva. *In: Os Pensadores*. Op. cit., p. 4.

[442] Idem.

[443] Ibidem, p. 10.

[444] COMTE, Augusto. Discurso Preliminar Sobre o Conjunto do Positivismo. *In: Os Pensadores*. São Paulo: Nova Cultural, 1991, p. 47.

[445] Idem.

[446] HEIDEGGER, Martin. *O Fim da Filosofia e a Tarefa do Pensamento. In: Os Pensadores*. Op. cit., p. 78.

entendimento da verdade ao plano de uma evidência lógica, todo o pensar ocidental até a ruptura pós-moderna, inclusive a sua contrapartida positivista, é um pensar metafísico e fala a linguagem de Platão. Igualmente Habermas detecta criticamente, na dogmática compreensão global do espírito positivista, uma diminuição das possibilidades compreensivas da razão, eis que, *"Según las prohibiciones positivistas, ámbitos enteros de problemas habrian de quedar excluidos de la discusión y abandonados a actitudes irracionales"*,[447] quando, na verdade, uma discussão racional autêntica possui dimensões *"más vastas que lo que el positivismo tiene por permisible"*.[448] Seguindo ainda a crítica habermasiana, no universo dogmático do positivismo verifica-se "o fim da teoria do conhecimento",[449] pois, para a teoria das ciências que ele impõe em seu lugar, fica sem sentido a indagação lógico-transcendental que procura refletir criticamente pelo sentido do conhecimento, isto é, na medida em que o positivismo "dogmatiza a fé das ciências nelas mesmas, ele assume a função proibitiva de blindar a pesquisa contra uma auto-reflexão em termos de teoria do conhecimento",[450] o que leva Habermas a afirmar que "O único traço filosófico do positivismo é a necessidade de imunizar as ciências contra a filosofia",[451] ou seja, a filosofia positiva de Comte, contrariando o próprio sentido de ser da filosofia, acusa de irracional o que, no fundo, constitui a motivação ontológico-dialética da sua essência.

Esse equívoco do objetivismo cientificista de Comte encontrou campo fértil para desenvolver-se, ao servir de base epistemológica para a emergente ideologia da revolução industrial. O contexto cultural que o engendrou, marcado por um pendor empírico-materialista, acabou erigindo o progresso técnico como sujeito da história, e, num ambiente que procurava, com veemência, exorcizar a metafísica, identificada com resquícios teológicos do medievo e com a subjetividade transcendental da racionalidade abstrata, até os mais duros críticos da revolução industrial não atacaram a base fundante do seu paradigma materialista, como bem nos demonstra a obra de Marx e da maioria dos seus epígonos.

Mas, a certeza e segurança que o positivismo exigia para validar qualquer tipo de conhecimento, impondo rigoroso procedimento metodológico para promover a evidência empírica e, assim, poder dogmatizar seus pressupostos erigidos em leis que, no seu pedestal,

---

447 HABERMAS, Jürgen. *La Lógica de Las Ciencias Sociales*. Traduzido por Manuel Jiménez Redondo. Madrid: Tecnos, 1990, p. 45.

448 Idem, p. 46.

449 HABERMAS, Jürgen. *Conhecimento e Interesse*. Traduzido por José N. Heck Rio de Janeiro: Guanabara, 1987, p. 89.

450 Idem, p. 90.

451 Ibidem, p. 90.

Uma Tópica Jurídica
CLAREIRA PARA A EMERGÊNCIA DO DIREITO

ficariam aguardando ulteriores teorias que, dedutivamente, poderiam formular hipóteses seguras amparadas na sua certeza, ao contrário do que Comte ambicionara, como bem acentua Habermas, embora o positivismo tenha substituído a plenitude da metafísica clássica, por uma relativização submissa à leis empíricas reguladas em imanência causal, sua interpretação continua prisioneira da metafísica, ou seja, "Os elementos da tradição metafísica são, assim, conservados na polêmica positivista; eles tão-somente alternam seu peso valorativo".[452]

Na verdade, ao delimitar as possibilidades reais do conhecimento a uma dimensão fático-causal passível de determinação empírica, o positivismo, desconfiado do elemento transcendental presente na tradição metafísica, temeroso do que entende ser o seu pernicioso contágio, procura exorcisá-la *a priori*, sem sequer refleti-la, inconsciente de que está na sua essência por ela maculado, pois "o positivismo só pode exprimir-se, em termos compreensíveis, através de conceituações metafísicas. Ao desfazer-se delas sem as refletir, tais conceituações mantêm sua têmpera substancial também contra o adversário".[453]

A base para o triunfo do positivismo como visão de mundo, lembra bem Edgar Bodenheimer,[454] fundamentou-se no enorme êxito alcançado pelas ciências naturais na primeira metade do século XIX, derivando daí a tentação de aplicar também os métodos daquelas ciências no universo das ciências sociais e, assim, também a ciência do direito na segunda metade do século XIX viu-se invadida pelo paradigma positivista. O positivismo jurídico daí derivado, como não poderia deixar de ser, passou a partilhar com a doutrina geral do positivismo "da aversão à especulação metafísica e à procura das razões finais".[455]

Em outras palavras, o positivismo jurídico fixou um conceito de direito que, reduzido ao âmbito estrito da legalidade vigente do direito positivo, passou a acusar de metajurídica qualquer abordagem de índole axiológica que tivesse a pretensão de questionar a sua dogmática legitimidade, pois os resquícios da filosofia prática ainda presentes na racionalidade jusracionalista evidenciam a necessidade da sua superação, visto que eles já não podem satisfazer as exigências de certeza e segurança que a cientificidade positivista requer. Na verdade, a validade do jusracionalismo, independente da legalidade vigente, buscava sua legitimação num sentimento de justiça que, transcendendo a normatividade da ordem jurídica, invocava os pressupostos éticos da metafísica em que se alicerçava. Ora, quando o

---

[452] HABERMAS, Jürgen. *Conhecimento e Interesse*. Op. cit., p. 99.

[453] Idem, p. 100.

[454] BODENHEIMER, Edgar. *Ciência do Direito*. Traduzido por Enéas Marzano Rio de Janeiro: Forense, 1966, p. 110.

[455] Idem, p. 112.

positivismo jurídico lhe subtraiu essa vinculação ontológico-metafísica, fixando todo o sentido do direito no âmbito estrito da legalidade imposta pelo legislador, o jusracionalismo viu-se reduzido tão-somente a uma "essência racional, tão-só projeto axiológico ou normativo, mas, não só por isso, direito",[456] e assim, para poder ser direito, o jusracionalismo deixou de ser jusracionalismo e se transformou em direito positivo, posto pelo legislador, ou seja: "o jusnaturalismo moderno preparou a codificação e consumou-se nela – posto que com ela ficasse também historicamente superado".[457] Pensar juridicamente para o positivismo significa pensar apenas o direito positivo legal, pois não existe legitimidade jurídica para além da legalidade estatal.

Paradoxalmente, como já observamos, o positivismo jurídico legalista que se impôs, restringindo dogmaticamente o direito às prescrições político-normativas impostas pelo poder estatal, buscava fundamento na autonomia e liberdade humana que a ruptura iluminista reivindicava contra os pressupostos materiais e transcendentes da metafísica tradição do jusnaturalismo. Essa dicotomia, prefigurada idilicamente pela prosa poética de Rousseau e aprofundada racionalmente pela agudeza lógica do pensamento de Kant, culminou no século XIX, como bem observa Perelman,[458] na antinômica oposição entre direito natural e direito positivo, que toda tradição metafísica do pensamento jurídico ocidental sempre pensou serem sinônimos indissolúveis, que deveriam convergir metodologicamente na aplicação concreta do direito, para a síntese unitária que a idéia de justiça materialmente propiciava.

Desvinculada da fundamentação de validade que lhe propiciava a ética jusnaturalista, a ordem jurídica positivista deveria extrair a sua legitimidade de si mesma, a partir de um esforço racional que viesse a harmonizar a liberdade, com a legalidade positiva do direito estatal erigida em dogma.

Tal esforço racional reivindicava uma nova concepção de lei jurídica que a viesse a instituir, como afirmação civil da liberdade e da vontade humana, na expressão global da idéia de direito que nela se resumiria. Essa plena identificação entre direito e lei, que transforma esta última em única fonte do direito, se evidencia com clareza quando Rousseau afirma que "Pelo pacto social demos existência ao corpo político; trata-se agora de lhe dar o movimento e a vontade por meio

---

[456] NEVES, Antônio Castanheira. *O Instituto dos "Assentos" e a Função Jurídica dos Supremos Tribunais*. Op. cit., p. 533.

[457] Idem, p. 534.

[458] PERELMAN, Chaïm. *Ética e Direito*. Traduzido por Maria Ermantina Galvão. São Paulo: Martins Fontes, 1999, p. 386.

da legislação",[459] e assim, autonomizando o jurídico da metafísica jusnaturalista, diferentemente do que ocorre no estado natural, no estado civil "todos os direitos são fixados pela lei".[460] E pela lei, que desvinculada das idéias metafísicas que obnubilam o seu autêntico sentido jurídico, Rousseau (identificando-a como a expressão da vontade geral do povo, que, numa ordem jurídica democrática, vê nela a generalizada expressão da sua vontade e liberdade), julgou ter resolvido definitivamente o problema do indivíduo, perante a heteronomia do direito positivo, na medida em que "As leis não são propriamente senão as condições de associação civil. O povo, submetido às leis, deve ser o autor das mesmas".[461] Tudo isto impõe à vontade universal que as estatui agregar-lhes um sentido que as faz ser gerais e abstratas.

As conseqüências dessa concepção de direito, no plano concreto da resolução dos problemas jurídicos, impuseram uma radical transformação metodológica, em face do *cariz inveniendi*, que hermeneuticamente embasava a pretensão material da prática argumentativa da tradição judicativa, pois, perante um direito *a priori* fixado na lei, que em si mesma encarnava a essência da justiça, nada restaria ao julgador senão a sua dogmática e lógica aplicação ao caso concreto, como as palavras clássicas de Montesquieu assim justificam: "se os tribunais não devem ser fixos, os julgamentos deverão sê-lo a um ponto tal, que não representem nunca senão um texto fixo da lei".[462] É rigor lógico e dogmático que se faz necessário, para livrar a sociedade de uma sempre possível arbitrariedade subjetiva do juiz; aliás, a desconfiança de Montesquieu com o judiciário levou-o a afirmar que, perante os outros dois poderes do Estado, "o Judiciário é de algum modo nulo".[463] Dessa forma, a conseqüência metodológica do encaminhamento positivista da resolução dos concretos problemas jurídicos culminará, necessariamente, através de operações de cunho lógico-formal, numa fundamentação meramente técnica das decisões que, por força da legitimidade absoluta que a lei em si mesma encerra neste contexto, deverão ter, por conseqüência da correção lógica, uma correção também material.

Assim, à medida que a essência jurídica da lei transmuta-se em finalidade político-ideológica, esse reducionismo dogmático-formal passa a ser inevitável, para que o direito, instrumentalizado pela

---

[459] ROUSSEAU, Jean-Jacques. *O Contrato Social*. Traduzido por Rolando Roque da Silva. São Paulo: Cultrix, 1995, p. 47.

[460] Idem.

[461] ROUSSEAU, Jean-Jacques. *O Contrato Social*. Op. cit., p. 49.

[462] MONTESQUIEU, Charles. *Do Espírito das Leis*. Traduzido por Gabriela de Andrada Dias Barbosa. São Paulo: Brasil, 1960, p. 182.

[463] Idem, p. 184.

ideologia, cumpra, de forma segura os objetivos dela. Isto quer dizer que o positivismo jurídico legalista, mantendo afinidade formal com a racionalidade normativo-sistêmica do positivismo iluminista, substitui, na verdade, aquela racionalidade pelo império político-dogmático da vontade legal do estado, erigida em direito positivo. Esse câmbio permitiu a plena identificação do direito com a lei, engendrando também o paradoxo de que direito e lei, não sendo a mesma coisa, identifiquem-se na totalidade dogmático-metafísica de uma síntese unitária, no âmbito da qual o direito deixa de ser uma ordem normativa no universo da qual as leis participam, "para ser antes um ordenamento que unicamente as leis constituem e impõem".[464]

Na perspectiva desse Estado de Direito, que, após o advento da codificação, se transformou num "Estado de Direito de legalidade",[465] por decorrência lógica, pensar juridicamente significa pensar legalmente.

Estava aberto o caminho para ocorrer aquilo que Legaz Y Lacambra[466] considerava uma sacratizante divinização da lei. Foi o que efetivamente aconteceu na fundamentação teórica do positivismo jurídico legalista, desenvolvida inicialmente, na França, pela escola da exegese, após a entrada em vigor do Código Civil.

Convém lembrar que os pressupostos teóricos dessa escola refletem a tradição de um direito privado, agora positivado em conexão com os interesses ideológicos da burguesia. Neste sentido, esclarece bem Giovanni Tarello que o Código napoleônico traduzia um esforço conciliatório de resolver divergências de política legislativa recente:

> Y por lo general inspiradas – contra las tendencias expressas de los proyectos revolucionarios – en un intento por poner de acuerdo la doctrina jurídica francesa prerrevolucionaria (especialmente Pothier) y los intereses de la nueva clase burguesa.[467]

Dessa forma, amparada na crença iluminista do absolutismo da razão, que também a revolução francesa encarnava, ao vislumbrar na lei a legítima vontade do povo soberanamente racionalizada, o culto da lei que a escola da exegese preconizava foi se difundindo e hegemonizando por todo o continente europeu, sintetizando, na abstrata formulação normativa das codificações, os anseios ideológico-políticos da burguesia em consonância com a estrutura organizacional dos Estados nacionais emergentes, razão pela qual, como bem reconhece Legaz Y Lacambra, *"la escuela de la Exegésis posue un caráter profunda-*

---

[464] NEVES, Antônio Castanheira. *O Instituto dos "Assentos" e a Função Jurídica dos Supremos Tribunais*. Op. cit., p. 573.

[465] Idem.

[466] LACAMBRA, Luis Legaz y. *Filosofia Del Derecho*. Barcelona: Bosch, 1961, p. 579.

[467] TARELLO, Giovanni. *Cultura Jurídica y Política Del Derecho*. Traduzido por Isidoro Rosas Alvarado. México: Fondo De Cultura Económica, 1995, p. 74.

mente estatista, es decir, reconoce la omnipotencia jurídica del legislador estatal",[468] ou seja, materializando formalmente o que Montesquieu *a priori* consignara teoricamente, para ser a efetiva manifestação normativa da vontade geral, deve a legalidade ser a política emanação normativa de um Estado estruturado, formalmente, sob o princípio rigoroso da separação dos poderes. Mas agrege-se a isto o fator capital que distinguiu o ideal de legalidade consagrado dogmaticamente no século XIX, isto é, a forma jurídica da sua positivação, como observa Castanheira Neves, exige que a prescrição das leis seja *sub specie codicis*, pois

> a "idéia de código", no seu sentido cultural e juridicamente específico, implicava que um código não fosse mera coletânea de leis, mas um *corpus* legislativo que se propunha, de modo racional, sistemático e unitário, a regulamentação total e exclusiva, e mesmo idealmente definitiva, de um certo domínio jurídico.[469]

Ora, essa certeza e segurança que a plenitude jurídico-metafísica de um código que a si mesmo se bastava e em si resumia dogmaticamente toda a possível realidade jurídica, permitiu ao direito que, segundo Gény, flotava indeciso e inconsciente, converter-se em "*precepto claro indiscutiblemente obligatorio a virtud de la fórmula que la expresa y mediante el poder de la autoridad que le imprime su sello*".[470] Assim, embora a escola da exegese vislumbre a lei a partir da doutrina da divisão dos poderes, a supremacia do legislativo perante o judiciário, como a orientação de Montesquieu já deixara claro, é de uma evidência incontestável, pois, para a ideologia do exegetismo, todo o direito deriva da elaboração legal do legislativo, consignada nos códigos, e os códigos, como um sistema normativo e acabado, são em si mesmos suficientes para resolver todas as possíveis controvérsias jurídicas. Exemplo bem acabado desse ideal de plenitude, que corresponde ao positivismo legalista, no âmbito dogmático-metafísico de um sistema fechado, é nos dado pelo art. 4º do Código Civil francês: "*le juge qui réfuse de juger sous prétexte du silence, de l'obscurité ou de l'insuffisance de la loi, pourra être poursuivi comme coupable de déni de justice*".[471]

Nesse contexto, contrariando a tradição jurisprudencial de índole argumentativo-*inveniendi*, sempre presente no direito ocidental, a tarefa criadora do direito passa a ser uma exclusividade do legislador, cabendo à função judicativa, em termos de rigorosa submissão dogmático-formal, apenas reproduzir sua vontade através de operações lógicas, de caráter silogístico-subsuntivo, tendentes a adequar o caso

---

[468] LACAMBRA, Luis Legaz y. *Filosofia Del Derecho*. Op. cit., p. 96.

[469] NEVES, Antônio Castanheira. Escola da Exegese. *In: Digesta*. Coimbra: Coimbra, 1995. v. II, p. 182.

[470] GÉNY, François. *Método de Interpretación y Fuentes en Derecho Privado Positivo*. Madrid: Hijos de Réus, 1902, p. 216.

[471] NEVES, Antônio Castanheira. Escola da Exegese.*In: Digesta*. Op. cit., p. 183.

concreto aos pressupostos normativos *a priori* delimitados pela lei. E, se ao intérprete não é dado criar o direito, eis que toda inovação criativa traz sempre o perigo de contrariar a vontade expressa do legislador, deve a interpretação restringir-se a apenas buscar a intenção dele, de modo a garantir a integralidade do sistema, admitindo-se que, como nos diz Wieacker, é:

> Em princípio possível decidir correctamente todas as situações jurídicas apenas por meio de uma operação lógica que subsuma a situação real à valoração hipotética contida num princípio geral de carácter dogmático.[472]

Tal atitude sempre se justifica a partir do fundamento metódico do positivismo, que, amparado no cientificismo do idealismo formal, quer manter, a qualquer custo, a sua unidade sistêmica, reafirmando, de forma consciente ou inconsciente, a transcendente ilusão de que uma justeza lógica propicia, a partir da sua coerência formal, em consonância com a coerência global do sistema, uma também justeza material, pois, de sua plenitude conceitual, poder-se-á sempre, de forma derivada, promover conexões lógicas através de deduções intersistemáticas que permitem, inclusive, o preenchimento de eventuais lacunas da lei positiva, de modo a manter inalterada a plenitude fechada do todo sistemático. Assim, por maior que seja o esforço hermenêutico do juiz em buscar uma solução justa para o caso *decidendo*, ele, na verdade, "não faz mais do que desvelar a solução já latentemente contida no sistema".[473] Nesse procedimento metodológico, na verdade uma técnica instrumental tendente *"a la fijeza y a la cristalización interpretativa"*,[474] os objetivos hermenêuticos, submetidos ao império dogmático-metafísico da segurança e certeza do direito, não passam de um

> desenvolvimento hermenêutico-normativo da vontade do legislador mediante argumentos lógico-analíticos e jurídico-dedutivos, os tradicionais argumentos *a maiori ad minus, a minori ad majus, a fortiori, a contrario, a pari ou a símile, per reductio ad absurdum.*[475]

Ou seja, uma interpretação dedutiva e formal, cujas pretensões não podem ir além de uma gramatical explicitação do direito positivo, de modo a sempre reafirmar, textualmente, a sua dogmática imperatividade lógico-sistemática.

Esse mesmo procedimento metodológico, embora com as variações de base na compreensão do fenômeno jurídico, também estão presentes na escola histórica, o outro grande movimento do positivismo jurídico no século XIX. Como acentua Castanheira Neves,[476] em

---

[472] WIEACKER, Franz. *História do Direito Privado Moderno.* Op. cit., p. 494.

[473] Idem, p. 498.

[474] TARELLO, Giovanni. *Cultura Jurídica Y Política Del Derecho.* Op. cit., p. 80.

[475] NEVES, Antonio Castanheira. Escola da Exegese.*In: Digesta.* Op. cit., p. 180.

[476] Idem, p. 305.

que pesem as profundas diferenças que opõem as duas escolas, elas convergem num ponto decisivo, isto é, o direito é para ambas um elemento dogmaticamente pressuposto, cabendo aos juristas apenas o conhecimento desse direito criado pelo poder político estatal, conseqüência que fará com que o pensamento jurídico da escola histórica, da mesma forma que o da escola da exegese, seja um pensamento de índole rigorosamente formal.

O contexto cultural que engendrou o aparecimento da escola histórica do direito na Alemanha se funda na visão de mundo que a estética romântica deflagrou na sensibilidade da subjetividade germânica, cujo espírito, como salientou Bachoffen em tom crítico, vagando na neblina de um mítico lirismo, tem um pendor *"poético, ensoñador, filosófico, dirigido, más a la indagación de su interioridad que a la consideración del âmbito externo y de las situaciones vitales"*.[477] Segundo ainda Castanheira Neves, a escola histórica do direito é a especificação jurídica de um amplo movimento cultural alemão que, surgindo no final do século XVIII e firmando-se no início do século XIX, "sob a designação genérica de 'escola histórica', atingiu todos os domínios culturais, desde o pensamento filosófico à arte e à ciência, desde a história e a filologia à economia".[478] O exemplo mais representativo do que acaba de dizer-se no-lo dá o pensamento de Hegel, para quem, em termos gerais, a história representa a própria encarnação do espírito universal.

No entanto, a reforma da ciência jurídica proposta pela escola histórica erigiu-se em oposição aos princípios universalizantes da racionalidade abstrata do humanismo iluminista, entrando, por conseqüência disto, também em rota de colisão com a racionalidade abstrata da concepção sistêmico-jurídica de Hegel.

Refletindo sobre essa polêmica, Radbruch observa que, embora tendo em comum uma oposição ao direito natural, Hegel e a escola histórica têm uma profunda divergência a respeito da própria compreensão da história: se, para o primeiro, ela representa o dialético devir de um processo lógico-racional, na base consuetudinária do historicismo, radica um insondável desígnio de mítica irracionalidade, ou seja, em Hegel, a razão aparece "no lugar da consciência colectiva, do Volksgeist; o racionalismo, em vez do irracionalismo e do romantismo e em luta com eles".[479]

---

[477] BACHOFEN, J. J. *El Derecho Natural y El Derecho Histórico*. Traduzido por Felipe Gonzalez Vicen Madrid: Centro de Estúdios Constitucionales, 1978, p. 70 e 71.

[478] NEVES, Antônio Castanheira. Escola Histórica do Direito. *In: Digesta*. Coimbra: Coimbra, 1995. v. II, p. 203.

[479] RADBRUCH, Gustav. *Filosofia do Direito*. Traduzido por Cabral de Moncada. Coimbra: Arménio Amado, 1979, p. 68.

Do exposto, pode-se deduzir que a concepção jurídico-científica, afirmada pela escola histórica, busca seu fundamento no lastro da tradição cultural, erigida por um povo ao longo do seu percurso histórico. Isso evidencia a inevitável recusa, de um direito, *a priori*, imposto pelo arbítrio criador do legislador estatal, em nome de uma investigação histórico-epistemológica que leve o jurista a um profundo mergulho na tradição, para aí descobrir o direito que vive latente no espírito do povo, o que o faz ser, através de um rigoroso estudo metódico-científico, não o criador do direito, mas o autêntico tradutor jurídico de uma juridicidade já existente. Cabe aqui lembrar a observação de Luis Fernando Coelho[480] de que, na Alemanha, se verificaram duas orientações bem definidas na compreensão do sentido do historicismo jurídico: uma delas, fundada por Karl Friedrich, que teve desenvolvimento na obra de Jacob Grimm e de Otto Von Gierke, perfilava um estrito nacionalismo, plenamente identificado com o espírito romântico e avesso a influências alienígenas, e outra que, reafirmando o ceticismo de Bachofen, para quem, justamente o espírito romântico de tendências mítico-políticas, inviabilizava a edificação nacional de uma autêntica ciência jurídica, buscou seu fundamento no *"grandioso edificio de la Jurisprudência romana, aun cuando éste haya sido erigido por manos extrañas".*[481]

Justamente nesta perspectiva de recuperação do legado jurídico romano, sem no entanto renegar a tese central do historicismo de identificar o direito no âmbito cultural do espírito do povo, adveio o mais significativo contributo da escola histórica, através da obra de Savigny. No contexto do seu pensamento, o legado do historicismo jurídico assume os contornos definitivos de uma concepção jurídica positivista e sistemática. Se, como acentua Larenz,[482] no início da edificação da sua ciência jurídica, o grande mestre ainda perfila um legalismo próximo da escola da exegese, identificando o direito em imanência com a legislação positiva, esta convicção sofrerá decisiva alteração

> no momento em que Savigny passou a considerar como fonte originária do Direito não já a lei, mas a comum convicção jurídica do povo, o "espírito do povo" – o que aconteceu, pela primeira vez, no seu escrito Vom Beruf unserer Zeit.[483]

No âmbito desse deslocamento da fonte do direito, da abstração normativa da lei para a concretude histórica e cultural do sentimento do povo consubstanciado no costume, cuja tradição caberia ao jurista

---

[480] COELHO, Luis Fernando. *Lógica Jurídica e Interpretação das Leis*. Rio de Janeiro: Forense, 1979, p. 95, 96.

[481] BACHOFEN, J.J. *El Derecho Natural y El Derecho Histórico*. Op. cit., p. 71.

[482] LARENZ, Karl. *Metodologia da Ciência do Direito*. Traduzido por José Lamego. Lisboa: Fundação Calouste Gubbenkian, 1997, p. 11, 12.

[483] Idem, p. 13.

interpretar e definir epistemologicamente em termos de um rigor científico-sistemático, ia bem presente a refutação do direito enquanto imposição do legislador estatal, e a elevação do passado, enquanto fundamento ontológico da juridicidade do direito positivo.

> Pois a crítica e repúdio da codificação do direito-legislação no fundo, sustentava-se na tese capital da escola histórica, justamente na tese da natureza histórica, e não volitivo-racionalista, do direito.[484]

Tudo isso significou, na verdade, apenas um câmbio na orientação científica do positivismo jurídico, isto é, o abandono da aspiração uiniversalizante do legalismo iluminista, cuja abstração, para Savigny, oculta a identidade nacional, cujo contexto cultural é justamente a fonte da ciência jurídica, ou seja, da refutação de um positivismo legalista abstrato e formal para a afirmação de um positivismo científico, de inspiração empirista, organicamente encarnado na história. A história é a fonte da verdade; para ela deve dirigir-se o jurista sem pretensão criativa, mas munido de uma intenção científica, que lhe permita, metodologicamente, desvendar a sua intrínseca e autêntica normatividade jurídica. Pois, como ele mesmo nos explica, a ciência jurídica *"Nei suoi principi fondamentali vive nella comune conscienza del popolo, mentre il piú speciali perfezionamento e l'applicazione nei particulari forma il compito della classe dei giuristi"*.[485] Isso significa que, num segundo momento, em decorrência do progresso que vai engendrando sempre uma maior complexidade social, o direito reflui da espontaneidade consuetudinária da tradição e se encarna na atividade epistemológica dos juristas, e então *"A poco a poco questa attività intellettuale divente più nobile, e si eleva al grado di scienza"*.[486] Seguindo, assim, a orientação historicista de Savigny, claro está que o direito, na sua essência, não pode resultar da heteronomia arbitrária do legislador, que desnatura a sua autenticidade, sempre condicionada historicamente pela tradição culturalmente estruturada nas épocas precedentes, e cabe aqui ressaltar que a idéia de "povo" por ele defendida, sob influência romântica,

> longe de resultar de um contrato social edificado no âmbito atomístico do individualismo, é um todo, complexo, indivisível, cujas partes são solidárias e cuja vida e cultura desafiam as rupturas e as descontinuidades do mecanismo racional.[487]

Se o acima exposto nos parece verdadeiro, também é oportuno lembrar a advertência crítica de Koschaker, que afasta Savigny do

---

[484] NEVES, Antônio Castanheira. Escola Histórica de Direito. *In: Digesta*. Op. cit., p. 207.

[485] SAVIGNY, Federico Carlo Di. *Sistema Del Diritto Romano Attuale*. Traduzido por Vittorio Scialoja. Torino: Unione Tipográfico – Editrice, 1886. v. I, p. 68.

[486] Idem, p. 69.

[487] Goyard-FABRE, Simone. *Os Princípios Filosóficos do Direito Político Moderno*. Op. cit., p. 382, 383.

romantismo, pois, embora ele tenha freqüentado os círculos literários da escola, seu espírito lógico-sistemático dela o afasta, eis que:

> *Su actitud espiritual, se inspira en el clasicismo, y su temperamento repudia todo lo que signifique violência, exageración o tendencia revolucionaria. No siente inclinación alguna por la filosofia, y predomina en él un pensamiento lleno de rigor lógico.*[488]

Assim sendo, se a desconfiança de Savigny para com a filosofia, aliada ao senso empírico do seu pendor científico de jurista positivo, já o haviam feito recusar o jusnaturalismo kantiano, que, de maneira ahistórica, visualizava, apoiado na razão absoluta, um direito perfeito desconectado da história efetiva, a partir de um fundamento apriorístico abstrato-transcendente, equívoco que também a própria complexidade do emergente mundo moderno-industrial já evidenciara, ele, contrariando igualmente a fé na dialética futurista do progresso moderno, reabilitou cientificamente o direito romano que o movimento geral da codificação havia banido radicalmente. Sua meta, como esclarece Wolff,[489] contrariando o entendimento dominante na Alemanha sobre o direito romano e reafirmando uma tradição iniciada por Gustavo Hugo, foi de redescobrir a realidade deste direito, distorcida, tanto na teoria como na prática, desde o tempo dos comentaristas. Para tanto, *"Intento liberar el concepto de posesión de las considerables alteraciones que había experimentado em manos de los juristas del derecho canônico y del Usus Modernus"*.[490] Mas, na medida em que o esforço de Savigny e de seus seguidores da escola histórica foi no sentido de adaptar o direito romano à complexidade problemática das contingências do seu tempo, a nosso ver, afastaram-se da essência *inveniendi* da *iurisprudentia* clássica, através de um recrudescimento da metódica dedutivista iniciada pelos glosadores, com o aporte lógico-formal de categorias obtidas por análise abstrata, cujo rigor epistemológico, de índole teorético-sistemático, redundou no dogmático conceitualismo formal do pandectismo. Esse procedimento lógico-doutrinal, que sistematizou dedutivo-dogmaticamente as decisões clássicas do Digesto, na verdade, *"imputaron a las autoridades clásicas modos de pensar que no fueron realmente suoyos"*.[491] E assim, ao impulsionar um positivismo dogmático a partir da compreensão histórica do direito romano e colocando-o na base dela, não terá a escola histórica traído o seu próprio discurso? Refletindo a questão e reconhecendo o predomínio do estudo científico do direito no âmbito da investigação do historicismo, Koschaker reconhece que:

---

[488] KOSCHAKER, Pablo. *Europa y El Derecho Romano*. Op. cit., p. 371 e 372.

[489] WOLFF, Hans Julius. *El Derecho Romano En La Época Medieval y Moderna*. Santiago De Compostela: Porto Editores, 1953, p. 247.

[490] Idem, p. 248.

[491] Ibidem, p. 251.

Uma Tópica Jurídica
CLAREIRA PARA A EMERGÊNCIA DO DIREITO

La escuela de Savigny es llamada histórica, y la denominación es justa, si con ella se quire significar la primacía que para esta escuela tiene la investigación histórica del Derecho.[492]

No entanto, ao conceber a interpretação da história do direito no contexto da ciência histórica, em consonância com o cânone do positivismo moderno, Savigny estruturou uma teoria do direito positivo em termos de rigoroso dogmatismo jurídico, no âmbito do qual a história do direito a ele submissa passou a ter uma função meramente auxiliar.[493] Esse reducionismo dogmático, que, como já vimos, refutando a axiologia universalizante do jusnaturalismo, subsumiu a idéia de justiça ao plano da realidade jurídica do direito positivo, impôs, como bem assinala Radbruch, "uma autolimitação positivista da ciência, cingindo-se à investigação empírica das realidades históricas".[494] E, assim, conforme observa Wieacker,[495] apesar das inúmeras contribuições de ordem histórico-jurídica, a escola histórica acabou construindo uma civilística de rigoroso cariz sistemático, que redundou no pandectismo ou numa ciência das pandectas. Em razão desse mesmo sistematismo, o pandectismo, afastando-se de um purismo casuísta, passou a ocupar-se com questões de índole generalizante, que acabaram na afirmação do legalismo por parte da escola. Dessa forma, como nos informa Koschaker, a pandectística

penetro en los domínios de la codificación jurídica "pandectizando" la dogmática de las codificaciones, esto es, imponiendo las formas romanísticas del pensamiento jurídico a estos códigos que fueron un producto del período iusnaturalista.[496]

E dessa pandectização, que, para atingir seu intuito codificador, teve que alterar e, mesmo, deformar os pressupostos da sua base romana, *"el trofeo de su Victoria en este campo, es el Código Civil Alemán"*.[497] Na verdade, o positivismo jurídico científico, ligado gnoseologicamente ao formalismo científico da tradição moderna, estava por assim dizer condenado, teleológico-dialeticamente, a evoluir para um normativismo legalista, para transformar-se, como disse Wieacker,[498] em um positivismo legalista. Esse positivismo, ao assumir metodologicamente um conceitualismo dogmático-sistemático, deixa clara a sua pretensão metafísica de abarcar logicamente a plenitude do sistema, numa integralidade teórico-científica, cuja elaboração interpretativa, de índole exegética, evidencia a sua pretensão de excluir

---

[492] KOSCHAKER, Pablo. *Europa y El Derecho Romano*. Op. cit., p. 378.

[493] Idem, p. 381.

[494] RADBRUCH, Gustav. *Filosofia do Direito*. Op. cit., p. 64, 65.

[495] WIEACKER, Franz. *História do Direito Privado Moderno*. Op. cit., p. 491.

[496] KOSCHAKER, Pablo. *Europa y El Derecho Romano*. Op. cit., p. 376.

[497] Idem, p. 392.

[498] WIEACKER, Franz. *História do Direito Privado Moderno*. Op. cit., p. 524 e ss.

lacunas na aplicação concreta do direito "mediante a subsunção dos casos decidendos aos sistemáticos conceitos determinativos das normas aplicáveis, convertendo assim essa aplicação numa operação lógico-dedutiva".[499] Nesse sentido, analisando o ato judicial em termos que evocam o discurso da escola da exegese, Savigny esclarece que não é a arbitrariedade do juiz que decide, mas as normas que a ciência do direito estabelece e que o juiz deve conhecer e aplicar ao caso particular, conforme suas próprias palavras:

> *El júez tiene una función en común con el jurista y aparte una más; ya que la ley ha sido estabelecida para excluir toda arbitrariedad, la única acción y la única tarea del jues es una interpretación puramente lógica.*[500]

Também reafirmando a conexão metodológica das duas grandes correntes doutrinárias que fundamentaram o paradigma do positivismo jurídico no século XIX, Castanheira Neves assinala a convergência de ambas no momento hermenêutico da aplicação do direito, observando que

> as interpretações preconizadas pela escola da exegese e pela pandectística eram fundamentalmente idênticas – a segunda pôde completar a índole tão-só exegética da primeira com uma dimensão sistemático-conceitualmente dogmática, que permitia dizer 'ciência do direito' o global pensamento jurídico assim constituído.[501]

Dessa forma, o paradigma metódico instituído pelo positivismo jurídico, efetivamente, rompe com toda a tradição cultural do ocidente no que concerne à aplicação concreta do direito, ao substituir a orientação prática que desde Aristóteles a fundamentava, por um logicismo formal teorético e apodíctico, isto é, o pensamento jurídico abandonou a sua essência tópico-problemática, para assumir uma dimensão lógico-sistemática.

E assim, em seu afã de exorcizar qualquer resquício axiológico que pudesse comprometê-la com a metafísica, a axiomática positivista procurou banir todos os princípios materiais da estrutura formal da sua lógica sistêmica, promovendo, a nosso ver, uma traição ontológica contra a própria essência do direito, pois, como bem lembra Esser, no âmbito das codificações modernas saturadas de dogma:

> *Los principios elementares de justicia se vean obligados a llevar una existencia disimulada fuera de la sistemática legal, a no ser que hayan podido insinuarse en el contenido de justicia de los conceptos y en las cláusulas generales y standars.*[502]

---

499 NEVES, Antônio Castanheira. Método Jurídico. *In: Digesta.* Op. cit., p. 307.

500 SAVIGNY, F. K. Von. *Metodologia Jurídica.* Traduzido por J.J. Santa-Pinter. Buenos Aires: Dapalma, 1994, p. 7, 8.

501 NEVES, Antônio Castanheira. Método Jurídico. *In: Digesta.* Op. cit., p. 307.

502 ESSER, Josef. *Principio Y Norma En La Elaboración Jurisprudencial Del Derecho Privado.* Traduzido por Eduardo Valenti Fiol Barcelona: Bosch, 1961, p. 185.

Como corolário dessa refutação do princípio de justiça como fundamento ontológico de direito, em favor da supremacia da lei estatal como fonte absoluta da juridicidade, vai implícita também a hostilidade do positivismo legalista, não só em relação aos juízes, mas em relação a todos os juristas, devido ao generalizado desdém, por qualquer esforço eqüitativo de índole hermenêutico-*inveniendi*.

Mas, se o positivismo jurídico, paradoxalmente, ao repudiar a metafísica, acabou se constituindo numa metafísica ao contrário, o que ele efetivamente conseguiu foi uma libertária desvinculação com os pressupostos ontológico-metafísicos da filosofia prática, pois, segundo a postulação científica da sua metodologia, a aplicação concreta do direito deve reduzir-se a uma dedução formal das normas do sistema jurídico positivo fechado em si mesmo. Dentro desse contexto, ponderações de índole ético-axiológicas são consideradas meta-jurídicas.

No entanto, a essência metafísica do positivismo jurídico se evidencia com clareza a partir da sua compreensão de que uma ordem jurídica histórica deve constituir um mundo fechado dogmaticamente em si mesmo, um mundo autônomo e lógico-sistematicamente coerente em si mesmo; portanto, um mundo que subsiste, existencial e abstratamente aislado, do mundo da historicidade real das relações sociais que ele tem por missão regular. Admitido isso, diz-nos Wieacker:

> é em princípio possível decidir correctamente todas as situações jurídicas apenas por meio de uma operação lógica que subsuma a situação real à valoração hipotética contida num princípio geral de caracter dogmático.[503]

Tal proceder metodológico leva implícita a ilusão lógica de que uma decisão correta, do ponto de vista formal do sistema, será uma decisão necessariamente justa, e, em nome do cumprimento que a plenitude metafísica do sistema normativo exige para a sua justa concreção, deve o juiz, em imanência com ele, mesmo diante de eventuais lacunas, empreender um polimento metodológico que permita, através de conexões lógico-sistemáticas, uma correta subsunção. Assim, mesmo diante de aparentes lacunas, "o juiz não cria nenhum direito novo; onde ele, no entanto, parece ter que fazer isso, na verdade não faz mais do que desvelar a solução já latentemente contida no sistema".[504]

Assim sendo, para o dogmatismo positivista, o direito só atingirá a dignidade científica quando os resultados das suas operações manifestarem a mesma certeza apodíctica dos cálculos matemáticos. Nesse sentido, como lembra Larenz,[505] para afirmar-se a partir de fatos

---

[503] WIEACKER, Franz. *História do Direito Privado Moderno*. Op. cit., p. 494.

[504] Idem, p. 498.

[505] LARENZ, Karl. *Metodologia da Ciência do Direito*. Op. cit., p. 47.

indubitáveis, o positivismo jurídico procura abarcar a exterioridade do mundo empírico e a interioridade do mundo anímico, através de um determinismo que traduz, em consonância com o espírito da modernidade, uma visão de mundo causal e mecanicista.

Na sua bem-apurada análise a respeito do positivismo jurídico, Uberto Scarpelli[506] identifica-o como um paradigma jurídico, cujas normas, contrariando a transcendente fundamentação metafísica da tradição jurídica ocidental, encontram seu fundamento ontológico-normativo a partir de uma imposição humana que se expressa na vontade política do Estado em forma de lei. Em termos mais abrangentes, podemos dizer que o positivismo jurídico se caracteriza como um sistema de normas gerais e abstratas, cujos limites epistemológicos se reduzem a um conhecimento dogmático-científico do direito positivo, o que também implica uma metódica de aplicação técnico-instrumental, que, excluindo ponderações críticas de índole axiológico-políticas, permita a segurança e certeza do direito no contexto paradigmático de uma neutralidade científica.

Em síntese, podemos dizer que o paradigma do positivismo jurídico que emergiu no continente europeu, na segunda metade do século XVIII, e se consumou no alvorecer do século XIX, com o movimento das grandes codificações, pautado na racionalização lógica do ordenamento jurídico, instituiu um modelo de direito que se caracterizou pela abolição da pluralidade das fontes do direito em nome de uma unidade do sistema jurídico, cujo fundamento único reduz-se às prescrições normativo-jurídicas impostas pelo poder político do Estado.

Essa postura científica do positivismo jurídico, de radical exclusão de razões teleológicas de índole prático-axiológicas, em prol de uma concepção de juridicidade, restrita à realidade empírica dos sistemas normativo-legais positivos, vem sendo compartilhada pelas diretrizes epistemológicas que, fundamentadas conceitualmente na base central do seu paradigma, disseminaram-se quais variações sobre o mesmo tema.

Dessa forma, ainda no transcurso do século XIX, para além da escola da exegese e da escola histórica, apareceram também o positivismo analítico e o positivismo sociológico. O primeiro, segundo Wolf,[507] manifesta a influência do pandectismo no universo do pensamento jurídico da *common law*, conforme deixa transparecer a concepção jurisprudencial de Austin, seu mais eminente representante. Na sua crítica ao casuísmo tradicional do direito anglo-saxônico, evidencia-se, como observa Luis Fernando Coelho,[508] uma orientação

---

[506] SCARPELLI, Uberto. *Cos'é Il Positivismo Giuridico*. Milano: Edizioni di Comunitá, 1965, p. 105 e ss.

[507] WOLFF, Hans Julius. *El Derecho Romano En La Época Medieval y Moderna*. Op. cit., p. 252.

[508] COELHO, Luis Fernando. *Lógica Jurídica e Interpretação das Leis*. Op. cit., p. 97.

metodológica, tendente a assumir um procedimento lógico-analítico, na interpretação e também na aplicação do direito consuetudinário. Tal atitude, que o fez merecedor de críticas de Bentham e de outros representantes do utilitarismo, resulta, de sua adesão ao cânone positivista, que, em detrimento de uma tradição cultural, que entendia o juiz como a encarnação normativa do *ethos* axiológico-comunitário, passa a entender a juridicidade apenas em imanência com a contingente vontade política do Estado e, assim, como diz Miguel Reale, em que pese sua característica normativa identificada ontologicamente com o valor jurídico do precedente jurisprudencial, na perspectiva da escola analítica, também o direito anglo-saxônico afirma uma

> atitude metódica de compreender o Direito segundo esquemas lógico-formais, como sistema de vínculos normativos, aceito o princípio de que o costume não possui qualificação jurídica até e enquanto não é consagrado pelo órgão judiciário do Estado.[509]

Radicalizando essa perspectiva de redução do direito a uma simples ferramenta a serviço dos interesses do poder político estatal, ainda dentro do mesmo contexto jurídico, para Roscoe Pond, *"el derecho no es otra cosa que 'ingenieria social', algo, por tanto, que no guarda relación ninguna con los fines, sino exclusivamente con la eficiencia de los medios"*.[510] Já o positivismo sociológico, como derivação jurídica do realismo empírico do século XIX, que levara Comte a identificar a sociologia como a ciência geral da sociedade, culminou, segundo Larenz,[511] em uma teoria do direito marcadamente sociológica, tendente a indagar o direito em conexão causal com a realidade social. Nessa perspectiva, como corolário do progresso tecnológico propiciado pela revolução industrial, as causas econômicas ganham especial relevância, assumindo, inclusive, na orientação marxista, o *status* de base infra-estrutural da sociedade, em detrimento do direito que, dependente dela, passa a ser um mero epifenômeno superestrutural. Para Miguel Reale,[512] o sociologismo jurídico, enquanto exacerbação da sociologia jurídica (para além da inegável dimensão fático-social sempre presente no direito, eis que, na sua essência, o fenômeno jurídico caracteriza-se como uma forma de resolução dos conflitos sociais), extrapola seus limites, com a pretensão de reduzir a globalidade do direito à causalidade das suas leis, subtraindo a autonomia da jurisprudência e, na verdade, substituindo a própria essência do ser do direito pela sociologia, num operar que caracteriza uma negação ontológica do direito. É o que se verifica na sociologia jurídica contemporânea, que, em perspectiva funcionalístico-sistêmica, procu-

---

[509] REALE, Miguel. *Filosofia do Direito*. São Paulo: Saraiva, 1987, p. 418.

[510] Cf. BALLESTEROS, Jesús. *Sobre El Sentido del Derecho*. 2. ed. Madrid: Tecnos, 1986, p. 44.

[511] LARENZ, Karl. *Metodologia da Ciência do Direito*. Op. cit., p. 48.

[512] REALE, Miguel. *Filosofia do Direito*. Op. cit., p. 434.

ra adaptar a aplicação do direito na complexidade pós-moderna, renegando a dimensão prática da sua validade em prol de uma metódica adequação tecnológica dos problemas jurídicos.

O acima exposto legitima a arguta observação de Miguel Reale, que, referindo-se ainda ao contexto do século XIX, esclarece que, se para os sociólogos do direito o conceito de norma jurídica deve derivar de uma lógica causal, em imanência com a realidade empírica do viver social, e, se para os aprioristas, a norma pressupõe uma condicionalidade lógica de possíveis condutas, o certo é que, "se há, pois uma diferença essencial no modo de conceber a condicionalidade ínsita no conceito de norma, não é menos certo que podem empiristas e aprioristas descambar para o mais exacerbado normativismo".[513]

Esse radicalismo lógico-normativo marcará decisivamente o positivismo jurídico do século XX. Afirmado inicialmente pelo Círculo de Viena, a partir da Primeira Guerra Mundial, ganhará contornos definitivos na grande síntese operada por Kelsen. Na sua concepção epistemológica, que se definiu como uma teoria pura do direito, o grande lógico teve, por objetivo maior, fixar uma essência do jurídico, depurando-o de elementos "metajurídicos" que o conspurcavam, isto é, quis libertar o direito das manipulações ideológico-políticas, das intromissões sociológicas e psicológicas, e, como todo bom positivista, baniu a dimensão axiológica do moralismo metafísico.

Tudo o que restou do seu rescaldo depurativo foi um conceito de direito vinculado estritamente à norma jurídica do direito positivo, pois, como ele mesmo afirma na abertura da sua teoria, "A Teoria Pura do Direito é uma teoria do Direito positivo – do Direito positivo em geral, não de uma ordem jurídica especial",[514] e "como teoria, quer única e exclusivamente conhecer o seu próprio objecto".[515] E, ao criticar a ciência jurídica do século XIX, bem como a do século XX que a sucedeu, Kelsen aponta para a falta de clareza metodológica do pensamento jurídico, do qual adveio uma jurisprudência que acriticamente se confundiu com a sociologia, a ética, a psicologia e a teoria política. Sem refutar a conexão dessas ciências com o direito e vendo justamente, nessa conexão, a fonte da confusão, Kelsen abstrai delas o direito com o intento de "evitar um sincretismo metodológico que obscurece a essência da ciência jurídica e dilui os limites que lhe são impostos pela natureza do seu objecto".[516] Assim, como nas outras manifestações do positivismo jurídico, também o sistema lógico-formal de Kelsen culmina, na identificação global do direito, com o

---

[513] REALE, Miguel. *Filosofia do Direito*. Op. cit., p. 434.

[514] KELSEN, Hans. *Teoria Pura do Direito*. Traduzido por João Baptista Machado. Coimbra: Armênio Amado, 1984, p. 17.

[515] Idem.

[516] Ibidem, p. 18.

ordenamento jurídico do Estado, priorizando a lei como fonte absoluta do direito. Isso redunda num voluntarismo dogmático que, em última análise, identifica a validade da norma com o ato de vontade que a constitui, independentemente do seu conteúdo, resultando que qualquer proposição normativa pode ser jurídica, desde que esteja conectada formalmente com a lógica do sistema. A norma, então, estatui hipoteticamente um dever-ser lógico-formal, segundo o qual "uma norma válida prescreve (impõe) uma determinada conduta, que ele 'deve' conduzir-se de certo modo".[517] Assim, o dogmatismo kelseniano reduz o direito a uma simples técnica de controle social, isto é, a norma como um absoluto metafísico, expressão de uma verdade definitiva, que obriga imperativamente todos à sua obediência, ameaçando com a coação da sanção que traz, em seu bojo, todos os eventuais transgressores. Tal potenciação coativa é que irá definir e distinguir a norma jurídica perante as demais ordenações normativas da sociedade, identificando a validade jurídica em sintonia com o poder de força do Estado. Como o próprio Kelsen afirma: "No fato de que uma norma deve ser cumprida e, se não cumprida, deve ser aplicada, encontra-se sua validade, e esta constitui sua específica existência".[518] Portanto, a validade da norma decorre da sua existência lógica no seio dogmático-metafísico que amarra formalmente a unidade do sistema jurídico. Podemos concluir, evocando Hart,[519] que, do ponto de vista positivista, sempre que existir uma ordem jurídica, deverá existir um sistema jurídico dogmático sobre o qual ela se estrutura, pois, do contrário, não teríamos um sistema jurídico e, sim, uma pluralidade de sistemas. E, havendo um sistema jurídico, pressupõe-se que exista um corpo político soberano que estabeleça as normas e, amparado pela força, imponha coercitivamente o seu cumprimento por todos os membros da sociedade.

Efetivamente, existe um postulado geral que, à revelia de variações de superfície, unifica ontologicamente todos os sistemas que perfilam o positivismo jurídico. É a pretensão de dogmatizar neutralmente o direito com os atributos metodológicos do discurso científico, sejam eles de teor físico-matemático ou empírico-naturalista. De tal postura decorre, em todos os casos, uma concepção jurídica de teor avalorativo. Dessa refutação axiológica, decorre também uma negação do sentido teleológico do jurídico, o que acaba hipertrofiando o valor dos meios e transformando o direito numa simples técnica de controle social. Seguindo a via metódica do modelo positivista, tam-

---

[517] KELSEN, Hans. *Teoria Geral das Normas*. Traduzido por José Florentino Duarte. Porto Alegre: Fabris, 1986, p. 14.

[518] Idem.

[519] HART, Herbert. *O Conceito de Direito*. Traduzido por A. Ribeiro Mendes. Lisboa: Fundação Calouste Gulbenkian, 1995, p. 30 e 31.

bém o jurista viu-se reduzido a um simples técnico, e a um técnico não se deve exigir mais do que competência no manejo da sua técnica, sendo desaconselháveis extrapolações criativo-transcendentes que possam pôr em perigo a previsibilidade lógica do seu resultado. Como conseqüência da exigência desse desiderato metodológico, o conhecimento jurídico, para ser legítimo, deve confinar-se aos limites dogmáticos do sistema, ou seja, conhecer o direito pressupõe uma dissecação minuciosa e acrítica das normas do direito positivo de uma determinada ordem jurídica. Como bem lembra Sergio Cotta, no modelo positivista, o jurista-técnico "não discute a vontade do legislador e os fins para que ela tende, mas se limita conscientemente a interpretar, a sistematizar logicamente e a aplicar fielmente as suas expressões normativas".[520] Como já vimos, o modelo do positivismo jurídico, que foi gestado nos séculos XVII e XVIII, pelo cientificismo moderno, a partir do abandono da filosofia prática, definiu-se com clareza metodológica no século XIX, ganhando ainda uma maior consistência lógico-epistemológica no decurso do século XX. Esse percurso metodológico, que reduziu a atividade do jurista a uma simples constatação formal da validade das normas, não indo além de um controle lógico delas na interioridade dogmática do sistema jurídico vigente, aparece bem delineado na clara síntese de Sérgio Cotta, quando ele afirma que:

> Da teorização oitocentista da école de *l'exégèse* e da "jurisprudência analítica" de John Austin à novecentista da "doutrina pura" de Hans Kelsen, foi-se delineando e precisando, sempre com maior rigor e consciencialização, a figura do jurista como puro técnico.[521]

Como já procuramos esclarecer no capítulo precedente, a modernidade européia, ao refutar o paradigma cultural de uma tradição fundamentada na metafísica prática, acabou absolutizando um paradigma lógico-científico que redundou numa metafísica subjetivo-teorética. E, assim, o paradigma positivista, que emergiu, no século XIX, como um fruto ulterior da modernidade, levou ao extremo o primado teorético-científico e, no seu desmesurado afã de exorcizar a metafísica, identificada com uma tradição cultural superada, acabou, paradoxalmente, assumindo o discurso da metafísica e constituindo-se, segundo a crítica de Heidegger, em uma metafísica ao contrário.

Da mesma forma, o positivismo jurídico, enquanto derivação jurídica do paradigma positivista, julgou equivocadamente poder livrar-se da metafísica, refutando, do seu conceito de direito, a dimensão axiológica sobre a qual se embasara toda a tradição jurídica do

---

[520] COTTA, Sergio. *O Desafio Tecnológico*. Traduzido por Manuel Reis Coimbra: Armênio Amado, 1971, p. 166.

[521] COTTA, Sergio. *O Desafio Tecnológico*. Op. cit., p. 163.

Uma Tópica Jurídica
CLAREIRA PARA A EMERGÊNCIA DO DIREITO

jusnaturalismo; acabou, igualmente, ao construir um mundo jurídico, no âmbito monista da radicalidade plena de um sistema fechado, em que resumiu dogmaticamente toda possibilidade de verdade jurídica, em uma metafísica jurídica ao contrário.

Se tal equívoco, aparentemente tão evidente, não foi detectado pelos cultores do positivismo jurídico nem, tampouco, pela maioria dos seus críticos, cabe aqui destacar a exceção evidenciada pela lucidez de Koschaker,[522] quando ele afirma, referindo-se ao dogmatismo pandectista, que ele promove metodicamente, com o emprego de outros meios, a continuidade da tradição jusnaturalística. O mesmo vale, pensamos nós, para todas as tendências do positivismo jurídico, na medida em que assumem, acriticamente, uma postura dogmático-metafísica, que reduz, metodologicamente, toda a possibilidade de verdade jurídica a uma operacionalidade lógico-formal, confinada aos limites dogmáticos dos seus respectivos sistemas jurídicos.

E, assim, como toda a tradição cultural do ocidente, a partir da clivagem platônica, erigiu-se sobre o dogmático império da certeza metafísica, também o direito, enquanto resultado histórico-cultural dessa tradição, a partir da desvinculação do seu conceito do universo da *physis*, buscou, no ideal da certeza metafísica, uma base sólida para estruturar-se conceitualmente.

Na perspectiva jusnaturalista, a certeza metafísica, enquanto verdade jurídica, afirmou-se, quer teologicamente, quer racionalmente, como projeção axiológico-normativa de uma essência jurídica que, identificada como a expressão da justiça, pretendia-se eterna e imutável. Já no âmbito espacial e temporal do positivismo jurídico, o ideal metafísico reduziu-se à contingente e mutável dimensão fechada, dos variados sistemas jurídicos vigentes.

Mas, em ambos os paradigmas, o pensamento jurídico, esquecido do ser do direito, metafisicamente pensou o direito a partir da objetificação entificada do ente do seu ser, consubstanciado na normatividade do direito positivo.

---

[522] KOSCHAKER, Pablo. *Europa y El Derecho Romano*. Op. cit., p. 383.

3. A crise radical do Direito a partir da perda dos referenciais metafísicos que historicamente lhe serviram de fundamento

3.1. A Crise Geral da Civilização a Partir da Relativização dos Fundamentos Metafísico-Subjetivos da Racionalidade Moderna

Quando Hegel estabeleceu, com clareza conceitual, os elementos distintivos que caracterizaram a racionalidade moderna, estruturando-a dialeticamente, a partir da lucidez da sua compreensão histórica, tinha clara consciência da necessidade de superação crítica da razão clássica, para a edificação de um novo paradigma histórico-cultural, fundamentado na potencialidade criativa que a nova racionalidade trazia latente em si mesma. Em consonância com isso, ele afirmou que "Nosso tempo é um tempo de nascimento e de passagem para um novo período".[523] O princípio fundamental que caracterizaria os novos tempos, já prefigurado pelo *logos* kantiano, invocava radicalmente a libertação da subjetividade, para, com base na sua plena autonomia, absolutizada até o paroxismo, estabelecer reflexivamente, em perspectiva dialético-crítica, princípios normativos de validez universal. Podemos dizer que a soberania subjetiva do sujeito pensante, colocada por Descartes, no alvorecer da modernidade, como uma necessidade apriorística do processo metódico-gnoseológico, consuma-se em plenitude no idealismo hegeliano, para quem, a liberdade subjetiva, enquanto atividade da consciência, manifesta o espírito livre que resume, em si, a possibilidade sintética de um todo metafísico, como expressão espiritual da verdade, dialeticamente depurada das contradições que a consciência de si da idéia desvela, a partir do esforço racional e crítico de um espírito autoconsciente. Na verdade, mais que o nascimento de uma nova racionalidade no contexto de um mundo novo, o idealismo especulativo de Hegel evidencia o fim da tradição

---

[523] HEGEL, Georg Friedrich Wilhelm. *Fenomenologia do Espírito*. v. II. Op. cit., p. 10, 11.

metafísica, que se consuma na racionalidade do seu sistema. Mas também a clarividência crítica do seu pensamento dialético-histórico permitiu-lhe entrever o caráter transitório do seu tempo, que, como todas as outras fases da civilização, estava condenado a ser superado pelo mistério da força ontológica que move dialeticamente a história.

Coube ao gênio trágico de Nietzsche o papel de verdugo das verdades subjetivas da racionalidade moderna. A crise da razão que confluiu para o seu pensamento articulou-se numa crítica radical à subjetividade moderna e o constituiu em arauto caótico do relativismo anárquico, que caracterizaria o contexto cultural da pós-modernidade.

Mas, se a radicalidade crítica do pensamento de Nietzsche, na sua contundente refutação dos ideais normativos da modernidade, evidenciou que o formalismo subjetivo da sua racionalidade houvera dissociado, em prol de uma abstração formal, o homem moderno da materialidade poética que dá sentido à vida, juntamente com a denúncia miserável da sua tediosa condição, espalhou, com veemência apocalíptica, no alvorecer da pós-modernidade, as sombras funestas do vazio niilista. Se isto é verdade, no entanto, sua crítica também apontou que, para além da neutralidade dogmática da ciência positivista, a partir da abertura indefinida do presente, poder-se-ia construir poético-criativamente um novo mundo.

Como bem lembrou Heidegger,[524] a hegemonia da liberdade subjetiva que, a partir de Descartes, elevou o homem, enquanto sujeito pensante, à condição de centro e medida de todas as coisas, constituiu-o em senhor do mundo, transfigurando-o metafísico-subjetivamente num verdadeiro deus racional. Tal condição de onipotência, que lhe permitiu elevar a representação das suas verdades subjetivas ao estatuto dogmático de certeza irrefutável, embora apoiada dialético-racionalmente na liberdade enquanto essência condicionante do paradigma moderno, sempre buscou apoiar a segurança dos seus postulados, vinculados a um fundamento metafísico, ou seja, *"El nuevo mundo de la nueva época tiene su fudamento histórico proprio alli donde toda historia busca su fundamento esencial: en la metafísica"*.[525] E, assim, *"Lo que metafísicamente tienne su principio con Descartes comienza con Nietzsche la historia de su acabamiento"*,[526] de forma que, a partir da morte da metafísica, decretada pela crítica radical de Nietzsche e aprofundada teoricamente pela desconstrução heideggeriana, começa efetivamente uma nova era, marcada, na sua essência, pela crise do fundamento metafísico, e, portanto, projetada niilisticamente na babel de um anárquico relativismo. Assim, da crise de sentido marcada pela

---

[524] HEIDEGGER, Martin. *Nietzsche*. Op. cit., p. 118 e ss.

[525] Idem, p. 125.

[526] Ibidem.

desconstrução e superação da metafísica, emerge o pensamento pós-moderno como um mosaico de esboços fragmentários, que, desdenhando a busca da verdade, se compraz ceticamente em jogos aleatórios que evidenciam a sedução pela transitoriedade contingente.

No âmbito radicalmente problemático das variadas tendências que pululam contraditoriamente na pós-modernidade, não se pode, como acentua Klaus Von Beyne, vislumbrar a força centrífuga de uma coesão paradigmática, pois *"El postmodernismo no surgió como un grupo paradigmático compacto que fuera organizándo-se, progressivamente, como há sugerido un modelo histórico-científico del cambio de paradigma".*[527] E, se a revolução moderna emancipara o individualismo do contexto vinculante da universalidade metafísica de base teológica, para condicioná-lo, político-juridicamente, na metafísica racionalidade normativa da legalidade positivista, emerge, no vazio metafísico da pós-modernidade, a desagregadora manifestação de um neo-individualismo, que grassa atomizado na diversidade axiologicamente esvaziada, movido permissivamente pela força radical de um egoísmo alienado e egoísta. Essa nova fase do individuaslismo ocidental, disse bem Gilles Lipovetsky, evacuando a escatologia relolucionária, vem levando a cabo

> uma revolução permanente do quotidiano e do próprio indivíduo: privatização alargada, erosão das identidades sociais, desafecção ideológica e política, desestabilização acelerada das personalidades, eis-nos vivendo uma segunda revolução individualista.[528]

Essa revolução, segundo o mesmo autor, traz à luz um processo de personalização, que, rompendo com todas as formas de coercividade ideológico-políticas presentes nas democracias modernas, cujos ideais universalistas foram pulverizados em prol de uma flexibilidade social que permita a imposição de

> novos valores que visam permitir o livre desenvolvimento da personalidade íntima, legitimar a fruição, reconhecer os pedidos singulares, modular as instituições de acordo com as aspirações dos indivíduos.[529]

Assim, no âmbito antinômico de uma descentralização flexibilizada, a cultura pós-moderna evidencia, como seu traço mais marcante, uma narcísica e egótica expansão do individualismo, que, seduzido por uma liberdade fundamentada na força anímica e contingente do seu desejo, desrespeita a heteronomia limitadora da metafísica axiologia normativa da modernidade. Dessa forma, estando os marcos

---

[527] BEYNE, Klaus Von. *Teoria Política Del Siglo XX, Del la Modernidad a la Postmodernidad.* Op. cit., p. 144.

[528] LIPOVETSKY, Gilles. *A Era do Vazio.* Traduzido por Miguel Serras Pereira e Ana Luísa Faria. Lisboa: Relógio D'Água, 1983, p. 7.

[529] Idem, p. 9.

referenciais da universalidade moderna com seus valores dissolvidos e deslegitimados, a organização coercitiva das condutas sociais, que ideológico-juridicamente, em seu nome, se visava a promover, cada vez mais se liquefazem num contexto cultural em que a idéia de direito não promana mais do Estado, enquanto detentor absoluto do poder de legislar, mas da vontade individual erigida em lei, que tem apenas por missão satisfazer a necessidade íntima dos desejos egoístas. Em outras palavras, trata-se da emancipação absoluta do átomo social, liberto de valores transcendentes, que lhe impunham deveres restritivos. Convém, no entanto, lembrar aqui a observação crítica de Lyotard, quando se refere a essa decomposição social: "a dissolução do vínculo social e a passagem das coletividades sociais ao estado de uma massa composta de átomos individuais lançados num absurdo browniano".[530] O mesmo pessimismo crítico também se pode ver em Baudrillard, ao analisar a estrutura desestruturada das relações sociais na pós-modernidade, movidas pelo sentido sem sentido que advém da hipertrofia comunicacional da mídia, em que, inversamente, numa hegemonia imagética, reduzido à metáfora de reflexo de espelho, o real se desvanece "para dar lugar a uma imagem mais real do que o real".[531]

Constatando que o processo pós-moderno caracteriza-se, na sua essência, pela destruição do sentido e que a sua realidade não passa de um simulacro de realidade, Baudrillard também se depara com o niilismo anunciado por Nietzsche. No entanto, a consumação do niilismo pós-moderno já não traz as cores sombrias do fim do século XIX nem, tampouco, é a manifestação metafísico-decadentista nascida a partir da morte de Deus, mas caracteriza-se, de uma maneira ainda mais radical, no contexto da transparência simulada da realidade em que

> O universo e todos nós entramos vivos na simulação, na esfera maléfica, nem sequer maléfica, indiferente, da dissuasão: o niilismo, de maneira insólita, realizou-se inteiramente já não na destruição, mas na simulação e na dissuasão.[532]

Na mesma linha de dissuasão, sem sentido, de uma sociedade que se reconhece e identifica a partir da pseudo-realidade da objetividade superficial dos *mass-media*, o neo-niilismo, no dizer de Gilles Lipovetzky,[533] transfigura-se em humor que, não mais identificado com a grosseria burlesca da comicidade medieval, que procurava degradar a hegemonia do sagrado, rebaixando-a ao nível de um gro-

---

[530] LYOTARD, Jean-François. *O Pós-Moderno*. Traduzido por Ricardo Corrêa Barbosa. Rio de Janeiro: José Olympio, 1986, p. 28.

[531] BAUDRILLARD, Jean. *Simulacros e Simulação*. Traduzido por Maria João da Costa Pereira. Lisboa: Relógio D'Água, 1991, p. 176.

[532] Idem, p. 195.

[533] LIPOVETZKY, Gilles. *A Era do Vazio*. Op. ci, p. 128.

tesco arremedo paródico de ritualidade bufa. Tampouco, o humor pós-moderno identifica-se com o caráter satírico do humor clássico, que, a partir do renascimento desprezando a escatologia obscena que movia a grosseira alegria anterior, procurou civilizar o riso, disciplinando-o, dando-lhe um tom crítico e elevando-o, mesmo num contexto de liberdade racional, ao plano espiritual de prazer subjetivo.

No paradigma humorístico da pós-modernidade, a alteridade social do humor pulverizou-se, liquefez-se a dualidade sério X cômico, propiciando a emergência de um humor descontraido, sem pretensões críticas, flutuando inofensivamente ao sabor cambiante dos modismos e da publicidade, impondo uma hegemonia multiplicadora de gracejos superficiais como forma de vida, e, assim:

> O cômico, longe de ser a festa do povo ou do espírito, tornou-se um imperativo social generalizado, uma atmosfera cool, um meio ambiente permanente que o indivíduo sofre até na sua existência cotidiana.[534]

Dessa forma, o humor pós-moderno, enquanto dimensão estético-existencial do individualismo narcísico, é o elemento cultural que mais contribui para a desconstrução das estruturas normativas coercitivas, pois

> Em vez das injunções de imposição da distância hierárquica e da austeridade ideológica, a proximidade e o desanuviamento humorístico, a linguagem própria de uma sociedade flexível e aberta.[535]

Se, como diz Klaus R. Scherpe, *"La conciencia postmoderda parece haber perdido la capacidad de imaginar 'outro estado de ser'"*,[536] efetivamente, estamos diante de uma realidade niilista, que transparece na lúdica incapacidade da consciência subjetiva, esgotada e consumada no contexto atomizado de uma dessubstancialização virtualizada que neutraliza hipnoticamente a capacidade criativa, esvaziando, nos termos de uma apatia generalizada, o sentimento de existir dos indivíduos dessocializados em narcísica solidão. Assim, a realidade niilista do pensamento pós-moderno consiste num pulular atomizado, que floresce caoticamente em meio à destruição simbólica de uma pseudo-realidade *"la cual sólo percibe voyerísticamente"*,[537] ou seja, no âmbito de uma fragmentação absoluta, em que, numa multiplicidade levada ao incomensurável, se diluem as fronteiras entre o real e o fictício, acarretando, no plano da alteridade social, uma redução abstrata do outro, ao narcisismo egótico do eu mesmo, que nos resta,

---

[534] LIPOVETZKY, Gilles. *A Era do Vazio.* Op. cit., p. 128.

[535] Idem. p. 145.

[536] SHERPE, Klaus R. Dramatización y Des-dramatización de "el fin": La Consciencia Apocalíptica de la modernidad y la post-modernidad. Traduzido por Inmaculada Alvarez Puente. *In: Modernidad y Postmodernidad.* Madrid: Alianza, 1994, p. 351.

[537] Idem, p. 352.

pergunta Gérard Raulet: *"sino aceptar la hegemonía generalizada de la ilusión?"*[538] Refletindo sobre o problema do niilismo, no contexto da mobilidade simbólica da massificação midiatizada, Gianni Vattimo, evocando Nietzsche, afirma que:

> O niilista consumado é aquele que compreendeu que o niilismo é a sua (única) chance. O que acontece hoje em relação ao niilismo é o seguinte: começamos a ser, a poder ser, niilistas consumados.[539]

Imerso na radicalidade do niilismo consumado, enquanto expressão racional da morte da metafísica, e movendo-se entre os escombros do desmoronar da história da filosofia, segundo Gérard Raulet, nada resta ao pensamento pós-moderno senão, nos termos de uma dialética do efêmero, *"aprehender en imágenes poéticas (Denkbilder) la desintegración general, que no es outra cosa que la victoria de la reitificación total y de hacer estallar la miseria de la experiencia reificada".*[540] Também Rorty, detecta na emergência de uma fragmentação poética, a plenitude hegemônica do reinado da contingência.

> *Hacia el final del siglo XVIII intentamos substituir el amor a la verdad científica por el amor a nosotros mismos, veneración de nuestra propria profundidad espiritual o nuestra naturaleza poética, considerada como una cuasidivinidad más.*[541]

Assim, em contraposição à lógica exaurida da racionalidade moderna, que, na esteira da axiologia platônica refundida por Kant, pressupunha metafisicamente a possibilidade do agir moral particular, condicionado normativamente por princípios de validez universal, vivemos hoje a contingência como destino: não só a contingência solipsista do eu, mas, também, a contingência da linguagem e de toda a realidade da vida social. Após refletir a refutação da condição humana sob o império universal da razão lógica e a emergência da contingencialidade na fragmentação poética de Nietzsche, Rorty vale-se da crítica de Heidegger para refutá-la:

> *Nietzsche correctamente condenado por Heidegger como um ejemplo más de platonismo invertido: el intento romantico de exaltar la carne frente al espíritu, el corazón frente a la cabeza, la mítica facultad llamada "voluntad" frente a la igualmente mítica llamada "razón".*[542]

Preferindo buscar o apoio gnoseológico da psicologia freudiana, para a fundamentação da sua tese da contingência como destino pós-

---

538 RAULET, Gérard. La Postmodernidad, Futuro o Eterno Presente? Traduzido por José Luis Zalabardo. *In: Modernidad y Postmodernidad*. Madrid: Alianza, 1994, p. 331.

539 VATTIMO, Gianni. *O Fim da Modernidade*. Traduzido por Eduardo Brandão. São Paulo: Martins Fontes, 1996, p. 3.

540 RAULET, Gérard. *La Postmodernidad, Futuro o Eterno Presente?* Op. cit., p. 331.

541 RORTY, Richard. *Contingencia, Ironia y Solidariedad*. Traduzido por Alfredo Eduardo Sinnot. Buenos Aires: Paidós, 1991, p. 42.

542 Idem, p. 53.

moderno, Rorty observa que Freud nos ajuda *"a considerar seriamente la possibilidad de que no haya una facultad central, un yo central, llamado razón"*.[543] Dessa forma, refutando a metafísica idealista do moralismo da tradição, bem como os pressupostos míticos da ruptura romântica, e, negando-se também a efetuar uma síntese entre ambos, *"Freud sugiere que tenemos que retornar a lo particular, ver las situaciones y las posibilidades particulares presentes como similares o como diferentes de acciones o acontecimentos particulares pasados"*.[544] Assim, a análise freudiana da contingência evidencia a radicalidade crítica da crise do neo-individualismo contemporâneo, eis que *"nuestros fines privados conscientes son tan idiosincráticos como las fobias y las obsesiones inconscientes de las que se se han desprendido"*.[545]

Aprofundando o problema da dissolução do sentido na pós-modernidade, com seu radical pessimismo pós-estruturalista, Baudrillard observa: "Toda a forma universal é um simulacro, uma vez que é o equivalente simultâneo de todos os outros, o que não é possível, para nenhum ser real".[546] O que resta, então, a partir da deserção do sentido, no absoluto reinado do efêmero e do contingente, não passa de uma simulação artificial que traz a marca do absurdo e se dilui na voragem do buraco negro virtual, onde "as idéias proliferam como polipos, ou algas e morrem asfixiadas sob a própria vegetação luxuriante".[547] Nesse horizonte de acontecimentos, "o pensamento, entretanto, retira-se para o vazio".[548] Já Albrecht Wellmer, analisando a confusão conceitual dos inúmeros "ismos" que proliferam indiscriminadamente, tendo como prefixo a palavra "pós", acentua, como uma síntese de contornos difusos, a experiência central que evidencia a morte da razão, e *"– la muerte de la razón – parece apuntar al final definitivo de un proyecto histórico: el proyesto de la modernidad, el proyecto de la Ilustración europea, o incluso, por último, el proyecto de la civilización greco-ocidental"*.[549]

O epitáfio da razão confunde-se com a morte da metafísica, com a qual, desde Platão, todo o pensar filosófico ocidental sempre esteve ontologicamente identificado. Por essa razão, também Habermas, ao analisar as possibilidades de um pensamento pós-metafísico, observa que a filosofia perdeu a transparência na pós-modernidade.

---

[543] RORTY, Richard. *Contingencia, Ironia y Solidariedad*. Op. cit., p. 53.

[544] Idem.

[545] Ibidem.

[546] BAUDRILLARD, Jean. *A Ilusão do Fim*. Traduzido por Manuela Torres. Lisboa: Terramar, 1995, p. 99.

[547] Idem, p. 152.

[548] Ibidem.

[549] WELLMER, Albrecht. *Sobre La Dialética De Modernidad y Postmodernidad*. Traduzido por José Luis Arántegui. Madri: Visor, 1992, p. 51.

A crise, agora, transcende o que historicamente fora uma disputa entre escolas, pois, as divergências circunstanciais jamais haviam abalado a premissa que imantava toda a filosofia, a saber, o fundamento metafísico que agora está obscuro. Perdido esse referencial, a filosofia queda sem critérios para estabelecer princípios de validade, sitiada num contexto restritivo em que a pretensão de verdade se reduz "à dimensão de jogos de linguagem locais e às regras do discurso que se impuseram faticamente, que equipara todos os *standars* de racionalidade a hábitos, a convenções válidas no momento",[550] ou seja:

> Após a decomposição das cosmovisões religiosas e metafísicas, não temos outra maneira de juntar – e reequilibrar – aquilo que, a nível de interpretação cultural, se pulverizou em diferentes aspectos de validez.[551]

Assim, num contexto marcado pela morte da metafísica, em que também a filosofia exaurida e esvaziada não consegue erigir uma cosmovisão, o paradigma científico-tecnológico assume o destino da civilização planetária, impondo uma hegemonia pragmático-utilitarista, cujo objetivismo acrítico traz a marca do desprezo pela motivação heurística da especulação filosófica. Refletindo sobre essa transição paradigmática, Habermas observa, criticamente, que "A *New Age* preenche ironicamente as lacunas deixadas pela perda do uso e do todo através da invocação abstrata da autoridade de um sistema científico cada vez menos transparente".[552] Mas, a tentativa científico-tecnológica de unificar um mundo descentralizado apenas logrou êxito estabilizador através de um processo de alienação reificadora, segundo Adorno: "A racionalidade técnica hoje é a racionalidade da própria dominação. Ela é o caráter compulsivo da sociedade alienada de si mesma".[553] Na análise crítica que desenvolve juntamente com Horkheimer, Adorno visualiza a unificação do caos cultural através do monopólio de uma indústria da cultura que os meios técnicos permitem universalizar massificadamente, promovendo a obscura identidade de uma ordem forjada sobre a morte da imaginação dos indivíduos a ela submetidos, ou seja, sem nenhuma coesão que expresse autonomia subjetiva. "A unidade evidente do macrocosmo e do microcosmo demonstra para os homens o modelo de sua cultura: a falsa identidade do universal e do particular".[554]

---

[550] HABERMAS, Jürgen. *Pensamento Pós-Metafísico*. Traduzido por Flávio Beno Siebeneicher. Rio de Janeiro: Tempo Brasileiro, 1990, p. 59.

[551] Idem, p. 60, 61.

[552] HABERMAS, Jürgen. *Pensamento Pós-Metafísico*. Op. cit., p. 38.

[553] ADORNO, Theodor W; HORKHEIMER, Max. *Dialética do Esclarecimento*. Traduzido por Guido Antonio de Almeida. Rio de Janeiro: Zahar, 1985, p. 114.

[554] Idem, p. 113, 114.

Como se pode ver em Minima Moralia,[555] o império da ciência impõe um recalcamento à filosofia, e como pode ela subsistir, num tempo que erradicou a reflexão e a especulação, que são a sua vida? – pergunta Adorno, evocando Hegel. Na verdade, segundo ainda Adorno, quando a ciência assume a empresa da especulação, como ocorre, por exemplo, na psicanálise, "o caminho até o inconsciente dos pacientes é aberto, persuadindo-os a renunciar à responsabilidade da reflexão",[556] isto é, o espírito especulativo que, na tradição filosófica, tinha por missão dialeticamente elevar o material reflexivo ao plano do conceito, é agora reduzido ao *status* de simples material utilizado para a classificação conceitual, e, assim: "Na medida em que o pensamento se deixa lembrar de suas origens inconscientes pelo esquema administrativo da análise, ele esquece de ser pensamento. Ele deixa de ser o juízo verdadeiro para tornar-se a matéria neutra".[557]

Na verdade, como deixa claro a análise de Adorno, a pseudo-unidade que o cientificismo tecnológico opera, no âmbito fragmentário da civilização pós-moderna, não passa de uma ilusória alienação reificada, eis que também a ciência positivista, privada de fundamento metafísico, vivencia a mesma crise de sentido da filosofia e se desestrutura, como no caso da física, em que *"las profundas conmociones conceptuales acaecidas en la ciencia del siglo XX han socavado esta meta metafísica cartesiano-newtoniana".*[558] Assim, a morte da metafísica também matou o mito da objetividade das ciências físico-matemáticas que, agora, como as ciências sociais, também se relativizam. Por exemplo, no âmbito da gravidade quântica, a teoria da relatividade de Einstein e também os pressupostos da mecânica quântica de Heisenberg se integram sinteticamente e se superam num contexto em que:

> La variedad del espacio-tiempo desaparece como realidad física objetiva, la geometria se vuelve relacional y contextual, y las categorías conceptuales fundamentales de la ciencia anterior como la existencia misma, se problematizan y relativizan.[559]

Enfim, o que se pode deduzir, no contexto da realidade fragmentada da pós-modernidade, em que tudo muda vertiginosa e radicalmente, em que o niilismo se consuma, e um ceticismo relativista esfacela qualquer possibilidade de verdade objetiva, é que vivemos radicalmente uma crise sem precedentes na história, como disse Ed-

---

[555] ADORNO, Theodor W. *Minima Moralia*. Traduzido por Luiz Eduardo Bicca. São Paulo: Ática, 1993, p. 58.

[556] Idem, p. 59.

[557] ADORNO, Theodor W. *Minima Moralia*. Op. cit., p. 59.

[558] SOKAL, Alan; BRICMONT, Jean. *Imposturas Intelectuales*. Traduzido por Joan Carles Guix Vilaplana. Buenos Aires: Paidós, 1999, p. 232.

[559] Idem, p. 233.

gar Morin: "Tudo neste mundo está em crise".[560] Crise geral da cultura, crise da humanidade, crise globalizada, planetária.

3.2. A Crise Radical do Direito e a Possibilidade do seu Desaparecimento na Pós-Modernidade

Também pensar o direito e refleti-lo criticamente, neste momento geral de transição paradigmática, significa defrontar-se com um elemento da cultura humana que está enfrentando a mais grave crise da sua história. A radicalidade da crise, hoje, atinge a própria essência do ser do direito, pondo em causa, inclusive, o sentido da sua existência, abalada pela possibilidade real do seu desaparecimento, isto é, a possibilidade evidente da consumação histórica da sua finalidade, inserida num contexto sociocultural que renega os referenciais mais profundos que a própria invocação do seu sentido suscita.

E, enquanto o relativismo corrosivo do nosso tempo projeta dúvidas radicais sobre a necessidade de prossecução histórica de sua existência, o direito degradado ainda agoniza, nos limites acríticos de um paradigma que estiolou a essência do seu sentido, reduzindo seu ser ao plano objetificado da entificação positiva que o manifesta, em termos de um absolutismo dogmático.

Essa redução científico-neutral, já presente na orientação epistemológica moderno-iluminista do séc. XVIII, radicalizou-se dogmaticamente no positivismo jurídico do séc. XIX, impondo metodologicamente uma *práxis* que materializou uma ordem jurídica, alheia aos referenciais humanos inscritos na própria essência ontológica do direito. Tal atitude metodológica, ao suprimir a autonomia crítica inerente ao labor jurídico, em nome de uma fictícia segurança e certeza no âmbito judicativo-decisório, acabou transformando o direito numa subserviente entidade formal, cuja missão ficou reduzida ao plano da delimitação normativo-burocrática dos objetivos do poder político, e, assim, revestido de uma imperatividade heterônoma, cega para qualquer critério humanista que não esteja sintonizado com os imperativos programáticos do poder, eis o direito despido da sua dignidade ética, transformado num simples veículo de dispositivos cogentes.

E essa heteronomia formal, cuja validade decorre da inquestionável objetividade universal, em que se fundamenta a autoridade metafísica da norma jurídica, com o dogmatismo que lhe vai associado, conforme esclarece Castanheira Neves,[561] procurou salvaguardar,

---

[560] MORIN, Edgar. *Para Sair do Século XX*. Traduzido por Vera de Azambuja Harvey. Rio de Janeiro: Nova Fronteira, 1986, p. 328.

[561] NEVES, Antônio Castanheira. *Questão-de-Facto – Questão-de-Direito*. Coimbra: Almedina, 1967, p. 591.

com a sua objetividade lógico-formal, a segurança e a defesa de interesses que a tradição dos fatos demonstrou estarem, normalmente, em consonância com as aspirações dos minoritários e dominantes setores mais satisfeitos da sociedade. Dessa forma, a necessidade de uma dogmática objetividade impositiva do direito, que a retórica positivista defendeu e defende em nome da legitimidade de um estado Democrático de Direito, que visa a impor e a preservar dissociada da realidade material da vida, possui apenas uma coerência lógico-formal, restrita ao plano da teorização abstrata. Na verdade, a objetividade dogmático-metafísica da lei geral e abstrata significou, no plano prático da vida social, a supressão e o sacrifício da autonomia humana, solapando a possibilidade do exercício existencial, da autêncica liberdade moral da pessoa humana, submetida a uma heteronomia normativa que funcionava como a sua negação: "A objectivação, sobretudo quando estruturada pelos impessoalismos e formalismos lógicos, surgia como o próprio negativismo da autonomia pessoal e da sua encarnada e histórica situação real".[562] Assim, sob o império dogmático-metafísico do positivismo jurídico, o direito renega os seus fundamentos originários e se transforma em instrumento de opressão. Na verdade, a concepção jurídica do positivismo manifesta conceitualmente uma idéia de direito esvaziada de si mesma na medida em que o direito cedeu sua autonomia e sua *auctoritas*[563] para a *potestas* do Estado, para reduzir-se a instrumento legiferante deste e ver-se, de repente, identificado irrestritamente com a lei, cuja hipertrofia suprimiu suas demais fontes e princípios, apenas outorgando-lhes uma vitalidade efêmera, quando necessita do apoio delas para legitimar a sua dominação. Contrariando a redução do direito ao nível de simples técnica normativa das prescrições da planificação ideológico-política, Esser lembra que: "*Derecho es tambien recta ratio, cualquiera que sea la manera como la ideologia lo formule*".[564] Logo, o direito não se esgota na lei, mesmo na época moderna seu "espírito" "*son los principios de um mundo jurídico formado por el poder legislativo la judicatura y la doctrina*".[565]

Como evidencia a crítica de Esser, o estrito legalismo positivista, ao renegar a necessidade de um esforço de validade crítica, alienou a idéia de direito dos fundamentos originários que lhe dão sentido histórico, promovendo, paradoxalmente, a supressão da verdadeira intenção normativa inscrita na própria essência do direito.

---

[562] NEVES, Antônio Castanheira *Questão-de-Facto – Questão-de-Direito*. Op. cit., p. 591.

[563] Idem, p. 593.

[564] ESSER, Josef. *Princípio y Norma En La Elaboración Jurisprudencial Del Derecho Privado*. Op. cit., p. 288.

[565] Idem, p. 289.

Esta alienação do direito para consigo mesmo, perpetrada cegamente pela atitude neutral da epistemologia científico-positiva, como esclarece Castanheira Neves, decorre da motivação onto-gnoseológica do seu espírito profético, que, a partir de Comte, se propôs a superar o período metafísico. Ora, se tal atitude crítica se justificava em relação ao caráter ahistórico e acrítico das formulações dogmático-metafísicas dos jusnaturalismos teológico e racionalista, esse agnosticismo axiológico resultou no

> sacrifício intencional da dimensão verdadeiramente normativa, a essencial dimensão axiológico-normativa do jurídico e assim uma total incompreensão dos problemas do fundamento e da validade da juridicidade enquanto tal.[566]

Assim, desligado abstratamente da essência da condição humana, que tinha por missão histórica traduzir eticamente o direito, viu-se reduzido à condição normativa de simples objeto imposto pelo poder político, e o conhecimento jurídico, reduzido a um conhecimento lógico-acrítico desse direito posto. E, ainda, se a validade do direito, como sustentou Kelsen, estaria na simples vigência desse direito posto, fosse qual fosse o seu conteúdo e a sua procedência, "O pensamento jurídico estava, assim, pronto a ser sancionador e colaborador de possíveis despotismos – e veio a sê-lo efectivamente".[567] Dessa forma, o pensamento jurídico deixou de se preocupar com o direito, no sentido histórico da sua realidade prática, para cuidar tão-somente da norma em sentido formal, teórico-abstrato que, acrítica e anormativamente, passou a expressá-lo a partir do séc. XIX, ou seja, o jurista, como um trânsfuga, paradoxalmente abandonou a fidelidade para com a realização material do direito, para chancelar metodicamente uma *práxis* jurídica que, negando a verdadeira intenção prático-normativa do direito, reificado redutivamente no plano da natureza apenas lógico-formal da norma jurídica, significou, na prática, a negação prática do direito, indissociável materialmente de uma fundamentação crítico-judicativa. Na verdade, embora a norma jurídica se refira formalmente à realidade social, a metódica realização do direito, neutralmente cientificizada e lógico-dedutivamente materializada, desfigura a concreta materialidade existencial da realidade, para conformá-la lógico-abstratamente; portanto, artificialmente, aos critérios teórico-concentuais da dogmática do sistema jurídico.

Isto posto, entendemos que a raiz profunda da crise que abala o sentido do direito, a partir da hegemonização do paradigma positivista, resulta da inadequação da ordem jurídica por ele propiciada em relação às aspirações de justiça da realidade social que o convoca, ou

---

[566] NEVES, Antônio Castanheira. *Questão-de-Facto – Questão-de-Direito*. Op. cit., p. 594.

[567] Idem, p. 595.

seja, a crise do direito como resultado da contradição do direito com o sentido humano-histórico do direito.

Mas, se o positivismo jurídico se impôs como paradigma dominante a partir do séc. XIX, reduzindo a idéia de direito e, por conseqüência, o conhecimento jurídico às determinações teorético-objetivas do direito posto, também é verdade que os sintomas da crise que hoje o corroem já foram detectados, na mesma centúrea, por um pensamento crítico, que evidenciou a ilusão da onipotência metafísica da sua metódica dogmático-sistemática, demonstrando, como no caso clássico de Gény, a impossível supressão da subjetividade judicativa na aplicação concreta do direito, por maior que seja o rigor formal da lógica silogístico-subsuntiva, e também a sua lúcida crítica ao dedutismo exegético denunciou a pretensão equivocada de ver a legalidade do direito positivo como um sistema completo, suficiente, enquanto fechado dogmaticamente em si mesmo, pois todo o sistema positivo legal será sempre irremediavelmente lacunoso, restando, como imperativo irrenunciável ao pensamento jurídico, para além do monismo da lei, lançar mão, em perspectiva epistemológico-integrante, de outras fontes jurídicas que ele apontou serem o costume, a doutrina e a jurisprudência.

Se assim acontecia no âmbito do pensamento jurídico francês, lembra Castanheira Neves,[568] que também na Alemanha, a partir do início do séc. XX, importantes movimentos de um pensamento jurídico de índole metodológica começaram a apontar para a necessidade de superação crítica do método jurídico positivista. Inicialmente, o "movimento do direito livre", com um tom mais contundente, evidenciando criticamente, a ruptura do formalismo legalista com a materialidade prática da vida social, em nome de uma solução justa, evocou mesmo a possibilidade legítima de decisões *contra legem*. Também Ihering via, nessa aproximação crítica com a realidade da problemática social, o próprio fundamento teleológico do direito, isto é, a sua finalidade histórica. Igualmente, a "jurisprudência dos interesses", a "jurisprudência teleológica" e, mais recentemente, a "jurisprudência da valoração" já traziam, como pressuposto crítico, a condição irremediavelmente lacunosa do direito positivo, enquanto legalidade *stricto sensu*, e apontavam, em detrimento do formalismo dedutivista, a necessidade da inserção de ponderações práticas na realização concreta do direito, o que pressupunha, para além de uma cega obediência à lei, uma integração normativo-materialmente criativa. Refletindo a questão, Larenz observa que:

> A passagem a uma jurisprudência de valoração, a crítica ao modelo de subsunção e, por último, a preponderância da justiça do caso, bem como do procedimento "argu-

---

568 NEVES, Antônio Castanheira. Método Jurídico. *In: Digesta.* Op. cit., p. 311, 312.

mentativo", levaram a uma renovada discussão da possibilidade e utilidade da construção do sistema na ciência do Direito.[569]

Nesse mesmo sentido, Alexy[570] constata ser um ponto de convergência no pensamento metodológico-jurídico do nosso tempo a constatação de que a decisão jurídica transcende o plano do determinismo lógico-formal.

Essa constatação crítica do pensamento metodológico-jurídico do séc. XX representa um grande passo libertário em relação às amarras metafísicas da racionalidade moderna que, desde a redução da natureza à *"res extensa"*, efetivada pelo pensamento cartesiano, desprezava todas as considerações gnoseológicas que tivessem a pretensão de transcender os limites do seu cientismo. No fundo, a pretensão dogmático-totalitária do universalismo metafísico da racionalidade moderna ocultava, sob seu manto lógico-formal, uma visão fragmentada da natureza física e também da natureza humana, eis que a hipertrofia da razão lógica, como notou Goytisolo, evocando Sciacca, levou a inteligência do homem moderno a perder a noção dos seus limites, pois a pretensão subjetiva de construir um mundo de acordo com os ditames da sua racionalidade, agregando-lhe uma falsa noção de liberdade, cegou-o para a realidade material da vida, na medida em que a ótica, deformada das suas lentes lógicas, pensando abranger o todo na verdade, propiciaram que "a focagem só de algumas das suas partes leva a aceitar-se como verdade total aquilo que é apenas uma verdade parcial e limitada, que se deforma para a fazer crescer desmesuradamente",[571] ou seja, o que pretendia ser, e o foi de fato, uma ruptura epistemológico-libertária, para com as cadeias subjetivas da religiosidade metafísica, cuja cosmologia abstrata, vinculando dogmaticamente o homem a uma verdade que transcendia sua capacidade intelectiva, propiciou, por outro lado, a redução intelectiva do conceito de verdade para o plano entificado e reificado da sua expressão técnica. Essa realidade, como já vimos, também reduziu a idéia de direito ao plano de uma abstração formalizante, cuja legitimidade axiológica, fundamentada na igualdade de todos perante a lei, não passava de uma ilusão formal, bem como a justiça propiciada pela subsunção dedutivista da sua lógica metódica, na aplicação concreta do direito.

Mas, se o positivismo jurídico ainda persiste no equívoco metafísico de identificar o direito com a universalidade *stricto sensu* da lei geral e abstrata, convém retomar a crítica que, desde o séc. XIX,

---

[569] LARENZ, Karl. *Metodologia Da Ciência do Direito*. Op. cit., p. 171.

[570] ALEXY, Robert. *Teoria De La Argumentacion Jurídica*. Traduzido por Manuel Atiega e Isabel Espejo. Madri: Centro de Estudios Constitucionales, 1989, p. 23 e ss.

[571] GOYTISOLO, Juan Vallet de. *Ideologia Praxis e Mito da Tecnocracia*. Traduzido por Ruivo Serpa. Lisboa: S.A.R.L., 1974, p. 26.

começou a demonstrar ser o direito uma realidade histórico-cultural, que se manifesta e interfere, de forma translegal, na existência social, ou seja, a entificação contingente da positividade jurídica, enquanto redutora deformação da idéia de direito, não expressa o ser do direito. Tampouco se sustenta, perante um olhar crítico-epistemológico mais aprofundado, a pretensão de "ciência" da dogmática positivista, pois como pode uma concepção de direito que, sem questionar o seu sentido, admite como jurídica qualquer proposição normativa, desde que possua condições formais exigidas pelo sistema imposto pelo poder político, ser considerada expressão de uma verdadeira ciência do direito? Estranha e paradoxal compreensão de ciência jurídica esta, que rejeita qualquer aprofundamento heurístico-crítico, que, em nome da verdade jurídica enquanto expressão da justiça social, ponha em causa a certeza e a dogmática segurança do sistema jurídico; delimitando as possibilidades de criação jurídica ao plano lógico-formal da legalidade positiva, quando justamente, como pôs em relevo Capograssi,[572] cabe à ciência do direito demonstrar que o direito, como lei, não expressa o direito como direito, nem é capaz de dar uma razão coerente no que se refere ao âmbito global da esfera da experiência jurídica. Realçando a contradição de uma interpretação científico-jurídica, reduzida unilateralmente a uma legalidade dogmática alheia ao escopo teleológico do direito, Uberto Scarpelli, em tom irônico, observa que o positivismo jurídico constitui um estranho movimento cultural, em que se faz um grande esforço científico *"per elaborare forme concettuali atte a portare rigore e sistematicità in una materia caduca"*,[573] matéria caduca, em razão de ser o objeto epistemológico da sua ciência jurídica um instrumento a serviço das mutantes veleidades do poder político, o que, por conseqüência, em círculos concêntricos de cíclica e fatigante operatividade contingente, obriga os juristas a se esfalfarem num verdadeiro trabalho de Sísifo:

> *I giuristi giuspositivisti sembrano essere intellettuali masochisti che si sono condannati da sé a un lavoro di Sisifo, com la stramba velleità di compiere questo lavoro, sempre nuovo e, sempre condannato, in forme scientifiche.*[574]

Na verdade, como já lembrava Wolf, uma verdadeira ciência do direito, além de ter o direito positivo como objeto, não pode olvidar as indagações que, na realização concreta do direito, se voltam para o significado mais profundo do seu fundamento ontológico identificado com as aspirações humanas de justiça social. Quer dizer, uma verdadeira ciência do direito não pode voltar as costas para a validade axiológico-cultural do direito, e isto pressupõe uma não-restrição ao

---

[572] CAPOGRASSI, Guiseppe. *Il Problema Della Scienza Del Diritto*. Milano: Giuffrè, 1962, p. 8.

[573] SCARPELLI, Uberto. *Cos'é Il Positivismo Giuridico*. Op. cit., p. 47.

[574] Idem.

estudo do direito que é, mas um aprofundamento crítico em relação ao direito como ele deve ser: dever ser que não pode restringir-se a uma mera imposição heterônoma no sentido proposto por Kelsen, mas que tenha sempre presente que *"toda respuesta a la pregunta quid iuris? Debe responder también a la pregunta, debe ser así el derecho"*.[575] Assim sendo, uma verdadeira ciência do direito, para propiciar as condições da realização histórica do direito, em termos de uma autenticidade que a simples invocação do seu sentido já traz implícita, deve ter sempre como meta prioritária uma englobante e crítica compreensão do homem no contexto prático da sua vivência social. Logo é, uma ciência que, sem perder de vista a essência do ser do direito, pressupõe o desenvolvimento histórico do seu dever – ser, através de uma contínua evolução e adequação crítica das suas normas, integrando-as com os valores éticos, culturais, econômicos e políticos da estrutura social, num proceder metódico que, alargando problematicamente o conceito de direito, aproxime-o do ideal da justiça e das prerrogativas essenciais da pessoa humana. Enfim, uma verdadeira ciência do direito, contrariando o cientificismo positivista, não pode restringir-se a uma simples dominação técnica, que reduz a prática jurídica a uma absorção epistemológica, nos moldes sistêmicos de rígidos esquemas teoréticos, delimitados unilateralmente no âmbito de uma racionalidade planificada tecnocraticamente, que justamente exclui do prático o seu autêntico sentido que jamais se submete à heteronomia de qualquer discurso dogmático. Como qualquer outro dogmatismo, o positivismo jurídico, nas suas variadas manifestações históricas, trai os autênticos objetivos da verdade científica, pois, como bem lembrou Esser,

> *Toda teoría que, renunciando investigar el fenómeno mismo, hace declaraciones autoritarias e inmediatas sobre su naturaleza y contenido, debe quedar científicamente descalificada, cualesquiera que sean los intereses especulativos que en ello jueguen.*[576]

Levando tudo isto em consideração e reconhecendo que, embora seja um procedimento lógico-dedutivo que dirige epistemologicamente a metódica positivista, fornecendo os elementos concentuais para a sua interpretação, e os instrumentos técnicos para a operacionalidade da sua *práxis*, seus critérios normativos visam, acima de tudo, a expressar salvaguardar os interesses políticos da vontade do poder estatal. Por essa razão, mais do que uma interpretação científica, parece-nos que uma interpretação de índole política mais nos aproxima da essência do seu conceito, pois, ao desconsiderar a pro-

---

[575] E. Wolf Fragwiirdigkeit und Notwendigkeit. Cap. III. *In*: BALLESTEROS, Jesús. *Sobre El Sentido Del Derecho*. Op. cit., p. 151.

[576] ESSER, Josef. *Princípio y Norma En La Elaboración Jurisprudencial el Derecho Privado*. Op. cit. p. 17.

blemática relativa à validade normativa do direito e o não assumir a sua *práxis*, em conexão problemático-dialética com a faticidade social, acabou resultando numa neutralidade formal que, contrariando o esforço espistemológico de Kelsen de autonomizar o direito frente ao poder político, transformou a sua realização, esvaziada de critérios prático-jurídicos, em objeto instrumentalizado de decisão ideológico-política. Como se pode ver na bem-formulada crítica de Castanheira Neves,

> O sistema Kelseniano jurisprudencializa apenas uma organização coactiva do poder através de um coerente sistema de normas, por que aquele actue e com os limites tão só da lógica instituida por esse sistema, e renuncia a pensar a dimensão de justiça.[577]

Efetivamente, renunciar a pensar crítico-problematicamente a questão da justiça na aplicação concreta do direito, em nome de uma dinâmica sistemática decisionista acriticamente estabilizadora, garantidora, no máximo, de uma igualdade formal perante a lei, significa excluir do jurídico a possibilidade de uma igualdade material perante o direito, distanciando-o da intimidade contraditória e criativa da realidade prática da vida, hipostasiando-o e fixando-o apriorístico-formalmente, no âmbito da exterioridade superficial dos fatos sociais conflitivos.

Neste sentido, Baptista Machado observou, com coerência, que a maior contribuição de Kelsen para o direito não está na formulação teorético-epistemológica do seu normativismo, mas no fato de que a sua teoria contribuiu decisivamente no amadurecimento do seu erro,

> transformando-o de erro indistintivamente formulado, ambíguo, em erro refutável, em ter conduzido o clássico positivismo jurídico, com inteiro rigor lógico, àquela sua extrema conseqüência em que uma exigência de superação se torna patente.[578]

Assim sendo, a profunda contradição da ilusão lógica do normativismo positivista começou a despertar, nos mais lúcidos espíritos jurídicos a ele vinculados epistemologicamente, a necessidade crítica de alargar seus horizontes. O próprio Bobbio[579] referiu que, embora o puro tecnicismo jurídico tenha atingido uma notável perfeição, em relação a ele, começa-se a guardar desconfiança. Também Carnelutti[580] observou que, no ideal de certeza de direito e de justiça, na verdade, dois opostos que o legalismo aspirou concretizar numa sín-

---

[577] NEVES, Antônio Castanheira. *A Unidade do Sistema Jurídico:* O seu Problema e o seu Sentido. Coimbra: Separata no Número Especial do Boletim da Faculdade de Direito de Coimbra, 1979, p. 87.

[578] MACHADO, João Baptista. *Das Problem der Gerechtigkeit.* Coimbra: Aménio Amado, 1979, p. L I.

[579] BOBBIO, Norberto. *Jusnaturalismo e Positivismo Jurídico.* Milão: Edizioni di Comunitá, 1972, p. 69.

[580] CARNELUTTI, Francesco. La Morte del Diritto. *In: La Crise del Diritto.* Padova: Antonio Milani, 1953, p. 177.

tese formal, a cada dia que passa, mais vamos perdendo a fé, e Cala-mandrei, refletindo a crise do direito, identificou-a com a *"crisi del giurista 'puro' e della pura logica giuridica"*.[581] Em síntese, "o pensamento jurídico está em crise porquanto ruiu o sistematismo dogmático-conceitual próprio do normativismo moderno e continuado no positivismo legalista do séc. XIX".[582] E a crise da lei também atinge a própria essência da idéia de Estado constitucional de Direito, que, como legado do pensamento moderno iluminista a ela está ontologi-camente vinculado; e, em torno da sua hegemonia metafísico-univer-salista, construiu a sua própria fundamentação e a sua histórica legitimidade, amparada, democrático-formalmente, em torno dos três elementos constitutivos do seu sentido, a saber: "ela seria uma pres-crição normativa da vontade geral, de índole e validade racional e que se identificava com o direito".[583] Mas, como a reflexão crítica até aqui desenvolvida deixou claro, "nenhuma destas notas se poderá manter no seu atual entendimento: nenhuma delas se cumpre na presente realidade político-jurídica da lei".[584]

No entanto, em termos gerais, o pensamento jurídico crítico que até aqui viemos referindo, se teve o grande mérito de apontar as contradições do positivismo jurídico e desvelar a crise que a cegueira dos seus corifeus não questionava, por outro lado, manteve-se ainda difusamente prisioneiro de uma contextualidade metafísico-jurídica que hoje se vê radicalmente abalada pela violência do relativismo pós-moderno.

Justamente este resquício de tranqüilidade, de um pensamento que ainda se movimentava, embora criticamente, sob a égide de um fundamento metafísico, parece não mais sustentar-se no contexto glo-balizado do mundo pós-moderno, pois, se, como procuramos de-monstrar, na sua essência, o positivismo jurídico é a expressão político-jurídica do Estado constitucional de Direito que nos legou a racionalidade metafísica da modernidade, pressupondo um Estado de Direito identificado com o conceito de Estado-Nação. No mundo pós-metafísico, ambos perdem seus referenciais e soçobram radicalmente.

Isso ocorre de tal modo que, se a utopia metafísica do jusracio-nalismo, que culminou no Estado constitucional de Direito, foi demo-lida teoricamente pelas marteladas antimetafísicas de Nietzsche, hoje, é o realismo empírico do pragmatismo utilitarista globalizado que lacra seu epitáfio, visto que, sob o signo do epocal predito por

---

[581] CALAMANDREI, Piero. La Crisi Della Giustizia. *In:La Crisi del Diritto*. Padova: Antonio Milani, 1953, p. 161.

[582] NEVES, Antônio Castanheira. *Metodologia Jurídica*. Coimbra: Coimbra, 1993, p. 25.

[583] NEVES, Antônio Castanheira. *O Instituto dos "Assentos" e a Função Jurídica dos Supremos Tribunais*. Op. cit., p. 584.

[584] Idem, p. 584.

Heidegger, a morte do Estado-Nação, no contexto mundializado da globalização econômica, é um fruto da revolução tecnológica que hoje vivenciamos com a inevitável perplexidade de quem vê desabar o edifício conceitual onde estava estruturada a sua visão de mundo. Segundo a lógica globalizante, lembra Francisco Luiz Corsi:

> Não haveria mais sentido falarmos em projetos nacionais, que visassem um desenvolvimento com autonomia nacional, pois todos os projetos com esse objetivo, de caráter capitalista ou socialista, fracassaram no século XX.[585]

Assim, parece que adentramos o novo milênio mais como cidadãos do mundo do que como cidadãos de determinado país, eis que, esvaziados os clássicos conceitos de soberania e cidadania, vemos surgir novos atores no cenário extraterritorial, como, por exemplo, as corporações Transnacionais e as Organizações Não-Governamentais Internacionais; fala-se mesmo em uma sociedade civil globalizada. Neste contexto, a normatividade jurídica, mais do que no poder estadual, encontra sua fonte nos centros de poder econômicos dispersos pelo mundo num atomismo globalizante, que tem como *feedback* sintetizador e aglutinador dos inumeráveis subsistemas a força centrífuga do dólar.

Convém lembrar que, contrariando os clássicos prognósticos humanistas do liberalismo econômico, cujo pensamento, a partir do utopismo de Adam Smith (vislumbrou sociedades democráticas onde o livre jogo do mercado viria a produzir uma equilibrada e harmônica distribuição das riquezas), o neoliberalismo representa a imposição hegemônica dos interesses da minoria dos países ricos, sobre a imensa maioria dos países pobres, nos termos de uma globalização econômica, projetada pela fria lógica do Banco Mundial e pelo Fundo Monetário Internacional, sendo os principais atores da cena mercantil as gigantescas empresas transnacionais de capital anônimo que, promovendo a interdependência das economias nacionais, na prática, suprimem a soberania dos Estados-Nação. A soberania e outras questões de direito internacional que lhe são inerentes, como a livre autodeterminação dos povos, embora formalmente reconhecidos pela ONU, na prática, não transcendem os limites de uma retórica que, hipocritamente oculta numa aparência desideologisada, a dura face neocolonialista do neoliberalismo, como denunciou Pablo Gonzáles Casanova,[586] quem olhar criticamente o fenômeno da globalização econômica, para além das aparentes novidades, terá que desvelar os arcaísmos que lhe estão na essência, ou seja, o velho colonialismo da idade moderna, engalanado com os trajes vistosos do discurso neoliberal-pós-moderno, que, aliando a força das oligarquias burocráticas

---

[585] CORSI, Francisco Luiz. A Globalização e a Crise dos Estados Nacionais. *In: Desafios da Globalização.* Petrópolis: Vozes, 1998, p. 102.

[586] CASANOVA, Pablo Gonzáles. Globalidade, Neoliberalismo e Democracia. *In: Globalização Excludente.* Petrópolis: Vozes, 1999, p. 49 e ss.

e o poder militar, sintonizados com os interesses das burguesias locais e os do grande capital das metrópoles, amarraram (à custa da fome e da miséria da imensa maioria das populações da África, Ásia e América Latina) este desumano pacote que genericamente denominam de nova ordem mundial. Para Noam Chomsky, tal estrutura só poderia gerar uma crise econômica global, no âmbito da qual ele vislumbra uma catástrofe do capitalismo de Estado:

> Que tem deixado um terço da população do mundo praticamente sem meios de subsistência, é a grande explosão do capital financeiro não submetido á regulação desde que o sistema de Breton Woods foi desmantelado há mais de duas décadas, com talvez um trilhão de dólares fluindo diariamente.[587]

O ilustre professor do Massachusetts Institute afirma, baseado em relatório da UNCTAD, que 95% desses capitais, atualmente, têm por finalidade apenas a especulação, o que gera uma economia de baixo crescimento, aumenta o desemprego, diminui os salários, propiciando, em contrapartida, apenas altos lucros aos especuladores, resultando, dessa lógica,

> Setores de grande riqueza, uma grande massa de miséria e uma grande população supérflua-desprovida de todo e qualquer direito porque em nada contribui para a geração de lucros, onde seu único valor é o humano.[588]

Nesse contexto de desestruturação paradigmática que vitima o Estado-Nação, também a idéia de direito, que com ele vem identificada desde o séc. XVII, vê-se frontalmente atingida.

Como é sabido, na perspectiva da modernidade, o fenômeno jurídico radica suas fontes nas instituições estatais, pressupondo que cada Estado soberano edifica seu direito positivo, que deve vigir com autonomia nas dimensões do seu território. Isto deixa de acontecer na dinâmica econômica da realidade transnacional que, derrubando as fronteiras, não faz mais distinção entre países. Seu poderio literalmente abobroa e ignora as identidades nacionais e suas instituições políticas, culturais e jurídicas, para poder efetivar, com eficácia, o seu funcionamento que se processa em velocidade geométrica, originando situações de choque com as estruturas jurídicas estatais e seu aparato processual-burocrático, vinculado a princípios hierárquicos de legalidade e segurança jurídica, que se interpõe como um óbice frente aos corporativos interesses da economia globalizada, pois, sendo o direito positivo estatal a dogmática expressão de um monismo normativo-jurídico, projetado para a resolução de conflitos unidimensionais e interindividuais, ele mostra-se inadequado para resolver conflitos de caráter pluridimensional, em uma dimensão de pluralidade normati-

---

[587] CHOMSKY, Noam. Democracia e Mercados na Nova Ordem Mundial. *In: Globalização Excludente.* Petrópolis: Vozes, 1999, p. 37.

[588] Idem, p. 38.

va em que, se interpenetram várias ordens jurídicas antônomas coabitando o mesmo espaço geopolítico globalizado.

Esse descompasso, acentua José Eduardo Faria, leva as ordens jurídicas nacionais a sofrerem forte pressão dos organismos financeiros internacionais, no sentido de adaptarem sua metódica jurídica às exigências do sistema capitalista transnacional, que reivindica "a eliminação dos entraves que bloqueiam a abertura comercial, a desregulamentação dos mercados, a adoção de programas de desestatização, a 'flexibilização' e 'desconstitucionalização'".[589]

Tudo isto indica a emergência de uma normatividade jurídica que, paradoxalmente, vai fundamentar um direito positivo nacional, tendo por fonte decisões econômicas forjadas fora das fronteiras do seu território. Tal inversão desestrutura a concepção paradigmática da ciência jurídica, identificada com o Estado Constitucional de Direito, projetando, numa orfandade conceitual, o ensino jurídico das academias, a construção doutrinária que lhe serve de base, todo o edifício jurisprudencial e, por conseqüência, a *práxis* metodológica dos tribunais.

Refletindo o problema da constituição como base normativa do Estado de Direito, Canotilho lembra que os desafios que conclamam o constitucionalismo contemporâneo já não são os de uma época que se pretende moderna, mas, sim, de uma época pós-moderna, pois: "Em crise estão muitos dos vocábulos designantes – 'Constituição', 'Estado', 'Lei', 'Democracia', 'Direitos Humanos', 'Soberania', 'Nação' – que acompanharam desde o início a viagem do constitucionalismo".[590]

Assim sendo, pensar juridicamente na pós-modernidade significa defrontar-se, problemático-radicalmente, com o relativismo desconstrutivista que hoje abala o conceito de direito; implica o abandono da pretensão metafísico-universalista, em nome da qual, lógico-normativamente, a partir do jusracionalismo, um subjetivismo abstratizante axiomatizou o direito nos termos de um cientificismo racional-sistemático.

Em perspectiva oposta, observa Arnaud, o direito pós-moderno deixa de ser um produto da axiomatização subjetivista, de cuja universalidade racional derivaria uma segurança das relações jurídicas. Ele caracterizar-se-ia, antes,

> Por uma vontade de pragmatismo e de relativismo, pela aceitação do descentramento do sujeito, por uma pluralidade das racionalidades, pelo risco que lhe é inerente, pelo retorno da sociedade civil e pela apreensão das relações jurídicas na complexidade das lógicas bruscamente estilhaçadas.[591]

---

[589] FARIA, José Eduardo. *O Direito na Economia Globalizada*. São Paulo: Malheiros, 1999, p. 25, 26.

[590] CANOTILHO, José Joaquim Gomes. *Direito Constitucional*. Coimbra: Almedina, 1996, p. 11, 12.

[591] ARNAUD, André-Jean. *O Direito entre Modernidade e Globalização*. Traduzido por Patrice Charles Wuillaume. Rio de Janeiro: Renovar, 1999, p. 202.

Tudo isto evidencia a superação do monismo legalista estatal como fonte absoluta do direito; impõe o abandono dos códigos jurídicos e da própria idéia de ciência do direito que nos legou a modernidade.

Estão na ordem do dia, a busca de soluções alternativas para o direito, que apontam para um pluralismo de tendência informalizante; observa-se, por todos os lados, a emergência de subsistemas normativos, que funcionam paralelamente como formas de regulação social alheias e, muitas vezes, contrárias aos mandamentos jurídicos da regulação estatal.

Resulta, de toda essa conjuntura problemática, uma crescente complexidade a envolver o fenômeno jurídico, a qual, tendo por fonte uma realidade social que a orfandade da metafísica desagregou e que, portanto, não reconhece mais na universalidade normativo-jurídica, imposta pelo poder político estatal, a plenitude do direito. O pluralismo resultante dessa complexidade, fruto do relativismo que fragmentou a soberania do Estado, avança geometricamente pelo interior da sociedade, dificultando, gradativamente, a possibilidade da sua redução à simplicidade lógica da razão moderna. Essa simplicidade, lembra Arnaud, identifica-se com a idéia de um universo social ordenadamente programado, segundo os critérios dogmático-racionais de um lógico determinismo, que tem na coercibilidade jurídica a sua base segura de sustentação. Nesse contexto em que se espera do jurista apenas a organização de um procedimento metodológico que garanta a perpetuidade do sistema, o formalista surge como "uma garantia indissociável à ordem jurídica que, dessa forma, só pode pertencer à esfera de um legalismo estatal".[592] Já a complexidade, evidenciando cada vez mais a impossibilidade da sua resolução à simplicidade através de um processo lógico-racional, "remete à idéia de recursividades e de emaranhados de relações de um nível institucional para outro"[593] e, se cada um dos diversos sistemas jurídicos que se interpenetram no contexto de uma ordem jurídica complexa, sejam informais ou oficiais, possuem a sua própria racionalidade, "como fazer coabitar essas normalidades. Qual lógica complexa pode dar conta da existência simultânea destas diversas racionalidades?".[594]

É evidente que uma resposta cabal para essa interrogação ainda não existe. Ela deverá ser o resultado da evolução de um pensamento jurídico, que se desenvolva criticamente no âmbito da realidade pósmoderna, tendo claros a contingencialidade histórico-dialética do tempo presente e o caráter indefinido do futuro. Tudo isto implica a incontornável aceitação da dúvida e do risco na essência da vida

---

[592] ARNAUD, André-Jean. *O Direito entre Modernidade e Globalização.* Op. cit., p. 216.

[593] Idem, p. 218.

[594] Ibidem, p. 219.

jurídica. Certo mesmo parece ser que as concepções "do Estado e do direito, sobre as quais nós ainda vivemos, estão bem mortas".[595]

Mas, aprofundando essa *meditatio mortis*, surge a dúvida de teor apocalíptico, que, para além da morte do direito moderno, prognostica o desaparecimento e a consumação da própria idéia de direito, como elemento normativo e regulador da vida social, isto é, a morte do direito como direito. Efetivamente, a radicalidade problemática da crise que afeta o direito põe em causa o seu fundamento ontológico, que a máxima de Cícero, *ubi societas, ibi ius*, eivada de sentido inabalável, parecia legitimar para todo o sempre. Assim, o que se coloca hoje para o pensamento jurídico não são apenas problemas de direito, eis que o próprio sentido da subsistência do direito também volveu-se problemática. Uma sociedade sem direito, diz Castanheira Neves,

> É algo que se pode inclusive reconhecer no horizonte real da evolução (ou de uma certa evolução) das actuais estruturas sociais e culturais – é, digamo-lo assim, uma possibilidade histórica e a fazer com que 'o fim do direito' não seja um tema absurdo.[596]

Na verdade, a perda de sentido do direito e a possibilidade real do seu desaparecimento ocorreu paralelamente com o esvaziamento do sentido de uma civilização humana, que estava ontologicamente vinculada com o seu sentido. Esse sentido, em termos gerais, pressupunha a ética como fundamento prático do agir humano que incumbia normativamente ao direito promover e preservar, e, na medida em que uma racionalidade tecnológica, destituída de fator humano, procura organizar a vida social a partir de uma auto-regulação cibernético-sistêmica, ela, em verdade, alheia à ética, substitui-se ao direito e propõe novas formas de organização social que o levam excluído. Assim, a tendência de exclusão do jurídico, que já o positivismo perpetrara, com a radical positivação que transformou o direito em simples instrumento do poder político, ultima-se e radicaliza-se, na atual racionalidade tecnológica de teor cibernético, meramente instrumental e acriticamente calculadora, que projeta uma realização metodológica do direito, em termos de um finalismo político, lógico-ciberneticamente apoiado pela informatização e computadorização científico-tecnológica, em que o jurista, reduzido acriticamente à condição de simples técnico, é convocado para operar com questões técnico-jurídicas, desvinculadas do direito enquanto tal, gerando

> a paradoxal situação de vivermos numa "conjuntura de direito" (F. Werner), mas em que o próprio excesso conjugado com o instrumental finalismo e o intencional esvaziamento de mera tecnicização essencialmente anulam o seu significado ou o transformam noutra coisa.[597]

---

[595] ARNAUD, André-Jean. *O Direito entre Modernidade e Globalização*. Op. cit., p. 220.

[596] NEVES, Antônio Castanheira. O Direito como Alternativa Humana. *In: Digesta*. Coimbra: Coimbra, 1995. v. I, p. 288.

[597] Idem, p. 294, 295.

A anulação do significado do direito consiste em que o cientismo lhe subtrai a sua autêntica dimensão normativa e, se ainda lhe permite a aspiração de algum conteúdo material, "é, no entanto, para assimilá-lo por uma intenção teleológico-técnica, pelo sentido e a metódica intelectualístico-'científica' de uma organização e eficácia sociais".[598] Nessa perspectiva, a outra coisa em que o direito se transforma, consumando o seu *déperissement* científico prognosticado por Comte, é que ele deixa de ser direito e passa a ser "uma técnica de organização científica da vida social".[599]

Portanto, parece-nos profundamente questionável o pensamento jurídico que deriva deste intelectualismo científico, bem como questionável é a ciência do direito que ele produz, pois, como pode ser considerado jurídico um pensamento que desconsidera a dimensão prático-problemática do direito e leva-o "a diluir-se, por isso, em intencionalidades anormativas em que se apaga a sua autonomia e, portanto, a si mesmo se anula".[600]

Efetivamente, a desconsideração para com a dimensão prático-problemática do direito significa desconsiderar o próprio direito enquanto tal e, mesmo, negar-lhe a sua subsistência histórico-existencial, visto que, contrariando o apriorismo abstrato e transcendental do normativismo formalista, o direito só passa a existir autenticamente a partir da sua realização prático-material, isto é, a partir da sua concreção histórica, que, em consonância com o próprio sentido ontológico do direito, pressupõe-se problemática e jamais passível de uma redutora subsunção lógico-sistemática. Nesse sentido, o verdadeiro operar do jurista não se identifica com uma solipsista elaboração formal de normas *a priori*, mas, com o enfrentamento problemático-crítico que advém da resolução dos concretos problemas jurídicos, pois ter direito não significa apenas possuir um sistema de normas jurídicas com uma abstrata subsistência ideal-formal, eis que "Só o cumprimento histórico-concreto, naquele modo de ser que é a vigência e que lhe permite afigurar-se como efectiva dimensão da prática humano-social, transforma a juridicidade em direito".[601]

Quando nos referimos a uma metódica jurídica de caráter prático-humano, estamos pensando em um agir que leva como pressuposto a condição de homem-sujeito, não redutível a um funcionalismo estratégico-prático, que, tendo como fim uma lógica planificação social o objetifica; para adaptá-lo ciberneticamente ao instrumentalismo formal da ideologia tecnocrática.

---

[598] NEVES, Antônio Castanheira. *Questão-de-Facto, Questão-de-Direito*. Op. cit., p. 596.

[599] Idem, p. 597.

[600] Ibidem.

[601] NEVES, Antônio Castanheira. *Metodologia Jurídica*. Op. cit., p. 25.

Aqui chegados, atingimos a real dimensão da crise contemporânea do direito, que, para além das contradições contingenciais da positividade normativa, atinge o próprio sentido do direito.

Isto ocorre quando, sob o signo da hegemonia tecnológico-científica, o direito se transforma em simples técnica de controle social e deixa de ser direito na medida em que, metodologicamente, "o conhecimento das relações entre os elementos do sistema e a técnica da sua manipulação eficiente ocupam o lugar da ética".[602] Em outras palavras, ontologicamente descaracterizado e, pragmaticamente manipulado para o desiderato sociológico de um finalismo empírico-utilitarista,

> O direito em si compreender-se-ia como uma estratégia político-social funcional e finalisticamente programada, a decisão concreta como uma táctica de realização ou execução consequencial, a própria função judicial como uma instituição funcionalmente adequada a essa estratégia/táctica.[603]

Nesse mundo rigorosamente planificado que o cientismo tecnológico impõe, não apenas o direito, mas também o homem que a essência daquele deveria exprimir, vêem-se reduzidos aos termos calculadores da imensa planilha cibernética que condiciona a vida. E mesmo quando, a malha do funcionalismo sistêmico que o envolve e tolhe se propõe aberta, no fundo, a possibilidade criativa e crítica do seu pensar é suprimida pelo cálculo, e tudo passa a existir em função de mecanismos cuja operacionalidade, voltada apenas para a consecução de metas produtivas sistemicamente programadas, nada admite para além da sua heteronomia lógica. E, se essa heteronomia lógica, ciberneticamente falando, possui mobilidade racional para adaptar-se à complexidade pós-moderna, de uma realidade social em contínua mutação, nela se verifica que:

> A redução formalizante é a estrutura procurada do racional em que a máquina substitui e ultrapassa o homem ou em que este se tem de integrar como elemento em circuitos mecanizados de auto-regulação; neste mundo assim decerto que aquilo que é humano no homem já não tem lugar.[604]

Dessa forma, consciente da complexidade e, ao mesmo tempo, acriticamente consciente da redução dessa mesma complexidade a uma objetificação formal, que condiciona a realidade social, pressupondo sua intrínseca mobilidade disciplinada por heterônoma planificação, Luhmann observou que: *"La 'teoria de sistemas' es, hoy en dia, un concepto unificador de significados y niveles de análises muy diversos"*,[605] na verdade, uma superteoria cujo amplexo permite *"la centra-*

---

[602] NEVES, Antônio Castanheira. *Metodologia Jurídica*. Op. cit., p. 60.

[603] Idem, p. 56.

[604] NEVES, Antônio Castanheira. O Papel do Jurista no Nosso Tempo. *In: Digesta*. Coimbra: Coimbra, 1995. v. I, p. 15.

[605] LUHMANN, Niklas. *Sistemas Sociales*. Traduzido por Silvia Pappe e Brunilde Erker. México: Alianza, [s.d], p. 25.

lización de las diferencias y por los cambios de paradigma".[606] Efetivamente, o câmbio de paradigma invocado por Luhmann, no que concerne ao direito, ganha contornos inexoráveis, quando se verifica a incapacidade da ciência jurídica moderna em resolver os novos problemas que emergem na complexidade pós-moderna. Refletindo essa contradição, também Enrico Di Robilant enfatizou a necessidade de que o que se está a exigir na nova sociedade pós-industrial *"è invece, per dirla in termine Kuhniani, proprio un mutamento di paradigni".*[607]

É inegável que, na sociedade pós-moderna, o direito não se origina simplesmente da vontade do legislador, cumprindo-se na decisão do juiz. Como destaca Luhmann, sua formação organizacional encontra base e justificação através de uma extensa mobilidade e, mesmo possuindo a sociedade uma legislação centralizada, por não ter condições de encarregar-se dos sistemas jurídicos paralelos criados nas diversas organizações, sua responsabilidade deve generalizar-se, levando em consideração a complexidade normativa da globalidade do sistema. As perspectivas da positivação do direito, nesta realidade, situam-se num plano abaixo do todo social, em razão da crescente complexidade social que aí produz, gerando uma outra dimensão de problemas, para os quais o convencionalismo da dogmática jurídica tradicional resulta inadequado, pois:

> A maior complexidade da sociedade e do seu direito, a disponibilidade de muitas outras possibilidades, tem que constituir a base para a institucionalização de novas formas de encaminhamento que sejam ao mesmo tempo ainda mais generalizantes.[608]

Embora tudo deva acontecer no âmbito variável de uma dimensão controlada, é bem verdade que todas essas condições apontam

> para seguranças mais dinâmicas que estáticas, menos para a proteção de um núcleo básico do direito adquirido, menos para a manutenção do *status quo* e mais para um acesso suficientemente descentralizado a outras possibilidades.[609]

Assim, para poder adaptar-se congruentemente ao vertiginoso ritmo da complexidade pós-moderna, o direito deve levar em consideração a mobilidade intrínseca que ela revela, condicionando-se ciberneticamente aos limites de uma variação controlada, em que se abre o espaço para uma adequação tecnológica dos problemas jurídicos que, conduzidos em termos algorítmicos e, portanto, gradativamente automatizados, permitem uma simplicação do processo decisório que, por sua vez, dinamizando e impondo maior rapidez à decisão judicial, culminam na mecanização do seu procedimento.

---

[606] LUHMANN, Niklas. *Sistemas Sociales.* Op. cit., p. 28.

[607] ROBILANT, Enrico Di. Il Diritto Nella Societá Industriale. *In: Rivista Internazionale di Filosofia del Diritto* Milano, ano IV, serie L, p. 225, 1973.

[608] LUHMANN, Niklas. *Sociologia do Direito.* Traduzido por Gustavo Bayer. Rio de janeiro: Tempo Brasileiro, 1985. v. II, p. 60.

[609] Idem.

Nesse contexto, o direito passa a ser entendido como um fenômeno informativo, inserido no sistema social que se articula através de uma pluralidade intensa de informações, sempre transitando no seu interior acionadas por diversas e concorrentes fontes normativas.

Cabe lembrar que essa normatividade "sub-reptícia", que sempre existiu paralelamente ao ordenamento jurídico estatal, sendo, no entanto, desconsiderada e subsumida pela hegemonia dogmático-metafísica das normas positivadas, agora concorrem igualmente com elas, quando não se lhes sobrepõem *"la normazione dei centri di potere economico sociale e d'informazione há, molto spesso, un'incidenza ed un'efficacia maggiori di quelle della normazione statuale"*.[610]

Assim, a teoria sistêmica do direito, integrando o fenômeno jurídico no panorama científico contemporâneo, procura refleti-lo, levando em conta os inúmeros impulsos normativos que partem de diversos centros eminentes e refletem, através de um sistema informativo, a complexa pluralidade das operações econômicas, político-sociais e culturais que compõem o todo da organização social.

Nesse sentido, o modelo sistêmico configura-se adequado para representar a movimentação da normatividade social e absorver a grande variedade de impulsos que partem dos centros eminentes desde o interior da sociedade, acionados pelo fluxo contínuo das vontades divergentes. Sua configuração esquemática tende a permitir uma correspondência do direito com os centros emissores de impulsos normativos, articulando o *feedback* entre os diversos subsistemas que compõem a globalidade do sistema normativo. Para tanto, acompanha-se o impulso normativo no seu percurso fenomenológico, que vai desde o centro de emissão ao receptor, passando por diversas fases problemáticas em que o modelo de sistema, comprometendo-se com a realidade prático-social, busca na dimensão das possibilidades da sua lógica os elementos teóricos apropriados para incidirem sobre a realidade específica que deve então examinar e resolver.

Tal configuração pressupõe a necessidade de um sistema aberto, que permita a livre manifestação das informações entre os diversos subsistemas, e a necessária troca de influências daí advindas; deve promover uma oportuna correspondência do fenômeno jurídico com a realidade empírica, adaptando seus mecanismos ao ambiente, no intuito de se adequar a ele, absorvendo a mobilidade normativa que, em forma de informação, movimenta a sociedade nos moldes de uma auto-realização sistêmica.

Convém também lembrar que, ao procurar afirmar teoricamente a necessidade de um sistema aberto, a teoria do direito como sistema busca estabelecer um equilíbrio em que o direito não tenha apenas

---

[610] ROBILANT, Enrico Di. *Il Diritto Nella Societá Industriale*. Op. cit., p. 227.

uma função negativa para restabelecer a situação anterior. Ela procura impor ao *feedback* um caráter também positivo, na medida em que sua síntese, absorvendo as situações novas, leva em conta a necessidade eminente de possíveis modificações estruturais, que uma análise realista dos fenômenos sociais, em conexão com a mutação dos conhecimentos e valores na realidade pós-moderna, constantemente determinam.

Assim, fruto da dialética interna que movimenta todo o complexo normativo da sociedade pós-industrial tecnologicamente desenvolvida, o direito assume uma vigência variável, perspectivando uma generalização coerente das diferentes expectativas que se impõem normativamente. Nesse sentido, sua variabilidade estrutural é racionalizada, buscando decisões equilibradas, dentro dos limites sistêmicos da estrutura social em movimento, através da utilização de dispositivos de autocontrole cibernéticos, que permitem a constância do sistema na grande complexidade do mundo em mutação; preservando-se o estado invariante das variáveis numa perspectiva científico-finalista em que as soluções para os problemas jurídicos, orientados a partir de investigações funcionalistas, intencionalmente desproblematizam o direito, visando à simplificação das decisões.

Refletindo sobre o problema do estabelecimento de fins, no âmbito da constância do sistema pelo prisma da regulação cibernética, Luhmann assinala: *"La fascinación ejercida por el problema de la constancia en un mundo harto complejo y en mutación, y el intento de explicar estados invariante de variables"*.[611] Isto implica, para além de uma neutralização axiológica, o abandono de qualquer indagação crítica que venha a perquirir sobre o sentido essencial do ser jurídico, visto que,

> *En una perspectiva científica determinada se indaguen las posibles soluciones de esse problema son dos circunstancias que hacen de la cibernética un enfoque de investigación no-ontológico.*[612]

Em outras palavras, a regulação cibernético-sistêmica, ao procurar delimitar logicamente a existência humana, com o conseqüente abandono de um esforço interrogativo e problemático-reflexivo sobre o sentido da sua *práxis*, acaba impondo uma mecanização acrítica da realidade, pois

> *En la descripción de la particularidad del interés que guía a la investigación cibernética se há prescindido intencionalmente de mencionar esse mecanismo que con tanta frecuencia, sobre todo en la cibernética "aplicada", pasa como la esencia de la cuestión.*[613]

---

[611] LUHMANN, Niklas. *Fin y Racionalidad En Los Sistemas*. Traduzido por Jaime Nicolás Muniz. Madri: Editora Nacional, 1983, p. 145.

[612] Idem.

[613] Ibidem, p. 146.

Na verdade, o funcionalismo cibernético-sistêmico, enquanto expressão do desenvolvimento científico-tecnológico, ao submeter e adequar o direito aos domínios analíticos e planificados de uma racionalidade algorítmica, com a pretensão de propiciar sistemas sociais auto-regulativos adaptáveis às contingências do meio ambiente, no plano de uma instrumental mecanização das condutas em termos de operatórias objetivo-tecnológicas, transforma o direito em simples ferramenta ao serviço do finalismo empírico-tecnológico. Como disse Jesus Ballesteros,

> *En un mundo instrumentalista en el que sólo son valoradas herramientas es lógico que el derecho sólo apareza justificado en cuanto sea convertido en una herramienta mas, es decir, en algo que puede ponerse al serviço de diferentes fines.*[614]

Parece-nos, portanto, indubitável que, no contexto cultural da pós-modernidade, os setores do pensamento jurídico que assumem o direito a partir de uma racionalidade funcional-instrumental, ao abandonarem os pressupostos da racionalidade prática que fundamenta ontologicamente o seu sentido, abandonam o próprio direito, pois, para além da contingência parcial de determinados interesses político-sociais que tendem a transformar o direito num simples elemento coativo-burocrático de instrumentalização finalística, a idéia de direito nos remete sempre para a dimensão ético-antropológica da condição humana, como encarnação da substantividade material e axiológico-existencial, que lhe dá sentido, ao mesmo tempo, ontológico-intemporal e dialético-histórico. Nessa perspectiva, lembra-nos François Ost,[615] analisando a dimensão do tempo no direito, que o entendimento da complexidade do seu sentido não pode abdicar de uma reflexão ontológica a respeito do fundamento invariante que o constitui, e encontra justificação na coerência racional de uma dialético-histórica materialidade ética. Esse fundamento intemporal nos remete para os princípios fundadores que devem estar na base de qualquer ordem jurídica e que, mesmo num tempo como o nosso, marcado radicalmente pela incerteza de um relativismo indeterminista, não pode prescindir da aspiração normativa de uma ordem social coerente, equilibrada e justa. E, assim, embora consciente da metafísica derrocada das verdades universais e imutáveis, num ambiente cultural de histórica e contínua reconstrução crítico-dialética, pode-se dizer que "O 'presente omnitemporal' é, pois, o tempo próprio para o raciocínio jurídico: trata-se, em cada caso, de sugerir a verdade permanente dos princípios evocados pondo estes ao abrigo das mu-

---

[614] BALLESTEROS, Jesús. *Sobre El Sentido Del Derecho*. Op. cit., p. 40, 41.

[615] OST, François. *O Tempo do Direito*. Traduzido por Maria Fernanda Oliveira. Lisboa: Instituto Piaget, 1999, p. 95, 96.

danças de contexto histórico".[616] Como bem lembrou Gadamer,[617] contrariando a abstração transcendental da revolucionária normatividade moderna, o sentido normativo da tradição apóia-se em fundamentos que se erigiram, em imanência prático-constitutiva, com a realidade existencial da vivência histórica. Por isso, o elemento normativo que o conceito clássico designa tem um valor histórico e não supra-histórico. Para além de um conceito epocal ou da estética manifestação contingencial de um estilo, o conceito de clássico nos remete para *"la realización de una conservación que, en una confirmación constantemente renovada, hace posible la existencia de algo que es verdad"*.[618] Em outras palavras, a legitimidade prática da normatividade clássica estende seu poder vinculante sobre o tempo porque, ao mesmo tempo, está para aquém da existência histórica; projeta-se para além dela, sem jamais deixar de estar em imanência com ela. Não sujeitos à efemeridade das cambiantes contingências temporais, pode-se dizer que os valores clássicos subjazem culturalmente como *"Una consciencia de lo permanente, de lo imperecedoro, de un significado independiente de toda circunstancia temporal"*,[619] isto é, *"una especie de presente intemporal que significa simultaneidad con cualquier presente"*.[620]

É nessa perspectiva que entendemos a idéia de direito, identificada com uma intencionalidade ético-humanista e dialético-histórica. Pensamos mesmo que uma ordem jurídica, desvinculada dessa pretensão legitimante, não constitui uma ordem de direito. Convém lembrar, com Castanheira Neves,[621] que também não há direito mesmo onde existe essa pretensão, porém em termos ahistóricos, como nos demonstra o caso clássico do jusnaturalismo, bem como desvinculados da essência do direito, estão todos os historicismos e sociologismos jurídicos que o reduzem formalmente a uma nominalística e entificada positivação.

E, se tudo isso é verdade, forçoso é reconhecer que a mutação paradigmática que hoje se hegemoniza no âmbito da compreensão e da prática jurídica, ao propor *"a passagem da validade à estratégia da normatividade à tecnologia, do sentido fundamentante ao finalismo consequencial, do dever-ser regulativo à mera condição reflexiva"*,[622] põe-nos diante de outra coisa, que já não se identifica com o

---

[616] OST, François. *O Tempo do Direito*. Op. cit., p. 101, 102.

[617] GADAMER, Hans-Georg. *Verdad y Metodo*. Traduzido por Ana Agud Aparicio e Rafael de Agapito. Salamanca: Sígeme, 1997, p. 349 e ss.

[618] Idem, p. 356.

[619] GADAMER, Hans-Georg. *Verdad y Metodo*. Op. cit., p. 357.

[620] Idem.

[621] NEVES, Antônio Castanheira. O Actual Problema Metodológico da Realização do Direito. *In: Digesta*. Coimbra: Coimbra, 1995. v. II, p. 251.

[622] Idem, p. 253.

ontológico e fundante sentido universal do direito, oferecendo-se como alternativa ao próprio direito.

Mas como pode – perguntar-se-á criticamente – legitimar-se, perante o pensamento jurídico, uma alternativa que se substituiu ao direito, negando-o enquanto tal? A resposta nos vem das estratégicas necessidades da sociedade industrial avançada e de suas exigências que, superando e renegando a compreensão de humanidade que nos legou a tradição, impuseram também o desaparecimento da idéia de direito com ela identificada.

Portanto, o novo tipo de direito que as sociedades contemporâneas, condicionadas pela dinâmica da ideologia científico-tecnológica, estão a exigir, pressupõe uma ordem social planificada e programada em termos estratégico-sistemáticos, que o instrumentalismo tecnológico viabiliza e torna eficiente. A redução de complexidade exigida para lograr esse fim impõe uma tecnológica ruptura com a tradição prático-jurisprudencial, transformando o juiz num mero tecnocrata, e o direito, numa tecnologia social destituída de fundamento normativo.

Em termos gerais, o paradigma jurídico viabilizado pela racionalidade lógico-tecnológica, como alternativa ao direito, caracteriza-se

> Pela preterição dos fundamentos a favor dos efeitos; no plano axiológico pelo abandono da "justiça" (da validade axiológico-material) a favor da utilidade (a oportuna e estratégica eficiência); no plano metodológico, pela substituição da racionalidade material, fundamentante pela racionalidade instrumental-funcional.[623]

Como já observamos, os efeitos do abandono da intenção materialmente constitutiva do direito, em razão da sua inadequação normativa no contexto geral da cultura pós-moderna e das suas sociedades axiologicamente esvaziadas, tomam forma em movimentos que reivindicam desconstitucionalização, deslegalização, desjurisdicionalização, etc. E assim, as novas alternativas ao direito, que se vão delineando e afirmando como formas de regulação social mais eficazes e, mais, em consonância com os novos tempos, sejam elas

> a política, com o seu poder, seja a ciência-técnica (a "tecnologia socia") com a sua optimização estratégica, seja a economia (com a libertação do mercado) e a sua motivação racionalizada dos interesses, etc.[624]

Se diferem circunstancialmente em razão da origem diversa, produzem efeitos análogos e convergem para a mesma finalidade, que, em último termo, reduz o direito a uma condição de funcional instrumento a serviço dos fins políticos. Esses fins, heteronomamente, sub-

---

[623] NEVES, Antônio Castanheira. *O Actual Problema Metodológico da Realização do Direito.* Op. cit., p. 254.

[624] NEVES, Antônio Castanheira. *O Direito Hoje e Com Que Sentido?* Lisboa: Instituto Piaget, 2002, p. 13.

tem o direito aos seus desígnios, movidos pela causalidade de interesses pragmático-utilitaristas, que, transformando o direito em categoria funcional-instrumental, dele se valem para, com o apoio da ciência tecnológica, os viabilizarem, já nada guardam daquela material teleologia ética que dá sentido ao direito.

No âmbito dessa racionalidade, finalisticamente orientada por um intervencionismo programado, o sistema político, usurpando a autonomia do direito e, através da sua instrumentalização, exerce sua influência em toda a dimensão da vida social, como também reconhece Teubner:

> Trata-se de uma concepção baseada na visão do direito como instrumento de intervenção social directa comparável a concepção análoga de outros instrumentos de intervenção (como o poder, o dinheiro e a tecnologia) sobre sistemas abertos e adaptáveis.[625]

Importa sobretudo ressaltar que a dominação da vida pelo sistema político, objetivada ciberneticamente com o apoio da racionalidade tecnológica, mesmo quando pensada sob o signo de um sistema aberto, com a pretensão de estabelecer, através de intervenções lógico-regulatórias, um equilíbrio entre sistema e meio ambiente, ao prescindir do direito (em termos de uma autonomia crítica e eticamente fundamentada), embora num contexto formalmente democrático, tende a solapar a liberdade humana e transformar-se em opressor totalitarismo, constituindo uma verdadeira "colonização da histórico-existencial *Lebenswelt,* por um artificial sistema racional-tecnológico que, na sua intenção totalizante, só acaba por fragmentar e tornar incomunicante esse mundo".[626]

Aqui chegados, parece-nos suficientemente esclarecido que o verdadeiro problema do direito no contexto cultural da pós-modernidade, para além das parciais divergências das interpretações fundamentadas na tradição do jusnaturalismo e do positivismo jurídico, é aquele que aponta para a possibilidade da prossecução histórica do seu sentido, que tende a desaparecer, na medida em que a redução instrumental do seu conceito, perpetrada pela racionalidade tecnológica, o transforma em outra coisa.

Portanto, o problema capital que hoje se impõe a um pensamento jurídico de índole crítica é o reconhecimento da radicalidade da crise e a proposição da recuperação do seu sentido, em perspectiva que necessariamente deverá também contemplar a sua autonomia.

Nesse sentido, mais uma vez, valemo-nos de Castanheira Neves,[627] para lembrar que, no que tange à autonomia do direito, duas

---

[625] TEUBNER, Günther. *O Direito Como Sistema Autopoiético.* Traduzido por José Engrácia Antunes. Lisboa: Fundação Calouste Gulberkian, 1989, p. 30.

[626] NEVES, Antônio Castanheira. *O Direito Hoje e Com Que Sentido?* Op. cit., p. 12.

[627] Idem, p. 19 e ss.

alternativas se nos oferecem. Aquela que a perspectiva através do viés da sociedade, em termos de uma heteronomia macroscópica, que o funcionaliza num contexto cibernético de racionalidade programada, com o intuito de conformar a contingência, planificando-a estratégico-sistematicamente no âmbito de um sistema aberto, que, embora pressupondo problematicamente uma indeterminação prático-empírica, busca superá-la através de um lógico decisionismo que, visualizado a partir de uma redução da complexidade, reafirma, em outros termos, a continuidade de um dogmático positivismo jurídico, não já lógico-dedutivamente fundamentado, mas buscando, sem abandonar a prescritiva legalidade positiva, a sua estratégico-tática e consequencial adequação aos fins político-socialmente programados. Essa tese, defendida por Luhmann, através da redução de complexidade, propõe uma autonomia jurídica, vislumbrando-a, porém, na mobilidade diferenciada de um sistema que subsiste dogmaticamente. Para além da crítica a essa concepção já por nós formulada, embora noutro sentido indagativo, invocamos aqui a instigante pergunta formulada por Teubner: "Se optarmos pela via trilhada por Luhmann e adoptarmos um conceito específico de au*topoi*eses social, em breve deparamos com um novo problema: onde é que encaixa o Direito aqui?".[628]

Já a outra perspectiva acima evocada procura recuperar a autonomia do direito, interrogando o seu sentido a partir da intenção prático-normativa inscrita ontologicamente na indelével essência humana do seu conceito. Para tanto, em detrimento da heteronomia macroscópico-social, procura problematizar criticamente o direito, dialetizando-o, prático-argumentativamente, em imanência com a vivência histórica do homem concreto, em dimensão microscópica. Isso pressupõe um entendimento do direito, identificado com as aspirações éticas do homem enquanto pessoa livre e autônoma, no contexto de uma ordem social que possibilite e estimule o desenvolvimento das suas mais profundas e essenciais aspirações.

O juízo prático concernente a uma normatividade assim perspectivada não implica, necessariamente, a submissão do homem a uma dogmático-metafísica axiologia, como pensou a tradição do jusnaturalismo. Ao contrário, propõe, em termos crítico-problemáticos, uma integração humana na globalidade histórico-social do universo prático "em que o homem se reconheça assumido na sua identidade pessoal e infungível, enquanto sujeito de autonomia e correlativamente de responsabilidade".[629]

Pensamos que uma autonomia do direito, nos termos acima delineados, ainda não foi claramente distinguida pelo pensamento jurídico, com a exceção do período clássico romano que dela se

---

628 TEUBNER, Günther. *O Direito Como Sistema Autopoiético*. Op. cit., p. 64, 65.

629 NEVES, Antônio Castanheira. *O Direito Hoje e Com Que Sentido?* Op. cit., p. 20, 21.

aproximou, sem, no entanto atingi-la, eis que a visualizou com as lentes da metafísica platônico-aristotélica. Como já atrás referimos, o normativismo jurídico que começou a se hegemonizar a partir da baixa Idade Média, recrudescendo o objetivismo lógico da metafísica platônica, foi consolidando a substituição de uma razão prático-prudencial em favor de uma transcendente abstração de índole teorético-sistemática e, nas suas variadas manifestações histórico-contingenciais, assumindo-se como um platonismo normativo que, vendo a plenitude do direito no contexto dogmático-metafísico das suas normas, perspectivou, no âmbito delas, uma autonomia alheia ao caráter especificamente jurídico, que apenas emerge no momento da resolução dos concretos problemas jurídicos. Na verdade, a autonomia do normativismo não constitui uma autonomia do direito, mas tão-somente da estrutura lógico-conceitual que o referenciava, isto é, uma autonomia "constituída e sustentada no sistema auto-referente da sua abstracta racionalidade dogmática".[630] O equívoco dessa autonomia que, subsistindo apenas no plano de uma axiologia formal-transcendente, alienou o direito da materialidade prática da vida social, acabou se constituindo na própria condenação da autonomia jurídica, pois, no atual contexto pós-metafísico, a inadequação do logicismo dogmático-sistemático do formalismo normativista propiciou a abertura para o funcionalismo jurídico em que, radicalmente, desapareceu qualquer resquício de autonomia jurídica, identificada com um auto-subsistente sentido normativo-jurídico, à medida que o direito passa a ser um simples instrumento, "um finalístico instrumento e um meio ao serviço de teleologias que de fora o convocam e concomitantemente o submetem".[631] Assim, o funcionalismo se converte em alternativa prática ao direito, isto é, em uma *práxis* na qual, na verdade, a prática se converte em uma técnica de controle social que, desvinculada de qualquer pretensão ético-material e, mesmo, substituindo-se a ela, procura apenas organizar a variação contingencial da sociedade, programando-a para os seus fins. E, se como disse Habermas: *"l'activité rationnelle par rapport à une fin est en vertu de sa structure même l'exercice d'un contrôle"*,[632] neste caso, o controle programático que viabiliza o finalismo, em sintonia com uma planificação instrumental propiciada pela racionalidade tecnológico-cibernética, é exercido em termos de uma automatização homogeneizadora, que subsume a liberdade dos indivíduos no totalitarismo lógico das suas engrenagens.

Esse finalismo, resta por fim acrescentar, num contexto cultural esvaziado de sentido ético-espiritual, possui um *telos* meramente em-

---

[630] NEVES, Antônio Castanheira. *O Direito Hoje e Com Que Sentido?* Op. cit., p. 29.

[631] Idem, p. 30, 31.

[632] HABERMAS, Jürgen. *La Tecnique et la Scienze Comme "Ideologia"*. Traduzido por Jean-René Ladmiral. Paris: Gouthier, 1973, p. 5.

pírico, movido por estritos interesses pragmático-utilitaristas, que, alimentados pela racionalidade tecnológica, proliferam como algas que sufocam a liberdade criativa e impõem uma abstenção alienante nos indivíduos, inibindo a possibilidade de uma autodeterminação existencial. E, assim, vendendo a ilusão do conforto material como sentido absoluto da vida e autolegitimando-se por propiciar e promover instrumentalizadamente uma sociedade formalmente democrática, a racionalidade tecnológica vela o espectro do claustrofóbico totalitarismo que promove, dissimulando-se por detrás do objetivismo neutro-burocrático do seu lógico cientificismo. Convém aqui lembrar o esquecido Marcuse, que disto claramente se apercebeu quando escreveu que:

> O véu tecnológico esconde a reprodução da desigualdade e da escravização. Tendo o progresso técnico por instrumento, a falta de liberdade significando sujeição do homem – é perpetuada e intensificada sob a forma de muitas liberdades e comodidades.[633]

De tudo isto resulta que a opção pela perspectiva prático-jurídica, nos termos propostos pela racionalidade tecnológica, com a conseqüente adaptação e redução instrumental do direito aos empírico-sociais desideratos do finalismo político, significam a sua negação. Nesse sentido, também Habermas alerta que, quando a política se vale do direito para atingir seus fins, destrói-se a função que é própria do direito. Portanto, "o direito não pode diluir-se em política, pois, neste caso, a tensão entre facticidade e validade, que lhe é inerente, bem como a normatividade do direito, se extinguiriam".[634] Assim sendo, quer no funcionalismo político, no qual o direito se reduz à condição de instrumento político, quer no funcionalismo social, que o adapta tecnologicamente a um liberalismo pragmático-utilitarista, nos termos de uma estratégia lógico-cibernética, como também no funcionalismo sistêmico, que o distingue autopoeticamente como um subsistema social, utilizado para sistematizar a contingência através de uma desproblematizante redução da complexidade, o resultado final que nos oferecem as diversas modalidades teóricas do funcionalismo jurídico, como nos esclarece a síntese crítica de Castanheira Neves,[635] no que tange à autonomia do direito, sempre trarão resultados avassaladores. E, se, em termos gerais, a teoria de sistemas, tem o mérito de viabilizar e adaptar o direito à complexidade do mundo pós-moderno, ao encarnar lógico-radicalmente o epocal da racionalidade técnica na sua concretização, traduz, na sua *práxis*,

---

[633] MARCUSE, Herbert. *O Homem Unidimensional*. Traduzido por Giasone Rebuá. Rio de Janeiro: Zahar, 1969, p. 49.

[634] HABERMAS, Jürgen. *Direito e Democacia*. Traduzido por Flávio Beno Siebeneichler. Rio de Janeiro: Tempo Brasileiro, 1997, p. 171.

[635] NEVES, Antônio Castanheira. *O Direito Hoje e Com Que Sentido?* Op. cit., p. 47.

o imenso desmérito de corroborar e promover um totalitarismo automatizante, que, hegemonizando o seu sentido alienante, faz desaparecer o sentido do direito na voragem de um vazio obscurantismo que também nega e coisifica o homem.

A teoria de sistemas, assinala também Habermas,[636] ao suprimir qualquer resíduo de conexão normativa com os conteúdos ético-normativos da razão prática, por conseqüência disto, renuncia à necessidade de fundamentação, identificada a um funcionalismo que *"neutraliza todo lo que aún pudiese reclamar fuerza vinculante y relevancia desde la perspectiva del participante"*.[637]

E se a opção pelo prático, de sentido empírico-tecnológico, até aqui considerada, não apenas subtrai a autonomia do direito, mas, ao decretar a morte do seu ontológico sentido, a ele se substitui alternativamente na forma de uma simples técnica de controle social, uma outra forma de compreensão prática do direito a ela contraposta também se manifesta no universo do pensamento jurídico contemporâneo. Se aquela se propõe como alternativa ao direito no sentido de substituí-lo por outros reguladores sociais mais sintonizados com a complexidade pós-moderna, esta se propõe como uma alternativa para o direito, no sentido de recuperar o seu autêntico e humano sentido. Para tanto (abandonando a racionalidade algorítmica e a instrumentalização analítica da sua lógica planificação, que, nos moldes de uma estrutura sistêmica no contexto de um totalitarismo tecnológico-científico, transforma o direito e, junto com ele o homem, em objetos passíveis de uma planificação que lhes é heterônoma), busca, ao contrário, revivescer a reinserção de uma concepção prático-jurídica de índole argumentativa e crítico-problemática que busca introduzir, na teleologia da sua *práxis,* uma intenção prático-normativa em imanência com a realidade concreta da histórico-social vivência humana, espaço existencial que sempre será essencialmente problemático, visto que, continuamente fertilizado pela criatividade culturalmente inerente ao homem, requer, como condição vital, uma dialeticidade dialógica e crítico-edificante, que deverá ser, ao mesmo tempo, prática e transcendente, razão pela qual seu sentido sempre estará para além das evidências silogísticas que a pretensão reducionista do raciocínio lógico-formal possibilita.

No contexto dessa opção prática, entendemos possível uma recuperação humanística do direito e a autônoma subsistência do seu autêntico sentido, que se exige ser libertário-transcendente e, ao mesmo tempo, ético-materialmente vinculante.

---

[636] HABERMAS, Jürgen. *Facticidad Y Validez.* Traduzido por Manuel Jiménez Redondo. Madri: Trotta, 1998, p. 64.

[637] Idem, p. 65.

Portanto, quando falamos em recuperação humanista do direito, levamos pressuposto que ele é uma resposta ontológico-antropológica que promana culturalmente da própria essência histórica da condição humana, e dele o homem necessita radicalmente para realizar o seu destino de ser social. Esse sentido profundo do direito, no qual radica a sua humana essência, não logrou ser descoberto, tampouco explicitado pelo subjetivismo transcendental da razão teórica, nem pela também dele alienada redução empírico-sociológica, por ser ele "constituído por exigências humano-sociais particulares explicitadas pela 'razão prática' e imputado à responsabilidade poiética dessa mesma razão prática".[638]

Aqui chegados, julgamos suficientemente esclarecidas as duas alternativas práticas que procuram autonomizar o direito, no contexto radicalmente crítico da sua crise, instaurada pela morte da metafísica na pós-modernidade.

Levando em consideração o respeitável esforço de Canaris,[639] que busca conciliar as duas alternativas no plano de uma mútua complementação, pensamos que, na realização concreta do direito, em que o verdadeiro sentido do jurídico pode ou não se manifestar, as diferenças entre ambas as perspectivas assumem uma dimensão dicotômica que nos leva a concordar com Castanheira Neves,[640] quando afirma que entre elas é necessário optar. E nossa opção, em sintonia com a crítica até aqui desenvolvida, propõe, como alternativa para a crise que hoje corrói radicalmente o sentido do direito, uma recuperação prática do seu humano sentido, através da tópica jurídica. Tal opção parte da premissa de que, na sua essência, o fenômeno jurídico e o pensamento que o definem, em imanência fenomenológica com o seu histórico fundamento ontológico-antropológico, possuem uma índole tópico-problemática, e não axiomático-lógico-sistemática. Reforça esse argumento a acurada observação de Recaséns Siches,[641] quando assinala que, ao longo de toda a sua história, com exceção de apenas dois séculos, o pensamento jurídico e a prática da jurisprudência, inclusive nos seus momentos mais gloriosos, nunca foram sistemáticos, mas, antes, pautaram-se por uma orientação aporético-problemática e argumentativamente deliberadora. Isso significa que a resolução dos concretos problemas juríricos, nesta perspectiva, invoca, necessariamente, a distinção entre *ius* e *lex*, centrando na materialidade específica do caso decidendo as metódicas operações judicativo-decisórias

---

[638] NEVES, Antônio Castanheira. *O Direito Hoje e Com Que Sentido?* Op. cit., p. 54.

[639] CANARIS, Claus-Wilhelm. *Pensamento Sistemático e Conceito de Sistema na Ciência do Direito.* Traduzido por A. Menezes Cordeiro. Lisboa: Fundação Calouste Gulbenkian, 1996, p. 277.

[640] NEVES, Antônio Castanheira. Método Jurídico. *In: Digesta.* Op. cit., p. 315.

[641] SICHES, Luis Recaséns. *Nueva Filosofia De La Interpretación Del Derecho.* México: Porrúa, 1973, p. 159, 160.

que, translegalmente conectadas com os princípios metapositivos que o direito encarna, enquanto expressão ético-ontológica da validade do *ethos* comunitário, assume um *cariz inveniendi.*

Essa orientação, para além da unidimensional redução normativista, propõe uma translegal autonomia do jurídico, que emerge heuristicamente no fluxo histórico-temporal da material realização jurídica, sempre dinamizada por uma dialético-dialógica e crítico-criativa problematização judicativa que viabilize a resolução dos concretos problemas jurídicos, em imanência prático-material com a realidade histórica da vida social.

No entanto, ao propormos uma reabilitação da tópica jurídica como alternativa prática para a radicalidade da crise contemporânea do direito, não estamos pensando em reviver a tradição metafísica sobre a qual se fundamentou o pensamento tópico clássico e medieval.

Pensamos na tópica como a base inspiradora de um desenvolvimento problemático e crítico-criativo que permita o desvelamento autônomo do verdadeiro sentido do direito, cuja intenção reivindica uma ordem social prático-materialmente identificada com a dignidade ética da pessoa humana.

Assim sendo, propomos, através da tópica jurídica, uma reabilitação de sentido ontológico-antropológico para o direito. Tal atitude, se nos leva a reagir criticamente contra o pirrônico relativismo da fragmentação pós-moderna, também não nos condena a nenhum dogmatismo de teor metafísico. Ela busca o seu fundamento originário na liberdade criativa do ser histórico que é o homem.

4. O retorno da tópica jurídica como possibilidade de recuperação humanista do Direito no ambiente cultural da pós-modernidade

Como lembra Garcia Amado,[642] a reabilitação da tópica na cultura ocidental começou a se manifestar depois da hecatombe proporcionada pela Segunda Guerra Mundial.

Seu retorno, em termos gerais, pode ser entendido como uma resposta metodológica para a crise radical que corrói toda a cultura forjada sobre a racionalidade do paradigma moderno.

Como não poderia deixar de ser, o interesse suscitado pela tópica cresce em concomitância com um também renascer da retórica que com ela, desde suas raízes clássicas, está intimamente relacionada.

Trata-se de um fenômeno de ampla dimensão que, para além do direito, também tem se manifestado na teoria literária, na política, na filosofia e na sociologia.

No campo jurídico, a concepção tópico-retórica significa a possibilidade de reabilitação do caráter argumentativo do direito, sufocado, nos últimos dois séculos, pela opressão de um raciocínio apodíctico. Neste sentido, ela não é apenas uma reação contra o sistematismo presente na teoria jurídica desde o alvorecer da era moderna, nem, tampouco, se reduz a uma alternativa ao positivismo jurídico clássico e às suas inspirações de orientação neokantianas. O reconhecimento do aspecto retórico do direito hoje, acentua Boaventura de Souza Santos, também se deve a uma crescente frustração perante outras perspectivas teóricas, de grande relevância no contexto do pensamento jurídico contemporâneo, como, por exemplo, "neohegelianas (Larenz) ético-materialistas (Scheler, Hartnann), fenomenológicas (Husserl, Reinach), existencialistas (Maihofer) e jusnaturalistas (em suas versões católicas, protestantes e humanistas-racionalistas)".[643]

---

[642] AMADO, Juan Antonio Garcia. *Teorias De La Topica Jurídica*. Madri: Civitas, 1988, p. 19.

[643] SANTOS, Boaventura de Souza. *O Discurso e o Poder*. Separata do Número Especial do Boletim da Faculdade de Direito de Coimbra de 1979. Coimbra: Centelha, 1980, p. 5.

Uma Tópica Jurídica
CLAREIRA PARA A EMERGÊNCIA DO DIREITO

Na verdade, a tópica jurídica, com o apoio de um pensamento retórico-dialético, afirma-se hoje como uma crítica radical a todas as formas de redução da ciência jurídica, ao plano de uma racionalidade dogmático-axiomática e lógico-sistemática. Ela propõe, para além da lógica, a busca inventiva do justo material, no enfrentamento problemático, que circunstancializa cada concreta decisão jurídica, trilhando crítico-argumentativamente o caminho da ponderação persuasiva, isto é, o caminho dialógico-comunicativo e histórico-situacionalmente integrado, ao dinamismo cambiante e diversificado da problemática e criativa realidade prática da vida humana em sociedade, que reivindica o direito como instância legitimadora dessa mesma realidade.

E, por ser o direito, na sua essência, uma forma de resolução de problemas práticos, sempre voltados para a materialização do justo em cada decisão concreta, todas as proposições metodológicas que tentarem defini-lo nos termos lógicos de uma racionalidade sistemático-dedutiva revelar-se-ão falaciosas.

Essa falácia, como já vimos, marcou toda a tradição da cultura ocidental, submetida ao domínio de uma metafísica objetificante que, apoiada na lógica do raciocínio matemático, procurou estabelecer os princípios seguros de uma verdade universal, infensa à contingencialidade cambiante da realidade e dogmaticamente segura de poder submeter as mutações aos critérios gerais dos seus princípios constantes. Tal atitude, transladada ao direito, engendrou a ilusão jusnaturalista de que o fenômeno jurídico deveria apoiar-se dogmaticamente em normas gerais, dotadas de inquestionável e eterna validade universal. Essa aspiração de base platônico-aristotélica, que marcou toda a juridicidade clássica a eles subseqüente, perpassando também todo o pensamento jurídico medieval, prolongou-se igualmente no jusracionalismo moderno, como bem demonstra o imperativo categórico de Kant, reafirmando-se inclusive no positivismo jurídico, que, como uma metafísica ao contrário, deu segmento metódico a um rigoroso dedutivismo dogmático-axiomático.

Por tudo isto, concordamos com Luis Fernando Coelho, quando afirma que "A tópica assume destarte o significado de uma nova teoria do direito, concebida como teoria da *práxis*, entendida no seu mais amplo sentido".[644]

E, se as raízes do raciocínio tópico-retórico já estavam presentes na antigüidade clássica pré-aristotélica, como um repositário mnemônico de técnicas utilizadas para efeito de oratória, sendo esta utilizada pelos sofistas na forma de clichês argumentativos, foi o estagirita quem, pela primeira vez, lhe deu um tratamento de rigor teórico-sistemático e um aprofundamento filosófico. Por essa razão, Garcia

---

[644] COELHO, Luis Fernando. *Lógica Jurídica e Interpretação das Leis.* Op. cit., p. 221.

Amado lhe fez inteira justiça ao observar que *"Cualquier intento de reactualización de la tópica há de comenzar por dar cuenta del significado que tuvo en el pensamiento de Aristóteles"*.[645]

Essa também é a posição de Viehweg, autor que, com a publicação de Tópica e Jurisprudência,[646] em 1953, passou a se constituir na maior referência teórica, no que tange à reabilitação da tópica jurídica na contemporaneidade. Seu trabalho, que suscitou uma profícua reflexão metodológica, mesmo entre aqueles que veementemente o criticaram, partia da constatação (revolucionária no seio de uma tradição identificada com uma racionalidade lógico-sistemática) de que o direito e o pensamento que o define possuem uma essência tópico-problemática.

Na verdade, a ruptura revolucionária de Viehweg não foi contra a tradição da cultura jurídica ocidental que seu projeto, sintonizado com as exigências da atualidade, procurou restaurar; a tradição que acima referimos e na qual já nos detivemos criticamente, foi aquela instaurada a partir da hegemonização da racionalidade metódica cartesiana e seu dogmatismo metafísico-objetificante.

A alusão feita a Vico, no início da obra, simboliza dois momentos distintos da reflexão tópica perante a modernidade, pois, ao assumi-la, em Nápoles, em meados do século XVIII, no momento da afirmação triunfal do cartesianismo, Vico tinha plena consciência de que estava assumindo a contra-mão da *ratio studiorum*[647] do seu tempo, e isto lhe valeu o opróbio e o completo esquecimento. Já Viehweg, embora também de forma solitária, reassume a tópica jurídica, no momento em que as certezas da *veritas* cartesiana, dilaceradas pelo relativismo pós-moderno, conhecem o seu ocaso.

Tendo plena consciência de que o direito, enquanto expressão material da verdade humana, não se pode dela isolar, transcendendo metodologicamente ao purismo abstrato das deduções lógico-sistemáticas, os dois grandes pensadores voltam-se ao universo da filosofia prática, desentranhando o caráter *inveniendi* presente na *techne* da dialética aristotélica.

A tópica de Aristóteles é um dos seis livros que compõem o Organon. Se nela, como ressalva Miguel Candel Sanmartín, está claramente presente o pensar lógico do grande estagirita, com mais propriedade ainda ela contém os desdobramentos metodológicos da sua concepção dialética, e da dialética, diz o citado autor, *"nacen todos los temas específicos que, desde la silogística hasta la ontología, pondrán por*

---

645 AMADO, Juan Antonio Garcia. *Teorias De La Topica Juridica*. Op. cit., p. 43.

646 VIEHWEG, Theodor. *Tópica e Jurisprudência*. Traduzido por Tércio Sampaio Ferraz Jr. Brasília: Departamento de Imprensa Nacional, 1979.

647 VICO, Giambattista. *A Ciência Nova*. Traduzido por Marco Luccesi. Rio de Janeiro: Record, 2000, p. 14.

obra el análises de la realidad a través del prisma del discurso (incluso el análises de la realidade del proprio discurso".[648] Assim, sem perder o fio condutor do realismo empírico que marcou a sua concepção epistemológica, e que o levou, após a ruptura com a Academia, a transformar o Liceu, num centro de estudos mais voltado para as ciências naturais e, portanto, com a pretensão de desvendar a realidade material que compõe a especificidade dos problemas, Aristóteles manteve a convicção de que *"el dicurso es el horizonte último de toda ciencia, única perspectiva desde la que discernir la validez de los principios proprios de cada una de ellas"*.[649] Portanto, na tópica, em sitonia com os pressupostos gerais da sua filosofia prática, ele buscará resolver os problemas da realidade·a partir da base metafísica consubstanciada no senso comum dominante, conforme suas palavras: "Nosso tratado se propõe encontrar um método de investigação graças ao qual possamos raciocinar, partindo de opiniões geralmente aceitas, sobre qualquer problema que nos seja proposto".[650] O método a que ele se refere, para levar a cabo a teleologia da resolução dos problemas pelo prisma retórico-argumentativo, fundamenta-se na perspectiva *inveniendi* propiciada pelo raciocínio dialético, segundo a diretriz do seu entendimento. Neste sentido, ele elucida que o raciocínio dialético, ao contrário do demonstrativo, é aquele que, partindo de "opiniões geralmente aceitas",[651] identifica-se com o *logos* da plausibilidade e encontra apoio não apenas na generalidade do senso comum, mas também entre os filósofos e os sábios mais eminentes. Já o raciocínio demonstrativo é aquele que parte de premissas verdadeiras e primeiras, não necessitando, em virtude da sua natureza, dos desdobramentos argumentativos da lógica dialética para fundamentar a sua veracidade, eis que, no que tange aos princípios primeiros da ciência, "é descabido buscar mais além o porquê e as razões dos mesmos; cada um dos primeiros princípios deve impor a convicção da sua verdade em si mesmo e por si mesmo".[652]

Dentro do contexto do universo retórico, Aristóteles refere ainda o raciocínio contencioso ou erístico, que é aquele de tendência falaciosa, que aparentando partir de opiniões geralmente aceitas, na verdade não é, mesmo porque a aparente aceitação generalizada de certas opiniões é, muitas vezes, desmentida pela realidade. Mesmo sem citá-la expressamente, fica evidente que, para o estagirita, o ra-

---

[648] SANMARTÍN, Miguel Candell. Introdução dos Tópicos. *In: Aristóteles, Organon.* Madri: Credos, 1982, p. 81.

[649] Idem, p. 82.

[650] ARISTÓTELES. Tópicos. *In: Os Pensadores.* Traduzido por Leonel Vallandro e Gerd Bornheim. São Paulo: Nova Cultural, 1987. v. I, p. 5.

[651] Idem.

[652] Ibidem.

ciocínio erístico identifica-se com a *práxis* da retórica sofista e, seguindo a linha crítica perfilada por Sócrates e Platão, ele acentua que, nos raciocínios contenciosos ou erísticos, o caráter ilusório dos argumentos é claramente visível, pois neles "a natureza da falácia é de uma evidência imediata e, em geral, até mesmo para as pessoas de pouco entendimento".[653] Aliás, esses cuidados de Aristóteles, no sentido de delimitar com clareza conceitual o campo da sua investigação, como salienta Viehweg,[654] deve-se ao fato de que a velha arte da disputa retórica, embora elemento fundamental na vida pública ateniense no período democrático, acabou redundando num estiolamento de falar bem sem conteúdo, orientação que tão bem define o ensinamento sofista e que, por isto mesmo, foi duramente criticada pela filosofia clássica, que já ao tempo de Aristóteles, a julgava com desdém superada. Talvez a sua condição de meteco, que lhe diminuía as chances de aspirar a um cargo público importante, fê-lo, com distanciamento crítico, voltar ao tema e dar-lhe um aprofundamento filosófico e, assim, mesmo distinguindo o raciocínio dialético do apodítico, procurou imprimir um rigor lógico-filosófico à desgastada arte da argumentação. Isto fica bem evidente, quando, na *Retórica*,[655] ele critica aqueles que confundem retórica com política, asseverando que a dialética, enquanto gênero que define a retórica, mais do que persuadir simplesmente, tem por missão estabelecer os meios que definem a persuasão em cada situação específica. E, se a retórica sofista estabelece argumentativamente um processo eletivo fundamentado apenas em intenções, o método dialético, para além das intenções, impõe-se como uma faculdade que se desenvolve metódico-teleologicamente na direção dos fins pretendidos, pressupondo que "*los medios de persuasión se dan por lo persuadible, es claro que sabe manejarlos el que puede razonar lógicamente*".[656] Dessa forma, a lógica do raciocínio dialético, partindo de premissas que gozam da aceitação da maioria, procura afirmar-se com o apoio de silogismos, caracterizados como entimemas retóricos.

Como também se pode deduzir das reflexões que Aristóteles desenvolve nos *Analíticos Primeiros*,[657] embora a teoria formal do silogismo está vinculada à ciência demonstrativa, do ponto de vista formal, dela não se diferenciam os silogismos dialéticos, variando apenas no que tange à índole material das suas premissas, sempre

---

[653] ARISTÓTELES. Tópicos. *In: Os Pensadores*. Op. cit., v. I, p. 5.

[654] VIEHWEG, Theodor. *Tópica e Jurisprudência*. Op. cit., p. 23.

[655] ARISTÓTELES. *Retórica*. 1, 1, 1355 b. Traduzido por Antonio Tovar. Madri: Centro de Estudios Constitucionales, 1990, p. 9.

[656] ARISTÓTELES. *Retórica*. 1, 2, 25. Op. cit., p. 11.

[657] ARISTÓTELES. Analíticos Primeiros, 1, 24 a. *In: Organon*. Traduzido por Miguel Candel Sanmartín. Madri: Gredos, 1995, p. 93 e ss.

identificadas com uma motivação indagativa que enseja a contradição. Por isto mesmo, a dialética "é um processo de crítica onde se encontra o caminho que conduz aos princípios de todas as investigações".[658]

Sempre fiel ao teor classificatório da episteme do seu pensar, Aristóteles faz a distinção entre proposição dialética e problema dialético, partindo do pressuposto de que "nem toda proposição, nem tampouco todo problema podem ser apresentados como dialéticos".[659] Assim sendo, uma proposição dialética identifica-se com a indagação que argumenta e questiona, em torno de alguma coisa admitida pela maioria, inclusive pelos filósofos e intelectuais mais eminentes, isto é, um ponto de vista que, defendido pelos filósofos, não contrarie a opinião geral. Também as proposições dialéticas incluem opiniões que se assemelham àquelas geralmente aceitas, e igualmente "proposições que contradizem os contrários das opiniões que se consideram geralmente aceitas, assim como todas as opiniões que estão em harmonia com as artes acreditadas".[660]

Já um problema de dialética, em consonância com a índole de prospecção heurística e crítica inerente ao seu conceito, caracteriza-se por ser "um tema de investigação que contribui para a escolha ou a rejeição de alguma coisa, ou ainda para a verdade e o conhecimento",[661] pressupondo, portanto, a não-existência prévia de opinião dominante a respeito do assunto, o que enseja, levando em consideração a dificuldade de normalmente haver mais de uma opinião convincente a respeito do problema, a necessidade de um confronto argumentativo para o estabelecimento das premissas que, lógico-dialeticamente fundamentadas, consistirão a base orientadora da sua resolução.

Do exposto, evidencia-se claro que, na dimensão aristotélica, a tópica se manifesta como uma lógica da discursividade prática, que tem por fonte uma intersubjetiva e intuitiva motivação criadora, para, a partir dela, forjar uma obtenção plausível de solução para todos os problemas práticos, sem perder de vista que os desdobramentos argumentativos dessa intersubjetividade partem de uma base consuensual de aceitação que, em última análise, legitimam a solução. E, se a índole dialética dos raciocínios sobre os quais a tópica se fundamenta não são a expressão epistemológica e apodítica de uma verdade comprovada, eles possuem a *endoxa*, que identifica as proposições que, mesmo não sendo apodíticas, possuem um grau de veracidade, cuja aceitação evidencia serem elas a expressão da opinião dominante, mesmo entre os mais sábios. Garcia Amado também observa que,

---

[658] ARISTÓTELES. Tópicos. 1, 2. *In: Os Pensadores.* Op. cit., p. 6.

[659] ARISTÓTELES. Tópicos. 1, 10. *In: Os Pensadores.* Op. cit., p. 12.

[660] Idem.

[661] Ibidem, p. 13.

tanto na elaboração da doutrina dialética de Aristóteles, como no desenvolvimento da sua concepção retórica, a idéia de *endoxa* ocupa um lugar central: *"Con este término se alude a la naturaleza peculiar de las proposiciones que constituyen las premisas del silogismo dialético y del campo en que la retórica desenvuelve su trabajo"*.[662]

Portanto, no contexto da discursividade tópica de Aristóteles, a interpretação metodológica entre dialética e retórica tem como pólo unificador o caráter de *endoxa* presente nas suas premissas que, embora encarnando a síntese de um *topoi*, mantém ainda a índole da incompletude plausível à espera de ulterior afirmação comprobatória.

Convém evocar, aqui, a sutil distinção detectada por Borscheuer, quando ressalta que *topoi* e *endoxa* constituem aspectos diferentes da mesma coisa no contexto aristotélico, eis que

> *El concepto de topos remite al carácter instrumental de todo punto de vista argumentativo generalmente aplicable, mientras que el concepto de endoxa se refiere al momento del reconocimiento social general de tales puntos de partida.*[663]

Muito embora o sentido central da tópica aristotélica radica nesses pontos de partida, *topoi* ou lugares comuns, ela não se enclausura, dogmaticamente, na fixidez da veracidade das suas proposições, que necessitam, em razão da sua essência plausível, dos desdobramentos crítico-metodológicos da argumentação dialógico-construtiva, para a resolução dos problemas concretos em sintonia com as exigências que configuram as verdades práticas. Disso pode-se concluir que, se os *topoi* são a base da qual parte a argumentação, os critérios que irão fundamentá-los dependem do êxito da ulterior construção retórico-dialética. A integração ontológica desses três elementos, na essência da tópica, fica bem evidente quando Aristóteles assinala na Retórica que: *"Los razonamientos retóricos y dialécticos son los de lugares comunes"*.[664] Assim, a motivação teleológica da enteléquia aristotélica evolui para o fim visado, pressupondo um inevitável enfrentamento discursivo, que a força criativa da argumentação, na circunstancialidade de cada caso, deverá fazer triunfar a sua tese, conseguindo a adesão do auditório. Em apoio a isto, pode-se ver, nas *Refutações Sofistas*, que a tarefa da dialética e também da crítica consiste na capacidade de raciocinar a partir de coisas plausíveis e, levando em conta o parentesco deste universo com a sofística,

> *Nos impusimos como tarea de este estudio, no solo lo dicho, a saber, ser capaces de envolver el argumento (del adversário), sino también que, al sostener nosotros mismos*

---

[662] AMADO, Juan Antonio Garcia. *Teorias De La Tópica Jurídica*. Op. cit., p. 49.

[663] BORSCHEUER, L. Topik. Zur Struktur der gesells chaftlichen Einbildungskraft, Frankfurt: M. Suhrkamp, 1976, p. 28. *apud* AMADO, Juan Antonio Garcia. *Teorias de La Topica Jurpidica*. Op. cit., p. 59.

[664] ARISTÓTELES. *Retórica* 1, 2, 1358 a 15. Op. cit., p. 17.

um argumento, sepamos defender la tesis a través de las (proposiciones) más plausibles dentro de cada tema.[665]

Assim, definidos os *topoi* como as premissas fundamentais que, possuindo a *endoxa*, constituem a base estrutural da qual parte heuristicamente a argumentação, para lógico-dialeticamente viabilizarem, consensualmente, a resolução dos problemas práticos, Aristóteles julgou por bem classificar os elementos que integram a matéria da qual partem os argumentos, delimitando, no Livro I dos Tópicos, que eles são "definição, propriedade, gênero e acidente",[666] lembrando que "todas as observações críticas que se fizerem sobre uma 'propriedade', 'gênero' ou 'acidente' serão também aplicáveis às 'definições'".[667] Reconhecendo que, embora todos possam ser considerados definitórios, não existe um método de investigação que se aplique a todos, razão pela qual devemos distinguir a investigação no contexto de cada uma das classes, para então, "firmados nas regras apropriadas a cada caso, será provavelmente mais fácil dar conta da tarefa que propusemos".[668] No entanto – observa ainda o estagirista – os quatro gêneros acima mencionados sempre se relacionam com um elenco de dez categorias, que são: "Essência, Quantidade, Qualidade, Relação, lugar, Tempo, Posição, estado, Ação, Paixão",[669] de forma que a propriedade, o gênero, o acidente e a definição do que quer que seja forçosamente deverão estar integrados no contexto de uma dessas categorias, pois "todas as proposições que por meio delas se efetuarem ou significarão a essência de alguma coisa, ou sua qualidade, ou quantidade, ou algum dos outros tipos de predicado".[670]

Como já observamos, a fundamentação lógica que perpassa a concepção dialética da tópica aristotélica, além de valer-se do silogismo e da indução, também lança mão de outros procedimentos instrumentais, para reforçarem metodologicamente a argumentação, como ele mesmo indica:

> os meios pelos quais lograremos estar bem supridos de raciocínios são quatro: 1) prover-nos de proposições; 2) a capacidade de discernir em quantos sentidos se emprega uma determinada expressão; 3) descobrir as diferenças das coisas; e 4) a investigação da semelhança.[671]

Assim sendo, após formular filosoficamente a base lógica da sua teoria da argumentação, Aristóteles procura orientar metodologica-

---

[665] ARISTÓTELES. Sobre Las Refutaciones Sofísticas 183, b. v. 1. *In: Organon*. Madri: Credos, 1995-2000. v. 2, p. 380.

[666] ARISTÓTELES. Tópicos. 1, 6. *In: Os Pensadores*. Op.cit., p. 9.

[667] Idem.

[668] Ibidem.

[669] ARISTÓTELES. Tópicos. 1, 9. *In: Os Pensadores*. Ob. cit., p. 11.

[670] Idem.

[671] Ibidem.

mente a aplicação prática da tópica, salientando que os *topoi*, enquanto pontos de vista que gozam de aceitação generalizada, podem contribuir, crítico-dialeticamente, para a resolução verdadeira dos mais variados tipos de problemas que decorrem da complexidade da vida humana em sociedade. Para tanto, a tendência natural é que se estabeleça um catálogo de *topoi*, que, assumindo a condição funcional de verdadeiros instrumentos retórico-dialéticos, passam a ser referência orientadora para a resolução dos referidos problemas. E, na medida em que a teoria da argumentação aristotélica se traduz numa técnica de resolução dos problemas práticos, orientados pelo método dialético, como ele lembra no início do Livro VIII, da Tópica, seu terreno é o da discussão e da disputa retórico-argumentativa, pois "em todo problema dessa classe está implicada uma referência à outra pessoa",[672] razão pela qual tanto o bom "respondente",[673] como o bom inquiridor devem ter por objetivo desenvolver criticamente sua argumentação de maneira que a coerência lógico-dialética das suas proposições evidenciem as contradições e os paradoxos do discurso oponente, como ele mesmo afirma, numa competição: "o propósito do inquiridor é aparentar por todos os meios que está influenciando o outro, enquanto o de seu antagonista é mostrar que não se deixa afetar por ele",[674] e, em consonância com o espírito geral que norteia a sua tópica, tanto a tese enunciada pelo respondente, como os argumentos utilizados pelo inquiridor devem alicerçar-se em premissas que têm por base opiniões geralmente aceitas, pois o homem que raciocina corretamente "demonstra a conclusão por ele proposta fundando-se em premissas que são mais geralmente aceitas e mais familiares".[675]

Se, como salienta Viehweg, a tópica aristotélica e o catálogo de *topoi* que dela promana possuem uma "fundamentação filosófica profunda",[676] o mesmo não se pode dizer da tópica de Cícero, em que pese esta, escrita 300 anos depois, possuir uma importância histórica mais relevante.

Como é natural, por mais brilhante que seja um ser humano, ele nunca deixará de ser, nas linhas mestras do seu pensamento, uma expressão cultural das condições históricas do seu tempo, e Cícero, inserido no contexto pragmático da civilização romana, deixa transparecer essa característica ao longo da sua volumosa obra.

Inevitável, pois, que o aprofundamento teórico-filosófico, que faz da argumentação tópica aristotélica uma verdadeira teoria do conhe-

---

[672] ARISTÓTELES. Tópicos. VIII, 1 . *In: Os Pensadores*. Op. cit., p. 133.

[673] ARISTÓTELES. Tópicos. VIII, 4 . *In: Os Pensadores*. Op. cit., p. 140.

[674] ARISTÓTELES. Tópicos. VIII, 5 . *In: Os Pensadores*. Op. cit., p. 141.

[675] Idem.

[676] VIEHWEG, Theodor. *Tópica e Jurisprudência*. Op. cit., p. 27.

cimento, na tópica ciceroniana, em favor de um imediatismo pragmático, perca essas características. Nesse sentido, lembra bem Garcia Amado[677] que, em Aristóteles, os *topoi* não se reduziam à condição de simples sedes de argumentos, mas, sim, funcionavam como premissas que, dotadas de *endoxa*, eram ponto de partida para um aprofundamento crítico-argumentativo de índole retórico-dialética que, por isto mesmo, sem perder o escopo teleológico da convicção, mantinha sempre viva a necessidade de fundamentar gnoseologicamente a persuasão. Já no contexto romano em que Cícero se insere, o entendimento da retórica aparece desvinculado da dialética e, assim, os recursos de que se vale a oratória ciceroniana, destituída de *animus* crítico, aproxima-se formalmente da arte da eloquência sofista.

Levando tudo isto em consideração, Viehweg conclui que "O nível da tópica ciceroniana é sem dúvida inferior ao da aristotélica".[678] Na verdade, a motivação para a elaboração da obra não decorre como em Aristóteles, de uma profunda reflexão teórico-filosófica, mas do pedido de um amigo do autor, o jurista Trebatius Testa, que, em visita à casa de Cícero, descobriu entre seus livros a Tópica de Aristóteles. Quando, informado pelo anfitrião, descobriu que a obra consistia num tratado, que fornecia elementos metodológicos aplicáveis à resolução de qualquer tipo de problema prático, mostrou grande interesse pelo assunto, e Cícero, em atenção aos pareceres jurídicos que o amigo já lhe havia proporcionado, enviou-lhe posteriormente uma carta, acompanhada de comentários sobre a tópica aristotélica, adequando-os aos interesses jurídicos do destinatário. "Não compôs, portanto, um livro filosófico, senão uma espécie de receituário".[679] Com relação à especulação, referida por Viehweg, de que talvez Cícero não conhecesse a tópica de Aristóteles ou se referisse a uma outra tópica, o próprio Cícero contexta formalmente, ao referir, na carta a Trebatius Testa que serve de prefácio à obra, que

> *En effet lorsque tu étais avec loi dans ma villa de Tusculum, et que dans la bibliothèque, chacun de son côté, selon son goût, parcourait les livres qu'il voulait tu tombas sur les Topiques d'Aristote sujet développé par lui en plusieurs livres.*[680]

E, igualmente, se o aprofundamento filosófico-dialético do estagirista não se reflete na obra de Cícero, o autor romano demonstra ter conhecimento da orientação metodológica, da sua teoria argumentativa, como demonstra esta passagem da carta a Trebatius Testa:

---

[677] AMADO, Juan Antonio Garcia. *Teorias De La Topica Jurídica*. Op. cit., p. 65, 66.

[678] VIEHWEG, Theodor. *Tópica e Jurisprudência*. Op. cit., p. 28.

[679] Idem, p. 29.

[680] CÍCERO, Marco Túlio. *Topiques*. Traduzido por Henri Bornecque. Paris: Société D'édition, 1925, p. 65.

Je t'exposai qu'ils contenaint un enseignement théorique imaginé par Aristote pour trouver les arguments, et el que sans erreur posible, nous y réussissions par une voie méthodique.[681]

No entanto, se, em comparação aos mestres gregos, a posteridade apontou uma superficialidade filosófica na retórica ciceroniana, em razão do brilho diletante que perpassa o teor eclético da sua caudalosa prosa, também se não lhe tira o mérito de ter inserido a preocupação filosófica na eloqüência romana. Assim sendo, para além do realismo empírico do orador prático, seu estilo também revela uma construção ideal consistente, marcada por lógico equilíbrio proporcional. Segundo o gramático Quintiliano, a posteridade passou a considerar o seu nome como o próprio símbolo da eloqüência romana: *"apud posteros vero id consecutus, ut Cicero iam non hominis nomen, sed eloquentia habcatur"*.[682] Assim, em consonância com a preeminência dada ao caráter eloqüente da sua retórica, voltada para o imediatismo prático, com o intuito de forjar um modelo ideal de oratória, capaz de impor, acima de qualquer coisa, a sua força na contingência de qualquer enfrentamento, é natural que, além do abandono do aspecto teórico-especulativo presente na tópica aristotélica, como lembra Garcia Amado,[683] em Cícero, o caráter de imediatez que marca a vinculação entre o conhecimento e os seus objetos subverte a lógica de consecução da verdade no terreno dialógico-opinativo. Assim, se em Aristóteles ela era o fruto teleológico resultante de uma persuasão retórica, construída argumentativamente sob um prisma crítico-dialético, para Cícero, a verdade é um ponto de partida, definida na possessão convicta do orador que, no proceder argumentativo, valendo-se dos recursos da sua erudição, deverá saber afirmá-la. Da mesma forma, enquanto o *topoi* aristotélico resultava de um processo metodológico crítico-especulativo e lógico-*inveniendi*, os recursos argumentativos da oratória ciceroniana tinham por fonte um maior espontaneinismo inventivo, como ele mesmo afirma: *"Eh bien! Puisque l'invention est le premier objet de l'orateur, que cherchera-t-il?"*.[684] Disso resulta que, em linhas gerais, a sua tópica caracteriza-se como uma arte empenhada em encontrar argumentos destinados ao convencimento: *"La définition du lieu pourrair donc être: magasin des arguments, et celle de l'argument: moyen, servant à convaincre d'une chose doutouse"*.[685] Mesmo que o brilho eclético da eloqüência ciceroniana levou-o a discorrer sobre variados temas,

---

[681] CÍCERO, Marco Túlio. *Topiques*. Op. cit., p. 65.

[682] CÍCERO, Marco Túlio. *Antologia*. Petrópolis: Vozes, 1959, p. 10.

[683] AMADO, Juan Antonio Garcia. *Teorias De La Topica Jurídica*. Op. cit., p. 66.

[684] CICÉRON. *Division De L'art Oratoire II, 5*. Traduzido por Henri Bornecque. Paris: Société D'Édition, 1925, p. 3.

[685] CICÉRON. *Tópiques*. II, 8. Traduzido por Henri Bornecque. Paris: Société D'édition, 1925, p. 67.

pelo fato de ele ser antes de qualquer coisa um advogado, é natural que os contributos mais relevantes da sua retórica advenham do campo jurídico.

Neste sentido, como anteriormente já demonstramos, quando o pensamento jurídico romano, em razão das crises internas que abalaram o império no século que antecedeu a cristandade, superou o formulismo do direito quiritário e passou a entender o *jus*, numa perspectiva *inveniendi*, que, desvinculando-o do normativivismo sistemático, passou a vislumbrar a solução dos problemas jurídicos nos termos de uma casuística que, buscando a solução correta dos problemas, apoiada na espontaneidade instintiva de uma intuição criadora, encontrou, no pensamento de Cícero, o seu maior referencial. Igualmente, a base filosófica da sua erudição teve papel preponderante, no processo evolutivo que culminou na desvinculação do direito do amplexo despótico do poder político, para elevá-lo filosoficamente a uma condição eminentemente racional. Nesse contexto, que propiciou a inserção da axiologia grega na prática jurídica romana, verificou-se um aperfeiçoamento humanizante do *ius*, ensejando que o seu sentido de *ars inveniendi*, prefigurado por Cícero, levasse a prática jurídica a aspirar, na realização concreta do direito, à materialização eqüitativa da justiça, identificada no equilíbrio de uma igualdade proporcional.

Por isso tudo, mais do que uma apurada competência técnica, os juriscunsultos que concretizaram esse ideal jurídico na prática, constituindo uma elite de sábios, detinha, no estro da sua erudição, além de aprofundado senso ético, um instinto para a criação jurídica, que os levou a desenvolver uma idéia de direito, não formulado *a priori* em normas abstratas, mas desenvolvido num *a posteriori* criativo, que o enfrentamento com as específicas circunstancialidades de cada situação concreta continuamente exigia. Com toda justiça, Koschaker[686] denominou esse legado jurídico, de índole casuística e jurisprudencial, como sendo um autêntico direito de juristas.

No entanto, convém lembrar, com Michel Villey,[687] que a inserção crítica da filosofia grega no *ethos* jurídico romano não logrou abalar a essência do seu senso pragmático, sempre a exigir a precisão nas decisões. E a fidelidade ao pragmatismo revela também, como acentuou Krüger,[688] uma fidelidade ao humanismo, presente já nos primórdios da tradição normativo-consuetudinária da sua juridicidade. Igualmente, em Cícero, evidencia-se o esforço conservador de conjugar, a par com o progresso superador que o espontaneismo intuitivo-criativo da sua retórica motivava, a salvaguarda de uma exatidão nas decisões jurídicas que as velhas formas processuais as-

---

[686] KOSCHAKER, Pablo. *Europa y El Derecho Romano*. Op. cit., p. 249.

[687] VILLEY, Michel. *Direito Romano*. Op. cit., p. 55.

[688] KRÜGER, Pablo. *História, Fuentes y Literatura Del Derecho Romano*. Op. cit., p. 5.

seguravam. Isto fica bem claro quando ele, na tópica, critica a ambigüidade e o desacordo da intenção discursiva,[689] propondo como virtude fundamental da narração que ela, de forma clara e breve,[690] seja a expressão insofismável da evidência.

Esse anseio pela evidência, na comprovação retórica da resolução dos concretos problemas jurídicos, esclarece a vinculação do sentido da *veritas* ciceroniana com a tradição metafísica instaurada por Platão. Neste sentido, a sua tópica reveste-se de importância fulcral na tradição jurídica ocidental, por ser o elo de ligação entre a metafísica grega, através da filosofia prática aristotélica, e o pragmatismo casuístico da *iurisprudentia*.

Embora Max Kaser[691] observe, com procedência, que nem sempre o caráter *inveniendi* do direito romano buscou apoio num catálogo de *topoi* para fundamentar suas decisões, a índole não sistemática e casuística da sua *ars* jurídica revela a índole tópico-prudencial que embasa o realismo pragmático-judicativo de um pensamento jurídico sempre voltado para a especificidade de cada concreto problema jurídico.

Refletindo sobre o caráter não-sistemático de um direito positivo que se estrutura desvinculado de um regramento normativo predeterminado, Viehweg procurou salientar a correspondência entre o *ius civile* e a tópica. Neste sentido, ele diz expressamente que

> O jurista romano coloca um problema e trata de encontrar argumentos. Vê-se, por isto, necessitado de desenvolver uma *techne* adequada. Pressupõe irrefletidamente um nexo que não pretende demonstrar, porém dentro do qual se move. Esta é a postura fundamental da tópica.[692]

Realçando sempre o modo de pensar problemático que norteia a *práxis* do jurista romano e o caráter *inveniendi* da sua metódica, Viehweg também observa, a par com o esforço de se evitar dentro do possível normativas positivações, o escasso número de leis editadas no universo do *ius civile*. E quando as positivações aconteceram, "se fixaram através de um procedimento às apalpadelas, no sentido da tópica, na busca do direito",[693] e assim se converteram em fontes do direito, derivadas de um modo de ser jurídico, constituído materialmente a partir de concretas decisões jurídicas. Dessa forma, a ciência jurídica romana, na verdade, uma heurística combinação entre ciência e arte, no que tange ao seu mais significativo legado, a jurisprudência clássica, teve um sentido tópico. Referindo-se à jurisprudência roma-

---

[689] CICÉRON. *Tópiques*. XXV, 96. Op. cit., p. 97.

[690] CICÉRON. *Tópiques*. XXVI, 97. Op. cit., p. 98.

[691] KASER, Max. Zur Methode der römischen Rechtsfindung. *Apud* AMADO, Juan Antonio Garcia. *Teoria De La Topica Juridica*. Op. cit., p. 73, 74.

[692] VIEHWEG, Theodor. *Tópica e Jurisprudência*. Op. cit., p. 48.

[693] Idem, p. 51.

Uma Tópica Jurídica
CLAREIRA PARA A EMERGÊNCIA DO DIREITO

na e à dialética aristotélica que a influenciou, Viehweg observa que em ambas "domina um modo de pensar tópico".[694]

Viehweg também põe em relevo as relações da tópica com o *mos italicus*,[695] salientando que tanto os seus cultores, como os glosadores que os precederam evidenciam, na sua *práxis*, familiaridade com a tópica. E, como todos sabem, através do *trivium*, a erudição jurídica do *medievo*, antes de adentrar na especificidade da sua matéria, exercitava-se argumentativamente com a retórica e, através dela, com a tópica. Nesse sentido, o comentário de Boécio sobre a tópica de Cícero deixa transparecer que a sua influência no período possuía uma dimensão de autoridade. Também Larenz acentua que "a jurisprudência do *mos italicus*, da baixa Idade Média, procedia topicamente".[696] Seguindo a mesma linha interpretativa, Castanheira Neves[697] ressalva que, diferindo da intenção marcadamente cultural do subseqüente *mos gallicus*, advindo do humanismo jurídico francês, o *mos italicus* apresenta uma índole jurisprudencial e prático-judicativa. Tal perspectiva faz com que ele, embora uma expressão do pensamento jurídico romanista, que tinha por base epistemológica o direito romano já constituído, comungasse, com este, a orientação metodológica da dialética aristotélica que, refundida pelo *animus* retórico do *trivium*, orientava seu labor tópico-argumentativamente. Mas, como lembra Viehweg, o *mos italicus* "dominou sem nenhum ataque até o século XVI e se manteve depois sob violentos ataques até o século XVIII".[698]

Esses ataques, inicialmente, tiveram por fonte o emergente humanismo que, intencionando estabelecer uma nova visão de mundo, rebelou-se contra a cosmovisão teológica da Idade Média, retornando às fontes clássicas da cultura ocidental, com o intuito de fazer reviver o realismo idealista de Platão.

A par com o amplo movimento de renovação religiosa que culminou na reforma, a reviravolta crítica propiciada pelo humanismo impôs uma nova compreensão do direito romano, no âmbito conturbado da Europa em transição. Assim, contrariando a índole prático-prudencial da dialética aristotélico-tomista presente na jurisprudência, buscou-se revigorar, na compreensão do direito, em perspectiva lógico-abstrata, os ideais universalizantes da metafísica platônica. Isto levou os humanistas a rejeitarem a mediação do direito romano exercida pelos glosadores, em razão de a sua metódica estar impregnada pela espiritualidade medieval. Wieacker observa que, neste contexto,

---

[694] VIEHWEG, Theodor. *Tópica e Jurisprudência*. Op. cit., p. 56.

[695] Idem, p. 59 e ss.

[696] LARENZ, Karl. *Metodologia da Ciência do Direito*, p. 203.

[697] NEVES, Antônio Casanheira. Método Jurídico. *In: Digesta*. Op. cit., p. 294.

[698] VIEHWEG, Theodor. *Tópica e Jurisprudência*. Op. cit., p. 59.

os humanistas fazem troça do *absynthius accursianus* e do culto de Bártolo e de Baldo; a sua nova sensibilidade sente-se revoltada pelo latim bárbaro (mas vivo) e pela ignorância filosófica e antiquarista dos juristas técnicos.[699]

Portanto, quando o caráter de autoridade sagrada dos textos, que houvera imprimido um sentido exegético-interpretativo ao pensamento jurídico medieval, sob o ataque do humanismo, começou a ser superado por uma concepção jurídica que agregou ao direito a índole lógico-analítica, de uma universalidade formal propiciada pela matemática, estavam lançadas as bases que não só superariam a tradição do ensino dos glosadores, mas imporiam, através de uma orientação lógico-metódica, uma clivagem definitiva com a tradição casuística e tópica do direito, em favor da perspectiva sistêmica que marcaria o emergente direito moderno.

Nesse contexto, em que o conceito de sistema se sobrepõe à exegese, ocorre "a viragem da ciência jurídica no sentido do historicismo, do idealismo racionalista, da sistematicidade interna e da construção de conceitos gerais e, finalmente, do 'neo-humanismo' da escola histórica do direito".[700]

Viehweg ainda refere a relação da tópica com a "*ars* combinatória",[701] que, a partir do esforço do pensamento jurídico do jovem Leibniz, procurou integrar a tradição tópico-retórica da jurisprudência medieval, com o espírito lógico-matemático reinante no século XVIII. Assim, para que a tópica não fosse suprimida em favor do sistema, a solução encontrada foi no sentido de matematizá-la, isto é, sem abandonar a herança da *ars inveniendi*, submetê-la ao controle do rigor aritmético, transformando-a em *ars* combinatória. Mas o original intento leibniziano de matematizar a tópica, para, com base nela, construir sistematicamente o projeto de uma casuística jurídica, "Malogrou diante da multivocadidade da linguagem natural, que conduziria depois à criação de uma linguagem precisa e, mais tarde, ao enfatizar a axiomática, à logística".[702] No entanto, analisando a transição para o sistematismo jurídico moderno, Viehweg[703] assinala que, nas análises metódicas desenvolvidas pelos juristas humanistas do século XVI, não se verifica ainda uma mudança substancial no modelo tradicional de argumentação e, no contexto das críticas desenvolvidas contra a jurisprudência escolástica, além da palavra *ars*, faziam uso das designações *methodus, ordo, syntagma*, enquanto que a palavra sistema só foi aparecer no título de uma obra de Naevius, já em 1608.

---

[699] WIEAKER, Franz. *História do Direito Privado Moderno*. Op. cit., p. 90, 91.

[700] Idem, p. 92.

[701] VIEHWEG, Theodor. *Tópica e Jurisprudência*. Op. cit., p. 71.

[702] Idem, p. 73.

[703] VIEHWEG, Theodor. *Tópica y Filosofia Del Derecho*. Traduzido por Jorge M. Seña. Barcelona: Gedisa, 1997, p. 151.

De forma que: *"El sistema tradicional ya no es aceptado sin más como sistema dotado de autoridad, pero tampoco se proponen sistemas totalmente desprendidos de la tradición"*.[704] Na verdade, a insuficiente orientação sistemática não ia além de uma classificação ordenatória e harmonizadora das instituições e do digesto, podendo-se constatar que *"los mencionados esfuerzos sistémicos permaneciam, em general, fieles a la intención de Gaius"*.[705] Embora Gribaldus Mopha, ainda em 1564, tenha dado importantes passos para, através de uma modificação sintática, axiomatizar a construção dedutiva de um sistema jurídico, tal empresa apenas se imporia a partir do século XVII. Aqui, segundo Viehweg,

> *Se da la primera cesura moderna importante para nuestra consideración. Una matemática construida deductivamente (especialmente la geometria) ofrecia el modelo para todas las argumentaciones, también para las jurídicas.*[706]

Como não poderia deixar de ser, a idéia de um sistema jurídico formalmente hierarquizado, segundo os cânones do dedutivismo matemático, ganhou a adesão do racionalismo moderno que, em sintonia com as aspirações objetivistas da lógica metafísica cartesiana, viu nele a possibilidade de fundamentar um conhecimento jurídico seguro. Agregue-se a isto o fato de que, com a emergência dos Estados absolutistas entre os séculos XVII e XVIII, no continente europeu, a unificação normativo-sistemática do direito positivo passou a ser o liame sociológico-político fundamental para a salvaguarda da nova ordem social, cuja estabilidade estava alicerçada sobre as estruturas jurídicas de um discurso positivo, instrumentalizado e operando como a longa *manus* do poder absolutista.

Por conta disso, lembra Paulo Mendonça:

> É compreensível que o direito tenha assumido na Idade Moderna muito mais um papel de elemento de sustentação do poder político do que propriamente de instrumento para a resolução de problemas como vinha sendo até a Baixa Idade Média.[707]

Assim, paradoxalmente, o pragmatismo do poder político absolutista, na fundamentação jurídica do emergente Estado moderno, rejeitou a base prático-material da tradição tópico-jurídica e sua orientação axiológico-normativa, em favor de uma idéia de direito, metafisicamente identificada com uma legalidade formal, cuja abstração universalizante buscou fundamentar-se, lógico-cientificamente, no rigor metódico-sistêmico de uma racionalidade técnico-instrumental, delimitada dedutivamente pela segurança insofismável da evidência propiciada pela matemática.

---

[704] VIEHWEG, Theodor. *Tópica y Filosofia Del* Derecho. Op. cit., p. 151.

[705] Idem, p. 152.

[706] Ibidem, p. 153.

[707] MENDONÇA, Paulo Roberto Soares. *A Tópica e o Supremo Tribunal Federal*. Rio de Janeiro: Renovar, 2003, p. 147, 148.

Portanto, desvinculado eticamente da filosofia prática e do jugo metafísico aristotélico-tomista, bem como dos fundamentos jurídicos romanísticos, o direito moderno, como salientou Kant, deverá fundamentar-se em normas jurídicas derivadas dos princípios da razão pura, isto é, ser a expressão genuína da autônoma subjetividade humana. Tudo isto, em verdade, significa que a juridicidade moderna, em todos os seus desdobramentos epistemológicos, manifesta, na sua base ôntica, uma retomada metodológico-dialética do formalismo transcendente do idealismo platônico. Isto lhe permitiu, com autonomia, desenvolver uma racionalidade jurídica lógico-científica, e o direito positivo, advindo dessa estrutura axiomático-sistemática, passa a ser a expressão de uma ordenação dogmática de leis codificadas, cuja fonte é a vontade do legislador estatal. Na verdade, uma redução e submissão da racionalidade jurídica ao império volitivo do poder político, que, do direito positivo por ele imposto dogmaticamente, passou a extrair, metafisicamente, a validade universal das suas normas, decretando, como lembrou Perelman,[708] uma antinomia entre direito natural e direito positivo.

Como já analisamos no segundo capítulo desta obra, as conseqüências dessa concepção jurídica axiomática e lógico-sistemática, no que tange à resolução dos concretos problemas jurídicos, suprimiu o caráter *inveniendi* que embasava hermeneuticamente a tradição judicativa tópico-retórica, eis que, se toda a idéia de direito já estava fixada *a priori*, na generalidade abstrata da lei nada restaria ao julgador, senão a subsunção lógico-dedutiva do caso concreto aos parâmetros do seu metafísico e abstrato conteúdo.

Esse reducionismo dogmático-formal torna-se inevitável, na medida em que o direito instrumentalizado sistematicamente pela ideologia transforma-se, destituído de autonomia, num simples veículo normativo de dispositivos cogentes, destinado a operacionalizar tecnicamente os objetivos do poder político do Estado, que, a partir da modernidade, passa a ser a encarnação metafísica da materialização da razão universal.

Desdobrada a partir do humanismo renascentista, essa orientação, fundamentada no formalismo transcendente do idealismo platônico, viu-se reafirmada por Hegel e pela generalidade do pensamento iluminista do século XVIII, sendo, portanto, natural que o jusracionalismo assimilasse subjetivamente a abstração transcendente da lógica matemática como fundamento metafísico, viabilizando teoricamente uma idéia de direito sistemático e lógico-normativo. Dessa forma, tanto o positivismo iluminista, como o legalismo do século XIX e o normativismo do século XX, mantiveram afinidade formal com a ra-

---

[708] PERELMAN, Chaim. *Ética e Direito*. Op. cit., p. 386.

cionalidade normativo-sistêmica, donde podemos concluir que o legado jurídico da modernidade confluiu para a plena identificação do direito, com a norma jurídica imposta pelo poder político do Estado. Coube assim, à função judicativa, nesse contexto, no âmbito de uma operacionalidade meramente técnico-instrumental, reproduzir, através de uma metódica lógico-silogístico-subsuntiva, a verdade dogmático-metafísica da norma, *a priori* delimitada no texto abstrato da lei. Como se pode deduzir, toda interpretação criativa, na medida em que possa contrariar a vontade expressa do legislador, constitui-se em anátema a ser enconjurado, em nome da dogmática unidade do sistema jurídico. Mesmo na presença de eventuais lacunas da lei positiva, impõe-se o recurso lógico de conexões intersistemáticas, que devem propiciar a manutenção inalterada da plenitude do sistema, de forma a salvaguardar a metafísica segurança e certeza do direito.

Se, como já analisamos, as críticas ao positivismo sistêmico, que vêm marcando o pensamento jurídico desde o século XIX, não lograram alterar as bases do seu paradigma, no atual contexto da pós-modernidade, são reafirmadas pela morte das certezas lógicas propiciadas pela metafísica. Como não poderia deixar de ser, essa desestruturação deitou por terra a mítica objetividade das ciências físico-matemáticas do paradigma cartesiano-newtoniano, que, agora, juntamente com as ciências sociais se vêem relativizadas.

Tudo isto nos parece demonstrar que Recaséns Siches estava certo quando salientou *"El gran error de haber transladado la razón matemática al campo de los contenidos jurídicos"*,[709] e também quando, sintonizado criticamente com a realidade jurídica contemporânea, acrescentou: *"parece que hoy en dia estamos en el camino correto para rectificar los desmanes y estragos de aquel imperialismo de la razón matemática y para traer las cosas al lugar que justificadamente les corresponde"*.[710]

Partindo então do pressuposto de que a verdade do direito ou a essência do ser jurídico não deve ser buscada no plano da transcendência abstrata de um sistema jurídico delimitado dogmaticamente *a priori*, mas, sim, no plano da realização prático-material da sua histórica concreção, assim sendo, para trazer as coisas jurídicas, ao lugar que efetivamente lhes corresponde no contexto da crise pós-moderna, pensamos que a tópica jurídica, enquanto uma *ars inveniendi* voltada para a resolução dos concretos problemas jurídicos, sob o signo da justiça, se oferece como alternativa humana para o direito.

E quando falamos em alternativa humana, pensamos no homem-sujeito, enquanto pessoa livre e plena de capacidade criativa, e não no ente reificado, que a racionalidade técnica produz no âmbito redutor de uma cibernética planificação social.

---

[709] SICHES, Luis Recaséns. *Nueva Filosofia De La Interpretación Del Derecho*. Op. cit., p. 144.

[710] Idem, p. 147.

5. A Tópica jurídica como clareira prático-problemática para o desvelamento do (sentido do) ser do Direito

5.1. Tópica, Teoria da Argumentação Jurídica e Nova Retórica

Como procuramos demonstrar nas análises até aqui desenvolvidas, o modo de pensar tópico recuperado por Viehweg significa, acima de tudo, uma ruptura com a racionalidade sistemática da modernidade, que procurou impor, lógico-metodologicamente, através de uma axiomatização dedutivista, os princípios universalizantes da dogmática metafísica objetificante instaurada por Descartes.

Assim, contrariando o determinismo teleológico que impõe dogmático-metodologicamente a verdade já contida no todo sistemático, a inclusão da tópica no contexto da resolução dos concretos problemas jurídicos pressupõe a indeterminação de uma ordem jurídico-social em contínua construção, isto é, reivindica um modo de pensar que "só pode contar com panoramas fragmentários".[711]

Portanto, em sintonia com o ritmo existencial da vida humana, cuja essência também marcada pela contingencialidade aleatória, contradiz a pretensão lógica do determinismo dogmático-sistemático, o pensamento tópico nos ensina que, no enfrentamento com a realidade problemática da vida, não existe um método seguro para a resolução das aporias que os problemas representam; no entanto, podemos e devemos lançar mão dos tesouros culturais da tradição, para, com base neles, promover, crítico-criativamente, a resolução racional das situações aporético-problemáticas.

Neste sentido, Viehweg[712] lembra que a tópica constitui um verdadeiro armazém das conquistas do mundo espiritual, salientando que existe uma tópica da literatura, da pintura e também da música. Portanto, a tradição tópica proporciona os elementos constitutivos

---

[711] VIEHWEG, Theodor. *Tópica e Jurisprudência*. Op. cit., p. 36.

[712] Idem, p. 38.

que contribuem não só para o entendimento, mas também para a construção da vida e da arte, e, na medida que os velhos *topoi* vão sendo superados pelos novos num contínuo devenir, evidencia-se o caráter histórico da tópica, que, corretamente entendido, deve servir de inspiração para uma "Ciência Histórica do Direito".[713]

Levando em consideração o que acaba de dizer-se, devemos acrescentar que, embora o modo de pensar tópico-problemático seja esquivo às vinculações, não pode a elas renunciar completamente, mas, em sintonia com a preeminência dada ao problema concreto e ao caráter inventivo que deve ter a sua resolução, exige-se que os *topoi* possuam, como característica essencial, "flexibilidade e capacidade de alargamento".[714]

No entanto, o que nos parece mais importante ressaltar no que concerne à tópica jurídica não são os *topoi* e o fundamento metafísico que eles suscitam, mas, sim, o caráter dialético e as possibilidades crítico-criativas que a sua índole retórico-argumentativa propicia, enquanto método de resolução dos concretos problemas jurídicos, elevando, como o valor mais relevante do direito, a prospecção dialógica que pode conduzir, no âmbito das controvérsias, sua elucidação racional-consensual.

Seguindo essa linha de raciocínio, evidencia-se que o elemento central da concepção tópica de Viehweg é o problema jurídico concreto. É ele o ponto de partida e a base referencial donde parte a argumentação jurídica para o desenvolvimento retórico-dialético da ulterior persuasão.

Esta vinculação ao problema, ou caso jurídico, como prioridade fundamental, lembra Garcia Amado,[715] é a particularidade que distingue a tópica de outras orientações críticas, que, buscando legitimar-se em ponderações práticas, se propõem como alternativas metodológicas ao positivismo jurídico.

Dessa forma, seguindo a orientação aristotélica, que concebe a tópica como uma *techne* de resolução de problemas, para Viehweg, os *topoi* são apenas pontos de vista, cuja função é auxiliar na discussão de problemas, de forma que o sentido da sua intervenção se legitima a partir das necessidades circunstanciais que o problema sugere e reivindica. Eles são, portanto, elementos funcionais que apóiam o desenvolvimento do pensamento problemático, que determina criticamente, em dimensão criativa, flexível e mutável, a sua adequação ou inadequação funcional relativa ao conflito decidindo. Por essa razão, "grandes conseqüências não se conciliam bem com a sua função, motivo pelo qual o peso lógico das tramas de conceitos e de

---

[713] VIEHWEG, Theodor. *Tópica e Jurisprudência*. Op. cit. p. 38.

[714] Idem, p. 41.

[715] AMADO, Juan Antonio Garcia. *Teorias De La Tópica Jurídica*. Op. cit., p. 109.

proposições elaboradas pelos *topoi* é sempre pequeno".[716] Na mesma linha de raciocínio, Garcia Amado salienta que, em textos mais recentes, Viehweg se refere aos *topoi*, utilizando um número variado de desiguações, que sempre procuram ressaltar sua função auxiliar e não preponderante no desenvolvimento do processo retórico-inventivo que conduz à persuasão Assim, sua função diretivo-auxiliar aparece denominada como

> *Acción lingüística y proporcionando datos operativos, fórmulas heurísticas, puntos de partida para el pensamiento, sugerencias creativas, propuestas de entendimiento, indicciones lingüísticas para la acción, etc.*[717]

Também entendemos ser coerente essa redução do papel dos *topoi* à condição de meros facilitadores da invenção, agregando-lhes um valor pragmático-indefinido, cuja legitimação de sentido aparece como dependente dos desenvolvimentos críticos da argumentação dialética, pois, do contrário, correr-se-ia o risco de identificar a tópica com um catálogo de *topoi*, a ser desenvolvido, pragmático-metodologicamente, a partir do nexo causal de cadeias dedutivas, o que subverteria o seu caráter essencial de *ars inveniendi*.

Esta posição também é defendida por Recaséns Siches, quando acentua que o ponto fulcral da teoria tópica não radica nas variadas tópicas, mas no fato de que a tópica se constitui em valioso instrumento, que auxilia o modo de pensar que se volve com um olhar prático para os problemas concretos, isto é, o *"pensamiento aporético, como algo diferente de, e incluso de dirección contraria al pensamiento de tipo sistemático"*.[718]

Refletindo a antinomia salientada por Viehweg de que a essência do direito é tópico-problemática, e não lógico-sistemática, Recaséns Siches radicaliza a diferenciação num tom ainda mais veemente, afirmando que *"el pensamiento jurídico debe ser siempre un pensamiento sobre problemas y no aspirar nunca a un sistematismo, el cual es imposible en el mundo del Derecho"*.[719]

Esta afirmação ganha consistência, se entendermos que o direito, enquanto realidade prática, somente encontra o seu sentido, quando satisfaz a exigência ética de materializar o justo em cada caso. Por conta dessa aporia fundamental, o direito se distingue de outras ciências que se justificam a partir de princípios lógico-objetivos.

Assim sendo, à medida que a axiomatização sistemática, ao operar com os signos formais da razão calculadora, impõe metodologicamente a supressão da interpretação, gera, como conseqüência, a

---

[716] VIEHWEG, Theodor. *Tópica e Jurisprudência*. Op. cit., p. 39.

[717] AMADO, Juan Antonio Garcia. *Teorias De La Tópica Jurídica*. Op. cit., p. 122.

[718] SICHES, Luis Recaséns. *Nueva Filosofia De La Interpertación Del Derecho*. Op. cit., p. 290.

[719] Idem, p. 291.

abstração e separação do sistema jurídico da realidade prática da vida.

Seguindo ainda o raciocínio de Viehweg,[720] para que se justifique um sistema jurídico com a exclusão da tópica e da interpretação, exigir-se-ia dele uma perfeição lógica, isto é, deveria pautar-se por um rigor axiomático absoluto, que viesse a proporcionar metodologicamente essa lógica exatidão sistêmica, apoiada na racionalidade formal do cálculo geométrico, a partir da fixação de axiomas jurídicos unívocos e inabaláveis, logicamente ajustados ao todo formal da perfeição do sistema.

Essa utopia formal, embora cega para a realidade prática do direito, ganha hoje consistência com os aportes trazidos pela racionalidade cibernética, que pode, efetivamente, agregar uma maior precisão aos procedimentos metodológicos do processo jurídico, adaptando-o à mobilidade do relativismo pós-moderno e mantendo sua constância num mundo em mutação, com a vantagem de satisfazer as crescentes exigências de maior rapidez e precisão nas tramitações processuais, que a mecanização das decisões pode propiciar.

Mas, como viemos procurando ressaltar criticamente, em inúmeras passagens desta obra, uma ordem social constituída nos moldes da racionalidade sistêmico-cibernética, embora possa constituir um êxito operacional na organização ordenatória de uma sociedade formalmente democrática, não será jurídica, na medida em que desconsidera o problema da justiça, em que radica a própria essência ontológica do ser do direito.

Viehweg também demonstra ter clara consciência do equívoco que constitui a redução metodológica, perpetrada pelo cientificismo tecnológico na aplicação do direito, quando afirma que "o procedimento que isto supõe já não é a busca do direito, senão da aplicação do direito, o que, como é sabido, representa uma considerável diferença, apesar da semelhança terminológica".[721] E, como a realidade histórica da aplicação concreta do direito nos vem demonstrando, a metódica lógico-dedutiva da racionalidade sistemática sempre tem se demonstrado insuficiente, razão pela qual "onde quer que se olhe, encontra-se a tópica, e a categoria do sistema dedutivo aparece como algo bastante inadequado, quase como um impedimento para a visão".[722]

No entanto, embora essa postura crítica em relação ao logicismo sistemático seja uma decorrência natural, que se verifica em todos os setores do pensamento jurídico, que perfilam uma visão tópico-problemática do direito, a aspiração racional que, apartir de Aristóteles,

---

[720] VIEHMEG, Theodor. *Tópica e Jurisprudência*. Op. cit., p. 79 e ss.

[721] Idem, p. 84.

[722] Ibidem, p. 83.

embasa a tradição tópica, desde os tempos pré-sistemáticos, nunca desconsiderou a importância da lógica, mas, pelo contrário, considerou-a metodologicamente indispensável, inclusive os desdobramentos dialéticos da retórica que articula os *topoi* pautam-se por ela. Porém, o que ocorre no contexto tópico é que a lógica, contrariando a primazia que desfrutou na racionalidade moderna, passa a um segundo plano, visto que, no momento decisivo da resolução dos problemas, a prioridade cabe à *ars inveniendi*, ou seja, "o centro de gravidade das operações reside claramente, de modo predominante, na interpretação em sentido amplo e, por isto, na invenção".[723]

Isto significa que, enquanto uma técnica de pensamento orientada para a resolução de problemas, a tópica jurídica, na perspectiva de Viehweg, se caracteriza, acima de tudo, como sendo uma arte inventiva, cujo fundamento ontológio radica na aporia fundamental, que constitui a exigência inarredável de estabelecer o justo em cada concreto problema jurídico. Portanto, de um pensamento jurídico estruturado em perspectiva tópico-retórica, exigir-se-á sempre a motivação teleológica que conduz, crítico-criativamente, ao desvelamento da *aporia* fundamental, para, com base em suas exigências éticas, fundamentar racionalmente a decisão. Este intento só será logrado, se, para além do logicismo dedutivo, os desdobramentos metodológico-argumentativos pautarem-se por uma autonomia inventiva e por uma mobilidade assistemática.

Como temos procurado demonstrar, embora mantendo uma postura antilogicista e assistemática, as proposições metodológicas advindas da tópica jurídica mantiveram sempre viva a aspiração de fundamentar racionalmente os critérios práticos que definem o justo em cada situação concreta. Por essa razão, nos parecem infundadas as críticas neopositivistas que procuram evidenciar a sua irracionalidade. Na verdade, à medida que o positivismo jurídico rompe com a filiação teórica do jusracionalismo, para edificar uma idéia de direito, objetificada dogmaticamente nas prescrições volitivas do legislador, é o seu conceito de direito que perde o fundamento racional, para se transformar em voluntarismo político. Isso fica claro, desde que concebamos o conceito de razão, na perspectiva mais aprofundada, que, por exemplo, nos descortina o pensamento de Ortega y Gasset.[724]

No entanto, se podemos, com relativa facilidade, refutar as acusações de irracionalidade metodológica da tópica, forçoso é reconhecer que a índole de plausibilidade e abertura inventiva que norteia seu discurso abre o flanco para críticas que evidenciam a indefinição e a falta de objetividade no processo decisório, que decorre do tom generalizante das suas proposições metódicas, ensejando que, da va-

---

[723] VIEHMEG, Theodor. *Tópica e Jurisprudência.* Op. cit., p. 83.

[724] GASSET, José Ortega Y. *Obras Completas.* Madrid: Alianza, 1983. v. 7, p. 315 e ss.

gueza do processo construtivo da persuasão, exsurge também a sua incompletude. Nesse sentido, Garcia Amado observa que a tópica "como doctrina metodológica es sencilhamente incompleta".[725]

Na mesma linha de ponderação crítica e referindo-se à insuficiência metodológica dos argumentos tópicos apresentados por Viehweg no encaminhamento do processo decisório, Larenz acentua que "O apelo à tópica seria de reduzida valia se não pudesse oferecer mais que isso".[726]

Esse algo mais reivindicado por Larenz forjou-se a partir da reabilitação da retórica e ganhou consistência no amplo espectro da teoria da argumentação, e, como ele mesmo reconhece, foi o criticado livro de Viehweg o elemento catalisador que deflagrou nos juristas a consciência de que a verdadeira busca do direito na resolução dos problemas jurídicos não se constrói através de procedimentos lógico-dedutivos e, assim, "por meio de uma problematização global de argumentos pertinentes, conduziu a uma crescente familiarização com os pressupostos e as regras da argumentação jurídica".[727]

É evidente que tudo isso aconteceu no contexto da crise do positivismo jurídico, a par com a necessidade crítica de superação da sua metódica e tendo como pano de fundo a crise geral da racionalidade metafísica, que abalou radicalmente a pretensão da dogmática jurídica de ordenar logicamente a convivência social nos moldes gerais e abstratos consolidados na fixidez normativa da lei. Como não poderia deixar de ser, a crescente tensão entre a pretensão estabilizadora da dogmática e os conflitos oriundos de uma sociedade, imersa no relativismo pós-moderno, revelaria a inadequação metodológica dos critérios axiomáticos do logicismo dedutivista. Dessa forma, contrariando a metódica segurança e certeza do direito acalentadas desde Descartes, sua aplicação concreta começou a revelar-se essencialmente problemática, pressupondo que, num contexto de superação do monismo normativista, a idéia de direito transcendia a lei, evidenciando mesmo uma antinomia entre ambos no momento da concreção.

Consciente de que a lei não é mais que um elemento que compõe o mundo do direito e salientado que justamente o problema entre lei e direito passou a ser a questão fulcral da reflexão metodológico-jurídica, Engisch, contrariando Kelsen, realça a necessidade de que, em seu labor metodológico, o jurista também deve operar com os recursos supralegais e até suprajurídicos, que caracterizam as exigências morais da justiça e da equidade. Isso não ocorre pela via axiomática da dedução racional, mas através de um pensamento problemático "de um pensamento tópico, que, sob múltiplos pontos de vista de

---

[725] AMADO, Juan Antonio Garcia. *Teorias De La Tópica Jurídica.* Op. cit., p. 346.

[726] LARENZ, Karl. *Metodologia Da Ciência Do Direito.* Op. cit., p. 204.

[727] Idem, p. 211.

natureza jurídica e extrajurídica, faz valer praticamente aqueles princípios em casos problemáticos".[728] Também inserido criticamente nesse amplo movimento de superação do legalismo, Esser acentua que *"Al desvanecerse la fe en la autoridad dogmática del legislador, cuyas falsas representaciones han provocado a menudo seudo problemás"*,[729] evidencia-se que o centro de gravidade das decisões judiciais, movidas por um senso realista preocupado em sanar as deformações formais, afasta-se do sistema codificado e move-se, crítico-argumentativamente, na perspectiva de uma casuística orientada por princípios translegais, que se corporificam numa multiplicidade de orientações normativas não sistematizadas, que, na verdade, sempre constituíram a base prática da fundamentação jurisprudencial *"y que si se negaban, era sólo por el deseo de encasillar axiomáticamente todas las verdades jurídicas en un sistema lógico de conceptos".[730]*

Esse amplo movimento, empenhado em superar o método jurídico positivista, já iniciado no século XIX, com a proposição de uma livre investigação científica do direito reivindicada por Gény, ganhou forte impulso na primeira década do século XX, com a crítica radical da escola do direito livre, e, após o término da segunda guerra mundial, corporificou-se, segundo o dizer de Recaséns Siches, em uma verdadeira "ofensiva contra el papel de la lógica en la interpretación y dinâmica jurídicas".[731] Isso propiciou que variadas tendências de teor, às vezes marcadamente heterogêneo, passassem a convergir para a necessidade de fundamentar, racionalmente, através de um intercâmbio crítico-dialógico, os elementos práticos destinados a materializar o justo em cada decisão concreta. Segundo Garcia Amado,

> Podemos chamar a esta orientación general, compartida en maior o menor medida por una pluralidad de autores de estos años y posteriores, "*teoria de la argumentácion jurídica*" u orientación argumentativa de la metodologia jurídica.[732]

Neste mesmo sentido, também Manuel Atienza assinala que o que hoje entendemos por teoria da argumentação jurídica "tem sua origem numa série de obras dos anos 50 que compartilham entre si a rejeição da lógica formal como instrumento para analisar os raciocínios jurídicos".[733]

---

[728] ENGISCH, Karl. *Introdução ao Pensamento Jurídico*. Traduzido por J. Baptista Machado. Lisboa: Fundação Calouste Gulbenkian, 1964, p. 321.

[729] ESSER, Josef. *Princípio y Norma En La Elaboración Jurisprudencial Del Derecho Privado*. Op. cit., p. 32, 33.

[730] Idem, p. 33.

[731] SICHES, Luis Recaséns. *Nueva Filosofia De La Interpretación Del Derecho*. Op. cit., p. 30.

[732] AMADO, Juan Antonio Garcia. *Teorias De La Tópica Jurídica*. Op. cit., p. 312.

[733] ATIENZA, Manuel. *As Razões do Direito*. Traduzido por Maria Cristina Guimarães Cupertino. São Paulo: Londy, 2000, p. 59.

Portanto, inserida nesse amplo contexto de reflexão crítico-metodológica e servindo como fonte inspiradora e base de apoio para os procedimentos argumentativos da teoria da argumentação, a tópica receberá importantes contributos que servirão para robustecer o "caráter esquemático e impreciso da obra fundadora de Viehweg".[734]

Nessa perspectiva, um dos aportes mais relevantes procede de Alexy, em cuja obra se verifica o esforço de integrar direito e razão prática sob a orientação de critérios lógico-racionais, a fim de garantir que os critérios argumentativos se desenvolvam procedimentalmente, sob a égide de um controle racional. Sua teoria da argumentação jurídica parte do pressuposto de que o objeto da jurisprudência são questões práticas, que mantêm vinculação normativa com um sistema jurídico positivado. Justamente esses vínculos fazem com que a argumentação jurídica seja considerada um caso especial no contexto geral da argumentação prática. Esses vínculos, diz Alexy:

> *Que pueden concebirse mediante un sistema de reglas y formas específicas de la argumentación jurídica, no llevan sin embargo en cada caso precisamente a un resultado. Esto vale tanto para la subsunción bajo reglas como para la ponderación de princípios.*[735]

Isto quer dizer que *"no son posibles teorías morales materiales que para cada cuestión práctica permitan extraer com seguridad intersubjetivamente concluyente precisamente una respuesta"*.[736] Tal realidade decorre da própria índole dos raciocínios práticos, pois, enquanto a racionalidade lógico-formal procura impor-se dogmático-coercitivamente, pautada em axiomas dedutivos, para, com base na sua autoridade, esquivar-se de uma justificação crítica, eliminando também a controvérsia, o contrário é o que se verifica nos domínios da realidade em que se movem as ponderações prático-argumentativas, dialético-criticamente avessas a uma dogmática univocidade consensual. Dessa forma, perguntando-se se o discurso prático conduz a uma única resposta correta para cada situação concreta, Alexy acrescenta que:

> *Llevaria a ello si su aplicación garantizara siempre un consenso. Ya un simple esbozo muestra claramente que varias de sus exigencias, bajo condiciones reales, sólo se pueden cumplir de manera aproximada. Esto ya excluye un consenso para cada cuestión.*[737]

Justamente esse caráter de plausibilidade, que evidenciou uma abertura lacunosa da tópica, ensejando-lhe a acusação crítica de teoria incompleta, também se faz presente na razão prática que a embasa. Por isto mesmo, procurando justificá-la perante as críticas de Kelsen

---

734 ATIENZA, Manuel. *As Razões do Direito*. Op. cit., p. 60.

735 ALEXY, Robert. *Derecho y Razón Práctica*. México: Fontamara, 1993, p. 20.

736 Idem, p. 21.

737 Ibidem, p. 21, 22.

e Alf Ross que *"consideraban que el concepto de razón práctica era un concepto autocontradictório"*,[738] Alexy reconhece que quem quiser expor e fundamentar a possibilidade de uma metodologia jurídica embasada na razão prática, deparar-se-á com o problema que *"resulta del hecho de que el concepto de racionalidad práctica es sumamente vago"*.[739]

O problema da vagueza das proposições práticas enseja a questão viciosa do regresso ao infinito *"Esta situación, designada por Albert como el trilema de Münchhausen no carece sin embargo de salida"*,[740] pois levaria, em razão do caráter meramente aproximativo das proposições, a que se lançasse mão de outra proposição, para sanar as deficiências da anterior, e isso conduziria a um círculo vicioso interminável, só podendo ser resolvido com o apelo de uma decisão autoritária que pusesse fim à controvérsia, o que, por sua vez, exigiria o abandono crítico da fundamentação.

O caminho encontrado por Alexy para resolver a aporia do trilema foi o de estabelecer regras racionais para a argumentação, orientadas, logicamente, por uma teoria do procedimento. Essas regras têm por missão reger o amplo espectro da ação discursiva, adequando os nexos lingüísticos com as contingências empíricas, buscando também fortalecer a persuasão consensual com o apoio normativo de princípios universais, de modo a promover analiticamente a estruturação de convicções normativas. Esse sistema de regras comporia, no seu conjunto, um código da razão prática, que não apenas complementaria *"las reglas específicas del discurso jurídico, sino que también la base para su justificación y crítica, en el marco de uma justificación y crítica del sistema jurídico en su conjunto"*.[741]

Portanto, a idéia básica que norteia a teoria da argumentação, proposta por Alexy, define a teoria do discurso como uma teoria procedimental universalista,[742] que tem, nos juízos racionais da racionalidade prática, o núcleo central da sua afirmação teórica, e, na medida em que a razão prática é entendida como *"la facultad que permite llegar a juizios prácticos de acuerdo con este sistema de reglas"*,[743] deduz-se que nenhuma teoria da argumentação prática pode renunciar a essas regras na formulação de um consenso racional, por serem essas regras que expressam, *"bajo un ropage teórico-argumentativo, el carácter universalista de la concepción teórico-discursiva de la racionalidad*

---

[738] ALEXY, Robert. *El concepto y La Validez Del Derecho*. Traduzido por Jorge M. Seña. Barcelona: Gedisa, 1997, p. 131.

[739] Idem, p. 132.

[740] ALEXY, Robert. *Teoria de La Argumentación Jurídica*. Traduzido por Manuel Atienza e Isabel Espejo. Madrid: Centro de Estudios Constitucionales, 1989, p. 177.

[741] ALEXY, Robert. *Derecho y Razón Práctica*. Op. cit., p. 21.

[742] ALEXY, Robert. *El Concepto y La Validez Del Derecho*. Op. cit., p. 135.

[743] Idem, p. 137.

práctica".[744] Assim, se não são possíveis teorias morais materiais que viabilizem, intersubjetivamente, a afirmação concludente de respostas unívocas, *"son posibles teorias morales procedimentales que formulam reglas o condiciones de la argumentación o de la decisión práctica racional".[745]* Então, levando em conta o caráter plausível do discurso prático e consciente de que a superação dessa deficiência não pode ser resolvida no plano estrito de uma teoria moral, Alexy propõe uma vinculação da teoria moral com a teoria do direito, asseverando que essa vinculação se possibilita, desde que viabilizada no contexto de um modelo procedimental de quatro graus, que ele indica como sendo *"(1) – el discurso práctico general, (2) el procedimento legislativo, (3) el discurso jurídico y (4) el procedimiento judicial".[746]*

O primeiro grau que aborda o discurso prático geral remete ao já referido código geral da razão prática, que, como vimos, em nenhum caso conduz a um resultado unívoco, mas, como a resolução dos conflitos jurídico-sociais exige a determinação de um resultado unitário, faz-se necessária a introdução do 2º grau do modelo, no qual intervém o complexo normativo do direito positivo, considerando que, num processo judiciário, não apenas se argumenta, mas também se decide. Aqui, o modelo argumentativo interage com a estrutura dogmático-normativa do sistema jurídico. O modelo invocado por Alexy para o desenvolvimento adequado dos procedimentos institucionalizados, segundo os critérios da sua teoria da argumentação, é o que se verifica numa ordem jurídica estruturada metodicamente, a partir do procedimento legislativo que se verifica no Estado democrático constitucional, que é definido por um sistema de regras que,

> comparado com las alternativas fácticamente posibles, garantiza una medida considerable de racionalidad práctica y en este sentido, es justificable dentro del marco del primer procedimiento.[747]

Entretanto, como a crítica ao modelo metódico do positivismo jurídico vem demonstrando, estabelecer soluções *a priori* (para depois confirmá-las através de um procedimento silogístico-subsuntivo) não passa de uma ilusão lógica. Invoca-se a necessidade de integrar, no processo, o terceiro elemento gradativo, que é o discurso jurídico, embora, a exemplo do que ocorre no primeiro grau, esse procedimento também não está institucionalizado, mas, para efeito de redução da insegurança inerente ao discurso prático, ele deve manter-se submisso à dogmática. Reconhecendo, no entanto, que a insegurança persiste nos resultados até aqui obtidos, Alexy invoca a necessidade de inte-

---

[744] ALEXY, Robert. *El Concepto y La Validez Del Derecho.* Op. cit., p. 138.

[745] ALEXY, Robert. *Teoria de Los Derechos Fundamentales.* Op. cit p. 530.

[746] Idem, p. 531.

[747] Ibidem.

grar o quarto grau que completa o modelo procedimental da sua teoria da argumentação. Por ser ele o procedimento judicial da mesma forma que o procedimento legislativo, ele é institucional e essencialmente instância decisória. Sua racionalidade advém da integração das suas regras com as exigências dos procedimentos anteriores. Assim, como justifica Alexy,[748] se no âmbito do procedimento judicial as indeterminações axiológicas passam a ser não apenas objeto da argumentação, mas também da decisão, isto não significa abandono da razão.

Graças a esse rigor lógico-racional que, na verdade, submete a teoria da argumentação à dogmática normatividade do sistema jurídico vigente, Alexy pode rebater as críticas, que desqualificam as ponderações prático-argumentativas como sendo mera camuflagem das decisões, acrescentando que *"esta crítica seria correcta si no se tratara de un procedimiento de ponderación racional"*.[749] No entanto, se formos levar a sério as contribuições da teoria da argumentação de Alexy, para sanar as incompletudes da tópica jurídica formulada por Viehweg, constatamos que o rigor lógico-sistemático que ele utiliza para disciplinar a razão prática compromete a sua essência de *ars inveniendi*. Nesse sentido, o agudo senso crítico de Castanheira Neves também captou a antinomia, ao salientar, evocando Viehweg, que, enquanto no contexto da tópica-retórica a instância de controle compete exclusivamente à discussão, a argumentação racional de Alexy no universo jurídico pauta as *"objectivações da sua normatividade (nos valores, princípios, normas, precedentes, etc.)"*,[750] e isso pelo prisma de uma visualização que

> têm uma índole dogmática e sistematicamente preferem, por isso, e inclusivamente segundo uma particular ordem de preferência entre eles, a quaisquer outros *topoi* ou argumentos invocáveis.[751]

Mas em consonância com o núcleo central da proposição deste livro, que reivindica a tópica jurídica como alternativa para uma recuperação humanista do direito, em contraposição ao modelo dogmático-sistêmico do positivismo jurídico, importantes contributos advêm das reflexões críticas desenvolvidas por Perelman. Embora sua preocupação maior circunscreva-se em recuperar a retórica do ostracismo que lhe impôs a racionalidade moderna, a tópica também se locupletará dos importantes avanços propiciados pelo conjunto da sua obra.

---

[748] ALEXY, Robert. *Teoria de Los Derechos Fundamentales*. Op. cit p. 532.

[749] ALEXY, Robert. *Derecho y Razón Práctica*. Op. cit., p. 32.

[750] NEVES, Antônio Castanheira. *Metodologia Jurídica*. Op. cit., p. 74.

[751] Idem.

No mesmo sentido que viemos apontando, Perelman[752] salienta que, se quisermos definitivamente apartar-nos do positivismo, devemos procurar compreender aquilo que efetivamente constitui a realidade humana. Nessa perspectiva, temos procurado demonstrar que a essência do homem só pode desabrochar e prosperar num ambiente social que concilie liberdade e responsabilidade. O exercício dessas prerrogativas essenciais, no campo das ciências humanas, evidencia a necessidade de uma práxis argumentativa que transcenda, nos domínios da experiência prática, os limites impostos pela lógica formal, porque, justamente, é a liberdade crítico-deliberativa o que distingue o homem do autômato, eis que "Esta deliberação incide sobre o que é essencialmente a obra do homem sobre os valores e as normas por ele criados, e que a discussão permite promover".[753] Lembrando que a retórica sempre vicejou nos períodos em que a civilização pautou-se pelo humanismo, Perelman pode reafirmar com autoridade que, "por essa razão, um ressurgimento da retórica seria conforme ao aspecto humanista das aspirações da nossa época".[754] Assim, contrariando a aspiração moderna de rigor lógico, que tende a reduzir, progressivamente, a lógica a um logicismo formal que culmina numa linguagem artificial,[755] a nova retórica proposta por Perelman procurará ressaltar a importância que "o raciocínio não formalizado desempenha em nosso pensamento",[756] valorizando, através da abdicação da evidência, a justificação das decisões pela via crítico-argumentativa, numa atitude que, superando o ceticismo positivista, busca fundamentá-las com base na solidariedade, liberdade e responsabilidade humana.

A relevância do que acaba de dizer-se, no contexto do pensamento retórico de Perelman, evidencia-se na medida em que ele abre o seu *Tratado da Argumentação*, esclarecendo a antinomia existente entre demonstração e argumentação, salientando, inclusive, que, para melhor expor as características próprias da argumentação, nada melhor que "contrapô-la à concepção clássica da demonstração e, mais especialmente, à lógica formal que se limita ao exame dos meios de prova demonstrativos".[757]

Cumpre dizer, em favor de Perelman, que em raros momentos como na sua crítica, fica tão transparente a inadequação do formalismo lógico do método jurídico positivista na resolução dos problemas

---

[752] PERELMAN, Chaim. *Retóricas*. Traduzido por Maria Ermantina Galvão Pereira. São Paulo: Martins Fontes, 1997, p. 90.

[753] Idem.

[754] Ibidem, p. 91.

[755] PERELMAN, Chaim. *Retóricas*. Op. cit., p. 90.

[756] Idem, p. 105.

[757] PERELMAN, Chaïm; OLBRECHTS-TYTECA, Lucie. *Tratado da Argumentação*. Traduzido por Maria Ermantina Galvão. São Paulo: Martins Fontes, 2000.

práticos que concernem ao direito. Como ele nos diz em sua *Retórica*,[758] se a ambição cartesiana de constituir uma teoria científica da moral ficou abalada quando a posteridade demonstrou a clara oposição entre juízos de realidade e juízos de valor, salientando que estes últimos, por remeterem ao foro íntimo da pessoal opção axiológica, não são falsos nem verdadeiros e, por isso, não passíveis de uma redução ao plano do conhecimento objetivo, o positivismo, consciente dessa contradição, entendeu as avaliações como juízos de valor e abandonou o sonho cartesiano, mas, ao acalentar a pretensão de construir uma filosofia científica, teve, por conseqüência, "de abandonar ao irracional a determinação de nossa conduta".[759] Assim, a lógica da sua metódica, no afã de abandonar as ambigüidades da razão prática, proscreveu a dimensão axiológica do direito, buscando também eliminar a controvérsia e a necessidade de justificação, "isso porque as deduções do sistema são coercivas e é imperativo inclinar-se diante do resultado desses raciocínios",[760] mesmo que eles se desenvolvam intemporalmente alheios às contingências da realidade material das pessoas envolvidas no processo, pois a legitimação dogmático-coerciva se consuma circunscrita no plano da abstração geométrica das verdades matemáticas, exprimindo-se demonstrativamente através de signos, que relevam apenas o valor formal da sua adequação sistêmica.

Toda essa depuração metodológica que, do princípio ao fim dos raciocínios, disciplina rigorosamente os signos do sistema, aliando no procedimento instrumental os princípios de identidade e não-contradição, deve atingir, como resultado final, o imperativo lógico da univocidade.[761] A busca da univocidade, portanto, que justifica a coerção das demonstrações, exige a submissão mecanicista ao axiomatismo das cadeias dedutivas e leva os lógicos formalistas a não se preocuparem com o sentido das expressões. Segundo Perelman, eles "ficam contentes se os signos introduzidos e as transformações que lhes dizem respeito ficam fora de discussão".[762]

No entanto, um olhar crítico mais aprofundado, mesmo sem abandonar o terreno da racionalidade lógica, nos leva a constatar que, até para deixar um sistema coerente, faz-se necessário "interpretar-lhe os termos, não observando estritamente a regra da univocidade de expressões de forma igual".[763] Se o que acaba de se dizer tem validez gnoseológica para todos os ramos do saber, com mais veemência

---

[758] PERELMAN, Chaim. *Retóricas*. Op. cit., p. 167.

[759] Idem.

[760] Ibidem, p. 105 e 106.

[761] Ibidem, p. 106.

[762] PERELMAN, Chaim; OBRECHTS-TYTECA, Lucie. *Tratado Da Argumentação*. Op. cit., p. 16.

[763] PERELMAN, Chaim. *Retóricas*. Op. cit., p. 102.

Uma Tópica Jurídica
CLAREIRA PARA A EMERGÊNCIA DO DIREITO

ainda, isso se verifica no direito, pois a lógica jurídica, no encaminhamento metodológico da elucidação dos raciocínios probatórios para a fundamentação das decisões, depara-se com problemas não-redutíveis à lógica formal aplicada, pelo fato de que, no direito, "se recorre amiúde a meios de prova não demonstrativos mas argumentativos".[764]

Portanto, como já sabemos desde Aristóteles, o fundamento tópico da argumentação jurídica não nos impõe o abandono da racionalidade lógica; apenas evidencia a necessidade crítica de transcender, retórico-dialeticamente, os dogmáticos limites da lógica formal. Fiel a essa tradição, Perelman realça a importância da tópica para o direito, invocando o livro de Viehweg e salientando que seu renascimento ocorre em concomitância com o interesse que atualmente suscitam a retórica e o raciocínio dialético.[765] Entendendo que a tópica, ao transcender a limitação textual da dogmática positivista, possibilita ao raciocínio jurídico o alcance real da dimensão material do direito, Perelman também não desmerece a procedência das críticas que evidenciam a sua imprecisão e, embora mantendo a crença, de que uma interpretação argumentativa pode fornecer elementos razoáveis para a solução persuasiva das situações litigiosas, capitula num tom que lembra Canaris, ao observar que "o recurso aos tópicos jurídicos não se opõe nem um pouco à idéia de um sistema de direito, mas, antes, à aplicação rígida e irrefletida das regras de direito".[766] Mas, embora, ao nosso ver, essa antinomia exige uma opção mais definida em favor de uma orientação, o esforço conciliador de Perelman não lhe obstruiu o discernimento, do que pensamos constituir o mais relevante contributo da tópica como alternativa para o direito, no contexto radical da crise que o afeta. Assim, em que pese a agilidade crítica do seu pensamento movimentar-se com destreza dialética entre a metafísica aristotélica e a metafísica cartesiana, ele realça em sintonia com esta, o valor central da segurança jurídica, alertando que "os partidários dos tópicos jurídicos jamais podem perder de vista os inconvenientes da incerteza em matéria de direito".[767] No entanto, o passo adiante, em direção à essência da tópica jurídica que acima aludimos, também se evidencia quando ele acentua que, graças a ela, os juízes podem dispor de uma maior flexibilidade na interpretação dos textos legais, e esta liberdade crítico-criativa, em vez de conduzir à arbitrariedade, "aumenta os meios intelectuais de que o juiz dispõe

---

[764] PERELMAN, Chaim. *Retóricas*. Op. cit., p. 102.

[765] PERELMAN, Chaim. *Lógica Jurídica*. Traduzido por Vergínia K. Pupi. São Paulo: Martins Fontes, 2000, p. 120.

[766] Idem, p. 130.

[767] Ibidem.

na busca de uma solução razoável e equitativa",[768] pois, metodicamente falando, o que deve determinar a técnica operacional não são determinações advindas de prescrições genérico-universalistas, mas soluções que se constroem argumentativamente, em imanência crítico-interpretativa com as circunstâncias do caso decidendo.

Por isso, a grande vantagem da tópica, segundo Perelman,[769] é permitir, sem oposição entre dogmática e prática, o desenvolvimento de uma metodologia jurídica que, inspirada na prática, possa conciliar direito, razão e justiça. Embora estejamos de acordo com o fato de que esse ideal metodológico expressa o que entendemos ser a essência da tópica, forçoso é reconhecer que sua imprecisão persiste, ensejando renovadas críticas contra sua ambigüidade. Consciente delas e com notável lucidez crítica, Perelman tenta resolver a aporia, sem recair no reducionismo positivista que inviabiliza o uso da razão prática. Mas também, para evitar possíveis arbitrariedades, às quais a subjetividade judicativa poderia conduzir no uso da razão prática, ele invoca os avanços formais da lógica de Frege, transplantando, analogicamente, para o direito, um rigoroso dedutivismo matemático, com o intuito de elaborar uma lógica dos juízos de valor.[770] No entanto, após dois anos de desenvolvimento analítico dessa reflexão, com o apoio de Lucie Olbrechts-Tyteca, Perelman concluiu que não existia uma lógica dos juízos de valor, mas, "nas áreas examinadas, bem como em todas aquelas em que se trata de opiniões controvertidas, quando se discute e delibera, recorre-se a técnicas de argumentação".[771] Assim, definitivamente convencido de que, no âmbito das controvérsias em que interagem juízos de valor, o apelo a técnicas admitidas unanimemente com base em raciocínios lógico-formais representam um equívoco, Perelman propõe que o pensamento metodológico-jurídico deve pautar-se em raciocínios retórico-dialéticos.

No entanto, consciente da necessidade de refundamentação crítica da retórica no contexto problemático da crise pós-moderna, Perelman denominou de nova retórica o seu *Tratado da Argumentação* e esforçou-se para superar a base metafísica da retórica aristotélica que lhe servira de fundamentação teórica, ao conscientizar-se de que ela, embora responsável pela excelência da educação greco-romana, "degenerou no século XVI, quando foi reduzida ao estudo das figuras de estilo, e depois desapareceu inteiramente dos programas de ensino secundário".[772] Nesse sentido, embora mantendo a tese central de que a nova retórica deve ser um instrumento a serviço da viabilização da

---

[768] PERELMAN, Chaim. *Lógica Jurídica*. Op. cit., p. 130.

[769] Idem.

[770] Ibidem, p. 138.

[771] Ibidem.

[772] Ibidem, p. 141.

razão prática no âmbito das controvérsias jurídicas, ela se afasta da retórica clássica, que tinha por objetivo o desenvolvimento de técnicas discursivas tendentes a persuadir racionalmente um auditório universal, de forma que a superioridade racional dos seus argumentos deveria ganhar a lógica adesão de todos os seres racionais, e, assim, a convicção advinda da autoridade metafísica embasada nos raciocínios dialéticos, poderia levar à sua aplicação em qualquer interlocutor sem a necessidade de serem "adaptados às particularidades deste ou daquele auditório".[773] Seguindo sua crítica, Perelman salienta que, desde Aristóteles até Globot,[774] as reflexões prático-metodológicas sempre puseram em relevo o aspecto técnico dos raciocínios, visando aos melhores meios para a superação dos obstáculos, com o objetivo teleológico do fim; na verdade, promovendo uma redução instrumental dos valores para a consecução do fim que, quando atingido, ganha um estatuto sintético-metafísico que o exime de ser posto em discussão. Dessa forma, alienada para o fato de que a realidade prática das controvérsias não pode resumir-se a um monismo finalístico, na medida em que outros fins, valores e normas também interagem no processo, a visão tradicional "sempre procurou eliminar esse pluralismo dos valores e das normas, graças a uma sistematização e uma hierarquização, que se pretendia objetiva, de todos os aspectos do real".[775] Como a nossa crítica também procurou evidenciar, essa postura metafísica que marcou toda a tradição da racionalidade ocidental promoveu uma objetificação ontológica que elevou, desde Platão, os valores a uma condição de veracidade dogmática, desvirtuando a essência dos problemas práticos, em favor de uma supremacia lógico-teorética.

Levando tudo isso em consideração, Perelman procura dialetizar a nova retórica, integrando-a criticamente no contexto do pluralismo relativista da pós-modernidade, e, pelo fato de ela dirigir-se a auditórios diversos, "Englobará, portanto, todo o campo da argumentação, complementar da demonstração, da prova pela inferência estudada pela lógica formal".[776] Mas, se o objetivo de Perelman, no sentido de ampliar o campo da razão para além das ciências dedutivas, demonstra notáveis méritos, o fato de os argumentos retóricos por ele utilizados não gerarem verdades evidentes fez com que seu esforço de conciliar razão calculadora com intuição criativa, no âmbito da razão prática, em que pese o caráter dialético da sua teoria da argumentação, também quedou vago e inconcluso.

---

[773] PERELMAN, Chaim. *Lógica Jurídica*. Op. cit., p. 144.

[774] Idem, p. 148.

[775] Ibidem, p. 149, 150.

[776] Ibidem, p. 144.

Refletindo sobre as ambigüidades da retórica perelminiana, no contexto metódico-probatório do processo judicial, Garcia Amado observa[777] que, tanto no momento da configuração das premissas, do preenchimento das lacunas, da qualificação dos feitos, e como na interpretação da lei, Perelman não indica critérios objetivos para o controle racional do labor axiológico-judicativo, contentando-se com meras referências sobre a necessidade social de uma práxis eqüitativa. Dessa forma,

Lo que la teoría de Perelman no pone de manifiesto es, justamente, la cuestión central de cómo se há de concibir u orientar ese sentimiento particular de la equidad para que pueda ser tenido por racional y no simple expresión de emociones subjetivas.[778]

Nesse mesmo sentido, Manuel Atienza,[779] depois de ressaltar a importância da obra de Perelman no contexto da reabilitação da razão prática, observa a falta de clareza presente nos seus conceitos retóricos, criticando também o caráter confuso do seu pluralismo filosófico, bem como da sua noção de razoabilidade. Salientando, igualmente, o caráter conservador da sua teoria da argumentação, diz que ela não se coaduna com uma concepção crítica do direito e conclui que a retórica de Perelman "cumpre, antes de mais nada, uma função ideológica de justificação do direito positivo: precisamente apresentando, como imparciais e aceitáveis, decisões que na realidade não o são".[780]

Na mesma linha de ponderação crítica, Boaventura de Sousa Santos[781] assinala que, para a nova retórica de Perelman representar um significativo contributo no sentido da reinvenção de um conhecimento de índole emancipatória que a pós-modernidade está a exigir, ela deverá ser reconstruída radicalmente. Sua desconexão para com as exigências atuais advém do seu caráter demasiadamente, técnico, que evidencia a vinculação com os princípios metafísicos da racionalidade moderna, realidade que a faz pender para uma imutabilidade que não lhe permite refletir, criticamente, as vertiginosas transformações sociais, que não mais admitem uma tranqüilidade estabilizadora para as premissas da argumentação retórica. Assim sendo, a crítica radical à nova retórica deve conduzir, segundo Boaventura de Sousa Santos, ao que ele denomina de novíssima retórica.

Relacionando ainda o vínculo da nova retórica com a metafísica moderna, o citado autor salienta que a polaridade orador/auditório que nela se verifica enfatiza demasiadamente o papel de protagonista do orador, reduzindo a dimensão dialógica a níveis mínimos. "Por

---

[777] AMADO, Juan Antonio Garcia. *Teorias De La Topica Jurídica*. Op. cit., p. 321.

[778] Idem.

[779] ATIENZA, Manuel. *As Razões do Direito*. Op. cit., p. 109 e ss.

[780] Idem, p. 130.

[781] SANTOS, Boaventura de Souza. *A Crítica da Razão Indolente*. Op. cit., p. 104.

outras palavras, a relação entre o orador e o auditório tem algumas semelhanças com a relação entre sujeito e objeto".[782] Já a novíssima retórica, como acima proposto, enquanto princípio regulador da argumentação prática, deverá intensificar a dimensão dialógica, propiciando uma perda da rigidez na polaridade orador/auditório, para transformar-se "numa seqüência dinâmica de posições de orador e de posições de autidório intermutáveis e recíprocas que torne o resultado do intercâmbio argumentativo verdadeiramente inacabado".[783]

Assim, criticamente situada no contexto pós-metafísico do pluralismo relativista da pós-modernidade, a novíssima retórica propõe um convencimento contingente e reversível, de caráter multidirecional, que progride, retórico-dialogicamente, em sintonia com a evolução do autoconhecimento da totalidade dos oradores que compõem o auditório. Isso permite um debate mais aprofundado das premissas que aqui já não dispõem mais daquela duração e estabilidade de que ainda gozavam no âmbito da nova retórica, pois, enquanto esta concebia o auditório como um dado para a novíssima retórica, ao contrário, o auditório está em contínua formação. "Em vez de ser o 'outro' do orador (o ponto fixo que torna possível o movimento argumentativo), o auditório é a fonte central do movimento, a polaridade orador-auditório em constante rotação".[784] Dessa forma, a novíssima retórica, rompendo crítico-dialeticamente com a fixidez estabilizadora ainda presente na nova retórica, aponta libertariamente para a realidade social pós-moderna em processo de contínua mutação, sem esquecer o estado globalizante da atual fase do capitalismo mundial, em que "os auditórios e as comunidades possuem uma dimensão translocal que permite a interpenetração de conflitos e consensos mundiais com conflitos e consensos locais".[785] Tudo isso conduz para a evidência insofismável de que, numa realidade social mundializada em que diferentes culturas interagem num cenário globalizado, marcado por uma complexidade que a crise da metafísica leva ao paroxismo, as premissas que orientam o discurso argumentativo devem ser continuamente questionadas. E quando aqui se fala em premissas, referindo-se a pontos de partida tendentes a edificar criticamente um consenso, a designação tanto vale para fatos, verdades ou *topoi*. Refletindo sobre o papel destes últimos, no contexto de uma tópica perspectivada sob a ótica da novíssima retórica, o autor salienta que os *topoi* devem ser rebatidos com os *topoi* contrários, de forma que:

---

[782] SANTOS, Boaventura de Souza. *A Crítica da Razão Indolente*. Op. cit., p. 105.

[783] Idem.

[784] Ibidem, p. 106.

[785] Ibidem, p. 106.

a polaridade dos pares tem de ser dialéctica: um *topos* contraposto a outro *topos* enquanto artifício argumentativo para inventar novos *topoi*, novos campos de conhecimento partilhado e, eventualmente, de novas batalhas argumentativas.[786]

Para Boaventura de Sousa Santos, essa concepção tópica, criticamente inserida no contexto da crise de transição paradigmática, deverá ser "Uma tópica de Emancipação: Para um Novo Senso Comum".[787] A justificação para a evolução emancipatória em direção a um novo senso comum se evidencia a partir da constatação de que, embora a ciência moderna tenha se erigido em oposição ao senso comum, considerando-o expressão de um saber ingênuo e falso, frente a um conceito de verdade objetivado lógico-metafisicamente, a realidade demonstrou, no entanto, que, para além da antinomia conceitual, ciência e senso comum sempre interagiram numa interpenetração recíproca: "Com efeito, fazem parte da mesma constelação cultural que hoje em dia dá sinais de exaustão e extinção. Em suma, o senso comum é tão moderno quanto a própria ciência moderna".[788] Assim, em que pese a oposição que os distingue, ciência e senso comum expressam, de forma imanente, uma síntese do *ethos* cultural da modernidade. Sua superação, segundo propõe o citado autor, implica uma dupla ruptura epistemológica, pois, para além da ruptura que permitiu à ciência moderna distinguir-se do senso comum, impõe-se nova ruptura epistemológica que, ao romper com esta, possibilite ao conhecimento científico transformar-se num novo senso comum.

Esse novo senso comum, em sintonia com o qual, a novíssima retórica propõe uma tópica para a pós-modernidade, deverá romper dialeticamente com a natural tendência ao conservadorismo presente em todo senso comum, isto é, enquanto conhecimento emancipatório, deverá saber estimular o caráter utópico e libertário que também pulsa no âmago do senso comum, e, na medida em que ele assenta numa visão de mundo orientada pelas ações práticas dos indivíduos responsáveis, pode conciliar emancipação e solidariedade, ou seja: "Não pode haver emancipação sem uma tópica da emancipação".[789] Portanto, a tópica pós-moderna, orientada pela dialética da novíssima retórica, será uma tópica social em que "o conjunto dos *topoi* – o domínio tópico – que, num dado momento, possibilita o discurso argumentativo numa determinada comunidade é concebido como um domínio social".[790] Entretanto, uma tópica pós-moderna, que propõe como fundamento uma ética da solidariedade, cujo princípio emancipatório radica na responsabilidade, não pode perder de vista as inte-

---

[786] SANTOS, Boaventura de Souza. *A Crítica da Razão Indolente*. Op. cit., p. 105.

[787] Idem, p. 107.

[788] Ibidem, p. 110.

[789] Ibidem.

[790] Ibidem, p. 109.

rações que decorrem do contexto mundializado do atual estágio da civilização, e isto remete para a inevitável projeção utópica de uma tópica emancipatória de teor globalizante, pois só haverá um senso comum emancipatório quando "os *topoi* emancipatórios desenvolvidos numa dada comunidade interpretativa encontrarem tradução adequada nos *topoi* de outras comunidades e se converterem, assim, em *topoi* gerais".[791]

Claro está que pensar eticamente o direito no contexto pós-metafísico da pós-modernidade implica a necessidade de superação da ética liberal da modernidade, limitada pelo princípio da reciprocidade entre direitos e deveres, pois, "segundo o princípio pós-moderno de responsabilidade, tanto a natureza como o futuro têm direitos sem ter deveres".[792] Igualmente, o ingrediente utópico que deve animar retoricamente a tópica libertária da pós-modernidade não pode confundir-se com o reducionismo ingênuo do utopismo acrítico da automação tecnológica nem, tampouco, reduzir-se à dimensão antropológica preponderante na tradição ética do ocidente, pois, mais do que nunca, o verdadeiro humanismo, hoje, coloca a responsabilidade humana perante a natureza e as outras espécies vivas, isto é, remete para a inarredável responsabilidade nossa para com o futuro do planeta, ameaçado pela irracionalidade da civilização.

No entanto, seguindo a tradição inaugurada por Aristóteles, refundida pela aporia fundamental da tópica de Viehweg e por todo o movimento de recuperação da filosofia prática, também a tópica de emancipação para um novo senso comum, proposta por Boaventura de Sousa Santos, situada em plena crise de transição paradigmática, procura, segundo seu autor, fundamentar-se num "conhecimento prudente para uma vida decente".[793]

Pensamos ser importante ressaltar que seu esforço crítico evidencia a possibilidade de fundamentar eticamente uma tópica jurídica não submissa a uma axiologia dogmático-metafísica, isto é, sem perder de vista que a aspiração a uma ordem social justa, como lembra Ost,[794] é o fundamento *omnitemporal* que deve estar presente em cada momento da vida do direito, como expressão ontológica da essência do seu ser. Propomos uma tópica jurídica liberta da tradição metafísica que alienou o direito da realidade prática da vida, ou seja, uma tópica jurídica que, enquanto opção prático-dialógica, viabilize, ético-materialmente, numa contínua renovação animada pela responsabilidade criativa, em cada problema jurídico, a retórico-dialética concreção da justiça.

---

[791] SANTOS, Boaventura de Souza. *A Crítica da Razão Indolente*. Op. cit., p. 110.

[792] Idem, p. 112.

[793] Ibidem, p. 105.

[794] OST, François. *O Tempo do Direito*. Op. cit., p. 101, 102.

5.2. A Des-vinculação da Tópica Jurídica do Contexto Metafísico-Objetificante, sob o Influxo Libertário da Fenomenologia Hermenêutica de Heidegger e do Conceito de Aplicação de Gadamer

No contexto radical da crise pós-moderna, a tópica jurídica que propomos, como instância instauradora de uma autônoma e crítico-reflexiva recuperação humanista do direito, impõe a superação da base metafísico-objetificante que permeou toda a sua evolução histórica e ainda mantém-se subjacente na fundamentação compreensiva do recente pensamento filosófico-jurídico que buscou recuperá-la, contrapondo-se ao dogmatismo axiomático da tradição cartesiana. Para tanto, a compreensão do seu sentido, além de transcender o reducionismo que a identifica como um simples catálogo de *topoi*, também deverá dar um passo adiante em relação ao pensamento metodológico da teoria da argumentação, que ainda a plasmou no âmbito de premissas metafisicamente estabelecidas.

Esse passo dialético que propomos, desvencilhado de qualquer determinismo metodológico, deverá ir ao encontro da realidade prática da vida jurídica, que sempre se manifesta, existencialmente, na contingência empírica de cada concreto conflito humano-social. Para tanto, seu papel preponderante, em detrimento da identificação com modelos de *topoi*, eivados da pretensão metafísica de universalidade constante, passa a ser a intuição criativa, em mediação crítico-dialética com a tradição normativa do direito positivo e as circunstâncias de cada concreto problema jurídico.

No entanto, se propomos a desconexão da tópica jurídica com a tradição metafísica dogmático-objetivamente, temos plena consciência de que a sua essência radica, hermeneuticamente, na constituição pré-ontológica que embasa historicamente a espontaneidade do senso comum. Isso, nas palavras de Garcia Amado, *"se podría denominar el común horizonte hermenéutico del que los sujetos arrancan para elaborar o imponer los criterios rectores de la práctica social concreta"*.[795]

Como o próprio Viehweg[796] reconhece, a interpretação hermenêutica possibilita o estabelecimento de conexões que podem dar um novo rumo aos *topoi*, conectando criticamente a riqueza da tradição com a contemporaneidade, viabilizando, a partir disso, uma fundamentação de sentido não-metafísico para o direito.

Nesse sentido, como viemos salientando ao longo desta pesquisa, a fenomenologia hermenêutica, nos termos propostos por Heidegger, propicia, hermenêutico-filosoficamente, a partir de uma ontologia

---

[795] AMADO, Juan Antonio Garcia. *Teorias De La Tópica Jurídica*. Op. cit., p. 60.

[796] VIEHWEG, Theordor. *Tópica e Jurisprudência*. Op. cit., p. 42.

fundamental, o salto para além das objetificações metafísicas em direção à concretude existencial da faticidade do acontecer histórico, em termos que possibilitam o desvelar do ser do direito, que entendemos a expressão do seu autêntico sentido, sempre encoberto pela tradição de um dedutivismo metodológico que o entificou dogmaticamente.

No entendimento heideggeriano,[797] a fenomenologia caracteriza-se como sendo a busca do desvelamento do ser, um esforço filosófico dispendido para entender as coisas em si mesmas, impondo-se, portanto, como uma ontológica refutação a qualquer construção desenraizada que, no plano da aparência, coloque pseudoproblemas.

Assim sendo, a fenomenologia é uma enteléquia que projeta o *Dasein*, o ente homem como ser aí, na direção da *alétheia*. Esse projetar-se libertário que ao homem se possibilita, enquanto sujeito dotado de subjetiva e ontológica criatividade, só se torna possível, quando o pensar humano transcende a alienação superficial em que está imersa a cotidianidade e se volve, autenticamente, na direção da sua origem, num verdadeiro resgate da existência.

Portanto, resgatar a autenticidade da existência, através do desvelamento que a eclosão da *alétheia* produz, coloca o *Dasein* diante do mistério do ser, em contínuo estado de compreensão interpretativa, e o faz consciente da sua condição de ente imerso na temporalidade. Então a temporalidade passa a ser a sua essência e o constitui como um ser histórico.

Assim, o *Dasein*, fenomenicamente imerso na historicidade do mundo, fenomenologicamente tende a descrevê-lo e, porque sendo o *Dasein mit-sein*, tende a, crítico-criativamente, interpretar o mundo que se lhe oferece numa enigmática manifestação de desvelamento e ocultação. Esse impulso interpretativo, como já referimos, faz do homem um ente ontologicamente hermenêutico. Dizer que o homem é um ente ontologicamente hermenêutico significa entendê-lo como sujeito capaz de uma autocompreensão, que pode lhe revelar o sentido da sua existência. Ao refletir o tema da analítica do *Dasein*, Heidegger[798] observou que o ente que temos por tarefa analisar somos nós mesmos. Sendo assim, o ser desse ente é cada vez mais nosso, e, como ente desse ser, o *Dasein* responsavelmente assume seu próprio ser, do que se pode deduzir que a essência desse ente reside no fato de ele ser, isto é, existir; logo, a sua essência está na sua existência. Como se pode ver, a hermenêutica da existência pode conduzir o homem na direção da essência do próprio homem, e o instrumento utilizado para pôr o homem em contacto com o ser é a linguagem. A linguagem, que tem no pensamento a sua fonte, conduz o pensamento ao ser que, quando desvelado, integra-se a ele na síntese da palavra. Aqui, o

---

[797] HEIDEGGER, Martin. *Ser e Tempo*. Op. cit., p. 58 e ss.

[798] Idem, p. 77 e ss.

impulso fenomenológico do pensamento heideggeriano assume contornos de genialidade criativa, transcende a filosofia enquanto racionalidade lógico-categorial, e a dimensão existencial vê-se enriquecida por uma radical e libertária intuição mítico-poética. Então, realçando a necessidade de libertar a linguagem dos grilhões gramaticais em que a metafísica a aprisionou, ele dirá, na sua *Carta Sobre o Humanismo*,[799] que a verdade do ser se manifesta pela linguagem, pois a linguagem é a sua casa, e nela morando, o homem convive com a verdade do ser. A partir dessa convivência, o homem se torna o pastor do ser,[800] e como na metáfora mitológica de Hermes, assume o grandioso *status* de ser o seu mensageiro, verdadeiro peregrino hermenêutico que, transcendendo qualquer determinação objetificante, evolui como ser-no-mundo radicalmente imerso na historicidade.

Comentando o projeto heideggeriano de uma fenomenologia hermenêutica em *Verdade e Método*,[801] Gadamer observa que, em Heidegger, inicialmente, da mesma forma que em Dilthey, em York e também em Husserl, por detrás do objetivismo científico, está presente a genérica determinação de um retorno ao mundo vital. Mas ele logo procurou superar as implicações epistemológicas presentes em Dilthey, bem como o caráter da radicalidade transcendental contida na redução eidética da fenomenologia de Husserl. O elemento-chave para a ruptura com Husserl é a implicação fática da hermenêutica heideggeriana que a remete para o plano da existência, entendida como a base ontológica da fundamentação fenomenológica. Em outras palavras, a partir da analítica da faticidade, desenvolvida pela fenomenologia hermenêutica de Heidegger, o problema do ser-no-mundo, revolucionariamente, não é mais concebido a partir da consciência transcendental no sentido da metafísica idealista, que desvirtuou a concepção de historicidade, através de um radicalismo subjetivo, em que a faticidade aparece projetada no plano eidético da essencialidade abstrata. Portanto, desvinculando-se da esfera eidética das generalizações idealístico-transcendentes que, paradoxalmente, mantém Husserl vinculado ao abstracionismo metafísico que criticou, a compreensão da faticidade do ser-aí heideggeriano, ao propor como fundamento ontológico a concretude material da existência, abandona o plano do puro cogito como esfera do acontecer fenomenológico.

Paradoxalmente, o passo libertário que permitiu a desconstrução e superação da tradição da metafísica objetificante, prenunciando, teoricamente, a dissolução da metafísica e o relativismo pós-moderno, como já demonstramos, foi um passo atrás, que, volvendo aos primórdios da filosofia ocidental, permitiu a Heidegger empreender uma

---

[799] HEIDEGGER, Martin. *Carta Sobre o Humanismo*. Op. cit., p. 58.

[800] Idem, p. 69.

[801] GADAMER, Hans-Georg. *Verdad y Método*. Op. cit., p. 318 e ss.

Uma Tópica Jurídica
CLAREIRA PARA A EMERGÊNCIA DO DIREITO

desconcertante reviravolta progressista em relação ao pensamento moderno.

A célebre viragem ou giro total heideggeriano ocorre quando ele desenvolve a sua interpretação do ser, da história, e da verdade a partir de uma noção de temporalidade absoluta. Gadamer observa[802] que, à medida que a significação do ser passa a ser determinada desde o horizonte do seu tempo, e a própria determinação ontológica da subjetividade é assumida a partir da estrutura da temporalidade, rompe-se com todo o subjetivismo metafísico, e o próprio ser, identificado com o tempo, encarna a realidade do presente. Segundo ainda Gadamer, o projeto de Heidegger,

> *gracias presisamente a la radicalidad de su planteamiento pudo salir del laberinto en el que se habían dejado atrapar las investigaciones de Dilthey y Husserl sobre los conceptos fundamentales de las ciencias del espirito.*[803]

Essa pergunta radical pelo ser, enquanto ser-aí, ocultada e esquecida pela tradição metafísica, constituirá a base, o *a priori* ontológico do impulso fenomenológico-hermenêutico com o qual Heidegger empreenderá a compreensão e a análise interpretativa do ser-aí em perspectiva histórico-existencial. O giro total que a sua indagação pelo ser propiciou permitiu, efetivamente, a superação das concepções hermenêuticas dos seus predecessores e trouxe ao universo filosófico uma nova noção do conceito de compreensão, em imanência com a conduta histórica do ser-aí, cuja fonte profunda é a ontológica indagação que, partindo da vida mesma, dirige-se ao mundo que o cerca.

Motivado por esse originário impulso indagativo, o *Dasein* projeta-se, enquanto ser-no-mundo, para o mundo que se lhe oferece como uma infinita abertura de poder-ser e possibilidade, projeção que é um projetar-se de si-mesmo, e as possibilidades constitutivas dessa projeção hermenêutico-compreensiva são aquelas que, potencialmente, em estado de interioridade oculta, o *Dasein* já possui e, hermenêutico-interpretativamente, podem ser desveladas. Assim sendo, a legitimidade do conhecimento histórico tem sua base na pré-estrutura do *Dasein*, e, desvinculada desse fundamento ôntico-ontológico, não pode haver autêntica compreensão nem, tampouco, autêntica interpretação, do que se pode concluir que só se faz história quando se é protagonista da história.

Portanto, enquanto a estratégia do pensamento moderno, na sua pretensão de explicar o mundo a partir de uma correta representação da realidade, desconectou o sujeito conhecedor do objeto a ser conhecido, Heidegger integra o *Dasein* ao mundo e o faz parte do mundo, numa interação cuja imanência transcende o plano lógico-formal,

---

[802] GADAMER, Hans-Georg. *Verdad y Método*. Op. cit., p. 322.

[803] Idem, p. 323.

pois, vinculada a situações que têm por base a realidade fática da vida e de suas possibilidades reais que já preexistem na estrutura ontológica do *Dasein*. Como bem assinala David Couzens Hoy,[804] o objetivo fundamental da teorização heideggeriana sobre a questão do entendimento é demonstrar o caráter da inerência do *Dasein* ao mundo; que ele não é um espírito errante que plana acima da sua condição material; que o entendimento pressupõe uma projeção holística, em cujo contexto se tornam intelegíveis as possibilidades particulares; e que o *Dasein* pode tornar-se aquilo que ele efetivamente é. Assim, enquanto a especulação filosófica do ocidente, a partir da clivagem platônica, transformou-se, metafisicamente, numa abstrata exaltação estética da universalidade supra-sensível, o projeto crítico de Heidegger, desconstruindo a metafísica, procurou resgatar, fenomenologicamente, as particularidades da vida real, literalmente baixando das alturas da especulação metafísica para a faticidade concreta da vida. Portanto, o ataque heideggeriano ao logicismo teorético-abstrato, com a sua tendência inexorável à queda objetificante de uma visão de mundo homogeneizadora, ahistórica e desvitalizada, caracteriza-se por um voltar-se para a faticidade da práxis humana. Esse revolucionário deslocamento do lugar de fundamentação, sediado na consciência do sujeito, para a idéia de ser-no-mundo e para o campo da vida prática operado, por Heidegger, constituiu, segundo Ernildo Stein,[805] a instauração de um novo paradigma na filosofia, que agora passa, num contexto radicalmente humanista, a circunscrever-se hermeneuticamente e ter seu ponto de partida desde o plano operatório da realidade prática da vida humana. Essa passagem, também salientou Heidegger,[806] é a passagem metafísica de um pensamento meramente representativo e objetificado, para um pensamento que realmente pensa.

No contexto da fenomenologia hermenêutica heideggeriana, da mesma forma que na proposição casuística da tópica jurídica, a manifestação do *Dasein*, enquanto ser-aí, configura existencialmente a expressão da essência do ser do ente que é, em cada caso, pois, em oposição às construções desenraizadas, "a palavra 'fenomenologia' exprime uma máxima que se pode formular na expressão: às coisas em si mesmas".[807]

Em sintonia com a proposição heideggeriana, Gadamer observa que a verdadeira compreensão não pode se afastar da coisa em si, pois ocorre em imanência com ela, pressupondo uma "conciencia histori-

---

[804] HOY, David Couzens. *Heidegger e a Viragem Hermenêutica. In:* GUIGNON, Charles. *Poliedro Heidegger*. Lisboa: Instituto Piaget, 1998, p. 198 e ss.

[805] STEIN, Ernildo. *Diferença e Metafísica*. Porto Alegre: Edipucrs, 2000, p. 46.

[806] HEIDEGGER, Martin. Que é Metafísica? *In: Os Pensadores*. Op. cit., p. 62.

[807] HEIDEGGER Martin. *Ser e Tempo*. Op. cit., p. 57.

co-hermenéutica en cualquier caso".[808] Essa consciência histórico-hermenêutica de que nos fala Gadamer parte do pressuposto de que, sendo o *Dasein* aquilo que ele é, suas possibilidades compreensivas, apoiando-se na sua ôntico-ontológica pré-estrutura que, enquanto expressão cultural da tradição em que o *Dasein* está inserido, tendem a moldar e orientar normativamente a sua conduta prático-existencial, sem que ele disto, conscientemente, se aperceba. Neste sentido, Jean Grondin assinala que, no plano da faticidade existencial que caracteriza a historicidade do ser-aí, os primeiros esboços da nossa compreensão não costumam ser a expressão da nossa lúcida escolha, mas "estas perspectivas prévias, via de regra disponíveis de forma não-explícita, tendem a orientar normativamente a práxis consuetudinária do ser-aí, que por elas mais é envolvida do que delas se apossa".[809]

A aceitação desses pressupostos básicos da fenomenologia hermenêutica, em oposição frontal aos fundamentos metafísicos da ilustração moderna, nos levam a concluir, com Gadamer, que *"los prejuicios de un individuo son, mucho más que sus juicios, la realidad histórica de su ser"*.[810] Da mesma forma, essa atitude usurpa da ilustração racional a possessão metafísica do fundamento da verdade do real libertando-o hermeneuticamente e reafirmando o valor da tradição subestimado pela ilustração.

Ao fundamentar a revalorização da autoridade da tradição, repudiada pelo racionalismo e por seu extremismo lógico-formal, Gadamer invoca a polêmica do romantismo contra a ilustração, realçando que a defesa mítico-poética da tradição por ele empreendida evidenciou o caráter espontâneo da sua construção e, na medida em que a aceitação dos seus princípios normativos se dá por uma livre adesão consuetudinária, temos aí um legítimo e ontológico fundamento de validade. Gadamer também salienta que, pelo fato de nos permitir vislumbrar, com mais clareza, esse fundamento de validade, temos uma dívida para com o romantismo, pois, *"al margen de los fundamentos de la razón la tradición conserva algún derecho y determina ampliamente nuestras instituciones y comportamiento"*.[811] Levando tudo isso em consideração, Gadamer conclui pela superioridade dos fundamentos da ética antiga, em relação ao caráter abstrato e revolucionário da moralidade moderna, enquanto fruto exclusivo da transcendência racional.

Esse retorno ao clássico, contrariando as certezas metafísicas do axiomatismo metodológico da modernidade, evidencia a necessidade

---

[808] GADAMER, Hans-Georg. *Verdad y Método*. v. I. Op. cit., p. 336.

[809] GRONDIN, Jean. *Introdução à Hermenêutica Filosófica*. Traduzido por Benno Dischinger. São Leopoldo: Unisinos, 1999, p. 163.

[810] GADAMER, Hans-Geog. *Verdad y Metodo*. Op. cit., p. 344.

[811] Idem, p. 349.

de um aprofundamento hermenêutico auto-reflexivo na configuração histórico-existencial da práxis humana.

Refletindo, com notável clareza, sobre o conceito de clássico, Gadamer assinala[812] que ele é muito mais que um conceito de época; é a própria encarnação histórica de uma conservação que pode ser constantemente renovada através de uma contínua refundamentação crítica, que mantém, em meio às transformações contingenciais da circunstancialidade histórica, o imperecível significado ontológico do seu fundamento de validade.

Nesse mesmo sentido, as reflexões de Heidegger evidenciam[813] que, sendo o tempo a base originária da qual parte o *Dasein*, no processo histórico e ôntico-ontológico da interpretação do ser, o *Dasein* é o que ele sempre foi: um produto histórico-ontológico do acontecer existencial. Isto quer dizer que o *Dasein* é sempre o seu passado, enquanto uma constituição de experiências que, de forma explícita ou não, influem na sua conduta prática. Logo, o *Dasein* é "seu passado no modo de seu ser",[814] pois, na medida em que ele nasceu e se desenvolveu, envolvido com uma interpretação de si mesmo, herdada do contexto da sua tradição, é natural que a sua autocompreensão existencial seja um produto dela. Essa compreensão, diz o filósofo, *"lhe abre e regula as possibilidades de seu ser"*,[815] antecipando, na verdade, o sentido histórico da sua práxis futura em ontológica imanência com o seu passado.

No entanto, com grande lucidez, Heidegger alerta para o perigo tendencial que o *Dasein* tem de de-cair no mundo da sua tradição,[816] pois, enquanto imerso na sua metafísica normatividade, ele, sem saber, abdica da possibilidade de uma crítica autodeterminação existencial que traduz, materialmente, uma queda no universo da inautenticidade. Isso se explica porque "A tradição assim predominantemente tende a tornar tão pouco acessível o que ela 'lega' que, na maioria das vezes e em primeira aproximação, o encobre e esconde",[817] ou seja, inicialmente, para o *Dasein*, jogado no caudal da sua historicidade cultural, a tradição entrega apenas o que paira na superficialidade da evidência, ocultando o sentido ontológico da sua verdade mais profunda e, em razão disso, gerando um senso comum desarraigado das fontes da sua própria origem.

O que acabamos de dizer evidencia, no pensar de Heidegger, a descoberta daquilo que, desde um ponto de vista ontológico, Gada-

---

[812] Idem, p. 355, 356.

[813] HEIDEGGER, Martin. *Ser e Tempo*. Op. cit., p. 47 e ss.

[814] Idem, p. 48.

[815] Ibidem.

[816] Ibidem, p. 49.

[817] Ibidem.

mer denominou *"la preestructura de la compreensión"*.[818] A análise também explicitou os equívocos inevitáveis de qualquer procedimento compreensivo, exercido no âmbito da superficialidade, que adere ingenuamente à metafísica das opiniões prévias, operando uma convalidação acrítica dos pressupostos da tradição e, assim, muitas vezes, legitimando inconscientemente os aspectos negativos que também se fazem presentes no seu legado histórico. Segundo ainda Gadamer, *"La comprensión sólo alcanza sus verdaderas posibilidades cuando las opiniones previas con las que se inicia no son arbitrarias"*.[819] Isso quer dizer que a análise compreensiva deve ter lucidez suficiente para desconstruir a verdade no sentido da *veritas* superficial da evidência, seja de um texto ou de uma normatividade consuetudinária, através de um aprofundamento crítico que permita o desvelamento da legitimidade do seu ontológico fundamento de validade. Esse desenvolvimento compreensivo de teor crítico-interpretativo permite, fenomenológico-hermeneuticamente, o desvelamento e a reabilitação dos legítimos pré-juízos do legado cultural da tradição, ao mesmo tempo que combate *"la falsa inclinación preconcebida en favor de lo antiquo, de las autoridades"*.[820] Na verdade, esse grande combate empreendido por Heidegger foi contra a objetificação metafísica da tradição que encobre e oculta o seu verdadeiro sentido, deteriorando-a desarraigadamente no plano de uma cristalização dogmática. Enquanto submisso a esse império homogeneizante que lhe usurpa a possibilidade de um verdadeiro autoconhecimento, o *Dasein* inconsciente de si mesmo também não consegue vislumbrar a autenticidade dos outros no plano do convivio social, e, assim, a sua condição de ser-no-mundo, que é, essencialmente, ser-com-os-outros, degenera para a medianização banalizadora de relações dominadas por uma reificada e desarraigada impessoalidade. No âmbito desse nivelamento, o *Dasein* coisificado, além de perder o nexo ontológico da sua essência originária, abdica da liberdade e da responsabilidade existencial do seu agir, delegando à autoridade dogmático-metafísica do impessoal a prescrição de todo julgamento e decisão.[821]

Assim, à medida que o impessoal "articula o contexto referencial da significância",[822] é natural que a lingüisticidade publicizada da cotidianidade seja regida pela superficialidade do falatório. Segundo Heidegger, o falado no falatório, embora não tenha nenhuma solidez, assume uma dimensão autoritária que se justifica na suposição de que "As coisas são assim como são porque delas se fala assim".[823]

---

[818] GADAMER, Hans-Georg. *Verdad y Método*. Op. cit., p. 333.

[819] Idem.

[820] Ibidem, p. 345.

[821] HEIDEGGER, Martin. *Ser e Tempo*. Op. cit., p. 180.

[822] Idem, p. 182.

[823] Ibidem, p. 228.

Regido pela normatividade do impessoal, o *Dasein* é uma mônada dispersa, que flana pelo mundo aconchegada na ilusão aparente da sua certeza desenraizada que encobre, com um imenso manto de ambigüidade, as suas reais possibilidades, reduzindo a sua existência a um solipsismo individualista, avesso a qualquer integração solidária, pois, sob a máscara da composição social do impessoal, "o que realmente acontece é a oposição entre um e outro".[824]

Aprofundando a reflexão sobre o domínio do impessoal na estruturação existencial da cotidianidade, Heidegger salientou que, no contexto hegemônico da sua normatividade reificada, um nexo ontológico imanta a ambigüidade, o falatório e a curiosidade, de tal maneira que essas características passam a determinar o modo de ser-no-mundo do *Dasein*, enquanto existência inautêntica, expressando a realidade desenraizada do seu ser, alheio ao seu ser, o que, na verdade, é um não-ser, pois, no âmbito dessa conexão ontológica, "desentranha-se um modo fundamental de ser da cotidianidade que denominamos com o termo de-cadência".[825]

Dessa forma, integrado ontologicamente na estruturação existencial do mundo, determinada normativamente pela objetificação dogmático-metafísica da tradição, o *Dasein* tende a se autodeterminar em imanência com essa objetificação, fazendo dela o seu modo-de-ser-no-mundo enquanto de-cadência. Como a história da civilização nos demonstra, o domínio metafísico da tradição é um resultado da vontade do próprio *Dasein*, que, abalado pelo assombro ontológico da sua condição originária, é movido pela contínua tentação de buscar amparo na segurança oferecida pela tradição. E, enquanto encarnação do ethos imaginário dominante, a interpretação pública mantém o *Dasein* na de-cadência, oferecendo-lhe a segurança das suas certezas, às quais ele adere em busca de tranqüilidade: "o ser-no-mundo da de-cadência é, em si mesmo, tanto tentador como tranquilizante".[826] Assim, imerso na de-cadência, o *Dasein* comunga da ilusória certeza de um saber universal, alienado para o fato de que o verdadeiro compreender somente advém de uma crítica autodeterminação. Assim, existindo aprisionado às normativas determinações axiológicas, impostas pela universalidade dogmático-metafísica do impessoal, o *Dasein* vivencia a ilusória tranqüilidade de compreensão absoluta da realidade, sem se aperceber que o impessoal lhe "arranca continuamente a compreensão do projeto de possibilidades próprias",[827] fazendo com que o seu modo-de-ser-no-mundo seja uma subsistência alienada de si mesma no domínio reificado da impropriedade.

---

[824] HEIDEGGER, Martin. *Ser e Tempo*. Op. cit., p. 236.

[825] Idem.

[826] Ibidem, p. 239.

[827] Ibidem, p. 240.

Para romper com o estado de de-cadência que mantém o *Dasein* imerso na inautenticidade e libertá-lo para a conquista existencial das suas reais e próprias possibilidades, o caminho proposto por Heidegger aponta para uma analítica existencial, que terá por missão resguardar "uma clareza de princípio sobre sua função ontológica fundamental",[828] isto é, deverá desvelar, fenomenologicamente, o ser do *Dasein*, fazendo vir à luz a sua totalidade estrutural. A esse procedimento compreensivo, que deverá determinar ontológico-existencialmente, a totalidade estrutural do *Dasein*, libertando-o do domínio objetificante do impessoal, o filósofo denominou de cura.[829]

No entanto, o processo crítico-libertário que conduz à cura pressupõe um inevitável confronto com a angústia, que aflige o *Dasein* liberto da metafísico-normativa proteção do impessoal, projetando-o solitariamente na direção que, fenomenologicamente, lhe descortina o nada como condição pré-ontológica. Mas "A total insignificância que se anuncia no nada e no em parte alguma não significa ausência de mundo".[830] Na verdade, a condição existencial da angústia possibilita ao *Dasein* adentrar autenticamente na realidade do mundo como mundo, impondo que a reflexão da sua práxis, desvinculada de determinações lógico-abstratas *a priori* definidas, se estabeleça em imanência crítica com a sua material e dialética historicidade. A angústia, portanto, singulariza o *Dasein* e o remete para "seu próprio ser-no-mundo que, na compreensão, se projeta essencialmente para possibilidades".[831]

Dessa forma, sintonizado existencialmente com a condição ontológica que a angústia lhe desvela, o *Dasein* vê-se livre para determinar o destino das suas ações, mas, ao mesmo tempo, o solipsismo da sua condição mundanal conscientiza-o da responsabilidade pessoal para com suas opções práticas que a libertação do impessoal lhe impõe. Segundo Heidegger, a singularização que retira o *Dasein* da de-cadência "lhe revela a propriedade e impropriedade como possibilidades de seu ser".[832] Assim, procedendo de acordo consigo mesmo, o *Dasein* recupera a sua condição ontológico-existencial e atinge o sentido da sua própria destinação, pois, vivenciando o estado de cura, seu ser e seu dever-ser convergem na síntese estrutural do todo originário que o compõe, de forma que a totalidade originária da sua estrutura ontológica é um *a priori* que se presentifica na circunstancialidade fático-existencial de qualquer atitude prática. No entanto, a elucidação fenomenológica da práxis, que nos propõe a hermenêutica da fatici-

---

[828] HEIDEGGER, Martin. *Ser e Tempo.* Op. cit., p. 245.

[829] Idem, p. 243.

[830] Ibidem, p. 250.

[831] Ibidem, p. 251.

[832] Ibidem, p. 255.

dade heideggeriana, embora tenha se constituído a partir de uma crítica radical ao logicismo teorético-abstrato da metafísica instaurada pelo platonismo, não visa estabelecer um primado da prática em detrimento da reflexão teórica. Nesse sentido, o filósofo elucida que uma atitude crítico-contemplativa tem o mesmo caráter de cura que a conduta prática orientada por ela, pois "'Teoria e prática' são possibilidades ontológicas de um ente cujo ser deve determinar-se como cura".[833]

Aprofundando o sentido da conduta do *Dasein* no âmbito estrutural da cura, em que a realidade da sua práxis é um proceder de acordo consigo mesmo, torna-se evidente que, no plano da abertura constitutiva que passa a regê-lo fenomenologicamente, desvela-se o fenômeno originário da verdade, não mais como o resultado de uma interpretação dogmática, mas a partir de uma verificação fenomenológica, pois "Os fundamentos ontológico-existenciais do próprio descobrir é que mostram o fenômeno mais originário da verdade".[834]

Portanto, o sentido de verdade que exsurge da fenomenologia heideggeriana, rompe com o imperativo de evidência da metafísica do senso comum, bem como transcende a circunstancialidade conceitual das determinações científico-tecnológicas, e também não mais a verdade como conformidade lógico-proposicional entre o enunciado e a coisa, no sentido da *Veritas est adaequatio rei et intellectus*, proposta pela *homoiósis* dogmático-universalista da tradição metafísica, pois "A verdade originária não tem sua morada original na proposição".[835] Na verdade, a morada da verdade é o espaço de abertura onde reina a liberdade humana. Ali ela subsiste historicamente como possibilidade de um acontecer fático.

Esse entendimento da verdade como um desvelamento, que o pensamento originário denominou *alétheia*, evidencia o caráter essencialmente histórico do seu acontecer, e, na medida em que a essência do acontecer verdadeiro se desvela na práxis do homem como liberdade, clarifica-se o sentido radicalmente histórico da existência humana. Assim, ao esclarecer que a verdade não é uma totalidade hipostasiada no determinismo da tradição dogmático-metafísica, a hermenêutica da faticidade heideggeriana volta-se radicalmente para a concretude existencial do agir humano, vislumbrando, na amplitude da sua práxis, o acontecer de um processo histórico que, desdobrado na abertura essencial da liberdade, tende a possibilitar o desvelar da *alétheia* na circunstancialidade de cada ação prática. Isso pressupõe um proceder histórico-existencial que é "em si mesmo, o não-deixar imperar a dissimulação do que está velado".[836]

---

[833] HEIDEGGER, Martin. *Ser e Tempo*. Op. cit., p. 258.

[834] Idem, p. 288.

[835] HEIDEGGER, Martin. Sobre a Essência da Verdade. *In: Os Pensadores*. Op. cit., p. 136.

[836] Idem, p. 142.

Refletindo sobre a radicalidade do giro hermenêutico heideggeriano, Gadamer observa, que num momento histórico em que se dissolvem as bases metafísicas do legado da tradição, Heidegger libertou o pensamento do determinismo lógico-subjetivo, desvelando, fenomenologicamente, a estrutura ontológica que o antecede, e, ao desvelar a estrutura hermenêutica do *Dasein*, o filósofo pode "proseguir no solo la hermenéutica del *'espíritu' y de esas sus creaciones que llamamos 'cultura' sino emprender una 'hermenéutica de lo fático'*".[837] Isso quer dizer que, no contexto filosófico de Heidegger, o fenômeno da compreensão, enquanto realização existencial do ser-no-mundo, volta-se para a estrutura originária do *Dasein*, ganhando, sob a luz desse novo enfoque, um peso radicalmente ontológico, que se desenvolve em imanência concreta com a vida. Nesse sentido, a compreensão, esclarece Gadamer, "já não é mais uma operação que se deslocaria em sentido inverso e posterior ao da vida constituidora; ela é o modo de ser originário da vida humana mesma".[838] Então, na perspectiva heideggeriana, a compreensão é um existencial que, em imanência com a concretude histórica da vida, adquire uma dimensão crítico-transcendente, que, fundamentada no legado cultural da tradição, põe em marcha um projeto de possibilidades futuras, não submissa ao abstracionismo das determinações lógico-científicas.

A análise até aqui desenvolvida, fundamentada na crítica desconstrução da metafísica ocidental operada pelo pensamento heideggeriano, nos permite discernir, com clareza, a radicalidade da crise que afeta a base paradigmática de uma concepção jurídica embasada no objetivismo subjetivo daquela metafísica que se traduz na hegemonia de um pensamento jurídico dogmático, mergulhado acriticamente na inautenticidade de uma abstração lógica desvinculada da vida prática.

Esse pensamento, imerso na ilusória segurança e tranqüilidade que a tradição metafísica metodologicamente lhe assegura, refuta ontologicamente qualquer possibilidade de investigação crítica que possa abalar o fundamento das suas certezas e projetá-lo no desamparo de uma dialética do estranhamento, que se apresenta como uma condição inexorável para toda ousadia criativa. Disso resulta que, imerso no âmbito da salvaguarda das verdades metafísicas, o dogmatismo jurídico acaba confundindo a prática jurídica com o quotidiano formal e burocrático de uma práxis manualesca que, na verdade, encobre e vela o sentido da verdadeira e fática dimensão existencial do direito. Como assinala Lenio Streck, essa conduta evidencia uma de-cadência "na trivialidade do senso comum teórico, no interior do qual os sen-

---

[837] GADAMER, Hans-Georg. *El Giro Hermenéutico*. Madrid: Cátedra, 1998, p. 33, 34.

[838] GADAMER, Hans-Georg. *O Problema da Consciência Histórica*. Traduzido por Paulo Cesar Duque Estrada. Rio de Janeiro: Fundação Getúlio Vargas, 1998, p. 40.

tidos são reificados, repristinando velhas teses metafísicas acerca da relação das palavras com as coisas".[839]

Muito embora a tópica jurídica, vinculada à tradição da filosofia prática aristotélica, desde suas origens, vem se constituindo em um modelo alternativo ao dogmatismo axiomático acima criticado, na medida em que busca privilegiar o problema concreto em detrimento da lógica abstração formal da estrutura sistêmica, mas, em que pese seu esforço libertário, vislumbrar a prática jurídica na perspectiva de uma *ars inveniendi*, na verdade, manteve-se sempre vinculada a um universalismo metafísico. Mesmo a sua última grande refundamentação operada por Viehweg não conseguiu lograr esse intento, isto porque, segundo Lenio Streck, "embora Viehweg diga que a tópica se distingue do dedutivismo, sua dinâmica não escapa das armadilhas da subsunção metafísica".[840] A subsunção metafísica que o autor detecta na tópica de Viehweg é a mesma que permeia toda relação metódica que busca subsumir o individual, sob a égide de conceitos de cunho universalizantes. Portanto, na mesma linha de ponderação crítica, Lenio Streck[841] reafirma que, embora vislumbrando o direito, sob a perspectiva do problema jurídico concreto, a concepção tópica de Viehweg mantém-se vinculada ao âmbito dedutivo da metodologia tradicional, eis que a estrutura apriorística que embasa os *topoi* evidencia neles um entificado fundamento metafísico. Dessa forma, as premissas que vão orientar a aplicação do direito nessa perspectiva, mesmo que transcendendo o dogmatismo *stricto sensu* do positivismo jurídico, em nome de uma translegal perquirição do direito, mantém ainda a sua base nos pressupostos de uma conceitualização universalizante que "recupera um certo *a priori* jurídico de cunho metafísico, que, muito mais do que resolver aporias, serviria de fundamento de validade das aporias 'resolvidas'".[842] Além disso, o fato de que a mediação dos *topoi*, na resolução do concreto problema jurídico, é desenvolvida pela representação pessoal de um indivíduo, fica patenteada a vinculação da tópica de Viehweg com o paradigma da subjetividade moderna.

A crítica acima desenvolvida não invalida os relevantes contributos que a recuperação da filosofia prática por autores, como Viehweg, Perelman e Alexy, trouxeram para a reflexão jurídica contemporânea. No entanto, ela também evidencia que eles não acompanharam a viragem ontológica heideggeriana, omissão que não lhes

---

[839] STRECK, Lenio Luiz. *Jurisdição Constitucional e Hermenêutica*. Rio de Janeiro: Forense, 2004, p. 219.

[840] STRECK, Lenio Luiz. *Hermenêutica Jurídica e(m) crise*. Porto Alegre: Livraria do Advogado, 2003, p. 257.

[841] Idem, p. 258.

[842] Ibidem.

Uma Tópica Jurídica
CLAREIRA PARA A EMERGÊNCIA DO DIREITO

permitiu discernir, com clareza, o problema da diferença ontológica, cujo aprofundamento permitiu ao autor de Ser e Tempo libertar a filosofia da objetificação metafísica que desde Platão a tem dominado.

Portanto, se a crítica desenvolvida por Lenio Streck à tópica jurídica de Viehweg, inspirada na ontologia fundamental da hermenêutica filosófica heideggeriana nos parece coerente, por outro lado, pensamos que, ao agregar essa mesma crítica para o âmbito de uma reflexão tópico-jurídica, poderemos conseguir o que Viehweg não logrou, ou seja, libertar a tópica da objetificação metafísica e transformá-la, dialético-criticamente, numa clareira para a emergência do ser do direito. Assim, libertar a tópica do emaranhado metafísico que desde o princípio a envolveu, significa possibilitar o reencontro do direito consigo mesmo, na medida em que sua essência não radica no plano da abstração lógico-geométrica projetada pelo idealismo platônico, mas, sim, no plano prático do acontecer fático, criticamente orientado por uma dialético-equitativa perquirição do justo, em imanência com as circunstâncias que a singularidade de cada caso evidencia.

Essa intuição prática que aponta para a essência do acontecer histórico do direito e que foi captada, desenvolvida e aprofundada pelo gênio de Aristóteles, ganhou consistência técnico-jurídica na percepção casuística do direito romano clássico, mas começou a ser abandonada pela subjetividade lógico-metodológica da racionalidade moderna, até ser radicalmente proscrita pelo normativismo abstrato do positivismo jurídico. No entanto, se a filosofia prática aristotélica, visando a orientar eticamente a conduta humana para a realização teleológica do bem comum, buscava legitimar-se na metafísica normatividade axiológica do ethos comunitário, o seu legado da *phronesis* como virtude *dianoética*, orientada equitativamente para a realização do justo material, permanece imperecível, como bem nos demonstra o neo-aristotelismo de Gadamer, visualizado a partir da incorporação da fenomenologia hermenêutica de Heidegger.

Como estamos procurando demonstrar, o transladar da fenomenologia heideggeriana para o universo jurídico impõe o abandono de um objetivismo causal em favor de uma concepção existencial, em crítica imanência fática com a dialética do acontecer histórico do direito, no sentido de viabilizar uma práxis mediadora, tendente a realizar as possibilidades projetadas no exercício da compreensão. Isso significa que o assumir da hermenêutica filosófica, no âmbito da interpretação jurídica, projeta radicalmente o intérprete para a histórica missão de desvelar o autêntico sentido que subjaz na singularidade de cada concreto problema jurídico.

Ora, a radicalidade histórico-dialética e ontológico-existencial que aqui se evidencia relativiza toda a pretensão dogmática de verdade que embasa o cientismo metodológico da racionalidade jurídica moderna, pois, contrariando o cânone da autonomia epistemológica da representação subjetiva, a viragem hermenêutica de Heidegger submete-a, fenomenologicamente, ao *logos* ontológico da compreensão histórica. Assim, como a reflexão filosófica heideggeriana desconstruiu criticamente o metafísico conceito de verdade como certeza, advinda da objetificação conceitual subjetivo-representativa da metódica racionalidade cartesiana, buscando seu fundamento na libertária intuição da arte, também uma reflexão jurídica nela inspirada deve romper com o objetivismo metodológico e buscar seu fundamento na tradição de uma experiência investigativa que o conceito da *alétheia* consubstancia.

Do exposto, resta claro que a recepção da hermenêutica filosófica pelo pensamento jurídico encontra, na tópica, o espaço adequado para uma plena conformidade, na medida em que esta, também refratária a um sistematismo metodológico dogmático-apodítico, desde suas raízes aristotélicas, situa compreensivamente a realização material do direito na perspectiva de uma *ars inveniendi*.

Em sintonia com nossa proposição, José Lamego acentua, com ênfase, que quem quiser realmente acompanhar "a viragem ontológica da Hermenêutica, realizada por Heidegger e Gadamer, terá de aceitar a equiparação do estatuto epistemológico da Hermenêutica à filosofia prática".[843] Assim, da mesma forma que a ontologia existencial heideggeriana volve-se radicalmente para a dimensão fática do existir concreto, a realização do direito, na perspectiva da filosofia prática, seguindo o modelo da *prhonesis*, permite a adequação da aplicação do direito, em crítica imanência com a variabilidade circunstancial do seu acontecer histórico, harmonizando eqüitativamente a diversidade das situações sociais conflitivas, de forma a materializar, no ato único de cada aplicação, a aporia fundamental da tópica que exige a concreção do justo em cada caso.

Já agora, podemos dizer que a aplicação do direito na perspectiva aristotélica-gadameriano-heideggeriana, transcendendo criticamente o dedutivismo metodológico e subvertendo a pretensão do seu objetivismo cognitivo, procede, como nos diz José Lamego, "à articulação de um modelo de "circularidade" que se atém à irredutibilidade da condição humana de "estar-no-mundo".[844] No entanto, a integração dessa circularidade, no âmbito do processo judicial orientado pela argumentação prática, em sintonia com o mundo da vida, pulveriza o formalismo, abrindo veredas inevitavelmente relativistas, e isto nos obriga a rejeitar, em parte, o legado aristotélico, ainda que,

---

[843] LAMEGO, José. *Hermenêutica e Jurisprudência.* análise de uma Recepção. Lisboa: Fragmentos, 1990, p. 165.

[844] Idem, p. 169.

Uma Tópica Jurídica
CLAREIRA PARA A EMERGÊNCIA DO DIREITO

No domínio prático-ético, a remissão ao mundo-da-vida, a irredutibilidade da mediação de uma concreta forma-de-vida implica a contraposição da substancialidade da vida ética comunitária (o ethos aristotélico; a Sittlickeit hegeliana).[845]

Isso porque a viragem hermenêutica heideggeriana e a noção de circularidade dela advinda, conscientes da diferença ontológica, nos permitem dar o passo não dado por Arisóteles nem por Kant, nem por Hegel, ainda prisioneiros de um pensar que, vinculado a um rigorismo apriorístico, encerra a ética "no plano do dever-ser e assumem apenas uma instância universal-transcedental, descurando a dimensão prático-empírica, vivencial".[846] Segundo ainda José Lamego, o neo-aristotelismo de Gadamer, mais do que uma teoria ética, volve-se na perspectiva de uma doutrina do saber prático, residindo aí, justamente, na distinção do saber moral-prático em relação ao saber técnico-prático, a atualidade hermenêutica do estagirita. Por conseqüência disso, desde Aristóteles se sabe que o saber moral prático reivindica um método distinto do saber teorético-objetivo, pois, "enquanto o saber teorético segue o método apodítico, o saber prático seguiria o método tópico-dialético".[847] Dessa forma, contrariando o objetivismo dogmático-universalista do logicismo teorético, o saber tópico se constrói em imanência com a situação particular.

O exposto nos permite acrescentar que, embora não tenha sido citada explicitamente por Gadamer, a tópica aristotélica está na base do nexo que o levou a afirmar *"El significado paradigmático de la hermenéutica jurídica"*[848] para a exemplificação da fenomenologia hermenêutica, eis que, no contexto da aplicação do direito, o jurista pode, topicamente, adequar sua práxis em imanência com a atualidade existencial da vida concreta. Isso pressupõe, evidentemente, uma concepção tópico-jurídico desvinculada da compreensão embasada no objetivismo dogmático-metafísico da tradição, sem, no entanto, refutar o legado da tradição como fundamento da tópica, na medida em que, através da abertura do círculo hermenêutico, se pode recuperar os aspectos positivos da tradição. Na linguagem gadameriana, isso significa a reabilitação dos bons pré-juízos da tradição que a abstração pura e ahistórica da subjetividade moderna refutou radicalmente.

Na reabilitação da tradição operada por Gadamer, subjaz a inspiração crítica da fenomenologia hermenêutica da faticidade heideggeriana, que, se, por um lado, desvelou criticamente nossa tendência de de-cair objetificadamente na reificação da tradição inautêutica, por outro lado, através do conceito de cura, abriu a possibilidade de uma transcendência crítica que, ao vislumbrar, na essência da compreen-

---

[845] LAMEGO, José. *Hermenêutica e Jurisprudência*. análise de uma Recepção. Op. cit., p. 170.

[846] Idem.

[847] Ibidem, p. 173.

[848] GADAMER, Hans-Georg. *Verdad y Método*. Op. cit., p. 396.

são, a base de uma pré-compreensão da tradição em que o intérprete está envolvido como antecipação de sentido, deixou claro que a possibilidade de uma verdadeira compreensão só pode exsurgir no âmbito existencial de uma determinada situação concreta, quando nela convergem passado, presente e futuro, na abertura criativa de uma síntese histórico-dialética. Isso significa que vislumbrar o direito sob a ótica da ontologia fundamental heideggeriana implica uma relação orgânico-sintética entre o complexo normativo do direito positivo, o jurista-intérprete-aplicador e o problema jurídico concreto, que desde sempre estão ontologicamente imantados pela linguagem. Essa síntese, pressupondo a superação do paradigma objetificante e a representação contemplativa de uma subjetividade logicamente alienada do real, constrói-se em imanência histórica com-o-mundo-da-vida e a concretude existencial dos fatos (casos jurídicos concretos), pois a essência da existência do direito remete sempre para um acontecer social conflitivo, que envolve o *Dasein* enquanto ser-no-mundo, que é sempre ser-com-os-outros. Portanto, a possibilidade de uma verdadeira compreensão implica a inserção do intérprete no universo lingüístico da tradição dos seus pré-juízos, que também embasa, em interação integrativa, a realidade do seu mundo circundante.

Nesse sentido, como sustenta Lenio Streck,[849] a linguagem deixa de ser uma terceira coisa interposta entre sujeito e objeto, passando a assumir uma condição de possibilidade, em que a interpretação, revestindo um cariz produtivo, deixa de ser simplesmente reprodutiva. Assim, a aplicação do direito, sob a orientação da ontologia fundamental heideggeriana, realçando que toda compreensão pressupõe uma pré-compreensão, remete para uma síntese hermenêutica, na qual a universalidade se unifica com a contingência relativa da singularidade. Da mesma forma que a circularidade hermenêutica heideggeriana, a tópica jurídica, inspirada na filosofia prática, também recusa a geométrica determinação do justo, consciente de que a *aporia* fundamental que o determina reivindica uma aplicação embasada numa pré-compreensão que evolui, hermenêutico-criticamente, para uma sintética fusão de horizontes, integralmente relacionada com o problema jurídico concreto.

Portanto, a circularidade hermenêutica que advém da orientação fática desenvolvida pela fenomenologia ontológico-existencial de Heidegger, evidencia a possibilidade de libertar a tópica jurídica dos resquícios metafísico-normativos do *ethos* axiológico comunitário que, prolongando o legado lógico-abstrato do idealismo platônico, mantiveram-se na tópica de Aristóteles, refundida por Viehweg.

---

[849] STRECK, Lenio Luiz. *Jurisdição Constitucional e Hermenêutica*. Op. cit., p. 197 e ss.

Nessa mesma perspectiva, refletindo sobre o problema da circularidade pelo prisma da hermenêutica filosófica, Luiz Rohden[850] observa que, embora consciente da sua histórica provisoriedade, o círculo hermenêutico está longe de ser uma mera tautologia, no sentido do já evocado trilema de Münschausen. Na verdade, ele estabelece uma ligação entre a compreensão e a pré-compreensão, entre o todo e a singularidade, "indo e vindo de uma à outra margem, construindo a 'terceira margem do rio', que denominamos de enquanto filosófico".[851] Na abertura dialética do círculo hermenêutico, a condição de "enquanto" da linguagem evidencia que ela jamais é portadora de verdades definitivas, pois sua essência viva, como no ensinamento de Heráclito, flui historicamente no caudaloso rio do tempo, liberta de qualquer determinismo lógico-metafísico. Mas esta mesma condição de ontológica provisoriedade é que lhe permite transcender o reificado estado de objetificação representativa, que a reduz a uma mera instrumentalização descritiva, possibilitando criativamente a dignidade de transformá-la em um signo instaurador de sentido. Portanto, o círculo hermenêutico pressupõe, radicalmente, uma abertura histórica para o mundo da vida, para a experiência existencial da singularidade do humano acontecer fático, não redutível a qualquer apriorismo lógico-conceitual. Em contraposição ao apriorismo lógico-objetificante-metafísico, a noção de *a priori*, advinda da estrutura do "como" heideggeriano, remete para a constituição ontológico-existencial da pré-compreensão originária, que embasa, como antecipação de sentido, toda ação compreensiva e, por ser essencialmente abertura, essa circularidade, dialético-historicamente, indica movimento "sem um ponto fixo, em que princípio e fim implicam-se e, por outro lado, apontam um algo ainda não dito a se dizer".[852]

Contrariando as acusações críticas de viciosidade que mais se adaptam ao discurso apodítico-epistemológico, quando este aceita como verdade científica a comprovação de uma hipótese que não teve seus pressupostos tematizados, o caráter essencialmente aberto do círculo hermenêutico absorve as novas compreensões, inserindo-as dialeticamente em nosso mundo compreensivo, trazendo, portanto, um enriquecimento que contribui para o aprofundamento elucidativo da nossa pré-compreensão. Trata-se, enfim, "de um círculo aberto em que ocorre uma fusão de horizontes, concentricamente".[853] Também analisando a circularidade hermenêutica de Heidegger, Ernildo Stein[854] assinala que ela realiza uma analítica existencial radicalmente

---

[850] ROHDEN, Luiz. *Hermenêutica Filosófica*. São Leopoldo: Unisinos, 2003, p. 160 e ss.

[851] Idem, p. 168.

[852] Ibidem, p. 169.

[853] Ibidem, p. 171.

[854] STEIN, Ernildo. *Compreensão e Finitude*. Ijuí: Unijui, 2001, p. 243 e ss.

voltada para o plano temporal da faticidade humana, rompendo, enquanto abertura fenomenológica, com toda a tradição metodológica fulcrada na perene pretensão de estabilidade.

Importa, sobretudo, ressaltar que a ruptura heideggeriana com a metafísico-objetificante tradição da subjetividade ocidental significa, na verdade, uma profunda valorização da subjetividade humana, na medida em que ela passa a ser entendida liberta de qualquer determinismo. Da mesma forma, o resgate da singularidade da coisa-em-si, desenvolvidada pela abertura da analítica da faticidade, não significa uma diluição da singularidade no universal, como ocorre no alienante solipsismo individualista da pós-modernidade.

Portanto, a aplicação do direito, visualizada a partir do problema jurídico concreto, como nos propõe a tópica jurídica, se realizada à luz da orientação crítica da fenomenologia hermenêutica, permite a realização da sua aporia fundamental (a concreção do justo em cada caso), sem abdicar da base fundante da tradição ética como antecipação de sentido, mas libertando-a da vinculação metafísico-objetificante com um catálogo de *topoi a priori* definido, vinculando-a, ao contrário, ontologicamente e crítico-dialeticamente, com a histórica, combiante e imprevisível realidade fática, que emerge inevitavelmente, contraditória e conflitiva, do seio da realidade prático-existencial da vida humana em sociedade. Assim, resgatando a essência do verdadeiro sentido da tópica jurídica como *ars inveniendi*, podemos resgatar também o autêntico sentido do direito que, contrariando a abstração teorético-normativa da subjetividade moderna, reivindica a concreção do justo, que é sempre em cada caso.

O fundamento crítico que legitima o que acabamos de dizer nos dá, com toda a clareza, a noção de *aplicatio* desenvolvida por Gadamer. Pois, como já salientamos, a recuperação da *prhonesis* aristotélica, desenvolvida por ele à luz da hermenêutica filosófica heideggeriana, levou-o a considerar, justamente por voltar-se faticamente para a realização de um problema concreto, ser a hermenêutica jurídica o modelo paradigmático para todo o cânone hermenêutico. E, embora não a cite expressamente, toda a sua análise antimetodológica, pensamos nós, converge para a tópica, como o *locus* por excelência da realização material do direito, eis que, desde Aristóteles, sabemos que o desvelar da essência do direito, no momento da sua aplicação prática, não se dá por via de uma metódica lógico-sistemática, mas, sim, em perspectiva tópico-problemática.

Partindo do círculo hermenêutico heideggeriano, Gadamer também situa dialeticamente o fenômeno da compreensão, em imanência crítica com a antecipação de sentido da pré-compreensão. Essa descoberta de Heidegger, ao desvelar crítico-compreensivamente o sentido dos pré-juízos, permite a concreção fática da consciência histórica "de

Uma Tópica Jurídica
CLAREIRA PARA A EMERGÊNCIA DO DIREITO

forma que el detectar lo historicamente diferente y la aplicación de los métodos históricos no se limiten a una confirmación de las proprias hipóteses o anticipaciones".[855]

Relacionando a nossa concepção tópico-jurídica com o acima exposto, evidencia-se, com toda a clareza, a possibilidade de concreção do justo em cada caso, fundamentando as decisões jurídicas no sentido ético das verdades da tradição, mas também evitando o perigo da queda na inautenticidade que a submissão ao apriorismo dogmático-metafísico da axiologia normativa de teor jusnaturalista traz consigo, em razão da sua pretensão de perene estabilidade. A possibilidade de superação da contradição que acabamos de referir, não percebida pela crítica ao positivismo jurídico, que se erigiu inconsciente da viragem ontológica de Heidegger, visualiza-se através da certeira percepção de Gadamer, ao evidenciar que a completude ontológica que advém da antecipação de sentido que preside a nossa compreensão, embora venha respaldada por um conteúdo de verdade, não implica a submissão ao império dogmático de uma unidade de sentido, mas, antes, projeta criativamente a possibilidade de uma compreensão *"guiada constantemente por expectativas transcendentes que derivam de la relación con la verdad del contenido".*[856] Para Gadamer, portanto, a verdadeira tarefa crítica da hermenêutica, guiada por uma consciência histórica, deverá conduzir ao desvelamento da verdade e da falsidade presente nos pré-juízos da tradição. *"Ella tendrá que sacar a la luz los prejuicios que presiden la comprensión para que aflore y se imponga la tradición como outra manera de pensar".*[857]

Sem levar em consideração essa possibilidade, a metodologia jurídica moderna, radicalmente empenhada em refutar o legado da tradição medieval, preferiu, através de uma subjetividade lógico-apodítica, transcender criticamente todos os valores da tradição, e o resultado dessa revolução epistemológica, como bem sabemos, foi uma ahistórica e alienante separação do direito da realidade concreta do mundo da vida. Levando essa contradição ao paroxismo, o positivismo jurídico estabeleceu uma clara distinção entre a questão de fato e a questão de direito, projetando metodologicamente a aplicação do direito, nos termos de um aleatório jogo de normas, disciplinado logicamente por abstrações dedutivas.

Então, topicamente falando segundo a orientação gadameriana, a aplicação do direito não poderá, *a priori*, refutar a tradição como fez a ilustração moderna mas, recuperá-la hermeneuticamente através de uma consciência histórico-crítica, que nos permite reflexivamente desmascarar, anular e refutar os maus pré-juízos, reabsorvendo dialeti-

---

[855] GADAMER, Hans-Georg. *Verdade y Método*. Op. cit., p. 67.

[856] Idem, p. 67.

[857] Ibidem, p. 69.

camente os aspectos positivos presentes nos princípios éticos da tradição, porque neles pulsa, intemporalmente, um imorredouro e sempre vivo sentimento de justiça.

Portanto, a antecipação de sentido que se desvela na pré-compreensão evidencia a determinação situacional e histórica do fenômeno compreensivo, permitindo a reabilitação dos bons pré-juízos e sua pragmático-argumentativa aplicação ao caso concreto, eis que toda a compreensão se pressupõe em imanência com a aplicação. Seguindo o primado ontológico-antropológico de base pragmática da fenomenologia hermenêutica de Heidegger e aliando-o ao conceito da *prhonesis* aristotélica, a interpretação gadameriana consuma-se na aplicação. Nesse sentido, José Lamego esclarece que, para Gadamer, "Aplicar significa respeitar a experiência concreta e levar em consideração as circunstâncias particulares em que teve lugar o processo interpretativo",[858] ou seja, em plena sintonia com a concepção tópico-jurídica que viemos defendendo, a noção de aplicação gadameriana converge, em radical imanência com o mundo-da-vida, para a criativa concreção do justo em cada caso, pressupondo a inevitável multiplicidade e variabilidade de contradições que emergem, problematicamente, em cada concreto conflito jurídico.

O aprofundamento crítico-criativo da noção de aplicação gadameriana fatalmente teria que levá-lo a uma ruptura, com a hermenêutica sistemática derivada do pensamento metodológico-epistemológico do século XVIII, bem como da posterior tradição romântica, que igualmente derivou para uma estruturação metódica. No contexto da tradição por ele superada,[859] o problema hermenêutico pressupunha uma divisão em que distinguia, em primeiro plano, uma *subtilitas intelligendi*, que caracterizava a compreensão distintamente de uma *subtilitas explicandi*, através da qual se realizava a interpretação, quedando para um terceiro momento, de forma derivada, a *subtilitas applicandi*, a aplicação. Visualizando a relação desses três elementos, a partir de uma visão existencial, orgânica e integradora, Gadamer acentua que "*en este sentido nos vemos obligados a dar um paso más allá de la hermenéutica romántica, considerando como un proceso unitario no sólo el de comprensión e interpretacion, sino tambien el de la aplicación*".[860]

Em sintonia com a nossa proposição tópica, o acontecer do direito, visualizado a partir da síntese que integra compreensão, interpretação e aplicação num processo unitário, realiza-se desvinculado de subsuntivas proposições metodológicas, organicamente e crítico-historicamente, vinculado a uma pré-compreensão que, em imanência com a realidade concreta da vida, potencia, retórico-dialeticamente, o

---

[858] LAMEGO, José. *Hermenêutica e Jurisprudência:* análise de uma Recepção. Op. cit., p. 169.

[859] GADAMER, Hans-Georg. *Verdad y Método.* Op. cit., p. 378.

[860] Idem, p. 379.

desvelar da verdade fática, na perspectiva de uma *ars inveniendi*. Isso significa, na prática, um agir mediador que, embora sendo um acontecimento da tradição, dialeticamente se atualiza, em cada novo caso que emerge da concretude conflituosa da vida, isto é, *"debe ser comprendido en cada momento y en cada situación concreta de uma manera nueva y distinta comprender es siempre también aplicar"*.[861]

Nese ponto da sua reflexão, Gadamer salienta a atualidade hermenêutica de Aristóteles, evocando a crítica do estagirita relativa ao caráter abstrato, geral e vazio da idéia platônica do bem, crítica que também se estende a toda noção de virtude derivada do logicismo gnoseológico socrático-platônico. Ao assim proceder, diz o mestre da hermenêutica alemã: *"Aristóteles devuelve las cosas a su verdadera medida mostrando que el elemento que sustenta el saber ético del hombre es la orexis, el 'esfuerzo', y su elaboración hacia una actitud firme (hexis)"*.[862] Pois bem, se já Aristóteles se esforçou por autonomizar a ética da metafísica, situando-a no plano prático da ação humana, resulta claro que a sua essência emerge no âmbito da conduta existencial do *Dasein*, quando este obra com autonomia e liberdade. Da mesma forma, o direito, enquanto fenômeno histórico-cultural, não se identifica com nenhum objetivismo dogmático-metafísico, seja de cariz axiológico ou científico. Sua essência pertence ao domínio da ética, enquanto emancipação libertária que permite, retórico-dialeticamente, isto é, eqüitativo e crítico-criativamente, a tópico-problemática concreção do justo, que é sempre em cada caso.

Por isso, mais do que nunca, neste momento histórico em que se verifica uma crise radical de paradigmas, em que, no âmbito de um caótico relativismo desagregador, se prognostica a morte da metafísica, a morte da filosofia e também a morte do direito, a recuperação da tópica jurídica que propomos, sob a orientação heideggeriano-gadameriana, nos permite resgatar os aspectos positivos da tradição ética, evitando a queda no perigo da redução objetificante que, desde Platão, vitimou o pensamento jurídico ocidental.

Tal concepção tópico-jurídica, como já salientamos, pressupõe também uma problematização radical e contínua dos *topoi* subsistentes, para sintonizar a tópica com a dialética aceleração da pós-modernidade, o que impõe, igualmente, uma realização prático-material do direito, sob o prisma de contínua reivenção. Portanto, no contexto do profundo pessimismo contemporâneo, no qual um vazio niilista dilapida o sentido geral da vida humana, nossa tópica jurídica propõe uma recuperação humanista do direito, reintroduzindo, contra o ceticismo científico, uma flama utópica na vida jurídica que nos faz visualizar, nos termos da gadameriana fusão de horizontes, uma apli-

---

[861] GADAMER, Hans-Georg. *Verdad y Metodo*. Op. cit., p. 380.

[862] Idem, p. 383, 384.

cação do direito como síntese convergente da responsabilidade, da liberdade, da solidariedade e da justiça. Cumpre, sobretudo, ressaltar – e aqui valemo-nos da lúcida ponderação de Boaventura de Sousa Santos[863] – que a nossa esperança utópica não se identifica com a cega adesão à crença utópica e acrítica no progresso alienante do automatismo tecnológico, mas, antes, volta-se para os bons pré-juízos da tradição que ainda subsistem no imaginário normativo do senso comum e que devem servir de base orientadora e crítico-edificante, num diálogo com o relativismo pós-moderno.

Levando tudo isso em consideração, em perspectiva idêntica à nossa, o sociólogo do direito conimbrecense, sem perder o nexo prudencial da ética aristotélica, acentua que a construção de uma ética pós-moderna necessita transcender a noção de reciprocidade entre direitos e deveres, advinda da modernidade e que ainda mantém-se na base do paradigma jurídico vigente. Fundamentando a criticidade da sua argumentação, com o contundente exemplo de que a debilitada estrutura ecológica do planeta possui direitos sem ter deveres, o autor conclui, heideggerianamente, sem citar Heidegger, que a construção de uma tópica pós-moderna, fundamentada na utopia libertária de um senso comum emancipatório, deve erigir-se em sintonia com o princípio que reside na sorge.[864]

Portanto, superando os paradoxos não percebidos pela racionalidade moderna, nossa tópica jurídica propõe a superação do paradigma positivista, reafirmando que a essência do direito, contrariando a ilusão epistemológica de um determinismo lógico-metodológico, desvela-se a partir de uma dimensão ético-ontológica. E isto – pensamos ter deixado suficientemente claro – não nos condena a uma metafísica submissão axiológico-normativa, pois, como bem lembra Gadamer, não existe uma determinação *a priori* para a correta orientação da vida, eis que, desde Aristóteles, as determinações da *prhonesis "resultam fluctuantes, pues este saber se atribuye ora al fin, ora al medio para el fin"*.[865] Qualificando de absurdo o uso dogmático da ética, o grande mestre da hermenêutica, sintonizado com o equilíbrio prudencial do meio-termo aristotélico, converge para o entendimento de que a arte da aplicação do direito, sob o signo da justiça, exige uma adequação tópico-proporcional que, como a régua de Lesbos, deve se amoldar, eqüitativamente, às circunstâncias histórico-existenciais que singularizam cada concreto problema jurídico, por tratar-se de um saber que *"se determina precisamente porque contiene su aplicación completa y porque confirma su saber en la inmediatez de cada situación dada"*.[866]

---

[863] SANTOS, Boaventura Souza. *A Crítica da Razão Indolente*. Op. cit., p. 104.

[864] Idem, p. 112.

[865] GADAMER, Hans-Georg. *Verdad y Método*. Op. cit., p. 393.

[866] Idem.

Mas, para que a aplicação concreta do direito se realize sob o signo do justo, isto é, para que se materialize na vida jurídica a aporia fundamental da tópica proposta por Viiehweg, cumpre lembrar a índole essencialmente problemática do direito, que o remete para o plano conflituoso da alteridade social. Nesse sentido, cabe aqui evocar, desde que desvinculado do determinismo lógico-metafísico da escolástica, o perene contributo de Tomás de Aquino, que, com grande lucidez crítico-hermenêutica, refundiu a ética aristotélica, vivificando-a à luz do sublime sentimento de justiça da cristandade, plasmando o sentido do direito como expressão eqüitativa do justo, no plano prático da alteridade social. No entanto, como bem acentua Gadamer, para lograr uma adequada compreensão na relação com o outro, exige-se que *"él mismo desee tambien lo justo, que se encuentre por lo tanto en una relación de comunidad com el otro"*.[867] Portanto, a aplicação do direito, sob o signo do justo, implica repovoar o imaginário dos juristas com os bons pré-juízos da tradição ética, desconectando-o da hegemonia lógico-formal que o limita burocraticamente, conscientizando-o de que o ato da aplicação do direito não é o ponto final de um processo metodológico lógico-subsuntivo, que culmina numa geométrica certeza dedutiva transcendental e abstrata. Ao contrário, a aplicação do direito é uma construção histórico-crítica, que embora vinculada ontologicamente à pré-compreensão do sentido do justo legado pela tradição, por ser tópico-problemática, não pode se limitar a uma lógica dedução da generalidade ética da tradição ao problema jurídico concreto, o que ainda permitiria ao decidente excusar-se da sua responsabilidade moral, no refúgio solipsista de uma neutralidade "científica", em cuja perspectiva, a racionalidade moderna objetificou a tradição, suprimindo metodologicamente qualquer possibilidade crítico-*inveniendi*.

Assim sendo, o câmbio paradigmático, que propõe a hegemonização da justiça no *ethos* simbólico do imaginário jurídico, impõe que *"el intérprete que se confronta con una tradición intenta aplicár-se-la a sí mismo"*.[868] Isto é, no plano ontológico e radical dessa imanência, *"no le es dado querer ignorarse a sí mismo y a la situación hermenéutica concreta en la que se encuentra"*.[869] Dessa forma, a tarefa do aplicador do direito que a figura do juiz encarna tem por missão histórica adequar o conteúdo ético da tradição com a realidade da vida presente, levando-se sempre em consideração que *"la comprensión implica aqui siempre la aplicación del sentido comprendido"*.[870]

---

[867] GADAMER, Hans-Georg. *Verdad y Método*. Op. cit., p. 395.

[868] Idem, p. 396.

[869] Ibidem.

[870] Ibidem, p. 405.

Trata-se, enfim, de uma reabilitação da filosofia prática, sob o signo de uma dialética atualização da realidade prático-existencial da vida que nos permite visualizar uma aplicação tópico-problemática do direito, como síntese crítico-convergente da tradição com o presente que se mantém aberta para o futuro, como base pré-compreensiva para vindouras aplicações, embora, tendo sempre presente que cada caso será sempre um novo caso, eis que a singularidade original de cada acontecimento histórico não nos permite uma lógica dedução com os casos pretéritos.

Isto mais uma vez nos remete para a desconstrução da objetificação do fundamentalismo da metafísica, que, almejando um fundamento inconcusso para a essência da verdade, plasmou-a no plano de uma generalidade universal-abstrata, que, historicamente, promoveu a ocultação do aparecimento da singularidade. Nesse sentido, falando em nome de Heidegger, Ernildo Stein assinala que a faticidade existencial do *Dasein* se traduz num acontecer que introduz "uma certa incontrolabilidade de sentido",[871] isto porque, sendo o obrar do *Dasein* essencialmente possibilidade, ele é abissal: não tem fundo. "O fundamento é sem fundo, na medida em que não é nem infinito, nem é objetivo. O fundamento é um perder-se mas não um perder-se no sentido de desgarrar-se".[872] Na verdade, o fundamento é um começo que sempre se renova como antecipação de sentido, dialetizando-se historicamente através da circularidade hermenêutica.

Assim, da mesma forma que o fundamento existencial da vida humana flui em estado de contínua abertura, o direito, como fenômeno essencialmente humano, exige, de quem quer compreendê-lo, o volver ontológico ao lugar originário donde exsurge o *Dasein* como ser-no-mundo, e, se como bem assinala Lenio Streck, "o momento do acontecer (*Ereignen*) do sentido, que é único, individual, ocorre na compreensão, que se manifesta aplicativamente (*applicatio*)",[873] temos, para nós, que a tópica jurídica, como síntese problemática e retórico-dialética da aplicação do direito proposta por Gadamer, é a clareira que possibilita a emergência do ser do direito.

5.3. A Emergência do Ser do Direito na Clareira da Tópica Jurídica

Enquanto as exigências científicas impostas pelo totalitarismo da racionalidade tecnológica consideram as exigências ontológicas do sentido do direito como um todo "normativamente inadequado",[874]

---

[871] STEIN, Ernildo. *Diferença e Metafísica*. Op. cit., p. 59.

[872] Idem, p. 60.

[873] STRECK, Lenio Luiz. *Jurisdição Constitucional e Hermenêutica*. Op. cit., p. 266.

[874] NEVES, Antônio Castanheira. *O Direito Hoje e com Que Sentido?*. Op. cit., p. 10.

frente às necessidades que emergem da complexidade do mundo contemporâneo, e, mais radicalmente ainda, o niilismo que grassa no âmbito fragmentário e entrópico da crise pós-moderna não vê sentido na continuidade histórica do seu sentido; nossa tópica jurídica, frente à possibilidade do profundo não-ser do direito, a partir do resgate da sua perdida autonomia, propõe-se como uma clareira para a emergência do seu ser. Assim, contrariando o desalento deixado pela morte das certezas metafísicas e longe de sucumbir no torvelinho caótico dos desenraizados discursos de um irado relativismo, propomos, para além dos variados matizes da metafísica objetificante, um reencontro com a verdade do direito.

Tal reencontro (na contramão do funcionalismo sistêmico, que, adaptado à lógica cibernética, superou o positivismo jurídico, para acabar, através de um finalismo estratégico-tecnológico substituindo-se ao próprio direito) pressupõe o retorno aos princípios ontológicos de uma racionalidade prática, histórico-materialmente fundamentada; mas já desvinculada dos pressupostos metafísicos, que embasavam o fundamento teleológico do ontológico jusnaturalismo aristotélico, isto porque *"a irredutível poiésis da acção afirma a possibilidade da inovação versus uma ordem virtualmente definida e perfeita"*.[875]

A perspectiva acima definida evidencia que o sentido do direito reivindica, para sua manifestação, a radicalidade histórica de uma práxis que conduza à concreção prático-material de ponderações jurídicas criticamente fundamentadas em juízos de validade. Essas ponderações, convém mais uma vez lembrar, por exigirem uma decisão jurídica concreta em termos de uma criativa e crítica autonomia, não podem fundamentar-se numa axiologia dogmático-metafísica.

Portanto, o passo libertário para além da objetificação metafísica, que possibilita o desvelamento do ser do direito na clareira da tópica jurídica, pressupõe, como *prius* fundamental, o resgate de uma concepção autônoma da juridicidade que se perdeu a partir da emergência da modernidade. Mais uma vez, valemo-nos de Castanheira Neves[876] para lembrar que a autonomia do direito, liberta do holismo ético-político da Grécia, logrou manifestar-se, pela primeira vez e em toda a sua plenitude, no direito romano da era clássica, sobreviveu, reafirmando-se com a filosofia prática, no contexto do dogmatismo hermenêutico desenvolvido pela reelaboração jurídica do pensamento medieval, para chegar já exangue na emergência do paradigma normativista imposto pela racionalidade moderna, em que as estruturas lógicas do sistema, projetadas numa teleologia metódico-dedutiva, acabam absorvendo e substituindo o caráter específico do

---

[875] NEVES, Antônio Castanheira. *A Unidade do Sistema Jurídico*: O Seu Problema e o Seu Sentido. Op. cit., p. 173.

[876] NEVES, Antônio Castanheira. *O Direito Hoje e com Que Sentido?*. Op. cit., p. 23 e ss.

direito, que não é lógico-sistemático, mas tópico-problemático. Logo, a autonomia jurídica projetada pela racionalidade moderna não reflete uma autêntica autonomia do direito; na verdade, oculta o ser do seu sentido, entificando-o metafisicamente no âmbito dogmático da estrutura lógico-sistêmica do direito positivo, fechado em si mesmo como um todo absoluto.

As conseqüências desse equívoco (forjado a partir da subjetividade normativista do jusracionalismo, reafirmado por Kelsen e pela generalidade do neopositivismo jurídico contemporâneo), como tantas vezes salientamos ao longo desta obra, contrariando a intenção original do cânone positivista delineado por Comte, conduziu a uma metódica lógico-formal, que abstraiu e levou o direito a uma total indiferença com relação ao empirismo da realidade prático-material da vida social.

Como a crítica de Heidegger nos permitiu vislumbrar, o positivismo jurídico, no seu afã de exorcizar a metafísica do direito, acabou se constituindo dogmaticamente numa metafísica ao contrário, reafirmando Platão por via inversa. A hegemonização paradigmática desse platonismo normativo, como também sustenta Castanheira Neves, levou toda uma tradição de pensamento jurídico a pensar equivocadamente que "o direito existe inteiramente e em si no sistema de normas jurídicas independentemente da sua realização concreta".[877]

Ora, o equívoco dessa visão de autonomia jurídica, na verdade submissa a uma abstrata racionalidade dogmática, ao gerar, como conseqüência, a alienação do direito em relação à realidade social, engendrou uma crise cujos prognósticos de resolução crítica, desenvolvidos nos termos de uma pós-moderna reflexão sociológico-jurídica, acabariam não apenas suprimindo a autonomia do direito, mas igualmente sacrificando e aniquilando a possibilidade existencial de continuidade do seu histórico sentido cultural.

Essa atitude teórica, superadora do normativismo clássico, fundamenta-se na já por nós criticada concepção do funcionalismo. O funcionalismo jurídico dela derivado, embora se ofereça na complexidade das hipóteses: política, social e sistêmica,[878] converge, em termos gerais, para uma redução instrumental do direito, ou seja, concebe o direito como um instrumento finalístico ao serviço de heterônomas imposições político-sociais. Na perspectiva dessa racionalidade, que converte toda a prática humana em instrumentalização técnica, a radicalidade da crise jurídica evidencia não apenas o desaparecimento da autonomia do direito, mas o desaparecimento do próprio direito enquanto direito.

---

[877] NEVES, Antônio Castanheira. *O Direito Hoje e Com que Sentido?* Op. cit., p. 26, 27.

[878] Idem, p. 41.

A razão maior do êxito do funcionalismo tecnológico-sistêmico, não só no domínio jurídico, mas no contexto global da práxis humana, é que ele está ciberneticamente harmonizado com as exigências das sociedades pós-industriais do nosso tempo. Assim, a completa desontologização do direito, o não ver sentido em indagar pelo seu sentido, a par com o niilismo que atinge e solapa o próprio sentido do existir humano, é uma conseqüência natural que decorre da hegemonia paradigmática da racionalidade tecnológica.

Na verdade, para além de um domínio paradigmático, a técnica se constitui no princípio epocal do nosso tempo. Refletindo o conceito do princípio epocal no pensamento heideggeriano, Ernildo Stein[879] assinala que ele transcende a questão do paradigma, pois sua base radica num elemento metafísico, que abrange e determina toda a dimensão cultural de uma época histórica, na qual podem interagir a sua sombra variados paradigmas. Assim, por exemplo, o conceito de idéia de Platão fundamentou gnoseologicamente a visão de mundo do seu tempo, bem como a noção de substância, de Aristóteles, esteve na base não só da política, da ética e da estética, mas igualmente abrangeu a epistemologia do seu empírico naturalismo. Já no medievo, o princípio epocal teológico a tudo determinou, enquanto a modernidade erigiu-se sobre o princípio epocal da subjetividade. Portanto, é no âmbito da universalidade metafísica do princípio epocal e determinado pelo seu princípio fundamental, que se constroem os paradigmas.

No entanto, na babel do anárquico relativismo pós-moderno, reina uma ausência de princípio epocal, situação que engendra (a par com o ânimo febril da afirmação de discursos da diferença) uma eclosão de paradigmas sem princípio orientador, ou melhor, como há pouco referíamos com Ernildo Stein, segundo Heidegger, a técnica é o princípio epocal do século 20, mas "a técnica nos tira do mundo. Ela impera pelo princípio da objetificação do Gestell do dispositivo".[880]

Por essa razão, vivemos sob a égide do niilismo, e no nosso tempo reina o encobrimento, a obscuridade e uma profunda indigência, que o falatório absolutamente hegemônico da mídia transforma em grotesco espetáculo, no qual a dinâmica do consumismo dá lógica capitalista, que dá sentido ao sem sentido, promove o triunfo apoteótico da inautenticidade. "É como se os acontecimentos humanos só pudessem ter sentido quando encenados, apresentados num vídeo gigantesco em que tudo aparece como notícia, como presença".[881]

Como não poderia deixar de ser, o absoluto fracasso humano numa civilização regida pela técnica (no contexto de uma planetária

---

[879] STEIN, Ernildo. *Diferença e Metafísica*. Op. cit., p. 64.

[880] Idem, p. 65.

[881] Ibidem, p. 79.

hegemonia capitalista que, ao concretizar a aspiração do materialismo científico do século XIX, limita a aspiração do imaginário humano ao âmbito restrito do consumo de bens materiais, como corolário de um radical pragmatismo utilitarista) se traduz no aniquilamento ontológico da possibilidade de um transcender ético-estético. Em outras palavras, o absolutismo científico-tecnológico suprimiu a dimensão espiritual da vida humana.

Então, deste mundo dominado pela positividade científica, os deuses foram embora, disse Heidegger, evocando o poeta Hölderlin. E, dessa fuga simbólica dos deuses, decorre uma conseqüência gravíssima para a humanidade, pois *"No sólo han huido los dioses y el dios, sino que en la historia universal se há apagado el esplendor de la divindad"*.[882] Por isso, subjugado pelo reducionismo objetificante da racionalidade técnico-científica, nosso tempo mergulha na obscuridade, sem precedentes, de uma noite tenebrosa regida pelo signo da penúria e da indigência.

Segundo Heidegger, uma transformação só poderá acontecer depois de atingirmos o mais profundo do abismo da noite de penúria. Por ora, todos os indícios indicam que nos aproximamos da meia-noite da noite de penúria, e *"En la medianoche de esa noche es donde reina la mayor penúria del tiempo. Entonces, ese tiempo indigente ni siquiera experienta su propria carencia"*.[883] A confirmação do que acaba de ser dito dá, sem necessidade de maior aprofundamento, a maneira como a publicidade nutre e conforta o imaginário humano contemporâneo com a possibilidade real de participar e usufruir da miríade consumista. Assim, alheio e refratário à sua própria essência, o homem se compraz e se basta embriagado pela inumana essência do consumismo material da lógica capitalista, que, como expressão da essência da técnica, reduz e objetifica tudo ao seu domínio incondicionado, transformando em material de produção para o mercado até a humanidade do homem.

No âmbito dessa absoluta dissolução, *"Lo que amenaza al hombre en su esencia es la opinión de que la prodición técnica pone el mundo en orden"*,[884] isso é até verdade, só que essa ordem, como expressão de uma universal organização mercadológica, erigida pela ação da vontade humana objetificada pela essência da técnica, materializa a plena negação da essência humana e, ao transformar toda a natureza em objeto de cálculo mercantil ela inclusive *"mercadea dentro de la esencia del ser"*.[885] De forma que, submetida ao absoluto determinismo da sua

---

[882] HEIDEGGER, Martin. *Caminos de Bosque*. Traduzido por Helena Cortés e Arturo Leyte. Madrid: Alianza, 1998, p. 199.

[883] Idem, p. 200.

[884] HEIDEGGER, Martin. *Caminos de Bosque*. Op. cit., p. 219.

[885] Idem, p. 217.

lógica, *"la propia esencia de la vida debe entregarse en manos de la prodicción técnica"*.[886]

Portanto, se a possibilidade de mudança nos impõe uma ruptura com a inumana essência do consumismo material da lógica capitalista para o reencontro com a dimensão espiritual da essência humana, contrariando Platão que os expulsou da República, o gênio de Heidegger se apercebeu de que não será a metafísica da ciência nem da filosofia, mas serão os poetas que nos indicarão o caminho libertário.

Para chegar ao fundamento dessa desconcertante afirmação, que contraria toda a tradição cultural do ocidente pós-platônica, Heidegger precisou desconstruir a metafísica da qual derivou, em todas as suas *nuances* históricas, a noção do verdadeiro consubstanciado na formulação (*veritas est adaequatio intellectus et rei*), ou seja, "a verdade consiste na concordância (*omóiosis*) de uma enunciação (*lógos*) com o seu objeto (*pragma*)".[887] Por isso, a superação dessa objetificação exige do pensamento um salto trans-lógico para a abertura poética do imponderável, para a profunda complexidade fenomenológica, na qual a verdade se desvela não como *veritas*, mas como *alétheia*. E, justamente porque a *alétheia*, como um súbito clarão, ilumina a escuridão de onde ela provém, Heidegger pode dizer que o exame da essência da não-verdade "constitui o passo decisivo na posição adequada da questão da essência da verdade",[888] ou seja, na mais profunda obscuridade do ente imerso na dissolução do velamento, lateja a eclosão fenomenológica da iluminação do desvelamento, o que evidencia "a mais própria e mais autêntica não-verdade pertencente à essência da verdade".[889]

Então, na clareira do dizer poético, o indizível da essência da verdade se desvela, pois "o que a Poesia, enquanto projecto clarificante, desdobra na desocultação e lança no rasgão da forma, é o aberto que ela faz acontecer e decerto de tal modo que só agora o aberto em pleno ente traz este à luz e à ressonância".[890]

Assim, refletindo a partir da *alétheia*, o desvelamento da essência da verdade, na transcendência projetante do dizer poético, Heidegger pode se aperceber de que "Talvez exista um pensamento mais sóbrio do que a corrida desenfreada da racionalização e o prestígio da cibernética que tudo arrasta consigo; justamente esta doida disparada é extremamente irracional".[891] Essa intuição nos permite entrever uma

---

886 HEIDEGGER, Martin. *Caminos de Bosque*. Op. cit., p. 215.

887 HEIDEGGER, Martin. *Sobre a Essência da Verdade*. Op. cit., p. 135.

888 Idem, p. 140.

889 Ibidem, p. 141.

890 HEIDEGGER, Martin. A origem da Obra de Arte. *In: Os Pensadores*. Op. cit., p. 58.

891 HEIDEGGER, Martin. O Fim da Filosofia e a Tarefa do Pensamento. *In: Os Pensadores*. Op. cit., p. 81.

possível redenção para o homem pós-moderno, mergulhado no profundo abismo irracional da noite da dominação técnica, pois, como anunciou Hölderlin, "onde há perigo, há também salvação",[892] e "*La salvación tiene que venir del lugar donde la esencia de los mortales cambia*".[893]

Como desde Heráclito já sabemos, contrariando a pretensão estabilizadora da metafísica, o próprio fluxo da vida tende a gerar uma tensão na harmonia, de forma que todo salto libertário e dialético-superador necessita das contradições que o engendram. Isso nos permite concluir que, no profundo abismo do fracasso do homem dominado pela técnica, a essência libertária do homem lateja e espera o momento de eclodir, mesmo porque, como nos esclareceu a lição de Gadamer, os autênticos e libertários valores da tradição, consubstanciados no humanismo hermenêutico-persuasivo da razão prática, nunca foram de todo suprimidos. E, como temos para nós claro ser impossível pensar a essência do homem dissociado do direito, na medida em que a essência do direito é a própria expressão da essência do homem, queda evidente que a recuperação do sentido do ser do direito pressupõe, ontologicamente, a sua inserção numa forma de organização social que promova a humanidade do homem. Portanto, reabilitar o autêntico sentido do direito significa, também, reabilitar a autenticidade humana, desvelando-a no profundo caos da inautenticidade.

Nesse sentido, a crise radical do direito, que abala até o profundo sentido ontológico da subsistência histórica do seu ser, evidencia a possibilidade real do seu desaparecimento, isto é, determina a sua morte. E, com a morte do direito, morre também o sentido de homem e de humanidade, que, com o direito, sempre esteve histórica e ontologicamente identificado.

Esse definhar do sentido do direito começou a tomar forma, quando a emergência do paradigma moderno desvinculou-o dos pressupostos éticos da filosofia prática, projetando-o, através de uma transcendência lógico-subjetiva, para a abstrata condição de instrumento ideológico-político, que se consubstanciou no legalismo do século XIX. O positivismo jurídico daí derivado, com as variações que lhe agregou o século XX, culmina hoje na racionalidade cibernética, que, definitivamente, suprime os últimos resquícios da idéia de direito que ainda subsistiam, na medida em que a projeção normativa de composição e estabilização social, que advêm da sua lógica organizacional, não só prescinde, como nega os fundamentos originários que dão sentido à idéia de direito, pela razão maior de que as exigência éticas que radicam na base desse sentido, pelo simples fato de existi-

---

[892] HÖLDERLIN, Friedrich. *Poemas.* Traduzido por José Paulo Paes. São Paulo: Companhia das Letras, 1991, p. 181.

[893] HEIDEGGER, Martin. *Caminos de Bosque.* Op. cit., p. 220.

rem, já constituem uma afronta crítica aos princípios de uma civilização erigida sobre a base de um absolutismo científico-tecnológico.

Portanto, na contramão da absoluta negação do direito, perspectivada pela civilização cibernética, o perguntar pela verdade jurídica nos impõe um transcender libertário frente a qualquer objetificação circunstancial da verdade, enquanto sentido metafísico, pois a essência da verdade transcende qualquer determinismo; não se submete a nenhuma evidência circunstancial; não pode oferecer nenhuma segurança definitiva, porque o espaço do seu acontecer é a liberdade. Por isso, o perguntar pela verdade jurídica nos remete a indagar pelo seu autêntico sentido, velado pela hegemonia do cientismo cibernético-sistêmico, que apenas se utiliza instrumentalmente do direito, para a consecução pragmático-utilitarista de determinados fins, alheios ao seu ontológico sentido, isto é, o direito utilizado para fundamentar uma ordem jurídica, que materializa "juridicamente" a negação do sentido do direito.

O perguntar pelo sentido do direito, necessariamente, transcende o para-que-serve-o-direito, em cujo âmbito redutor, acriticamente, a lógica cibernética instrumentaliza o seu conceito (inautêntico) para a concecução ideológico-política de determinados fins sociais.

O perguntar pelo sentido autêntico do direito exige a salvaguarda da sua autonomia; portanto, é um perguntar ontológico, que nos remete à essência originária do seu sentido, pois, como podemos designar algo como jurídico, se não sabemos o que é o direito. E, se não sabemos o que é o direito, pelo menos temos por claro o que ele não é, ou seja, sabemos que a idéia de direito não se identifica com a objetificação instrumental em que a racionalidade técnica conceitualizou o seu sentido.

A pergunta pelo sentido do direito pressupõe a diferença ontológica e, por isso, transcende qualquer metafísica positivação do seu ente (direito positivo) e nos remete ontologicamente para o fundamento originário do seu ser. Como bem disse Heidegger, origem significa "aquilo a partir do qual e através do qual uma coisa é o que é, e como é. Ao que uma coisa é como é, chamamos a sua essência".[894]

Então, se a origem do ser de qualquer ente promana do fundamento da sua essência, quem lançar um simples olhar sobre a história da humanidade se aperceberá que a origem essencial do direito não tem por fonte o fundamento imposto pela vontade do poder político. Seja qual for a forma em que ela se manifeste como direito positivo, será sempre a expressão objetificada de uma entificação que encobre o sentido do ser do direito. Isso se verifica em toda a tradição jurídica de cariz normativista, em que toda a idéia de direito se reduz ao conjunto de normas que compõe o sistema jurídico vigente.

[894] HEIDEGGER, Martin. *A origem da Obra de Arte*. Op. cit., p. 11.

Nesse contexto, o sistema de normas encerra em si mesmo, dogmático-metafisicamente, toda a verdade jurídica já *a priori* definida, e o problema jurídico concreto, como um *a posteriori* irrelevante, deve se submeter a ela, através de uma absorção subjuntiva, desenvolvida metodologicamente por meio de operações lógico-dedutivas, com a finalidade de salvaguardar (em termos opostos ao desvelar da *alétheia*), lógico-dogmaticamente, uma metafísica certeza e segurança jurídica nas decisões concretas.

No âmbito dessa redução dogmático-conceitual de uma definição sistemática e lógico-abstrata do direito, a lucidez crítica de Castanheira Neves nos esclarece que "as intenções lógico-sistemáticas assimilam as intenções estritamente jurídicas (prático-normativas) e tendem mesmo a substituí-las numa autonomia toda ela também lógica (lógico-conceitual) e sistemática".[895]

Diante do exposto, parece-nos suficientemente claro que o reencontro com o ser do direito não ocorrerá no perseverar de um pensamento jurídico normativo-sistemático, pois a essência originária do direito, aquilo que reivindica a existência histórico-cultural do seu sentido e o constitui como a base fundante da civilização humana, que dele não pode prescindir sob pena de negar-se a si mesma, reside no fato de que ao direito incumbe a resolução material dos conflitos humanos que o homem, como ente histórico-cultural não submisso ao determinismo causal das leis naturais, produz na liberdade do convívio social.

A especificidade propriamente jurídica que distingue o direito de soluções baseadas no uso estrito da força somente se desvela quando a resolução dos problemas práticos se realiza à luz dos critérios da justiça. Se isto é verdade, a autêntica concreção judicativa jamais se logrará a partir de deduções lógico-silogísticas, derivadas de um sistema normativo *a priori* definido. Na verdade, contrariando a pretensão dogmático-metafísica, de uma lógica certeza e segurança, a construção da verdade jurídica se edifica no confronto com cada concreto conflito decidendo. Isso nos permite concluir que a essência do direito nos remete para uma dimensão prático-problemática, e não lógico-abstrato-sistemática.

Essa conclusão traz para a cena a clássica distinção entre *ius* e *lex*, que o gênio jurídico romano da era clássica desvelou, legando, para a humanidade, uma concepção prático-problemática e casuística do direito; e, se no âmbito dessa distinção, o universo da *lex* pertence ao domínio da *potestas* (da organização política do Estado), ao *ius* incumbe a resolução prudencial e individualizada de cada concreto conflito social, para lograr, em perspectiva *inveniendi*, a materialização da *justitia* em cada caso.

---

[895] NEVES, Antônio Castanheira. *O Direito Hoje e Com Que Sentido?* Op. cit., p. 24.

Uma Tópica Jurídica
CLAREIRA PARA A EMERGÊNCIA DO DIREITO

Se essa é a missão histórica do direito, o jurista que labora em seu nome não pode se reduzir à condição instrumental de simples técnico; por isso, contrariando o ceticismo pragmático-utilitarista da tecnocracia, em sua reflexão crítica sobre a crise do direito na era tecnológica, Sérgio Cotta exorta os juristas a seguirem esse caminho, "dado que esta eterna exigência de justiça é necessária, como nunca, ao desenvolvimento positivo da nova sociedade".[896]

Portanto, seguir o caminho do direito impõe-nos o abandono da abstração lógico-normativista, para a reintegração do fenômeno jurídico com a concretude material do mundo da vida. Isso significa entender o direito na perspectiva do problema jurídico concreto, tendo sempre presente que é na dimensão do caso decidindo, que, para além da dicotomia 'direito que é, direito que deve ser', instaurada pela racionalidade moderna, o direito somente será, quando, com autonomia e liberdade, a decisão jurídica concreta desvelar o seu ser, isto é, quando a sentença judicial, guiada pelos critérios da justiça, conseguir concretizar, prático-prudencialmente, o equilíbrio proporcional da igualdade na sua decisão.

Nesse mesmo sentido, ao defender a tese de que a concepção jurídica se situa numa unidade que engloba mundo da vida, caso e direito, Jan Schapp assinala que "o direito não pode ser qualificado sem que seja posto em relação com o caso".[897] O aprofundamento crítico que levou esse autor a fundamentar a sua concepção casuística do direito, deriva do fato de que a generalidade do pensamento metodológico-jurídico mantém-se refém da distinção Kantiana entre ser e dever ser. Essa distinção, inscrita já como um hábito imperceptível do pensamento que deriva da modernidade, corroborando as reservas de Gadamer para com o método, tende a se inserir subterraneamente, e acaba determinando as considerações metodológicas; e "Esta distinção não é apenas determinante para os autores que a usam como base de suas construções, ela influencia até mesmo autores que a discutem criticamente".[898]

No entanto, mesmo reconhecendo a pertinência das ressalvas críticas de Jan Schapp, pode-se verificar que, à medida que a reflexão jurídica se adentra nas contradições do mundo pós-moderno, e temas como o definhamento do Estado no âmbito de uma globalização econômica dominada pela lógica do capital financeiro entram para a pauta da filosofia jurídica, verifica-se, sem maiores esforços, que a própria realidade do relativismo empírico e pragmático-utilitarista do nosso tempo, por si só, fragmenta e pulveriza as ilusões lógico-abs-

---

[896] COTTA, Sérgio. *O Desafio Tecnológico.* Op. cit., p. 223.

[897] SCHAPP, Jan *Problemas Fundamentais da metodologia Jurídica.* Traduzido por Ernildo Stein. Porto Alegre: Sergio Antonio Fabris, 1985, p. 29.

[898] Idem, p. 33.

tratas da metafísica moderna, pondo por terra, entre outras coisas, a concepção kantiana de uma ordem jurídica estatal, fundamentada numa legalidade universal.

Tudo isso evidencia a clara inadequação da metafísica abstração do positivismo normativista; como fundamento de uma ordem jurídica. Por essa razão, mesmo no contexto das reflexões metodológico-jurídicas, uma forte e crescente tendência crítica abandona o apriorismo lógico-abstrato do normativismo e passa a compreender o direito na perspectiva do problema jurídico concreto. Nesse sentido, Castanheira Neves sustenta que:

> O pensamento jurídico vê actualmente o seu objecto problemático não já na norma (na mera interpretativo-dogmática determinação do direito positivo), mas essencialmente no caso (na decisão do problema jurídico concreto).[899]

Segundo ainda o mestre de Coimbra,[900] cabem no leque abrangente dessa superação metodológica do normativismo, além da concepção tópico-argumentativa defendida por Viehweg, Perelmen e Wieaker, também a perspectiva da decisão racional-argumentativa de Kriele, as reflexões hermenêutico-práticas de Esser, o modelo de concretização propugnado por Müller e a teoria da Fallnorm, de Fikentscher. Com pequenas variações, todas essas reflexões convergem, criticamente, para a constatação de que o direito só acontece, verdadeiramente, quando a decisão jurídica concreta materializa o conceito de justiça segundo os critérios da igualdade.

As reflexões até aqui desenvolvidas nos permitem constatar, com toda a clareza, a efetiva superação da idéia de direito que nos legou a modernidade; por outro lado, a crise decorrente dessa superação paradigmática, em pleno curso da estruturação da nova sociedade (pós-moderna), como já atrás referimos, colocam o jurista na encruzilhada de um dilema que lhe está a exigir uma crítica e lúcida opção, pois, sintonizadas com o relativismo do novo tempo, duas divergentes concepções jurídicas, tendo no entanto em comum uma proposição superadora do positivismo normativista, se lhe oferecem como alternativas.

Por já termos refletido criticamente sobre elas, ao longo deste livro, limitar-nos-emos, aqui, a uma simples evocação de ambas. A primeira alternativa (que tem como vantagem o fato se estar sintonizada com a grande aspiração do imaginário contemporâneo, que, vitimado por um vazio niilista, se reduz a uma pragmático-utilitarista fruição alienada dos bens de consumo), sintonizada com o ideal de positividade, que determina o cientificismo da era tecnológica, fun-

---

[899] NEVES, Antônio Castanheira. O Actual Problema Metodológico do Direito. *In: Digesta.* Op. cit., p. 276.

[900] Idem, p. 277.

cionaliza instrumentalmente o direito e transforma-o, segundo os critérios lógicos da racionalidade cibernética, numa simples técnica de controle social. Na verdade, essa não é uma alternativa para o direito, mas é uma alternativa ao próprio direito, à medida que a ele se substitui com critérios que não são os seus, ou seja, ao constituir uma idéia de direito, desvinculada e inclusive negando os fundamentos originários que constituem ontologicamente o sentido do direito, a alternativa científico-tecnológica promove o desaparecimento do direito; em outras palavras, decreta a morte do direito como direito. Muito embora a organização social derivada da estruturação propiciada pela racionalidade sistêmico-cibernética possa ser funcionalmente eficaz, ela não será jurídica, pois a idéia de direito, convém lembrar mais uma vez com Castanheira Neves, "postula uma ordem justa e não tão-só uma organização eficaz".[901]

Assim, sintonizada com a exigência crítica desse ontológico postulado, a outra alternativa que enunciamos não concebe a possibilidade de uma idéia de direito, desvinculada de um fundamento ético. Por isso, procura vislumbrar a autonomia e a autenticidade do direito a partir da recuperação dos pressupostos da filosofia prática. Nesse sentido, ela se propõe como alternativa para o direito, no contexto da crise radical que o afeta, a partir do vácuo deixado pela superação do paradigma positivista. Desse modo, alternativa para o direito significa a reabilitação ontológica do sentido do ser do direito, em imanência crítico-criativa, com o mundo prático da vida. No entanto, temos para nós que o salto criador que aproximará o pensamento jurídico do ser do direito deverá refletir o problema da diferença ontológica levantado por Heidegger, para poder superar a redução entificadora que o positivismo jurídico, centrado na dicotomia "direito que é, direito que deve ser", não conseguiu discernir. E, embora em perspectiva superadora relativa à metódica positivista, o pensamento crítico-metodológico de orientação prático-problemático-normativo que acima referimos, não conseguiu lograr, em plenitude, a consumação libertária para o desvelar do sentido do ser do direito, à medida que ainda se manteve, metodologicamente, refém de uma entificação normativa, ao contornar e evitar o enfrentamento com a radicalidade do dilema da distinção entre ser e dever ser. Refletindo sobre essa contradição metodológica com agudo senso crítico, Jan Schapp detectou que: "Partindo deste ponto deve-se também aceitar conseqüentemente que o fosso entre ser e dever ser é intransponível".[902] A diluição dessa distinção, na amplitude plástica da relação do direito com o mundo da vida, pressupõe um salto trans-metodológico.

---

[901] NEVES, Antônio Castanheira. O Actual Problema Metodológico do Direito. *In: Digesta*. Op. cit., p. 281.

[902] SCHAPP, Jan. *Problemas Fundamentais da Metodologia Jurídica*. Op. cit., p. 34.

Esse salto trans-metodologico também deverá ser trans-metafísico; pois, como já vimos, toda a tradição do pensamento jurídico ocidental, a partir da clivagem platônica, pensou o ser do direito, identificando-o equivocadamente, na representação entificada e objetificada da abstração normativa que constitui o direito positivo. Dessa forma, na verdade, a metafísica sempre pensou o ente jurídico abstraída do ser do direito. Por isso, parafraseando Heidegger,[903] podemos dizer que a questão sobre o sentido do ser do direito somente se torna possível quando, transcendendo a entificação positivada do direito, compreendemos o direito a partir do ser do direito. Esse desvelamento do ser do direito, heideggerianamente visualizado, pressupõe uma projeção fenomenológio-hermenêutica, em que uma transcendência ontológico-universal se realiza em imanência histórico-existencial, com a concretude fática da singularidade dos acontecimentos da vida prática. Como lembra Gadamer, através da reflexão ontológica radical de Heidegger, se descobre *"el caráter de proyecto que reviste toda comprensión y piensa ésta misma como el movimiento de la transcendencia, del ascenso por encima de lo que es"*.[904] E, se, como bem assinala Lenio Streck, "Elaborar a questão do ser significa tornar transparente um ente em seu ser",[905] juridicamente falando, isso quer dizer que cada ato jurídico, até a consumação da sentença judicial, deve ser uma construção desenvolvida, à luz das exigências ontológicas do sentido do ser do direito.

E, levando em consideração que o sentido do ser do direito não pode ser definido logicamente, evidencia-se que o desvelamento do ser do direito, no plano da sua concreta aplicação, não se conseguirá a partir de operações metodológicas fundamentadas na dedução e na subsunção, pois, para Heidegger, à medida que se transcende a base metafísico-objetificante, transparece a realidade de que o fundamento é sem fundo; na verdade, ele é uma projeção hermenêutica que pressupõe a liberdade de uma abertura permanente. Vistas as coisas deste modo, cai por terra a ilusão positivista de salvaguardar, através de procedimentos metodológicos, uma lógica segurança e certeza de direito. Evidencia-se também, a insuficiência do passo crítico, mas não plenamente libertário, das diversas teorias da argumentação de que, segundo Lenio Streck, apenas constroem

> *standards* de racionalidade analíticos, porque ficam restritos àquilo que, em linguagem da ontologia fundamental gadameriana-heideggeriana, chamamos de "como apofântico", manifestativo-argumentativo-lógico.[906]

---

[903] HEIDEGGER, Martin. *Ser e Tempo*. Op. cit., p. 266.

[904] GADAMER, Hans-Georg. *Verdad y Método*. Op. cit., p. 325.

[905] STRECK, Lenio Luiz. *Jurisdição Constitucional e Hermenêutica*. Op. cit., p. 200.

[906] Idem, p. 254.

Por isso, "A questão fundamental no direito será, assim, conseguir compreender que fundamentar não é um problema de metodologia ou de prodecimento argumentativo".[907]

Nesse mesmo sentido, podemos dizer, com Gadamer, que o acontecer da verdade jurídica, enquanto o desvelar crítico de um processo compreensivo, que culmina na síntese integradora de uma *subtilitas applicandi*, se traduz *"menos como um método disponible que como un saber hacer que require una particular finura de espíritu".*[908] Então a emergência do ser do direito, isto é, o reencontro do direito consigo mesmo, no processo da aplicação concreta que pode vir a desvelá-lo, pressupõe a libertação da redução entificadora do proceder metódico e assim visualizada a partir da *alétheia*, a aplicação do direito promove a desocultação do seu sentido velado na ocultação e torna visível a sua essência na clareira do ser. E, se a essência do direito não reside no apriorismo de uma abstração normativa, mas se desvela, existencialmente, no plano prático-problemático da resolução dos concretos conflitos que a vida social inexoravelmente engendra, e, se a própria consciência geral da idéia que o define, inscrita ontologicamente no imaginário da consciência humana, o identifica com a justiça, podemos afirmar que a essência do direito se constitui numa arte que tem por missão histórica a prospecção e materialização do justo em cada caso, isto é, em cada sentença judicial. Nesse sentido, a tópica jurídica como *ars inveniendi* é a clareira prático-problemática que possibilita o desvelamento e a emergência do ser do direito.

Como já analisamos em nosso primeiro capítulo, na abertura da clareira, ocorre o desencobrimento daquilo que está encoberto, e a essência da verdade (*alétheia*) se desvela numa radiosa epifania, emergindo da obscuridade que regia seu ocultamento, e, no âmbito da eclosão da sua manifestação, ela ilumina, como um relâmpago, a escuridão de onde ela emerge, permitindo, com a luz irradiada pelo seu aparecer, o obrar humano em imanência com ela, isto é, uma *práxis* fundamentada criativamente na liberdade, pois, como bem lembra Heidegger, o acontecer da verdade no lugar aberto da clareira "nunca é um palco rígico".[909] Por isso, com razão, assinala Lenio Streck que o momento do acontecer (*Ereignen*) do direito se realiza na individualidade da situação concreta: "ocorre na compreensão, que se manifesta aplicativamente (*applicatio*)".[910] Evocando Gadamer, o autor reafirma que o vir-à-presença da essência do direito, no âmbito da situação concreta, não pode ser obscurecido pelo método, eis que "Isto acarretaria o alheamento do intérprete, que assim estaria

---

907 STRECK, Lenio Luiz. *Jurisdição Constitucional e Hermenêutica*. Op. cit. p. 254.

908 GADAMER, Hans-Georg. *Verdad y Método*. Op. cit., p. 378.

909 HEIDEGGER, Martin. *A origem da Obra de Arte*. Op. cit., p. 43.

910 STRECK, Lenio Luiz. *Jurisdição Constitucional e Hermenêutica*. Op. cit., p. 266.

descompromissado eticamente com a solução 'justa' daquele caso".[911] Efetivamente, o método jurídico, enquanto criação decorrente da concepção científica da modernidade, em nome de uma lógica segurança e certeza de direito, permitiu, ao julgador, eximir-se da responsabilidade moral pelos efeitos da sua decisão, graças ao argumento da neutralidade formal, decorrente da sua dogmática submissão ao complexo normativo do sistema jurídico vigente.

Tal atitude metódica engendrou o paradoxo de legitimar, juridicamente, decisões jurídicas na verdade não-jurídicas, pois, na medida em que o direito é uma categoria ética, e não científica, o próprio sentido do ser do direito determina ontologicamente que só será jurídica a decisão concreta que materializar a justiça segundo os critérios da igualdade; igualdade enquanto proporcionalidade relativa às circunstâncias do concreto problema jurídico decidendo.

Tudo isso nos permite concluir que o direito só existe como direito no retiro da abertura da clareira tópico-problemática do problema jurídico concreto, em que, nos termos do sentido da *alétheia*, a prospecção crítico-criativa do justo possibilita o desvelar da luz da verdade jurídica (justiça) que, ao rasgar, com seu clarão luminoso, a obscuridade fática das contradições que engrendraram o litígio, viabiliza a materialização da sua resolução, em sintonia com os critérios clarificadores do seu desvelar. Assim, a aplicação do direito na clareira da tópica jurídica, ao materializar na decisão concreta a justiça como igualdade, possibilita o convívio do direito com o ser do direito que emerge na decisão, ou seja, na decisão justa, o ser do direito se presentifica, faz-se ser-aí e unifica, na iluminação da sua epifania, a universalidade do seu sentido com as circunstâncias fáticas do caso. Dessa síntese, resulta a profunda igualdade das partes conflitantes de entes que comungam a mesma essência originária que promana da fonte do ser.

Refletindo a autenticidade existencial do direito, nesse mesmo sentido, Jennnette Mamam acrescenta: "É, pois a ontologia que fundamenta a igualdade política e jurídica na existência autêntica, pelo reconhecimento da recíproca alteralidade dos coexistentes".[912] Fundamentado nessa base ontológica de solidariedade social, Heidegger evoca a idéia de combate que remonta a Heráclito, para mostrar que, transcendendo a noção superficial de discórdia e disputa egoísta que sempre tendem para a perturbação e destruição, o sentido essencial do combate, e, portanto do conflito jurídico, na clareira tópica do caso, iluminada pela crítica luminosidade do presentar do ser-aí do direito projeta as partes conflitantes, irmanadas, pelo comum pertencer da

---

[911] STRECK, Lenio Luiz. *Jurisdição Constitucional e Hermenêutica*. Op. cit., p. 254.

[912] MAMAN, Jennette Antonios. *Fenomenologia Existencial do Direito*. São Paulo: Edipro, 2000, p. 74.

sua proveniência, para além de si mesmas, isto é, para além do fechamento na irracionalidade inautêntica dos interesses egoístas, e, assim, "os combatentes elevam-se um ou outro à auto-afirmação das suas essências".[913]

Então, desvelada na clareira do caso a consciência da comum procedência dos atores processuais em conflito, desvela-se também, no fundo, a mesma finalidade que os move na unidade desse comum pertencer; então o processo jurídico promove "a intimidade da co-pertença recíproca dos combatentes".[914] Em outras palavras, na clareira tópica do caso, vista por essa perspectiva, a resolução do processo jurídico, promove a transcendência existencial do homem-em-si-mesmo, projetando-o, conscientemente e solidariamente, para além da alienação solipsista da sua vivência, fazendo-o penetrar

> na pertença à verdade que acontece na obra, e funda assim o ser-com-e-para-os-outros (*das Für-und Miteinandersein*), como exposição (*Ausstehen*) histórica do ser-aí a partir da sua relação com a desocultação.[915]

Assim, topicamente falando, o processo jurídico, como *ars inveniendi*, desvela dialético-argumentativamente a verdade jurídica na clareira do caso. Sua culminância na decisão justa faz emergir o ser do direito na obra jurídica (decisão do caso concreto), promovendo o acontecer (*Ereignis*) do direito na síntese esférica do círculo hermenêutico, enquanto totalização da verdade (justiça) do caso. A verdade jurídica então ganha forma, na sentença judicial, como expressão do ser do direito.

No entanto, sintonizada com a essência dialético-histórica do direito, nossa concepção tópico-jurídica, voltada exclusivamente para a resolução do problema jurídico concreto, tem consciência de que cada caso é um caso; por isso, a verdade jurídica desvelada num determinado caso não pode cristalizar-se em base metafísica para o fundamento de futuras decisões, como se verifica na *práxis* dogmático-jurisprudencial do sistema jurídico da *common law*, e também nos postulados teóricos do pensamento jusnaturalista, o que leva também excluída a idéia de uma tópica jurídica identificada simplesmente como um catálogo de *topoi*.

Nesse sentido, as lições de Gadamer nos permitem concluir que o *topoi* que fundamenta a tópica jurídica aqui desenvolvida tem por fonte o sentido do ser do direito, cuja luz, manifestada nos bons pré-juízos da tradição, permitiu a formação de uma autêntica consciência jurídica da civilização.

---

[913] HEIDEGGER, Martin. *A origem da Obra de Arte*. Op. cit., p. 39.

[914] Idem, p. 51.

[915] Ibidem, p. 54-55.

Cabe ao aplicador do direito, como representante ético da sociedade, encarnar esse *ethos* jurídico, e o desdobramento hermenêutico-prático dessa missão (desde que exercida com a consciência crítica de que o justo não se delimita logicamente, *a priori*, para uma metódica concreção *a posteriori*) não exclui o uso das normas do direito positivo das construções da jurisprudência e do pensamento jurídico doutrinário.

Dessa forma, sem perder de vista a orientação fenomenológica da hermenêutica da faticidade heideggeriana, a compreensão e aplicação do direito nos remetem para a dimensão ontológica de uma pré-compreensão, que se desenvolve como um processo histórico de um acontecer dentro da tradição, e levando-se em consideração o caráter essencialmente cambiante da historicidade da vida social, mais do que nunca no âmbito do relativismo pós-moderno, está-se a exigir que a decisão jurídica deve ser compreendida, *"en cada momento y en cada situación concreta de una manera nueva y distinta"*.[916]

Assim sendo, evidencia-se, à luz da fenomenologia heideggeriana, o profundo equívoco da ciência moderna, que ocultou o ser e submeteu-o ao império do ente, objetificando dogmaticamente toda a possibilidade do saber no âmbito dessa redução. Fruto desse equívoco, o positivismo jurídico, enquanto expressão da ciência moderna, também ocultou o ser do direito, reduzindo a profunda dimensão humana do seu conceito ao plano da dogmática objetificação do seu ente (direito positivo) e, assim, inconsciente da diferença ontológica, o positivismo jurídico pensou metafisicamente o ser do direito, identificando-o com o seu ente, confundindo a verdade do ser, com a "verdade" do ente, pois, enquanto expressão da verdade como esquecimento do ser, a metafísica apenas diz o que o ente é, reduzindo a verdade ao nível da conceituação da entidade do ente. "Na entidade do ente pensa a metafísica o ser, sem, contudo, poder considerar, pela sua maneira de pensar, a verdade do ser".[917] Assim, da mesma forma que a ciência moderna não quer pensar nada para além dos pressupostos da sua objetificação dogmática, o positivismo jurídico, ao plasmar a essência da verdade jurídica na entificação da dogmática jurídica, instaurou logicamente o princípio da não-contradição no direito, implodindo sua essência problemática e impossibilitando a emergência do seu ser na metódica resolução dos concretos problemas jurídicos.

Na verdade, ao separar o direito de si mesmo (da sua essência ontológica), a ciência jurídica positivista desjuridicizou o direito, tornando-o paradoxalmente não-jurídico. O recrudescimento desse equívoco cientificista (no âmbito da diluição do relativismo pós-moderno

---

[916] GADAMER, Hans-Georg. *Verdad y Metodo.* Op. cit., p. 380.

[917] HEIDEGGER, Martin. *Que é Metafísica? In: Os Pensadores.* Op. cit., p. 47.

e pós-metafísico), desvinculado já da necessidade de uma entificada repesentação fundamentadora, radicalizou definitivamente essa clivagem, decretando a morte e o desaparecimento do direito, pois a organização das sociedades pós-industriais, instituída pelo controle da lógica cibernética, ao transformar o direito numa simples técnica de controle social, deixou de ser jurídica.

Contrariando a voga niilista, que vê na dissolução pós-moderna da metafísica também o fim da filosofia, igualmente esvaziada pelo domínio da técnica, Heidegger nos esclarece que "o fim da Filosofia é o 'fim' da Filosofia, enquanto Metafísica. A Metafísica atingiu suas 'possibilidades supremas', dissolvendo-se no surto crescente das ciências que esvaziam a problemática filosófica".[918] Assim, nesse "fim" da filosofia, o filósofo vislumbra um novo começo e, afastando-se dos epitáfios de Marx e Wittgenstein, bem como procurando superar a redundância metódica para a qual convergiu a subjetividade de Hegel e Husserl, Heidegger, num grande passo superador, "afirma como nova questão do pensamento a *Alétheia*. Com essa palavra, compreende ele o sentido, a verdade, o desvelamento, a clareira do ser, resumindo tudo na palavra-síntese: *Ereignis*".[919]

Então, se tivermos claro que o rigor e a essência do pensar não consistem apenas "na exatidão artificial, isto é, técnico-teorética dos conceitos",[920] e que, na verdade, a redução do pensar ao plano da lógica suscita "a aparência de um empenho no pensar, quando, então, justamente, se renunciou ao pensar",[921] resta evidente que o verdadeiro pensar exige um salto transcendente para além da representação objetificante da redução lógica. Somente esse salto trans-lógico poderá libertar a filosofia da condenação à morte no niilismo da técnica, desvelando a instauração de um novo começo na clareira do ser desvelado pela essência da *alétheia*.

Da mesma forma, o direito, cujo sentido também foi suprimido pela redução instrumental da racionalidade técnica, pode reencontrar-se consigo mesmo na clareira tópico-problemática da sua realização como *ars inveniendi*.

---

[918] STEIN, Ernildo *apud* HEIDEGGER, Martin. O Fim da Filosofia e a Tarefa do Pensamento. *In: Os Pensadores*. Op. cit., p. 67.

[919] Idem.

[920] HEIDEGGER, Martin. *Carta Sobre o Humanismo*. Op. cit., p. 36.

[921] Idem, p. 77.

Conclusão

O mundo moderno, fundamentado no princípio libertário de uma subjetividade individualista, promoveu uma ruptura com o autoritarismo dogmático da metafísica medieval, propiciando a emergência de uma nova civilização, logicamente estruturada a partir de critérios racionais e científicos.

Mas, paradoxalmente, foram as luzes que trouxeram a escuridão, pois os avanços científicos viabilizados pela racionalidade moderna é que engendraram o hipercientificismo que hoje impõe o domínio da técnica sobre a vida, reduzindo-a, pragmático-instrumentalmente, ao determinismo mecânico ditado pela lógica das máquinas. Nesse sentido, com bem alerta Streck,

> para negar a mesmidade (a síntese hermenêutica) entre ser e ente, a metafísica apela para a especialização, o método, a técnica. O método – supremo momento de subjetividade – vai ter, assim, a função de encobrir, na ciência, a diferença ontológica. Por isso é que Heidegger vai dizer que a essência da ciência moderna se fundamenta na essência da técnica. E a figura na qual impera o ser na era da técnica é o dispositivo (Ge-stell).[922]

Igualmente inserido nesse contexto de alta complexidade flutuante, o direito é reduzido à condição de simples instrumento normativo-sistêmico, que funcionalmente adaptado aos critérios metódicos da racionalidade cibernética, deve propiciar o equilíbrio social, nos termos de uma variação controlada, e isso implica uma adequação tecnológica da resolução dos problemas jurídicos, que, assim, conduzidos em termos algorrítmicos e logicamente automatizados, deverão permitir uma radical simplificação do processo decisório que a reivindicação da mecanização dos procedimentos, reivindicada por Luhmann, tão bem explicita.

Em que pese essa concepção jurídica possuir o mérito estratégico de adequar o direito às exigências das sociedades pós-industriais, oferecendo a possibilidade de instrumentalizar, com eficiência, a indeterminação contingencial de uma ordem social planificada ciberneticamente, na verdade, ela reduz o objetivo do direito a uma

---

[922] Cfe. Streck, Lenio Luiz. *Jurisdição Constitucional e Hermenêutica*. Op. cit., p. 245, 246.

finalidade técnico-política, pragmaticamente instrumentalizando-o para servir aos interesses do poder econômico.

Na verdade, essa atitude epistemológica, embora crítica ao formalismo universalizante do positivismo normativista, continua a ver o direito como um sistema de normas; no entanto, programaticamente adaptáveis à variabilidade contingencial das finalidades político-econômicas.

A adequação do controle metódico dessa condicionalidade programada, que culmina numa decisão técnica, impõe, por força do finalismo conseqüencial do seu oportunismo estratégico, um lógico abandono da fundamentação dedutivista, pois "a posição ou a perspectiva tecnológica prefere, à certeza analítica e à objectivo-formal impessoalidade dedutiva, as decisões situacionalmente oportunas e científico-tecnologicamente adequadas e eficientes".[923]

No entanto, se o velho positivismo jurídico, derivado do jusracionalismo, ainda procurava manter, mesmo que formalmente, uma conexão com os princípios de validade derivados da tradição prática, a índole conseqüencial do finalismo empírico-tecnológico, ao substituir os valores pelos fins, rompe, definitiva e radicalmente, com os princípios daquela tradição, transformando científico-tecnologicamente o direito numa simples técnica de controle social. Assim, submetida ao universalismo científico, a práxis judicial se converte em técnica, e o juiz, longe de ser um representante ético da sociedade, se transforma em mero tecnocrata.

As conseqüências dessa radical instrumentalização do direito que o reduz à condição de ferramenta que o poder utiliza funcionalmente para a estabilização social não poderiam ser mais funestas, eis que, tendo-lhe sido suprimida a sua autonomia e o seu ontológico[924] sentido, o direito deixa de ser direito e desaparece.

Assim, no contexto global de uma civilização, colonizada pela hegemonia universal da técnica, o fracasso do direito, que, na sua essência, deve ser a expressão libertária da essência humana, representa também o fracasso da humanidade, que, com a alma ferida pelo niilismo, subsiste num mundo vazio de sentido.

Por isso, repensar criticamente o direito, no contexto radical da crise que hoje ameaça a própria possibilidade da continuidade histórica do seu sentido, significa também repensar, antropológico-culturalmente, o rumo da civilização que da dignidade do sentido do direito não pode prescindir, sob pena de perder a sua própria dignidade.

---

[923] NEVES, Antônio Castanheira. O Actual Problema Metodológico da Realização do Direito. *In: Digesta*. Op. cit., p. 266.

[924] Ontológico no sentido da ontologia fundamental heideggeriana-gadameriana.

Então, partindo do pressuposto de que o direito, na sua essência, é uma categoria ética, irredutível de objetificação lógico-metafísica, seja de cariz dogmático-jusnaturalista ou axiomático-científica, eis que seu sentido vai associado ao reino criativo da liberdade humana no contexto da vida prática.

Levando tudo isso em consideração, pensamos que uma alternativa verdadeiramente crítica para o direito, hoje, não pode deter-se em considerações parciais de problemas de direito, mas questionar o próprio direito, indagando a compreensão fundamental e originária do seu histórico sentido e resgatando na prática a intenção desse sentido, dinamizando-o criticamente numa práxis problemático-judicativa, lembrando que, com a exceção dos dois séculos de hegemonia do subjetivismo lógico, impostos pela racionalidade do paradigma jurídico da modernidade, a tradição do pensamento jurídico ocidental, eticamente fundamentado na filosofia prática, sempre concebeu a aplicação concreta do direito, identificada, teleologicamente, com a aspiração de materializar o justo em cada caso, compreendendo, em conseqüência disso, a atividade processual numa perspectiva aporética, problemática e dialético-argumentativa.

Perfilando essa tradição e, igualmente, sintonizado com o amplo movimento de recuperação da filosofia prática e da retórica jurídica que vem ganhando corpo a partir da segunda metade do século XX, propomos, nesta obra, uma recuperação humanista do direito através da tópica jurídica.

Ao assumirmos essa perspectiva, como alternativa prática para o direito frente à crise que o ameaça, levamos pressuposto que o seu sentido transcende o simples plano de uma lógica organização social, pois as exigências autenticamente humanas que o identificam reivindicam uma histórica fundamentação material.

No entanto, em coerência com a crítica desenvolvida ao longo da pesquisa, a possibilidade de recuperação do sentido autêntico do direito, através de uma tópica jurídica, visualizada como clareira para a emergência do seu ser hermenêutico-criticamente desvelado, impõe-nos uma dialética transcendentalização superadora, que sem perder o nexo empírico, com a contingencialidade fático-histórica do concreto problema jurídico decidindo, projete o fundamento tópico para além dos quadros tradicionais da metafísica aristotélica, em cujos limites o pensamento jurídico ocidental a cristalizou, e a reabilitação do seu conceito operada por Viehweg, mesmo com os posteriores aportes da teoria da argumentação, não logrou superar, em que pese a bem-formulada crítica ao axiomatismo lógico-dedutivo e a correta proposição de volver-se, em perspectiva *inveniendi*, para o concreto problema jurídico.

Na verdade, o decisivo passo libertatório, não dado por Viehweg nem pela teoria da argumentação, manteve sua crítica enredada nas teias da metafísica, reafirmando a tradição do paradigma objetificante, que, segundo Heidegger, elevou o ente à condição de ser, ocultando-o no âmbito dessa objetificação e impedindo o seu desvelamento. Assim sendo, para que a tópica jurídica, no contexto do relativismo pós-moderno, encarne a condição de síntese histórico-emancipatória de um *ethos* social libertário, assumindo, enquanto *locus* do acontecer jurídico, a condição de clareira para a emergência do ser do direito, impõe-se-lhe a superação da metódica objetificação entificadora, pois a epifânia do ser do direito, nos termos da verdade enquanto *alétheia*, refratária a uma metafísica universalização do seu conceito, inviabiliza, ontologicamente, a possibilidade de uma lógico-metódica subsunção dedutiva.

Isso significa poder-se afirmar que o lugar da fundamentação da aplicação deve abandonar a base artificial do ilusório reino metafísico das abstratas certezas lógico-subjetivas e volver-se, existencialmente, para a histórico-dialética realidade da vida prática, ou seja, para a contingencialidade fático-empírica do ser-no-mundo.

Assim sendo, desvinculado de qualquer proposição objetificante, viabilizada pela universalidade da razão calculadora, a emergência do ser do direito na clareira da tópica jurídica desvela-se, no momento da aplicação, quando a sentença judicial materializa a justiça do caso concreto.

No entanto, convém lembrar que o entendimento da justiça, perspectivada fenomenologicamente nos termos da eclosão da *alétheia*, não se identifica com o conceito abstrato-universalizante edificado pela axiologia da metafísica tradição jusnaturalista nem, tampouco, com a redução formal do seu conceito, operada pela racionalidade moderna que a identificou, logicamente, a um paritarismo formal metodologicamente acessível, com as certezas propiciadas por subsunções dedutivo-aritméticas, que culminam na equivocada compreensão de que a aplicação do direito se reduz a um jogo técnico de normas, alheio às contradições reais que engendraram o conflito.

Menos ainda se pode aceitar o conceito de justiça técnico-instrumental, que, esvaziado de conteúdo ético, advém da noção de equilíbrio, pragmático-estrategicamente propiciado pelo funcionalismo da lógica cibernética. Na verdade, é impossível fixar, *a priori*, a determinação do justo, pré-determinando dogmaticamente a decisão judicial, com o sacrifício da fundamentação hermenêutico-crítica, que só a liberdade judicativa, frente ao caso concreto e às suas circunstâncias, pode propiciar, pois a questão de direito sempre foi e sempre será a decisão do problema jurídico concreto, que se especifica materialmente nas suas instrínsecas e particulares contradições.

Por isso, o acontecer da verdade jurídica, na clareira tópica do problema concreto, para propiciar o desvelar do seu ontológico sentido pressupõe a necessidade de uma aplicação do direito, liberta de qualquer determinação metódica, isto é, uma aplicação que resulte de um processo crítico-criativo, fundamentado na pré-compreensão, em que, existindo em estado oculto, a essência do ser do direito pode ser desvelada e materializada no âmbito específico do problema concreto.

Essa proposição de resolução tópica dos problemas jurídicos, em perspectiva trans-metódica e trans-metafísica, sintonizada com o já explicitado conceito da *applicatio* gadameriana, retira o fundamento da decisão do plano da abstração lógica[925] e a remete para a antecipação de sentido de uma pré-compreensão que advém da ontológica condição de ser-no-mundo, que imanta, existencialmente, o intérprete-aplicador do direito e as partes envolvidas no conflito; e a justiça, como expressão da igualdade, é o meio-termo de equilíbrio entre os opostos contraditórios, uma possibilidade que pode ser fenomenologicamente desvelada e materializada em cada caso.

Nesse sentido, com acerto observa Lenio Streck[926] que o acontecer (*Ereignen*) do sentido do direito, hermenêutico-criticamente desvelado, materializa-se na aplicação; e este presentificar-se do ser do direito, epifanicamente desvelado nos termos da eclosão da *alétheia*, é um acontecimento individual e único, isto é, ocorre sob a incidência da luz do relâmpago clareador da *alétheia*, na clareira do problema jurídico concreto. Assim, a arte prospectiva de desvelar o justo, possibilitando a emergência do ser do direito na clareira tópica do caso,

---

[925] Conforme bem assinala Lenio Streck, "esta é uma questão recorrente no plano daquilo que denominamos de dogmática jurídica de cariz positivista-exegético-metafísico. A operacionalidade do direito está assentada no uso de conceitos abstratos, que servem de 'categorias' para o exercício subsuntivo-dedutivo do jurista para a 'resolução' dos 'casos jurídicos'. Ora, os conceitos jurídicos não 'carregam' o seu sentido ou as 'coisas' que designam. Assim, por exemplo, no 'conceito' (verbete jurisprudencial) 'a palavra da vítima é de fundamental importância nos crimes sexuais', não está contida 'a essência (substância) da palavra da vítima ou de todas as palavras de todas as vítimas de crimes sexuais' (*sic*)". Cfe. Streck, *Jurisdição*, op. cit., p. 266 e ss. Nesse sentido, veja-se o acórdão do TJ-RS, que, acolhendo parecer do Procurador de Justiça Lenio Streck, espanca o caráter metafísico-essencialista do verbete em questão: "...vê-se aqui a importância da nova hermenêutica no sentido de que é sempre *applicatio*, como bem acentuou Gadamer. Interpretar (aplicar) não é nunca uma subsunção do individual sob os conceitos do geral. Ou seja, no verbete jurisprudencial 'a palavra da vítima assume especial relevância nos crimes de estupro', não está contida a essencialidade (ou a *holding*) relativa à credibilidade-da-palavra-da-vítima nos crimes sexuais. Como diz Heidegger, tomar aquilo que 'é' por uma presença constante e consistente, considerado em sua generalidade, é resvalar em direção à metafísica. Com base nisso, é possível acrescentar que, quando o pensamento dogmático do direito toma 'a palavra da vítima como primordial nos delitos de estupro', não é propriamente falso, é apenas exato. Entretanto, com isso, há que se perguntar: estamos falando do 'ser do ente' crime de estupro (não qualquer um, mas aquele)? Por isso, o saber representativo (metafísico), ao invés de mostrar o ente como ele é, acaba por escondê-lo e anulá-lo, ficando o 'crime como o crime' afastado, anulado (...) (Cfe. Heidegger, Martin. *Escritos e Conferências*)". (Acórdão n. 7000003282589 – Rel. Des. Aramis Nassif).

[926] STRECK, Lenio Luiz. *Jurisdição constitucional e Hermenêutica*. Op. cit., p. 266 e ss.

remete o pensamento jurídico, hermenêutico-faticamente, para a estruturação existencial da singularidade contraditória do problema em si que, por ser único, jamais poderá ser lógico-formalmente delimitado *a priori*.

Como a história do pensamento jurídico nos demonstra, e a nossa crítica ao longo desta pesquisa procurou evidenciar, todas as formas de procedimento metódico, acalentando o ideal de certeza jurídica, amparadas na objetificação de um fundamento metafísico, sempre obstaculizaram, na redução de uma entificação dogmática, a possibilidade do aparecer da singularidade,[927] isto é, a emergência do sentido do ser do direito na clareira tópica do caso, gerando, por conta desse equívoco, uma tradição jurídica inautêntica.

Inconsciente dessa contradição ontológico-fundamental, o ensino jurídico das academias, a práxis judiciária dos tribunais e o obrar dos legisladores segue reproduzindo a clivagem instaurada por Platão, que separou o mundo do direito do mundo prático da vida, perpetuando um fazer jurídico inautêntico, porque produzido, artificialmente, no contexto da esfera acrítica e ahistórica que Heidegger denominou de de-cadência.

Logo, para nós, o mundo do direito autêntico, aquele que permite a manifestação da essência da verdade jurídica, não é o que subsiste na transcendência ideal de uma abstração normativa, mas aquele que exsurge, fenomenologicamente, nos termos da ontologia fundamental da hermenêutica da faticidade heideggeriana, no âmbito da contingencialidade existencial de cada concreto problema jurídico, sempre que, na clareira tópica do caso, se possibilite, crítico-inventivamente,

---

[927] É o caso das súmulas vinculantes, típicas manifestações do paradigma metafísico-objetificante, porque os verbetes sumulares seqüestram o tempo e, portanto, impedem o aparecer (*Ereignen*) da singularidade do caso concreto (enfim, da coisa mesma), como bem assinala Streck, *in Jurisdição*, op. cit., p. 242. Para Streck "é impossível esconder o caráter metafísico das Súmulas. Como ilustração, observe-se o teor da Súmula 405 do STF, sistematicamente aplicada pelos tribunais brasileiros, com o seguinte teor: '*Denegado o mandado de segurança pela sentença, ou no julgamento do agravo (hoje apelação), dela interposto, fica sem efeito a liminar concedida, retroagindo os efeitos da decisão contrária.*' Aparentemente poder-se-ia dizer que a Súmula trata de uma obviedade, pelo fato de que, denegado o principal (o mandado de segurança), seria ilógico que o secundário (a liminar) permanecesse gerando efeitos. Mas não é bem assim. Com efeito, J. E. Carreira Alvim (*In*: Eficácia da medida liminar na sentença denegatória de mandado de segurança. Doutrina n. 10. Rio de Janeiro, ID, 2000, p. 381-389) assevera que a citada Súmula fere o princípio da proporcionalidade, além de excluir todos os casos particulares em que a liminar deveria ser mantida. É preciso denunciar, a partir da matriz teórica aqui adotada, que a Súmula, de forma objetificante, tem o fito de 'estabelecer' uma universalidade conceitual (espécie de significante primordial-fundante), como se na sua dicção estivessem contidos os conceitos em-si-mesmos acerca da problemática da denegação do mandado de segurança, impedindo, assim, o aparecer da singularidade de todos os casos em que a liminar poderia ser mantida. Fica claro, aqui, a negação/esquecimento da diferença ontológica pela dogmática jurídica, problema que se torna mais grave ainda se levarmos em conta que existem hoje mais de 2.000 Súmulas (STJ, STJ, STM, TST, TSE, TRFs) espalhadas pelo sistema, sem considerar o fato de que boa parte dos manuais do direito, como já especificado anteriormente, buscam explicar o Direito mediante *standards* jurídicos".

o desvelamento e a materialização da justiça na síntese da sua concreta resolução. E, como o justo, enquanto manifestação do ser do direito, não pode ser delimitado formalmente *a priori*, pois a verdade, nos termos da eclosão da *alétheia*, nos demonstra que o ser se vela e se desvela, logo, a verdade do direito será sempre uma possibilidade que se renova fático-existencialmente, sempre que um novo conflito social reivindicar a presença do direito para a sua resolução.

Assim, à medida que a justiça passa a ser o modo constitutivo do direito, o reencontro do direito consigo mesmo dá-se na clareira do caso, enquanto realização da aporia fundamental da tópica jurídica, promovendo, a partir da alteratividade dos opostos contraditórios, através da eqüitativa mediação jurisdicional, a síntese harmônica do equilíbrio do meio-termo.

Por tudo isso, o resgate autenticamente humano do direito converge para o abandono da norma, em favor de uma prático-material concretização orientada pelas circunstâncias do caso, numa autônoma e inventiva adequação com a realidade existencial da vida.

Dessa forma, a atitude prático-problemática que propomos para promover, em termos essencialmente humanos, o reencontro do direito com o mundo da vida, remete nosso discurso para o universo da filosofia prática. No entanto, como lembra Habermas,[928] temos consciência de que a racionalidade jurídica moderna transcendentalizou o conceito de razão prática, elevando-o abstratamente para o nível lógico da subjetividade metafísica, ou seja, adequando-o cartesianamente para o dedutivismo metódico, e, assim, promoveu o seu desligamento das raízes aristotélicas, desencarnando-o da realidade histórico-cultural da materialidade prático-existencial da vida. Também consciente de que o hodierno pragmatismo sociológico de cariz sistêmico e autopoiético procurou erradicar até esses derradeiros resquícios formais da filosofia prática que sobreviveram na modernidade, nossa reabilitação da filosofia prática, através de uma tópica jurídica, dialeticamente inserida no contexto pós-metafísico, visualiza-a desvinculada de uma forma de conhecimento objetificante, na perspectiva constitutivamente atualizada, que se renova, histórico-existencialmente, em cada novo problema jurídico que emerge da vida social. E, como cada problema é um problema que se individualiza nas circunstâncias da sua contingência, cai por terra a pretensão objetificante da representação metódica cartesiana, bem como a estratégica adequação funcionalístico-sistêmica da lógica perspectiva cibernética e técnico-científica, voltando o direito identificado com a ética a ser uma arte, a arte de hermenêutico-criticamente desvelar e, prático-materialmente, concretizar o justo na esfera específica do problema jurídico decidendo.

---

[928] HABERMAS, Jürgen. *Direito e Democracia*. Op. cit., p. 17, 18.

Mas, se tudo isso é verdade, a nossa perspectiva de recuperação da filosofia prática, também propõe a superação da ontologia aristotélica, ainda metafisicamente fundamentada na validade de uma ordem jurídica pressuposta, na qual subjaz, em perspectiva jusnaturalista, a lógica aspiração da perfeição platônica, a obstaculizar, com base no apriorismo virtual de uma ordem natural transcendente, o dialético-histórico acontecer fático da singularidade, pois, sendo o direito um fenômeno essencialmente humano, que existe para dirimir problemas humanos à luz dos critérios do justo, o seu acontecer histórico não pode vir dissociado da liberdade e responsabilidade, que caracteriza o autêntico obrar humano no plano da vida social, em que o homem somente pode se realizar em sintonia com esses pressupostos, eis que, como bem afirmava Heidegger, o *Dasein* é sempre *mitsein*, isto é, o ser-aí, enquanto ser-no-mundo, é ser-com-os-outros; logo, apenas ordem jurídica justa que materializa o ser do direito na abertura renovada de cada situação conflitiva, pode propiciar uma autêntica e libertária harmonia social, possibilitadora da realização existencial das aspirações individuais, já para além do solipsismo individualista, pois a consciência libertadora do convívio com a essência do ser deflagra, fenomenologicamente, o cuidado solidário que advém da ontológica condição universal de um comum pertencer. Assim, já numa perspectiva metapositiva e trans-metafísica, isto é, visualizando um fundamento de validade para além da metafísica objetificante, a ontologia radical da hermenêutica da faticidade heideggeriana permite, através do desvelar fenomenológico do acontecer da singularidade do caso jurídico, o convívio concreto com a universalidade do ser do direito. Nesse sentido, a justiça, enquanto igualdade manifestadora da essência universal do sentido do ser do direito, é a expressão de uma alteratividade existencial imanente ao pertencer na co-presença, ou seja, "significa a igualdade no ser enquanto ser-no-mundo que se ocupa dentro de uma circunvisão".[929] No âmbito dessa circunvisão, o ser-em se determina, essencialmente, no compartilhamento humano-existencial do mundo com os outros, pois "o ser-em é ser-com os outros. O ser-em-si intramundano desses outros é co-pre-sença".[930]

Dessa forma, o acontecer da verdade jurídica, na clareira tópica do caso, possibilita ao ente homem alçar-se libertariamente à dignidade do convívio com a essência do ser, através da epifamia luminosa do relâmpago clareador da *alétheia*. Então, a partir da sua realização na clareira da tópica jurídica, o direito, liberto da redução entificadora que inautenticamente vinculava, dogmático-metafisicamente, seu conceito a um abstrato sistema normativo pressuposto, passa a ser a

---

[929] HEIDEGGER, Martin. *Ser e Tempo*. Op. cit., p. 170.

[930] Idem.

encarnação autêntica da liberdade humana, em imanência com o cuidado existencial (*Sorge*), no âmbito dialético-histórico da realidade prática da vida material, ou seja, o direito, como desvelador do ser em geral (justiça), desvela-o em cada ente (*Dasein*) que o traz potencialmente velado, possibilitando, fenomenologicamente, a coexistência fático-existencial, segundo os critérios da solidariedade universal do seu ontológico sentido, porque, já no estágio transcendental da cura, o ser-aí é visto "como co-pre-sença dos outros nos encontros do mundo como preocupação",[931] preocupação aqui entendida como cuidado solidário. Topicamente falando, o direito, como *ars inveniendi*, será sempre a concreto-material prospecção prudencial do justo.

No entanto, como procuramos esclarecer criticamente ao longo da pesquisa, os critérios do justo que embasam nossa tópica não se encontram pré-determinados no *a priori* metafísico de catá*logos* de *topoi*, e, embora seu sentido se funde na validade ontológica de uma pré-compreensão inscrita na consciência jurídica da tradição, isso também não nos condena a uma prisão metafísica.

Agregue-se, neste ponto, a notável contribuição de Gadamer, esclarecedora da dialética do movimento antecipatório que preside nossa pré-compreensão, que é formadora dos pré-juízos da nossa consciência histórica e nos impõe a necessidade de revalorizar a tradição, sem que isso implique a sua passiva e acrítica aceitação. Na verdade, a hermenêutica gadameriana, sintonizada com a fenomenologia existencial de Heidegger, propõe, originalmente, uma nova compreensão da tradição, na qual, em perspectiva crítico-histórica, a magna tarefa da hermenêutica passa a consistir em desvelar os bons prejuízos e desmascarar os maus. Assim, no âmbito dessa transcendência hermenêutico-crítica, se possibilita o afloramento dos autênticos e verdadeiros conteúdos da validez histórica. Por isso, enquanto um acontecer dentro da tradição, a aplicação concreta do direito não é o resultado final de um metódico processo compreensivo, mas já vem, desde o princípio, pré-determinada ontologicamente, e, assim, a aplicação também não se identifica com a acoplação dedutiva de um sentido geral a uma situação particular (nesse sentido, a ciência moderna objetificou metodicamente a tradição, ocultando o seu verdadeiro sentido); portanto, para que a síntese do processo compreensivo-interpretativo-aplicativo possa desvelar o sentido oculto que deve ser desvelado no contexto da situação fática, impõe-se, ao intérprete-aplicador, determinar o significado da validez histórica, mediando o conjunto da tradição com a sua auto-consciência histórica, pois, enquanto sujeito histórico, não lhe é dado eximir-se, em nome de uma neutralidade formal, da responsabilidade pessoal frente ao

---

[931] HEIDEGGER, Martin. *Ser e Tempo*. Op. cit., p. 257.

Uma Tópica Jurídica
CLAREIRA PARA A EMERGÊNCIA DO DIREITO

problema concreto, do que decorre que "El intérprete que se confronta con una tradición intenta aplicársela a si mismo".[932]

De forma que, no contexto trans-metódico e trans-metafísico que exsurge da releitura gadameriana da tradição, a atitude ética transcende a redução a uma dogmático-entificada determinação abstrato-normativa *a priori* definida, mas se desvela na concretude da ação prática. Assim, resulta que, indissociada da autonomia, da liberdade e da responsabilidade humana, a possibilidade da emergência do sentido do ser do direito, enquanto materialização do justo na resolução dos problemas jurídicos, somente pode acontecer topicamente, isto é, no âmbito da singularidade de cada situação concreta.

Portanto, neste momento histórico da civilização, a reabilitação humanista do direito que propomos, através de uma tópica jurídica,[933] fundamentada na hermenêutica da faticidade heideggeriana, reflete, em termos jurídicos, a reação crescente que, em nome dos valores vitais, particulares e concretos, se eleva contra a homogeneização ahistórica e artificial de um desumanizado processo globalizante, no qual tudo se reduz à condição de mercadoria. Nesse contexto em que até as relações humanas se transformam em utensílio técnico para saciar uma insaciável avidez de consumo, o fracasso ético é um imperativo absoluto. Por isso, a resposta humana, para o vazio deixado pela perda dos referenciais do universalismo metafísico não pode se reduzir ao equívoco ainda maior do absoluto narcisismo egótico que o pragmatismo utilitarista engendrou.

Assim, o retorno à realidade concreta da vida, num mundo autenticamente humano, não pode prescindir da dignidade do direito, pois, na essência do direito, sobrevive o fundamento imperecível da própria dignidade humana; isto porque, para além da diluição fragmentária do hipercientificismo, o direito é o substrato agregador do humanismo que a ciência abandonou. Então, parafraseando Heidegger, podemos dizer que, assim como o homem que atende o apelo do ser passa a *ek-sistir* em convívio com ele na essência desvelada da sua clareira, também o direito, ao desvelar a essência do sentido do seu ser na clareira da tópica jurídica, ao realizar-se na concretude de cada sentença justa, realiza, com ele, a essência da liberdade humana. Isso

---

[932] GADAMER, Hans-Georg. *Verdad y Metodo*. Op. cit., p. 396.

[933] Desse modo, "a tópica resgatada do panorama metafísico deve superar, primeiro, a sua sujeição ao paradigma da metafísica clássica, porque, em Viehweg, por exemplo, é possível perceber que, em sendo 'tópico', toda e qualquer idéia ou ponto de vista que possa desempenhar algum papel nas análises jurídicas, sejam elas de que espécie forem, todo autor pode associar cada tópico com uma 'representação pessoal'. Em segundo lugar, é necessário ultrapassar a sujeição da tópica à metafísica clássica, porque, se um tópico é uma premissa baseada em uma opinião reconhecida, estar-se-á diante de uma determinada conceitualização universalizante (abstrata, portanto), obstaculizando, *ipso facto*, a diferença ontológica, *locus* da coisa mesma perseguida pela hermenêutica de cariz filosófico (que nada mais é do que o assim denominado 'caso concreto')". Cfe. Streck, Lenio Luiz. *Jurisdição Constitucionl e Hermenêutica*. Op. cit., p. 283.

quer dizer que a essência da verdade não está no agir humano orientado logicamente por um determinismo causal que lhe subtrai a liberdade, mas se revela no acontecer de cada ação, livre, ética e responsável. Da mesma forma, a essência da verdade jurídica não subsiste abstratamente, no plano entificado de um dogmático apriorismo normativo. Ela é a possibilidade existencial de um acontecer prático-histórico que se desvela criticamente na clareira tópica de cada concreto problema jurídico.

Referências

ADOMEIT, Klaus. *Filosofia do Direito e do Estado*. Traduzido por Elisete Antonink. Porto Alegre: Fabris, 2000.

ADORNO, Theodor W. *Minima Moralia*. Traduzido por Luiz Eduardo Bicca. São Paulo: Ática, 1993.

——; HORKHEIMER, Max. *Dialética do Esclarecimento*. Traduzido por Guido Antonio de Almeida. Rio de Janeiro: Zahar, 1985.

ALEXY, Robert. *Derecho y Razón Práctica*. México: Fontamara, 1993.

——. *El concepto y La Validez Del Derecho*. Traduzido por Jorge M. Seña. Barcelona: Gedisa, 1997.

——. *Teoria De La Argumentacion Jurídica*. Traduzido por Manuel Atiega e Isabel Espejo. Madrid: Centro de Estudios Constitucionales, 1989.

——. *Teoria de Los Derechos Fundamentales*. Traduzido por Ernesto Garzón Valdés. Madrid: Centro de Estudios Constitucionales, 1993.

AMADO, Juan Antonio Garcia. *Teorias De La Topica Jurídica*. Madrid: Civitas, 1988.

AQUINO, Tomás de. *Suma Teológica*. Traduzido por Alexandre Corrêa. Caxias do Sul: Sulina, 1980. v. I, III, IV.

ARENDT, Hannah. *A Vida do Espírito*. Traduzido por Antônio Abranches e César Augusto T. de Almeida. Rio de Janeiro: Relume Dumará, 2000. v. I.

ARISTÓTELES. Analíticos Primeros, 1, 24 a. *In: Organon*. Traduzido por Miguel Candel Sanmartín. Madri: Gredos, 1995.

——. *Ética a Nicômacos*. Traduzido por Mário da Gama Kury. Brasília: UNB, 1999.

——. *Política*. Traduzido por Antônio Campelo Amaral e Carlos de Carvalho Gomes. Lisboa: Veja, 1998.

——. *Retórica, 1, 1, 1355 b*. Traduzido por Antonio Tovar. Madrid: Centro de Estudios Constitucionales, 1990.

——. Sobre Las Refutaciones Sofísticas 183, b. v. I *In: Organon*. Madri: Credos, 1995-2000. v. 2.

——. Tópicos. *In: Os Pensadores*. Traduzido por Leonel Vallandro e Gerd Bornheim. São Paulo: Nova Cultural, 1987. v. I, III.

ARNAUD, André-Jean. *O Direito entre Modernidade e Globalização*. Traduzido por Patrice Charles Wuillaume. Rio de Janeiro: Renovar, 1999.

ATIENZA, Manuel. *As Razões do Direito*. Traduzido por Maria Cristina Guimarães Cupertino. São Paulo: Londy, 2000.

AZEVEDO, Juan Llambias de. *El Pensamiento Del Derecho y Del Estado En La Antigüedad*. Buenos Aires: Libreria Jurídica, 1955.

BACHOFEN, J. J. *El Derecho Natural y El Derecho Histórico*. Traduzido por Felipe Gonzalez Vicen. Madrid: Centro de Estúdios Constitucionales, 1978.

BALLESTEROS, Jesús. *Sobre El Sentido Del Derecho*. 2. ed. Madrid: Tecnos, 1986.

Uma Tópica Jurídica
CLAREIRA PARA A EMERGÊNCIA DO DIREITO

BARASCH, Jeffrey Andrew. *Heidegger e o Seu Século*. Tempo do Ser, Tempo da História. Traduzido por André do Nascimento. Lisboa: Instituto Piaget, 1995.

BARNES, Jonathan. *Los Presocráticos*. Traduzido por Eugência Martín López. Madrid: Cátedra, 1992.

BAUDRILLARD, Jean. *A Ilusão do Fim*. Traduzido por Manuela Torres. Lisboa: Terramar, 1995.

———. *Simulacros e Simulação*. Traduzido por Maria João da Costa Pereira. Lisboa: Relógio D'Água, 1991.

BEAUFRET, Jean. *Introdução às Filosofias da Existência:* de Kierkegaard à Heidegger. Traduzido por Salma Tanmes Muchail. São Paulo: Duas Cidades, [s.d.].

BERGE, Damião. *O Logos Heraclítico*. Rio de Janeiro: Instituto Nacional do Livro, 1969.

BEYNE, Klaus Von. *Teoria Política Del Siglo XX, Del la Modernidad a la Postmodernidad*. Traduzido por Jesús Alborés. Madrid: Alianza, 1994.

BOBBIO, Norberto. *Jusnaturalismo e Positivismo Jurídico*. Milão: Edizioni di Comunitá, 1972.

BODENHEIMER, Edgar. *Ciência do Direito*. Traduzido por Enéas Marzano. Rio de Janeiro: Forense, 1966.

CALAMANDREI, Piero. La Crisi Della Giustizia. *In: La Crisi del Diritto*. Padova: Antonio Milani, 1953.

CANARIS, Claus-Wilhelm. *Pensamento Sistemático e Conceito de Sistema na Ciência do Direito*. Traduzido por A. Menezes Cordeiro. Lisboa: Fundação Calouste Gulbenkian, 1996.

CANOTILHO, José Joaquim Gomes. *Direito Constitucional*. Coimbra: Almedina, 1996.

CAPOGRASSI, Guiseppe. *Il Problema Della Scienza Del Diritto*. Milano: Giuffrè, 1962.

CARNELUTTI, Francesco. La Morte del Diritto. *In: La Crise del Diritto*. Padova: Antonio Milani, 1953.

CASANOVA, Pablo Gonzáles. Globalidade, Neoliberalismo e Democracia. *In: Globalização Excludente*. Petrópolis: Vozes, 1999.

CASSIRER, Ernst. *A Filosofia do Iluminismo*. Traduzido por Álvaro Cabral. Campinas: Unicamp, 1992.

CHOMSKY, Noam. Democracia e Mercados na Nova Ordem Mundial. *In: Globalização Excludente*. Petrópolis: Vozes, 1999.

CÍCERO, Marco Túlio. *Topiques*. Traduzido por Henri Bornecque. Paris: Société D'édition, 1925.

———. *Antologia*. Petrópolis: Vozes, 1959.

CÍCÉRON. *Division De L'art Oratoire II, 5*. Traduzido por Henri Bornecque. Paris: Société D'Édition, 1925.

———. *Tópiques*. II, 8. Traduzido por Henri Bornecque. Paris: Société D'Édition, 1925.

COELHO, Luis Fernando. *Introdução Histórica à Filosofia do Direito*. Rio de Janeiro: Forense, 1977.

———. *Lógica Jurídica e Interpretação das Leis*. Rio de Janeiro: Forense, 1979.

COMTE, Augusto. Curso de Filosofia Positiva. *In: Os Pensadores*. Traduzido por José Arthur Giarmotti. São Paulo: Nova Cultural, 1991.

———. Discurso Preliminar Sobre o Conjunto do Positivismo. *In: Os Pensadores*. São Paulo: Nova Cultural, 1991.

CORNFORD, F. M. *Principium Sapientiae*. 2. ed. Lisboa: Fundação Calouste Gulbenkian, 1981.

CORSI, Francisco Luiz. A Globalização e a Crise dos Estados Nacionais. *In: Desafios da Globalização*. Petrópolis: Vozes, 1998.

COTTA, Sergio. *O Desafio Tecnológico*. Traduzido por Manuel Reis Coimbra: Armênio Amado, 1971.

DESCARTES, René. *Discurso do Método*. Traduzido por Maria Ermantina Galvão. São Paulo: Martins Fortes, 2001.

——. *Meditações Sobre a Filosofia Primeira*. Traduzido por Gustavo de Fraga Coimbra: Almedina, 1988.

——. *Reglas Para la Dirección Del Espíritu*. Traduzido por Juan Manuel Navarro Cordón. Madrid: Alianza, 1984.

DOWELL, João A. Mac. *A Gênese da Ontologia Fundamental de M. Heidegger*. São Paulo: Edições Loyola, 1993.

DUBARLE, Dominique. Lógica Formalizante e Lógica Hegeliana. *In: Hegel e o Pensamento Moderno*. Traduzido por Rui Magalhães e Souza Dias. Porto: Rés, 1979.

ENGISCH, Karl. *Introdução ao Pensamento Jurídico*. Traduzido por J. Baptista Machado. Lisboa: Fundação Calouste Gulbenkian, 1964.

ESSER, Josef. *Principio Y Norma En La Elaboración Jurisprudencial Del Derecho Privado*. Traduzido por Eduardo Valenti Fiol. Barcelona: Bosch, 1961.

FARIA, José Eduardo. *O Direito na Economia Globalizada*. São Paulo: Malheiros, 1999.

FROSINI, Vittorio. *La Estructura Del Derecho*. Traduzido por A. E. Pérez Luño e M.ª J. Magaldi Paternortro. Bolonia: Real Colegio de España, 1974.

GADAMER, Hans-Georg. *El Giro Hermenéutico*. Madrid: Cátedra, 1998.

——. *La Dialectica De Hegel*. Traduzido por Manuel Garrido. Madrid: Cátedra, 1988.

——. *O Problema Da Consciência Histórica*. Traduzido por Paulo Cesar Duque Estrada. Rio de Janeiro: Fundação Getúlio Vargas, 1998.

——. *Verdad y Método*. Traduzido por Ana Agud Aparicio e Rafael de Agapito. Salamanca: Sígeme, 1997.

GASSET, José Ortega Y. *Obras Completas*. Madrid: Alianza, 1983. v. 7.

GÉNY, François. *Método de Interpretación y Fuentes en Derecho Privado Positivo*. Madrid: Hijos de Réus, 1902.

GIGON, Olof. *Los Orígenes De La Filosofia Griega*. Traduzido por Manuel Carrión Gútiez. Madrid: Editorial Credos, 1985.

GMEINER, Conceição Neves. *A Morada do Ser*. São Paulo: Loyola, 1998.

GOYARD-FABRE, Simone. *Os Princípios Filosóficos do Direito Político Moderno*. Traduzido por Irene A. Paternot. São Paulo: Martins Fontes, 1999.

GOYTISOLO, Juan Vallet de. *Ideologia Praxis e Mito da Tecnocracia*. Traduzido por Ruivo Serpa. Lisboa: S.A.R.L., 1974.

GRONDIN, Jean. *Introdução à Hermenêutica Filosófica*. Traduzido por Benno Dischinger. São Leopoldo: Unisinos, 1999.

HAAR, Michel. *Heidegger e a Essência do Homem*. Traduzido por Ana Cristina Alves. Lisboa: Instituto Piaget, 1990.

HABERMAS, Jürgen. *Conhecimento e Interesse*. Traduzido por José N. Heck Rio de Janeiro: Guanabara, 1987.

——. *Direito e Democracia*. Traduzido por Flávio Beno Siebeneichler. Rio de Janeiro: Tempo Brasileiro, 1997.

——. *Facticidad Y Validez*. Traduzido por Manuel Jiménez Redondo. Madrid: Trotta, 1998.

——. *La Lógica de Las Ciencias Sociales*. Traduzido por Manuel Jiménez Redondo. Madrid: Tecnos, 1990.

——. *La Tecnique et la Scienze Comme "Ideologia"*. Traduzido por Jean-René Ladmiral. Paris: Gouthier, 1973.

——. *O Discurso Filosófico da Modernidade*. Traduzido por Luiz Sérgio Repa e Rodnei Nascimento. São Paulo: Martins Fontes, 2000.

——. *Pensamento Pós-Metafísico*. Traduzido por Flávio Beno Siebeneicher. Rio de Janeiro: Tempo Brasileiro, 1990.

——. *Teoria y Praxis*. Traduzido por Salvador Más Torres e Carlos Moya Espí. Madrid: Tecnos, 1990.

HART, Herbert. *O Conceito de Direito*. Traduzido por A. Ribeiro Mendes. Lisboa: Fundação Calouste Gulbenkian, 1995.

HEGEL, Georg Friedrich Wilhelm. *Princípios da Filosofia do Direito*. Traduzido por Orlando Vitorino. São Paulo: Martins Fontes, 2000.

——. *Sobre Las Maneras De Tratar Cientificamente El Derécho Natural*. Traduzido por Dalmacio Negro Pavon. Madrid: Aquilar, 1979.

——. *Fenomenologia do Espírito*. Traduzido por Paulo Meneses. Petrópólis: Vozes, 1997. v. I, II.

——. *Introdução à História da Filosofia*. Traduzido por Antônio Pinto de Carvalho. Coimbra: Armênio Amado, 1980.

HEIDEGGER, Martin. A Constituição Onto-Teo-Lógica da Metafísica. *In: Os Pensadores*. São Paulo: Abril Cultural, 1979.

——. A Determinação do Ser do Ente Segundo Leibniz. *In: Os Pensadores*. São Paulo: Abril Cultural, 1979.

——. *A origem da Obra de Arte*. Traduzido por Maria da Conceição Costa. Lisboa: Edições 70, 1991.

——. A Tese de Kant Sobre o Ser. *In: Os Pensadores*. São Paulo: Abril Cultural, 1979.

——. *Caminos de Bosque*. Traduzido por Helena Cortés e Arturo Leyte. Madrid: Alianza, 1998.

——. *Carta Sobre o Humanismo*. Traduzido por Pinharanda Gomes. Lisboa: Guimarães, 1987.

——. *Estudios Sobre Mística Medieval*. Traduzido por Jacobo Munõz. Madrid: Ediciones Siruela, 1997.

——. Hegel e os Gregos. *In: Os Pensadores*. São Paulo: Abril Cultural, 1979.

——. *Heráclito*. Traduzido por Márcia Sá Cavalcante Schuback. Rio de Janeiro: Relume Dumará, 1998.

——. Identidade e Diferença. *In: Os Pensadores*. São Paulo: Abril Cultural, 1979.

——. *Introdução à Metafísica*. Traduzido por Márcio Matos & Bernhard Sylla. Lisboa: Instituto Piaget, 1997.

——. *Nietzsche*. Traduzido por Juan Luis Vermal. Barcelona: Ediciones Destino, 2000. v. II.

——. O Fim da Filosofia e a Tarefa do Pensamento. *In: Os Pensadores*. Traduzido por Ernildo Stein. São Paulo: Abril Cultural, 1979.

——. Que é Isto – A Filosofia? *In: Os Pensadores*. São Paulo: Abril Cultural, 1979.

——. Que é Metafísica? *In: Os Pensadores*. São Paulo: Abril Cultural, 1979.

——. *Ser e Tempo*. Traduzido por Márcia de Sá Cavalcante. Petrópolis: Vozes, 2001. v. I.

——. Sobre a Essência da Verdade. *In: Os Pensadores*. São Paulo: Abril Cultural, 1979.

HÖLDERLIN, Friedrich. *Poemas*. Traduzido por José Paulo Paes. São Paulo: Companhia das Letras, 1991.

HOY, David Couzens. Heidegger e a Viragem Hermenêutica. *In:* GUIGNON, Charles. *Poliedro Heidegger*. Lisboa: Instituto Piaget, 1998.

IGLESIAS, Juan. *Derecho Romano*. Barcelona: Ariel, 1953. v. I.

IHERING, R. Von. *El Espiritu Del Derecho Romano*. Traduzido por Enrique Príncipe y Satorres. Madrid: Libreria Editorial, 1904. v. I.

JANICAUD, Dominique. Dialética e Substancialidade. *In: Hegel e o Pensamento Moderno*. Traduzido por Rui Magalhães e Souza Dias. Porto: Rés, 1979.

KANT, Emmanuel. *Crítica da Razão Prática*. Traduzido por Afonso Bertagnoli. Rio de Janeiro: Ediouro, [s.d.].

——. *Crítica da Razão Pura*. Traduzido por J. Rodrigues de Mereje. São Paulo: Brasil, 1958.

KELSEN, Hans. *Teoria Geral das Normas*. Traduzido por José Florentino Duarte. Porto Alegre: Fabris, 1986.

——. *Teoria Pura do Direito*. Traduzido por João Baptista Machado. Coimbra: Armênio Amado, 1984.

KIRK, G. S.; Raven, J. E. *Os Filósofos Pré-Socráticos*. 3. ed. Lisboa: Fundação Calouste Gulbenkian, 1990.

KOSCHAKER, Pablo. *Europa y El Derecho Romano*. Traduzido por Jose Santa Cruz Teijeiro. Madrid: Editorial Revista de Derecho Privado, 1955.

KRÜGER, Pablo. *História, Fuentes y Literatura Del Derecho Romano*. Madrid: España Moderna, 1882.

LACAMBRA, Luis Legaz y. *Filosofia Del Derecho*. Barcelona: Bosch, 1961.

LAMEGO, José. *Hermenêutica e Jurisprudência*. Análise de uma Recepção. Lisboa: Fragmentos, 1990.

LARENZ, Karl. *Metodologia da Ciência do Direito*. Traduzido por José Lamego. Lisboa: Fundação Calouste Gulbenkian, 1997.

LEIBNIZ, Gottfried Wilhelm. *Discurso de Metafísica.*Traduzido por João Amado. Lisboa: Edições 70, 1985.

LIPOVETSKY, Gilles. *A Era do Vazio*. Traduzido por Miguel Serras Pereira e Ana Luísa Faria. Lisboa: Relógio D'Água, 1983.

LUHMANN, Niklas. *Fin y Racionalidad En Los Sistemas*. Traduzido por Jaime Nicolás Muniz. Madrid: Editora Nacional, 1983.

——. *Sistemas Sociales*. Traduzido por Silvia Pappe e Brunilde Erker. México: Alianza, [s.d.].

——. *Sociologia do Direito*. Traduzido por Gustavo Bayer. Rio de Janeiro: Tempo Brasileiro, 1985. v. II.

LYOTARD, Jean-François. *O Pós-Moderno*. Traduzido por Ricardo Corrêa Barbosa. Rio de Janeiro: José Olympio, 1986.

MACHADO, João Baptista. Antropologia, Existencialismo e Direito. *Revista de Direito e Estudos Sociais,* Coimbra, ano XI, p. 84-85, 1960.

——. Das Problem der Gerechtigkeit. Coimbra: Arménio Amado, 1979.

MARCUSE, Herbert. *O Homem Unidimensional*. Traduzido por Giasone Rebuá. Rio de Janeiro: Zahar, 1969.

MAMAN, Jennette Antonios. *Fenomenologia Existencial do Direito*. São Paulo: Edipro, 2000.

MENDONÇA, Paulo Roberto Soares. *A Tópica e o Supremo Tribunal Federal*. Rio de Janeiro: Renovar, 2003.

MICHELAZZO, José Carlos. *Do Um Como Princípio ao Dois como Unidade*. São Paulo: FAPESP Anablume, 1999.

MONCADA, Luis Cabral de. *Filosofia do Direito e do Estado*. Coimbra: Coimbra, 1995.

MONDOLFO, Rodolfo. *Heráclito*. Traduzido por Oberdan Caletti. México: Siglo Veintiuno, 1989.

Uma Tópica Jurídica
CLAREIRA PARA A EMERGÊNCIA DO DIREITO

———. *O Pensamento Antigo.* Traduzido por Lycurgo Gomes da Motta. São Paulo: Mestre Jou, 1964.

———. *O Homem na Cultura Antiga.* São Paulo: Mestre Jou, 1968.

MONTESQUIEU, Charles. *Do Espírito das Leis.* Traduzido por Gabriela de Andrada Dias Barbosa. São Paulo: Brasil, 1960.

MORIN, Edgar. *Para Sair do Século XX.* Traduzido por Vera de Azambuja Harvey. Rio de Janeiro: Nova Fronteira, 1986.

MÜLLER-LAUTER, Wolfang. *A Doutrina da Vontade de Poder em Nietzsche.* Traduzido por Oswaldo Giacoia Júnior. São Paulo: Annablume, 1997.

NEVES, Antônio Castanheira. *A Unidade do Sistema Jurídico:* O seu Problema e o seu Sentido. Coimbra: Separata no Número Especial do Boletim da Faculdade de Direito de Coimbra, 1979.

———. Escola da Exegese. *In: Digesta.* Coimbra: Coimbra, 1995. v. II.

———. Escola Histórica de Direito. *In: Digesta.* Coimbra: Coimbra, 1995. v. II.

———. Método Jurídico. *In: Digesta.* Coimbra: Coimbra, 1995. v. II.

———. *Metodologia Jurídica.* Coimbra: Coimbra, 1993.

———. O Actual Problema Metodológico da Realização do Direito. *In: Digesta.* Coimbra: Coimbra, 1995.

———. O Direito como Alternativa Humana. *In: Digesta.* Coimbra: Coimbra, 1995. v. I, II.

———. *O Direito Hoje e Com Que Sentido?* Lisboa: Instituto Piaget, 2002.

———. *O Instituto Dos "Assentos" E a Função Jurídica dos Supremos Tribunais.* Coimbra: Coimbra, 1983.

———. O Papel do Jurista no Nosso Tempo. *In: Digesta.* Coimbra: Coimbra, 1995. v. I, II.

———. *Questão-de-Facto – Questão-de-Direito.* Coimbra: Almedina, 1967.

NIETZSCHE, Friedrich Wilhelm. *A Origem da Tragédia.* Traduzido por Álvaro Ribeiro. Lisboa: Guimarães, 1997.

———. A Vontade de Potência. *In: Os Pensadores.* São Paulo: Abril Cultural, 1974.

———. *Assim Falou Zaratustra.* Traduzido por Mário da Silva. Rio de Janeiro: Bertrand, 1989.

———. O Eterno Retorno. *In: Os Pensadores.* São Paulo: Abril Cultural, 1974.

———. Para Além de Bem e Mal. *In: Os Pensadores.* Traduzido por Rubens Rodrigues Torres Filho. São Paulo: Abril Cultural, 1974.

ORTOLAN, M. *Compendio Del Derecho Romano.* Traduzido por Francisco Perez de Anaya y Melquíades Peres Rivas. Buenos Aires: Atalaya, 1947.

OST, François. *O Tempo do Direito.* Traduzido por Maria Fernanda Oliveira. Lisboa: Instituto Piaget, 1999.

PEREIRA, Maria Helena da Rocha. *Estudos de História da Cultura Clássica.* Lisboa: Gulbenkian, [s.d.]. v. I.

PERELMAN, Chaïm. *Ética e Direito.* Traduzido por Maria Ermantina Galvão. São Paulo: Martins Fontes, 1999.

———. *Lógica Jurídica.* Traduzido por Vergínia K. Pupi. São Paulo: Martins Fontes, 2000.

———. *Retóricas.* Traduzido por Maria Ermantina Galvão Pereira. São Paulo: Martins Fontes, 1997.

———; OLBRECHTS-TYTECA, Lucie. *Tratado Da Argumentação.* Traduzido por Maria Ermantina Galvão. São Paulo: Martins Fontes, 2000.

PLATÃO. *A República.* Traduzido por Albertino Pinheiro. São Paulo: Atena, 1950.

———. As Leis. *In: Obras Completas.* Traduzido por Francisco de P. Samaranch. Madrid: Aguilar, 1993.

——. Górgias. *In: Obras Completas.* Traduzido por Francisco de P. Samaranch. Madrid: Aguilar, 1993.

——. O Político. *In: Obras Completas.* Traduzido por Francisco de P. Samaranch. Madrid: Aguilar, 1993.

——. Protágoras. *In: Obras Completas.* Traduzido por: Francisco de P. Samaranch. Madrid: Aguilar, 1993.

——. *República.* Traduzido por Maria Helena da Rocha Pereira. 4. ed. Lisboa: Fundação Calouste Gulbenkian, 1983.

PÖGGELER, Otto. *El Camino del Pensar de Martin Heidegger.* Traduzido por Félix Duque. Madrid: Alianza, 1986.

RADBRUCH, Gustav. *Filosofia do Direito.* Traduzido por Cabral de Moncada. Coimbra: Arménio Amado, 1979.

RAULET, Gérard. La Postmodernidad, Futuro o Eterno Presente? *In: Modernidad y Postmodernidad.* Traduzido por José Luis Zalabardo. Madrid: Alianza,1994.

REALE, Miguel. *Filosofia do Direito.* São Paulo: Saraiva, 1987.

RESWEBER, Jean-Paul. *O Pensamento de Martin Heidegger.* Traduzido por João Agostinho A. Santos. Coimbra: Almedina, 1979.

ROBILANT, Enrico Di. Il Diritto Nella Societá Industriale. *In: Rivista Internationale di Filosofia del Diritto* Milano, ano IV, serie L, p. 225, 1973.

ROHDEN, Luiz. *Hermenêutica Filosófica.* São Leopoldo: Unisinos, 2003.

RORTY, Richard. *Contingencia, Ironia y Solidariedad.* Traduzido por Alfredo Eduardo Sinnot. Buenos Aires: Paidós, 1991.

ROUSSEAU, Jean-Jacques. *O Contrato Social.* Traduzido por Rolando Roque da Silva. São Paulo: Cultrix, 1995.

RUSSEL, Bertrand. *Obras Filosóficas.* Traduzido por Brenno Silveira. São Paulo: Cia. Editora Nacional, 1969. v. III.

SANMARTÍN, Miguel Candell. Introdução dos Tópicos. *In: Aristóteles, Organon.* Madri: Credos, 1982.

SANTO AGOSTINHO. *Confissões.* Salvador: Livraria Progresso, 1956.

SANTOS, Boaventura de Sousa. *A Crítica da Razão Indolente.* São Paulo: Cortez, 2001. v. 1.

——. *O Discurso e o Poder.* Separata do Número Especial do Boletim da Faculdade de Direito de Coimbra de 1979. Coimbra: Centelha, 1980.

——. *Pela Mão de Alice.* São Paulo: Cortez, 1997.

SAVIGNY, F. K. Von. *Metodologia Jurídica.* Traduzido por J.J. Santa-Pinter. Buenos Aires: Dapalma, 1994.

SAVIGNY, Federico Carlo Di. *Sistema Del Diritto Romano Attuale.* Traduzido por Vittorio Scialoja. Torino: Unione Tipográfico – Editrice, 1886. v. I.

SCARPELLI, Uberto. *Cos'é il Positivismo Giuridico.* Milano: Edizioni di Comunitá, 1965.

SCHAPP, Jan *Problemas Fundamentais da metodologia Jurídica.* Traduzido por Ernildo Stein. Porto Alegre: Sérgio Antonio Fabris, 1985.

SCHÉRER, René; KELKEL, Arion Lothar. *Heidegger.* Traduzido por Bartolomé Parera Galmes. Madrid: Edaf, 1975.

SERRA, Antonio Truyol y. Historia De La Filosofia Del Derecho y Del Estado. *Revista de Occidente*, Madrid, v. I, p. 126, 1970.

SHERPE, Klaus R. Dramatización y Des-dramatización de "el fin": La Consciencia Apocalíptica de la modernidad y la post-modernidad. *In: Modernidad y Postmodernidad.* Traduzido por Inmaculada Alvarez Puente. Madrid: Alianza, 1994.

SICHES, Luis Recaséns. *Nueva Filosofia De La Interpretación Del Derecho*. México: Porrúa, 1973.

SÓFOCLES. *Antígona*. Traduzido por Maria Helena da Rocha Pereira. Coimbra: Instituto Nacional de Investigação Científica, 1984.

SOKAL, Alan; BRICMONT, Jean. *Imposturas Intelectuales*. Traduzido por Joan Carles Guix Vilaplana. Buenos Aires: Paidós, 1999.

STEIN, Ernildo. *Compreensão e Finitude*. Ijuí: Unijui, 2001.

——. *Diferença e Metafísica*. Porto Alegre: Edipucrs, 2000.

STRECK, Lenio Luiz. *Hermenêutica Jurídica e(m) crise*. Porto Alegre: Livraria do Advogado, 2003.

——. Hermenêutica (Jurídica): compreendemos porque interpretamos ou interpretamos porque compreendemos? Uma resposta a partir do Ontological Turn. *In: Anuário do Programa de Pós-Graduação em Direito da Unisinos*, 2003.

——. *Jurisdição Constitucional e Hermenêutica*. Rio de Janeiro: Forense, 2004.

TARELLO, Giovanni. *Cultura Jurídica y Política Del Derecho*. Traduzido por Isidoro Rosas Alvarado. México: Fondo De Cultura Económica, 1995.

TEUBNER, Günther. *O Direito Como Sistema Antopoiético*. Traduzido por José Engrácia Antunes. Lisboa: Fundação Calouste Gulbenrkian, 1989.

TOURAINE, Alain. *Crítica da Modernidade*. Traduzido por Elia Ferreira Edel. Petrópolis: Vozes, 1994.

VATTIMO, Gianni. *O Fim da Modernidade*. Traduzido por Eduardo Brandão. São Paulo: Martins Fontes, 1996.

VAZ, Henrique C. de Lima. *Escritos de Filosofia*. São Paulo: Loyola, 1988. v. II.

VICO, Giambattista. *A Ciência Nova*. Traduzido por Marco Luccesi. Rio de Janeiro: Record, 2000.

VIEHWEG, Theodor. *Tópica e Jurisprudência*. Traduzido por Tércio Sampaio Ferraz Júnior. Brasília: Departamento de Imprensa Nacional, 1979.

——. *Tópica y Filosofia Del* Derecho. Traduzido por Jorge M. Seña. Barcelona: Gedisa, 1997.

VILLEY, Michel. *Direito Romano*. Traduzido por Fernando Couto. Porto: Rés [s.d.].

WELLMER, Albrecht. *Sobre La Dialética De Modernidad y Postmodernidad*. Traduzido por José Luis Arántegui. Madrid: Visor, 1992.

WIEAKER, Franz. *História do Direito Privado Moderno*. Traduzido por A. M. Botelho Espanha. Lisboa: Fundação Calouste Gulbenkian, 1993.

WOLFF, Hans Julius. *El Derecho Romano En La Época Medieval y Moderna*. Santiago De Compostela: Porto Editores, 1953.

——. *Introdución Histórica al Derecho Romano*. Traduzido por José Mª. Fernandez Pomar. Santiago de Compostela: Porto Editores, 1953.

——. *Jurisconsultos y ciencia jurídica*. Santiago De Compostela: Porto Editores, 1953.

ZARADER, Marléne. *Heidegger e as palavras de origem*. Lisboa: Instituto Piaget, 1990.

Impressão e Acabamento

Rotermund

Fone/Fax (51) 589-5111
comercial@rotermund.com.br